예수와 만난 사람들

예수와 만난 사람들

지은이   이범선
펴낸이   성상건

펴낸날   2025년 1월 23일
펴낸곳   도서출판 나눔사
주소   (우)10270 경기도 고양시 덕양구 푸른마을로15
          301동1505
전화   02.359.3429 팩스 02.355.3429
등록번호 제 2-489호(1988년 2월 16일)
이메일   nanumsa@hanmail.net

ISBN 978-89-7027-847-6 03230

값 13,000 원

*잘못된 책은 바꾸어 드립니다.

이범선 지음

예수와 만난
사람들

예수와 만난 사람들과
나눈 대화형 이야기

나눔사

들어가는 말

이 책은 복음서에 나오는 예수와 만난 사람들과 나눈 대화로(직업은 있으나 이름이 나오지 않는 인물은 상상), 예수를 오늘 우리 삶의 현장에 더욱 가깝게 느껴보기 위해 쓴 것이다. 예수는 만난 사람들과 대화하는 사람을 통해서 거론되기에, 직접 말하지 않는다.

대화를 이끄는 사람은 예수를 만난 사람의 성(性)과 사회적 자리에 맞춘다. 이를테면 예수와 만난 사람이 학자면 대화하는 사람도 학자, 군인이면 군인, 여성이면 여성, 세리면 국세청 직원, 농부이면 농부, 정치인이면 정치인이다. 따라서 예수와 만난 사람들 가운데 누군가는 오늘날 기독교인의 자화상(自畵像)이나 삶의 교훈이 될 것이다.

우리가 복음서를 읽는 이유는 교양이나 학문, 지식이나 정보 습득을 위해서가 아니라, 오늘 나의 참된 삶의 실존(實存)을 위해서이다. 복음서는 오늘 나의 변화와 성장, 성숙한 인격, 그리고 아름다운 삶을 위한 예수의 목소리이다. 우리는 복음서를 통해 오늘도 예수를 만나는 새로운 행운과 축복을 누릴 수 있다.

일종의 '예수 전기(傳記)'라 할 수 있는 네 복음서는 시종일관 만남과 이야기와 대화, 그리고 변론과 논쟁으로 가득한 책이다. 예수는 종교학자나 인문학자도 아니고, 철학자도 아니고, 작가와 시인도 아니다. 하지만 그 모든 것을 포함하고 넘어선다. 예수는 사람들이 모이는 어느 곳에나 있다. 예수가 사람들과 만나고 대화하고 가르치고 논쟁한 '아고라'(Agora, 광장·廣

場)는 길바닥과 들판, 호숫가와 시내 거리, 여염집과 공공장소이다.

예수의 생애는 시종일관 사람들과 만난 일들로 채색된다. 그것은 예수의 삶이 길 위에서 보낸 것이기 때문이다. 예수는 길에서 태어났고, 길에서 사람들을 만났고, 길을 걸었고, 길에서 살았고, 길에서 죽었고, 길가에 묻혔고, 그리고 신성하고 인간적인 세계인 '하나님의 나라'를 이 땅에 이룩하기 위하여 다시 살아나, 자기를 사랑하고 따르는 사람들의 가슴을 새로운 길로 삼아 영원히 걷는다. 그런 점에서 예수는 영원한 도상(途上, 길 위)의 실존이다.

예수는 오늘도 진지하고 성실한 태도로 참된 삶을 찾는 사람에게, 실존적 변형(變形·變身, Metamorphosis)을 일으키는 거룩하고 위대한 불꽃이다. 그 불꽃에 붙어 자기 변형을 일으킨 사람은 참으로 복되다. 예배당·성당에 다니면서도, 예수를 '이방인'으로 머물게 하거나, 자신이 예수의 이방인이 되는 사람은 한없이 가볍고 가엾다(마 6:32, 7:15~23; 계 3:20).

인생은 선물로 주어진 은총의 여정(旅程)으로서(은총은 선물이란 뜻), 태어나서 죽을 때까지 만남의 연속이다. 그런데 인생에서 참으로 중요한 일은 진리의 스승을 만나는 것이다. 그것은 인생의 방향과 목적, 의미와 가치, 행복과 아름다움과 숭고함을 결정한다. 그런데 진리의 스승을 만나는 것보다 더 중요한 것은 내 마음이다. 진리의 스승과 백 년을 이웃해 산다 해도, 알아보는 눈과 가까이하는 태도가 없으면, 아무 소용이 없다. 예수를 만나, 또 하나의 불꽃이 되어 사는 것만큼 값진 삶은 없으리라.

차례

01

예수의 어머니 마리아, 엘리사벳, 베들레헴 여성,
동방박사들, 목동들, 헤롯의 군사들

1

1-1)

<u>중년 여성</u>: '아베'(Ave, 라틴어. 안녕!·안녕하세요?) "마리아!"

<u>마리아</u>: 아베(히브리어–샬롬·Shalom. 안녕·평화)! 내 이름은 히브리식
으로 "미리암"(Miriam)이랍니다. 할아버지가 모세의 누이 이름을 따서 붙
여주신 것으로(출 15:20), 이스라엘에서는 매우 흔하지요.

<u>중년 여성</u>: 그런가요? 처음 알았네요.

<u>마리아</u>: 그래도 편안한 대로 부르세요.

중년 여성: 마리아가 익숙해서 편안하니까 그렇게 부를게요. 저도 아이 셋을 둔 엄마라서 마리아가 더욱 살갑게 느껴져요.

마리아: "예수"(그리스어-Iesous, 라-Jesu. Jesus)는 우리가 쓰는 아람·시리아어로 "예수아"라고 해요(Yeshua, 여호수아·Yehoshua의 아람어 단축형. 애칭은 호세아·Hosea. Joshua). 남편이 옛날 모세의 비서와 동지, 장군과 지도자인 여호수아에서 따온 것인데(하나님이 구원하신다, 마 1:21), 내 이름만큼이나 흔하지요.

중년 여성: 제가 몰랐던 것을 자꾸 가르쳐주셔서 고맙습니다. 사실 저는 성서나 이스라엘 전통을 잘 몰라요. 그저 '성실하게' 신앙생활을 할 뿐이지요.

마리아: 모르면 어때요? 글자를 모르는 나도 성서는 별로 아는 게 없어요. 그저 풍월(風月)로 얻어들은 것이고, 우리 민족의 신앙 문화 속에서 살아온 것뿐이에요. 그런데 우리 마을 회당 랍비는 신앙인의 삶에서 가장 중요한 것은 '성실'인데(誠實, 헤세드·Hesed), 하나님이 가장 중요하게 보시는 것이라고 해요. 성실은 하나님께나 자기에게나 사람들에게 '정성스럽고 참된 마음과 태도'인데, 성실이 없으면 아무리 학식 높고 부유해도 거짓과 위선이래요.

중년 여성: 제가 불쑥 꺼낸 말에 그렇게 깊은 뜻이 있는 줄 몰랐네요. 고맙습니다.

마리아: 뭘요. 사람은 거짓 없이 살아야 아름다우니까요.

1-2)
중년 여성: 그러면 꿈도 많았을 처녀 시절 이야기를 들려주시겠어요?

마리아: 뭐, 유대 처녀들의 꿈이라고 별 게 있나요? 신심 깊고 성실한 청년과 결혼하여 자식들 기르며 행복하게 사는 것이지요.

중년 여성: 고향이 이스라엘 북녘땅 갈릴리도(道) 나사렛이지요?

마리아: 산골이지요. 그렇다고 나무가 많다는 뜻이 아니에요. 언덕배기이지요. 시골 사람들은 먼지가 많이 일어나는 토담집에서 무척이나 궁핍하게 살았어요. 그래서 마을마다 제대로 먹질 못하고 노상 먼지를 마시고 살아서 그런지, 폐가 허약하여 줄곧 기침하는 사람들, 시각과 손발 등의 지체장애인, 정신병 환자(악령·귀신 들린 사람), 악성 피부병(문둥병 등)으로 고생하는 사람들과 거지가 많았지요.

중년 여성: 그런데 마리아는 건강하십니다.

마리아: 풍요하지는 않았어도, 다른 가정보다는 여유가 있었어요.

중년 여성: 그렇군요. 그러면 "요셉"도 같은 마을 청년이었겠네요?

마리아: 아니에요. 그이 고향은 "베들레헴"이었어요. 무슨 일로 목수와 석공인 아버지가 나사렛으로 이사를 와서 살게 되었지요. 나중에 들으니까, "헤롯 대왕"이 나사렛에서 가까운 "세포리스"에 별장을 지으면서 목수와 석공을 모집해서 온 것이라고 해요(후일 헤롯의 아들 안티파스 때, 갈릴리의 도성. 반란으로 갈릴리호숫가에 신도시 "티베리아스"를 건설하고 이주). 그이는 어려서부터 시아버지에게서 그 일을 배웠어요. 솜씨가 좋아서 일이 많았지요. "의롭고" 심성이 부드럽고 친절한 사람이라서(마 1:19), 마을 처녀들에게 인기가 많았답니다.

중년 여성: 그런데 마리아가 그런 멋진 청년을 남편으로 맞이하게 되셨네요?

마리아: 농부인 우리 아버지와 그이 아버지는 이내 친구가 되었어요. 아

버지는 유산으로 물려받은 땅이 좀 있어서, 보리와 밀, 채소와 포도와 무화과를 재배해서 생계를 꾸려갔지요.

중년 여성: 요셉의 집안도 가난하지는 않았겠네요?

마리아: 우리와 비슷했지요. 혼기가 다가오자, 두 분이 사돈이 되는 게 어떠냐는 말을 주고받다가 결혼하게 된 거예요. 요셉은 나보다 네 살 위인데, 나를 여동생 같이 아끼고 사랑했어요. 요셉은 여동생이 없었거든요. 말로 다 할 수 없이 행복한 시절이었지요.

중년 여성: 그런데 임신 중에 친척인 "엘리사벳"을 찾아가신 적이 있지요(눅 1:39~45)?

마리아: 그랬지요. 50대에 들어선 분이 첫아기를 가졌다는 소식에 놀라서 찾아갔어요. 그런데 나를 보자마자, 내가 하나님의 복을 받은 여인이고, 태중의 아기도 복을 받았다고 말해서 놀랐는데, 장차 "하나님의 예언자"가 된다고 하는 자기 태중의 아이가 내 태중의 아기를 만난 것을 기뻐하며 발을 차며 뛰논다는 말을 하여 더욱 놀랐지요.

중년 여성: 아마 하나님의 영이 엘리사벳에게 감동을 내리셨을 거예요.

마리아: 그랬다고 봅니다. 나도 태몽(胎夢)에서 영의 감동을 입은 일이 있는데(눅 1:26~38), 그 말을 듣자마자, 나도 모르게 이상한 기운에 휩싸여 노래를 불렀어요. 그 후 집으로 돌아가는 길에 곱씹어보다가, 나도 깜짝 놀랐지요. 옛날 참된 평화의 세상을 노래한 사무엘 예언자의 어머니 한나의 찬가(삼상 2:1~10)와 이 땅에 이루어질 하나님의 나라를 노래한 이사야 예언자의 노래와 비슷한 것이었으니까요(사 11:1~9, 35장, 40:3~5).

그 둘은 광야에 대로가 나고, 불모의 땅에 꽃이 피고, 높은 산과 언덕이 낮아지고, 낮은 골짜기와 웅덩이가 메워지고, 험한 곳이 평탄하게 되는 세상, 그러니까 강자도 약자도 없는 세상, 높은 자도 낮은 자도 없는 세상, 부자도 가난한 자도 없는 세상, 모든 인간이 하나님의 영을 통한 지식으로 가득 차서 어린이와 같이 되어, 서로 사랑하고 사랑받으며 행복하고 평등하고 평화롭게 사는 세상에 대한 희망의 노래이지요.

중년 여성: 그 노래가 그런 엄청난 꿈과 희망과 이상(理想)을 간직한 것인 줄 몰랐네요.

마리아: 집으로 돌아가 아버지께 그 노래를 말하니까, 아버지는 그것은 옛날부터 우리 민족이 꿈꾸어온 "메시아"의 세상이라고 하셨어요. 그래서 태몽을 기억하고 오래도록 곰곰이 생각해보며, 하나님이 장차 내가 낳은 아이를 통해서 이 땅에 하나님의 나라를 세우는 일을 하시려는구나, 하고 생각하게 되었지요.

중년 여성: 그렇게 엘리사벳과 "석 달" 동안 지내면서, 장차 낳을 두 아이가 만들 새로운 세상에 대한 꿈에 젖어서 크나큰 기대감에 싸여 보냈겠어요?

마리아: 한 편으론 그랬지요. 그러나 내 아이도 예언자가 된다는 것이니, 예언자의 삶이 어떤 것인지 알고 있기에, 무척이나 두렵고도 걱정스러웠지요.

1-3)

중년 여성: 그런데 로마 황제의 명을 따라, 요셉의 고향 "베들레헴"으로 인구조사를 받으러, 나사렛에서 그 먼 곳까지 출산이 임박한 몸으로 가서 예수를 낳으셨는데(눅 2:1~7), 요셉 혼자 갔어도 되는 일이 아니었나요?

마리아: 신혼부부는 반드시 함께 인구 등록을 하라고 했다고 해요. 보나 마나 '인두세' 때문이었겠지요. 그런데 생각해보면, 그것도 충분히 받아들일 수 있는 일이었어요. 왜냐면 총각이라고 속이면, 아무 때나 전쟁이나 부

역에 붙들려갈 수 있었으니까요.

중년 여성: 그렇군요. 먼 길에 매우 힘드셨겠어요?

마리아: 요셉이 당나귀 등에 자리를 마련하여 타고 갔기에, 그렇게 힘들지는 않았어요.

중년 여성: 그런데 여관도 아닌 마구간에서 아기를 낳았으니, 설움이 북받쳤을 텐데요?

마리아: 그런 걸 생각할 틈이 없었지요. 무사히 건강한 아기이기만 바랐고, 첫아기를 낳은 기쁨과 행복뿐이었지요. 마치 내가 기적을 일으킨 것만 같았지요! 온 세상을 얻은 듯한 기쁨에 젖었지요. 엄마가 되었다는 행복은 뭐라 말할 수 없잖아요?

중년 여성: 그렇지요. 그런데 저는 요셉에 대해서는 결혼, 이집트로 피난할 때, 예수의 12살 때 성전에 갔던 것밖에는 모르는데요?

마리아: 그 이야기는 묻어두는 게 좋겠어요(그 후 요셉 이야기는 없기에, 수년 후 무슨 일로 사망한 것으로 추측).

중년 여성: 제가 공연히 물었나 봅니다.

마리아: 그럴 수 있지요.

중년 여성: 예수의 동생들도 여럿 있지요?

마리아: "야고보, 요셉, 유다, 시몬, 그리고 누이동생들"이 있지요(막 6:3).

중년 여성: 홀몸에 자녀가 많았으니, 힘드셨겠네요?

마리아: 그래도 부모님과 여동생들과 친척들과 시부모가 있어서, 그렇게 힘들지는 않았어요. 어느 집안이나 대개 그랬으니까요.

중년 여성: 예수는 아버지를 따라 목수와 석공 일을 했다고 하는데, 어떻게 자랐나요?

마리아: 온통 집안의 빛과 희망과 기둥이었지요. 동생들과는 매우 다르게 대단히 총명했어요. 둘째 야고보도 똑똑했지요. 예수와 야고보는 네 살 적부터 회당 어린이 학교에 다니면서 랍비에게서 글자와 성서를 배웠어요. 그래서 히브리어와 아람어를 읽고 쓸 줄 알아요(야고보는 나중 예루살렘 교회의 수장이 됨. 행 15:13). 다른 동생들은 공부하는데 관심 없었지요.

예수는 특히 기억력과 이해력이 뛰어나서 한 번 들은 것은 잊지 않았고, 열두 살 무렵에는 성서를 환하게 알았어요. 예수는 예언자들과 시인들을 무척 좋아했지요. 예수가 성서 이야기를 들려줄 때면, 집안의 랍비(선생)가 되었답니다! 목소리도 부드럽고 명랑해서, 마치 새가 노래하는 것 같았어요. 그러면 집안이 환한 웃음과 기쁨으로 가득 찼지요.

중년 여성: 성격은 어땠나요?

마리아: 뭐라 표현하기 어려워요. 곧을 때는 바윗돌 같고, 너그러울 때는 봄바람 같고, 착할 때는 하나님 같고, 이기심이나 거짓말을 몰라 바보 같았어요. 요셉이 세상을 떠난 후에는 가장이 되어 동생들을 잘 건사했지요. 나는 예수만 믿고 의지하며 살았어요.

중년 여성: 그렇지요. 형편이 어떠하든, 어렸을 적에 가정에서 행복을 누리며 자라는 아이들은 커서도 남들에게 잘하지요. 그러니 마리아는 큰아들을 잘 키우신 것이에요.

마리아: 내가 키운 게 아니라, 저 홀로 자랐다고 해야 맞아요. 과장이 아니에요. 예수는 어려서부터 훌륭한 랍비처럼 행동했어요. 그렇지만 능글맞지는 않았지요. 무슨 일이든 성실하게 했어요. 예수는 소년 시절에도 매일 저녁나절, 홀로 들판으로 나가 오래도록 거닐다 오는 걸 좋아했어요. 그때마다 자연이 글씨 없는 하나님의 책이라고 하더라고요. 새와 꽃 이야

기를 할 적에는 마치 시인과 현자 같았지요. 우리는 맨날 봐도 모르겠는데, 어떻게 그런 지혜를 터득했는지, 그저 놀라울 따름이었어요. 예수의 말은 내게 시원한 샘물이 되었답니다.

1-4)

<u>중년 여성</u>: 그렇게 집안의 기둥인 아들이 서른 살쯤에 어느 날 훌쩍 집을 떠났습니다.

<u>마리아</u>: 태몽이나 엘리사벳을 만난 후부터 언제나 잊지 않고 있었지만, 요셉을 잃었을 때보다 더 큰 충격이었지요. 예언자 요한을 만나러 유대 광야로 떠난다는 말을 했을 때, 나는 그 자리에 주저앉아 눈물만 흘렸지요. 예수는 나를 끌어안고 위로했지만, 나는 며칠을 울어 눈이 퉁퉁 붇다시피 되었어요.

그러더니 떠나는 날 오후, 이렇게 말하는 것이었어요. "어머니, 제가 어머니를 사랑하는 거 잘 아시지요? 제 맘은 어머니를 평생 모시고 행복하게 사는 거예요. 그러나 지금 '아버지'께서 저를 부르고 계세요. 그러니 떠나고 싶지 않아도, 그렇게 해야만 해요! 그게 제 운명이에요. 그러니 어머니는 가로막아서도 안 되고, 그럴 수도 없어요! 동생들이 있으니, 걱정하지 마세요. 선하신 아버지만 믿으세요!"

매우 단호하고도 정감(情感) 어린 어조였지요. 그 애는 요셉이 세상을 떠난 후부터는, 하나님을 아버지라고 불렀어요. 왜 그렇게 부르느냐고 하니까, 대답이 걸작이었어요. '죽어서 집을 떠나는 아버지는 참 아버지가 아니니까요!' 그러면서 옛 예언자들도 하나님을 아버지라고 불렀다고 말하더군요(사 64:8; 호 11:1에서 유추 가능).

<u>중년 여성</u>: 그랬군요. 그러면 마리아는 예수가 집을 떠난다는 말을 할 때

까지는 그런 눈치를 알아채지 못하셨나요?

마리아: 왜요? 그 애를 잉태했을 때 꾼 태몽을 잊은 적 없었지요. 꿈에 천사가 나타나, 첫아들은 하나님의 일을 할 것이라고 했지요(눅 1:26~28). 나는 그 말을, '낳기는 네가 낳지만, 보내기는 내가 보내는 거다.'고 하시는 하나님의 말씀으로 들었어요. 예언자가 되게 하신다는 뜻이었지요. 옛 예언 자들은 누구나 집을 떠나 하나님의 영에 휩싸여 일했으니까요. 그래서 천사의 말을 잊지 않고 지내던 나는 예수가 장성할수록 마음이 항상 불안했지요. 그런데 결국에 그런 날이 오고야 만 것이지요.

하나님이 부르시는데, 내가 어떻게 막겠어요? 예수도 내 생각에 눈시울이 붉어져 아무 말도 하질 못했지요. 그러나 동생들이 있고, 하나님께서 잘 돌봐주실 것이라고 말하며, 이내 단호한 얼굴을 보였지요. 그것은 예수의 성격에서 나온 것이에요. 예수가 곧을 때는 바윗돌 같다고 했잖아요? 그리 고는 나를 한참이나 끌어안고 눈물을 짓고는, 뒤도 돌아보지 않고 떠났어요. 동생들도 펑펑 울었지요.

예수의 뒷모습을 물끄러미 바라보면서, 열일곱 살 되던 해에 낳고(추정) 30년이 되도록 행복하게 살았으니, 그만하면 충분하다고 생각하기로 마음을 다져 먹었지요. 그러나 하나님이 야속해서 오래도록 슬픔과 눈물을 그치지 못했어요. 아니라면 거짓말이지요.

중년 여성: 제 가슴이 먹먹해지네요. 그러면 예수가 고향에 돌아온 것은 얼마 후였나요?

마리아: 나는 계산해보지 않았는데, 동생들 말로는 여섯 달 정도랍니다. 그러나 내 심정의 시간을 어떻게 재겠어요? 마치 10년도 더 된 것 같았고, 나는 지레 늙었지요.

중년 여성: 모습은 어땠나요?

마리아: 옷은 거지꼴인데, 얼굴은 무척 달라졌더군요. 머리칼은 처녀처럼 치렁치렁하여 어깨를 덮었고, 수염은 적당히 깎았는데, 눈매가 형형(炯炯)하게 빛났지요. 마치 어려서부터 들어온 "엘리야" 예언자 같았다고나 할까! 나는 무슨 일이 일어났구나 했을 뿐이었지요.

중년 여성: 무척이나 기쁘셨겠어요?

마리아: 아니랍니다.

중년 여성: 예에? 그게 무슨 말씀인가요?

마리아: 돌아왔다는 말은 들었는데, 집에 오지 않았어요. 이 어미를 그렇게 박정하게 외면할 리가 없는데 하며, 언제 오려나 기다렸지만, 끝내 오지 않았어요. 몹시 야속했지요.

중년 여성: 놀라운 일이네요? 어째서 그랬을까요?

마리아: 그 애가 말하는 "아버지의 일" 때문이었겠지요.

중년 여성: 그래도 그렇지, 어머니와 동생들을 만난 후 가서 해도 될 일이 아닌가요?

마리아: 내가 그 속을 어떻게 알겠어요? 소식을 들으니, 갈릴리호숫가 마을을 돌아다니며, "때가 찼다. 하나님의 나라가 가까이 왔다. 회개하고 복음을 믿어라." 하며(막 1:15), 옛 예언자들처럼 하나님의 말씀을 전한다는 것이었어요. 또 귀신 들린 사람들을 순식간에 멀쩡하게 하고, 문둥병자와 중풍 병자를 비롯한 병자들을 치유하고, 나쁜 놈들로 소문이 자자한 세리들이나 불한당들하고 어울려 밥 먹고 술을 마시며 제자로 뽑기도 하고, 안식일에 남의 밀밭에 들어가 낟알을 따먹거나 병자도 고치며 어겨서, 바리새파 사람들의 비난을 받으며 충돌하고 있다는 것이었어요(막 1:16~3:19).

그래서 우리 마을 바리새파 사람들은 매일 집으로 와, 가서 아들을 잡아 오라고 닦달하고 협박했지요.

그러더니 급기야 "예수가 미쳤다."라는 청천벽력같은 소식이 들려왔어요(막 3:20~30). 부모님과 시부모님, 동생들과 마을 사람들이 한 번 찾아가 봐야 하지 않겠느냐고 했지요. 그래서 하도 서운하기도 하고 놀라기도 해서, 동생들을 데리고 "가버나움"으로 찾아갔지요.

그랬더니 세상에나! 나를 만나주지도 않고 모인 사람들을 가르치기만 했어요. 하는 수 없이 찬밥 신세가 되어, 밖에서 전갈을 넣고 기다리다가 누군가 전한 말을 들으니까, "하나님 아버지의 뜻을 실천하는 사람은 누구나 내 형제와 자매와 어머니"라고 했다는 거예요(막 3:31~33). 어머니를 제일 끝에 말했다니, 너무나도 놀라고 기가 막혀서 할 말을 잃었지요.

만나 보니까, 미친 건 아니었어요. 나는 그 애 눈빛에서 "세상을 불태워 버리려는 것" 같은 예언자의 불꽃을 보았고(눅 12:49), '아버지'께서 그를 완전히 사로잡고 계시다는 것을 확연히 알게 되었어요. 그래서 서운함이나 놀람을 씻고, 예수의 앞날을 걱정하게 되었어요. 옛 예언자들은 누구나 환영받지 못하고 배척과 비난만 받았으니까요.

<u>중년 여성</u>: 그러니 예수를 잉태했을 때부터 슬픔과 고통이 가실 날이 없으셨네요. 매일 나쁜 소문을 들었고, 나중에는 십자가에서 처형되는 걸 보았으니, 평생 그 아들로 인해 가슴을 움켜쥐고 사셨네요. 같은 엄마이지만, 제가 어떻게 그 심정을 이해하겠어요?

1-5)
<u>마리아</u>: 어느 날 나사렛에 들러 안식일에 회당에서 내쫓긴 후, 집으로

왔어요. 나를 한참이나 끌어안았지요. 그러나 목공실은 쳐다보지도 않았어요. 식사를 마친 후, 밤늦도록 이야기를 나누었지요. 잠시 옛날 집에 머물던 때로 돌아간 것 같았어요. 동생들과 장난도 하고 농담도 했지요. 나는 예수 가슴에 얼굴을 묻고 울며 설움을 달래기만 했지요.

그때 예수가 한 말이 지금도 잊히지 않아요. "어머니, 어려서는 아들이 어머니를 따르지만, 커서는 어머니가 아들을 따릅니다." 그때는 무슨 뜻인지 알아들을 수 없었어요. 자기가 모신다는 말은 아니었으니까요. 더는 세상에서 예수를 볼 수 없게 된 후에야 이해했지요.

<u>중년 여성</u>: 또 다른 말은 없었나요?

<u>마리아</u>: 하나 있어요. 예수는 나에게 이런 말도 했지요. "어머니, 어머니의 이름은 세상이 있는 한 언제나 언제까지나 사람들에게 기억될 거예요. 인간의 슬픔과 고통을 아는 아들을 낳아 길러 슬픔과 고통의 어머니가 되었으니까요. '아버지' 안에서 겪는 고통은 아버지의 가없는 사랑이에요. 어머니! 어머니는 온 세상 사람들을 자식으로 둔 어머니가 되실 거예요."

그 후 나는 예수가 하는 일에 훼방이 될까 봐, 일부러 찾지 않았어요. 예수가 더 큰 가정으로 들어갔다고 보았으니까요. 이제 아는 것이지만, 예수의 가슴에는 세상 모든 사람이 들어 있었어요. 입을 열 때마다 말하는 하나님의 나라가 그것이었으니까요.

하루는 나와 예수와 동생들과 제자들이 "가나"에서 열린 결혼식에 갔는데(요 2:1~11), 그때 예수가 이런 말을 했어요. "어머니, 하나님의 나라는 결혼잔치예요. 이 아들은 '아버지'의 뜻을 따라, 온 세상 사람들이 결혼잔치에 참석한 것 같은, 기쁨과 사랑과 웃음과 축복으로 가득한 새로운 세상을 세우려는 거예요. 그래서 온 세상 어머니들이 내 어머니이고, 모든 사람이 내 형제와 자매들이에요. 전에는 아들로서 어머니를 사랑했지만, 이제는 '아버지'의 딸로서 사랑하고 있어요. 그러니 우리는 영원히 같이 사는 거예요."

그 후 예수가 사람들에게 한 말이나 행동을 들을 때마다, 항상 슬픔과 기쁨과 고통이 오락가락했어요. 하는 말이나 행동은 참으로 덕스럽고 훌륭하고 자랑스러운데, 거칠 것 없이 위험하게 하여 지도층 사람들에게 미운털이 박혀 앞날이 몹시 걱정되었으니까요. 십자가에서 죽기 전에 나를 바라보며 한 말을 어떻게 잊겠어요? "어머니, 아들이에요!"(요 19:26)

그러나 이제는 알아요. 예수는 죽었지만, 내 가슴에 이렇게 시퍼렇게 살아 있으니까요. 제자들이 전해준 예수의 가르침과 삶은 지금 나에게 인생의 빛이고 기둥이고 길이에요. 그때야 '커서는 어머니가 아들을 따른다.'라는 말을 이해했지요.

중년 여성: 마리아는 참으로 놀라운 분이세요. 저 같으면 아들이 그렇게 비극적으로 세상을 떠나는 광경을 차마 지켜보지 못하고 혼절했을 거예요.

마리아: 지금 제자들은 예수를 "메시아"로 세상에 전하고 있어요 (Messiah·Christos). 그러나 우리 민족이 기다려온 메시아는 하늘에서 "다윗" 같은 제왕으로 내려오는 "인자(人子)"라고 하는데(단 7:13), 예수는 그런 사람이 아니에요. 내가 아는 것은 예수가 진리와 사랑의 예언자라는 거예요. 예수는 진리와 사랑만이 세상에 하나님의 나라를 세우는 길이라고 했지요.

중년 여성: 저도 애들이 예수를 닮은 사람이 되어, 제 직업에서 성실하게 일하며 하나님의 나라를 펼치며 살기를 바랄 뿐이에요.

마리아: 그렇게 될 거예요.

2

중년 여성: "아베, 엘리사벳!"(눅 1:39~56) 예언자 요한의 어머니 엘리사벳도 마리아와 비슷한 고통과 슬픔을 겪으셨지요?

엘리사벳: 그랬지요. 마리아가 나를 찾아왔을 때, 얼마나 기쁘고 행복했는지, 그리고 얼마나 깊은 슬픔과 고통을 미리 맛보았는지 똑똑히 기억해요. 장차 요한과 예수가 가져올 새로운 세상에 대한 희망에 부풀어 올라 기쁘고 행복했고, 또 그 애들이 이 세상에서 치러야 할 대가가 옛날 예언자들의 수난과 같을 것이기에 미리 슬픔과 고통을 맛본 것이지요.

나도 태몽에서 아들이 "엘리야 같은 예언자"가 될 것이라는 천사의 말을 들었기에, 하나님의 뜻에 따라야 했어요. 늙은 나이에 외아들을 낳아서 기른 기쁨과 행복도 요한이 15살 때(추정) 집을 떠나, 유대 광야의 수도원으로 들어갔을 때까지였어요. 그 후 다시는 아들 얼굴을 보지도 못했어요. 요한은 그곳에서 오랜 수행을 하다가 예언자로 나섰어요. 나는 이스라엘에 그 애 하나 낳아놓고 가는 것으로 만족했지요.

중년 여성: 그런데 그 아들이 악한 임금에게 죽임을 당했으니(헤롯 안티파스, 막 6:14~29))! 참으로 대단한 분입니다. 아들은 예수보다 먼저 하나님의 나라 운동을 시작했지요(마 3:2). 어머니는 훌륭한 아들로 인해 역사에서 길이길이 기억되실 거에요.

엘리사벳: 그 애는 이 어미 가슴에, 잉태했을 때처럼 들어와 살고 있어요. 그리고 나는 사는 동안 예수를 내 아들로 여기고 살 거예요.

3

중년 여성: "베들레헴 여성"을 만나보겠습니다(눅 2:1~7). 당신은 나사

렛에서 온 요셉과 마리아에게 마구간을 내준 분이시지요?

여인: 그래요. 내 딸 또래인 그 어린 여인은 만삭의 몸으로 우리 집에 왔어요. 우리는 여관을 하고 있었는데, 호적을 등록하러 온 손님들로 방이 차서, 하는 수 없이 급히 젖 짜는 양 두 마리가 있는 마구간 한쪽에 짚과 이불을 깔고 머물게 했어요.

중년 여성: 그래도 이것저것 보살펴주셨을 텐데요?

여인: 제 남편은 툴툴거렸지만, 이미 진통을 시작했는걸요. 산파 경험이 있는 나는 하녀를 데리고 물을 데워, 출산을 도왔어요. 생판 모르던 여자가 첫아들을 우리 집에서 낳았으니, 그것도 크나큰 경사요 축복이었지요. 무사히 아들을 낳은 산모에게 죽을 끓여주었어요. 일주일 정도 머무르다가 갑자기 무슨 소식을 듣고는 급히 떠났지만, 돈은 받지 않았어요.

중년 여성: 참으로 복 받을 일을 하셨네요.

여인: 복은요, 무슨? 그저 산모와 아기가 건강하기만 바랄 뿐이었지요.

4

천문학자: "동방박사들"을 만나보지요(마 2:1~12). 선생님들은 먼 나라에서 오셨지요?

박사 1: 그렇습니다. 우리는 바빌로니아의 도성 바빌론에서 왔습니다(추정).

천문학자: 무슨 일을 하셨나요?

박사 2: 우리는 바빌론의 제사장이며 천문학자입니다. 매일 밤하늘의 별들을 관찰하는 것이 우리의 일이지요. 별들의 운행은 인생과 나라의 길흉화복을 예견하게 해주니까요. 이슈타르(Ishtar, 이집트-이시스, 그리스-아프로디테, 로마-베누스·비너스) 여신의 금성(金星)이나 마르두크(Marduk,

그리스-제우스, 로마-유피테르·주피터) 신의 목성(木星)이 매우 가깝게 다가오거나 일렬로 늘어서는 것이나 혜성이 출현하는 것은 길조로 보고, 붉은 행성인 화성(火星)이 가까워지면 세상에 불길한 일이 일어나는 흉조로 봅니다. 그 외에도 일식이나 월식, 행성들의 배치를 보고 길흉화복을 해석하지요.

천문학자: 그러면 베들레헴에 갔을 때 목격한 천문 현상은 어떤 것이었나요?

박사 3: 커다란 혜성이었어요. 무척 밝고 긴 꼬리가 붙어 있고, 매일 밤 움직인 거리가 컸어요. 그래서 우리는 세상에 위대한 인물이 태어날 길한 징조로 보고, 그 현장을 보기 위해 길을 떠났지요. 위대하다는 것은 단지 정복자 제왕이 아니라, 지혜로 세상을 구원할 인물이라는 뜻에서 하는 말입니다. 그런데 혜성이 바빌론 서쪽 유대 땅 쪽으로 가고 있었어요.

천문학자: 그때 천문학이 어느 정도였는지 모르겠지만, 대단한 일을 하셨습니다.

박사 1: 우리도 오래도록 비참한 전쟁이 그치고, 평화롭고 행복한 세상이 열리기를 바랐답니다. 그래서 "황금과 유향과 몰약"을 가지고 가서 태어난 아기를 보고 선물로 주었지요(이것이 이집트 피난 때 도움이 된 것으로 추정). 우리는 그 아기가 분명 세상에 참된 평화를 가져오는 왕이 될 운명이라고 보았으니까요. 그것을 어떻게 이룰지는 알 수 없었지만요.

5

대관령 목장 인부: 베들레헴의 "목동들"을 만나봅니다(눅 2:8~20). 당신들은 아기 예수를 보고 어떤 느낌이 들었나요?

목동 1: 모든 아기는 새로운 세상을 창조하는 하나님의 사자(使者)랍니다. 왜냐면 아기는 별의 꿈을 안고 세상에 들어오기 때문이지요.

대관령 목장 인부: 멋진 시인이시네요!

목동 2: 이 친구는 기억력이 좋아 "솔로몬의 노래"를 줄줄 외워요(아가서·雅歌書). 나는 아기 부모가 멀리 갈릴리 나사렛에서 온 사람들이라는 말을 듣고 슬픔을 느꼈어요. 사람 취급도 받지 못하는 우리 목동들처럼(유대교의 관습 율법에서, 몸에 냄새가 나는 목동은 성전에 들어갈 수 없음), 아기도 길바닥에서 태어나면서부터 구박받는 생을 사는구나 싶었으니까요. 그래서 그 아기가 장성해서 우리 같은 사람들이 사람 대접받는 좋은 세상을 만들기를 바랐어요.

대관령 목장 인부: 그렇지요. 희망은 우리 가슴에 별을 안겨다 주는 하늘의 천사이니까요.

목동 3: 저는 갓 태어난 아기와 부모가 양들과 함께 고요히 앉아 있는 것에 크나큰 감명과 위로를 받았어요. 마치 하나님의 거룩한 성전 같았지요. 우리는 떠나오면서 온 동네가 떠들썩하게 노래를 불렀답니다.

대관령 목장 인부: 그렇지요. 그 아기가 바로 인류의 집이 될 터이니까요.

6

군인: "헤롯의 군사들"을 만나보겠습니다(마 2:13~18). 나도 군인이지만, 당신들은 아기들을 죽여, 참으로 씻을 수 없는 악행을 저지른 것입니다!

군사 1: 왕과 사령관이 명령하는데, 어떻게 합니까? 직업이 그랬으니, 운명이었지요. 몹쓸 시대에 태어나 군인이 된 게 죄라면 죄라 하겠어요.

군인: 그렇다고 해서 책임이 없어지는 것은 아니지요.

군사 2: 그것도 압니다. 지금도 무척 괴로워하고 있어요. 아기들은 아무 것도 모르고 죽었지만, 울부짖던 엄마 아빠들의 얼굴을 어떻게 잊겠어요? 우리 애들을 바라볼 때마다, 내 손에 무참하게 죽은 아기가 떠오릅니다. 그래서 지금도 하나님께 용서를 빌며 삽니다.

군인: 그런 점에서 어린이들의 살육을 명령한 장본인의 죄악은 결단코 용서받지 못할 겁니다. 권력을 차지하고 영화를 누리는 그런 놈들은 인간으로서 쥐새끼보다 못한 족속이지요. 그런 자의 악한 명령에 어쩔 수 없이 복종해야 했던 군인들의 죄는 그래도 용서받을 것입니다. 물론 진심으로 뉘우치며, 씻기지 않을 상처를 입은 가족을 위해서 기도하고 용서를 구해야 하겠지요. 그렇지 않다면, 평생 살아도 시체로 사는 겁니다.

군사 3: 우리는 그 모든 걸 다했습니다. 그래도 뼈아픈 자책이 씻겨나가지 않습니다. 그때 내가 죽인 아기들과 함께 나도 죽은 것이지요.

군인: 그렇게까지 자책하지는 마십시오. 군인의 힘이 백성을 지키고 보살피는 일에만 쓰이는 세상이 오기를 바랄 뿐입니다.

02

막달라의 마리아, 가버나움의 야고보와 요한 형제의 어머니
마리아, 헤롯 안티 파스의 재정관 구사의 아내 요안나,
수산나, 살로메, 사마리아 여인, 가버나움의 바리새인

1

　여성 기자: 저는 여성들의 삶을 취재하여 르포 기사를 쓰는 여성 잡지사
기자입니다. 복음서에서 예수를 만난 여성들 이야기를 두 회에 걸쳐서 연
재하려고 합니다. 제 말은 될 수 있는 한 줄이고, 취재에 응한 여성들의 고
백과 증언을 담았습니다.

　이 두 편의 이야기에 앞서, 먼저 짚고 넘어가야 할 사항을 분명히 말하
고자 합니다. 현대 세계에서도 민주주의가 가장 발전한 주요 선진국 외에
는, 아직도 여성의 인권이나 삶은 매우 열악합니다. 일본이나 한국 사회는

민주주의가 발전했어도, 여전히 여성의 인권과 지위를 제대로 평가하고 대우하지 않지요. 아직도 "유리천장"(glass ceiling)이란 말이 사라지지 않고 있으니까요. 이 용어는 1970년대에 미국 경제 전문 일간지 '월스트리트 저널'이 만든 조어인데, '충분한 지적이고 업무적 능력을 갖춘 여성이 직장 내에서 여성이라는 이유만으로 연봉이나 승진에서 불이익을 받고 고위직으로 상승하지 못하는 상황'을 가리킵니다.

여성의 위치가 열악한 여러 요인이 있습니다. 첫 번째는 여성이라는 이유입니다. 그러나 여성은 남성과 여러 면에서 다를 뿐, 결코 모자라거나 무능한 존재가 아닙니다. 여성은 '밥순이, 커피 마담'이 아니에요! 다른 방면에서는 남성보다 더 잘하는 일이 많습니다. 그리고 정치, 종교, 남성 우월주의와 가부장제의 보수적인 전통문화, 교육, 관습, 빈부 격차와 가난 등이 여성의 위치를 격하하고 강화하는 요인으로 작용합니다.

아직도 한국 남성들은 툭하면, '여자가~!' 하는 투의 말을 버릇처럼 내뱉습니다. 여자가 뭐 어때서요? 여자는 사람 아닙니까? 여성을 성(性)의 소유자로만 보는 눈은 죄다 병들고 단단히 삔 바보 천치의 눈입니다! 초등학생이나 청소년들조차 그렇습니다. 아무래도 가정 교육과 사회 분위기 탓일 겁니다.

그러나 사회는 그저 가정의 확대판일 뿐이기에, 여성에 대한 사회적 차별의 행태는 부모의 책임이 크다고 하겠습니다. 낡아빠진 구시대의 권위주의 가정에서 자라는데, 무슨 여성 인권을 소중히 여기는 사고방식을 지닐 수 있겠습니까? 심지어 남편이 권위주의적인 가정의 어머니들조차도 엄연히 여성임에도 불구하고 남편에게 눌려 사는 게 습관이 되어, 딸에게 순종을 떠드는 형편이니까요.

저는 모태 기독교인입니다. 제 부모님은 생각이 열린 분이라서, 어려서부터 여자가 아닌, 한 인간으로 대우하며 길러주셨습니다. 행운이지요. 우리 사회 여성의 위치가 열악한 것을 보고, 저는 대학교에서 여성학을 공부했고, 여성 전문 취재 기자가 되었습니다. 그간 중소기업의 CEO나 대기업의 고위 임원, 판사나 검사나 변호사, 교수나 교사, 주부, 농부, 건축설계자, 상인, 택시나 트럭이나 중장비 운전사, 환경 운동가, 사무원, 전화나 매장 판매원, 성매매, 노숙자 등, 수많은 여성을 취재하면서, 여성과 인권과 삶의 문제를 드러내고 고발하며 나름대로 헌신해왔습니다.

우리 사회는 무척이나 많이 변화했는데도, 여성들은 여전히 갖가지 차별과 억압을 받고 있습니다. 그런데 놀라운 점은 기독교인이 운영하는 회사라는 것을 내놓고 자랑하는 중소기업들의 여성 차별적 대우와 태도입니다. 도대체가 직장인지 교회당인지 구별할 수 없을 만큼, 권위적이고 강제적이고 위압적인 태도가 만연합니다. 여성을 그저 말 잘 듣는 노예로 아는가 봅니다. 툭하면 성서를 인용하며 순종이 제일이라 한답니다. 그러나 기독교인이 아닌 기업들도 그렇게까지 하지는 않습니다.

그런데 우리가 알아야 할 것은 그런 기업은 제대로 발전하지 못한다는 점입니다. 이름을 대라면 얼마든지 댈 수 있습니다. 툭 터놓고 좋은 의견을 개진할 공간적이고 심리적인 자유가 살아 있는 기업이 발전한다는 것은 경영학의 기본입니다. 회사는 왜 합니까? 많은 수익을 창출(創出)하여 발전하자는 게 아닙니까? 그렇다면 시키는 대로 순종적으로 일하는 것보다는, 자유롭게 의견을 내놓고 토론하며 즐거운 분위기에서 창의적으로 일을 하는 것이 경영 논리상 회사에 큰 도움이 될 게 아닙니까?

우리나라 어떤 의류 회사는 기독교인이 운영하는데, 사회적인 물의를 일으킨 게 한두 번이 아닙니다. 그런데 그 회사는 창립한 지 수십 년이 지났는데도, 발전하기는커녕 제자리도 지키기 버겁다고 합니다. 그러나 동종(同種)의 일본 회사인 "유니클로"는 중저가 제품으로 날이 갈수록 세계적으로 발전하고 있습니다.

그 회사가 그렇게 성공할 수 있었던 이유는 CEO의 열린 정신과 창의적 발상을 높이 평가하는 태도 때문이라고 하는데, 회사 분위기가 자유롭고 인간적인 것은 물론, 능력 있는 여성은 얼마든지 고위직에 승진한다고 합니다. 물론 기독교인이 운영하는 한국의 중소기업에도 좋은 회사는 많을 것입니다.

서론이 길어졌습니다만, 내친김에 한마디 더 하고 들어가겠습니다. 성서 이야기입니다. 성서에는 두 가지 뚜렷한 여성관이 나옵니다. 그런데 보수적인 기독교인들은 하나는 뭉개버리고, 자기들이 좋아하는 권위주의적 여성관만 하나님의 뜻인 양 왜곡하고 호도합니다.

하나는 현대 용어로 말하면, 여성 해방적 여성관입니다. 다른 말로 하면, 여성을 어엿하게 남성과 똑같은 고귀하고 존귀한 인간으로 말한다는 것입니다. 평등한 인간관이지요. 몇 가지 예를 들어보지요. 창세기 1장 27절은 하나님의 인간 창조를 말하면서 처음부터 남녀평등을 선언하는데, 이론(異論)의 여지조차 없이 명확한 것입니다. 남녀가 "하나님의 형상"이기에 평등합니다. 그 어떤 차별의 구실을 댈 수 없는 확고한 말씀입니다.

그리고 초등학생들도 잘 아는 창세기 2장은 에덴동산의 아담과 하와 이야기이지요. 그런데 한글판 성서는 하와를 아담의 "배필(配匹)"이라고 번역하는 바람에 사실과 진실을 그르쳤습니다. 배필의 본뜻은 "짝"이고, '동료나 친구'를 의미하지요. 그러나 배필이란 단어는 유교의 가부장제 전통이 살아 있는 한국 사회에서 그런 식으로 이해되지 않고, 마치 여자를 남자의 부속품인 양 오해하게 되지요.

영어 성서는 대개 "a suitable partner"라고 하는데(적절한 동료·짝, a helper as partner), 이것이 적절합니다. 이것 역시 남녀평등을 말합니다. 그리고 이스라엘 사사(士師) 가운데는 여성인 "드보라"도 있고(삿 4장), 제1 이사야의 아내는 예언자입니다(사 8:3).

그런데 무엇보다 가장 중요한 것은 예수의 여성관입니다. 예수는 그를 믿는 모든 이들의 주님이고 스승이시니, 당연히 기독교인들은 예수의 생각과 가르침과 삶을 따라야 합니다. 예수 시대 여성의 삶은 그야말로 최악이었지요. 사람으로 취급하지도 않았습니다.

그런데 예수는 여성을 여성으로 본 게 아니라, '사람'으로 보셨습니다! 이것은 지금도 제대로 따르지 못하는 것이지요. 2천 년 전이니, 얼마나 진보적이고 진실합니까! 예수는 여성도 제자로 받아들이셨지요! 그것은 당대 가부장제 유대교 사회에서 큰 '물의'(物議, 그-스칸달론·scandalon, 영어 scandal의 원어)를 일으킨 파격적이고 혁명적인 태도였습니다.

복음서는 예수의 그런 사회적 통념의 혁파와 혁신을 말하면서도, 실상에 대해서는 애써 감추기도 합니다. 예수는 하나님의 뜻을 실천하는 사람은 누구나 자기의 어머니와 자매라고 했지요(막 3:35). 그런데도 복음서는 그것의 파격과 혁명성을 제대로 알리지 않고, 여전히 유대 사회의 구시대적 고리타분한 여성관을 그대로 드러냅니다(막 6:44-오병이어 사건에서 남자만 숫자로 셈; 마 14:21-여자들과 어린아이들 외에, 어른 남자만 셈).

그런데 여성은 교회에서 잠잠하고 남을 가르치지도 못하게 한 바울의 여성관은 실로 예수에게 지나치게 못 미치고 먼, 보수적 유대교 양반들의 태도였다고 하겠습니다. 그가 여러 여성의 도움을 받았음에도 불구하고 그랬다는 게 도무지 믿기지 않지요(행 16장-루디아, 18장 브리스길라). 그러고 보면 신비 체험이나 성령의 감화조차도 사람의 사고방식을 전면적으로 변화시키지는 못하는 것 같습니다(초기 교부들도 그렇다)!

좀 과격하지만, 나는 이것이 복음서 기자들이 예수의 여성관을 제대로 알리지 못한 이유라고 봅니다. 왜냐면 복음서는 바울의 신학과 교리가 초기 교회의 주류로 형성된 이후에(서기 50년대) 나온 것이기 때문이지요(서기 75~90년대). 물론 복음서들이 무조건 바울을 추종했다는 말이 아닙니다. 대단히 혁신적인 예수의 말과 행동을 그대로 기록한 것도 많으니까요.

이제부터 예수와 만난 여성들 이야기에서 예수의 여성관이 고스란히 드러날 것이기에, 더 말할 게 없습니다. 기독교인들은 가정에서나 교회에서나 직장에서나 사회에서나, 반드시 예수의 여성관을 따라야 할 것입니다. 그렇지 않으면 기독교인 축에도 들지 못할 것입니다! 사람들의 눈을 의식하고 그런 사회 분위기에 따라서 산다면 굳이 기독교인일 것도 없습니다. 기독교인은 어디까지나 예수의 여성관을 따르는 사람이니까요.

2

<u>기자</u>: 반갑습니다. 당신의 이름도 마리아이니, "아베, 마리아"라고 해야겠네요. 사람들은 당신을 "막달라 마리아"라고 하지요. 다른 마리아와 구별하기 위하여 살던 동네 이름을 붙였나 봅니다.

<u>마리아</u>: 그랬지요.

<u>기자</u>: 막달라는 어디에 있나요?

마리아: 갈릴리호숫가 북서쪽에 있는 어촌이지요. 북쪽의 '가버나움'에서 가까운 곳이에요. 사람들은 주로 호수에서 물고기를 잡아 파는 어부들이었지만, 농부들과 상인들도 많았어요. 막달라는 북서쪽 산지의 나사렛이나 가나나 세포리스로 가는 길목에 있거든요. 호숫가에서는 남쪽에 있는 갈릴리의 수도인 '티베리아스'가 가장 큰 도시였고, 가버나움이나 우리 동네도 제법 큰 마을이었지요.

기자: 그런데 마리아네 집은 어땠나요?

마리아: 아버지는 커다란 어선 몇 척을 거느린 부유한 어부 겸 상인이었어요. 생선은 금방 부패해서 주로 가까운 티베리아스 시장에 내다 팔고, 소금에 절여 말린 물고기는 북쪽의 나사렛과 가나와 세포리스, 남쪽의 예리코(여리고)와 예루살렘에까지 내다 팔았지요.

기자: 유복하게 사셨겠군요.

마리아: 그렇지요. 아버지는 무척이나 깬 분이라서, 여자인 저에게까지 글을 배우게 하셨어요. 당시에는 매우 용기 있고 파격적인 일이었지요. 그래서 저는 우리가 사용하는 아람어를 읽고 쓸 줄 안답니다. 히브리어는 마을 회당의 랍비가 반대해서 배우지 못했어요.

기자: 그런데 기독교인들은 대개 당신을 "창녀"였다고 알고 있답니다. 그런가요?

마리아: 전혀 아니에요. 누군가 음해한 것이에요.

기자: 그런데 누가복음 기자는 당신을 "일곱 마귀가 떨어져 나간 여인"이라 합니다(8:2). 그러면 이 말을 그렇게 오해한 것이네요.

마리아: 그렇겠죠. 우리 시대 유대인들은 누구나 여자가 오래도록 지독한 병을 앓으면, 악마니 귀신이니 하면서, 미친 사람이거나 창녀라고 했는

데, 관습이었어요. 남자가 병을 앓았어도 남창(男娼)이라고 하진 않으니, 그 저 내가 여자라서 그렇게 말한 것입니다.

기자: 그럼 어떤 병을 그렇게 오래 앓았나요?

마리아: 결혼할 나이인 15살에 들어섰을 때, 말라리아에 걸려서 오랫동 안 앓았어요(추정). 사경을 헤맨 일이 한두 번이 아니었지요. 아버지와 어머 니는 나를 잃어버리는 게 아닌가 할 정도였지요. 용하다는 의사는 모두 불 러 치료했지만, 아무도 고치지 못했어요. 그러자 결국에는 정신까지 오락 가락하는 상태가 되었지요. 부모님조차도 알아보지 못할 정도였어요. 그래 서 사람들이 마귀가 들어도 지독하게 들었다 해서 일곱 마귀라고 한 것이 에요. 유대인들은 일곱이란 숫자를 '포화상태, 한계, 극한, 충만, 완성' 등 의 뜻으로 쓰니까요.

기자: 그런데 어떻게 치료가 되었나요?

마리아: 마침 그때 '가버나움'에 나사렛 출신의 예수라는 분이 나타나, 말씀을 가르치고 병자들을 고친다는 소문이 들려왔어요. 그래서 인근 마을 사람들이 병자들을 데리고 와서 고치고 갔답니다. 그러자 아버지는 지푸라 기라도 잡는 심정으로 사람을 보내 그분을 모셔오게 했어요.

그러나 그분은 거절하고 오시지 않았어요. 당신 뜻대로 움직이셨나 봐 요. 그렇게 며칠이 지난 어느 날 예수가 우리 마을에 오셨어요. 아버지와 어 머니가 달려가 무릎을 꿇고 눈물을 흘리며, 제발 딸을 살려달라고 간청하 자, 우리 집에 오셨어요.

나는 그 날 예수의 그 눈빛을 평생 잊을 수 없을 거예요. 정신이 오락가 락하는데도, 나를 바라보시는 그 눈빛에 빨려 들어가는 느낌이었어요. 무 어라 말할 수 없는, 태어나서 처음 보는 눈빛이었어요. 강렬하면서도 깊고,

부드러우면서도 빛나고, 따스한 자비심을 내뿜으면서도 고요하고 침착했어요. 마치 늘 푸른 갈릴리호수가 그 눈에 담긴 것 같았지요.

가까이 다가와 앉은 예수는 나를 지긋이 바라보며 이마를 쓰다듬으며 손을 쥐셨어요. 그리고는 나지막한 음성으로 무어라 말했는데, 무슨 말인지 똑똑히 듣지 못해서 지금도 알 수 없어요. 그러자 내 몸에서 마치 눈(雪)폭풍이 일어나는 것 같은 차디찬 느낌이 확 훑고 지나가는 것이었어요. 온몸을 떨었지요. 부모님은 내가 죽는지 알고 놀라서 얼굴을 감싸 쥐었지요. 그리고는 이내 따스한 기운이 온몸을 적시는 것이었어요. 그러자 예수는 내 손을 잡고 일으키셨지요. 그 순간 놀랍게도 온몸에서 고통이 사라지고 기운이 솟아났어요. 부모님은 눈물 속에 나를 끌어안으셨지요.

예수는 밖으로 나가 마당에 있는 의자에 앉으셨어요. 정신이 든 부모님은 내 손을 잡고 밖으로 나와, 예수를 "랍비"(선생님)라고 부르며 연신 절을 하고 감사를 드렸어요. 구경나온 마을 사람들은 모두 환호성을 지르며 기뻐하고 하나님을 찬양하고 예수를 칭송했지요. 예수와 제자들은 그날 저녁 식사를 하고 이틀이나 머물다가 떠나셨지요. 아버지는 제자 한 사람에게 여행에 쓰시라고 두둑하게 경비를 건네주었고요.

몇 달 지난 후, 나는 부모님께 예수를 따라다니겠다고 말했어요. 부모님은 결사적으로 반대하셨지만, 결국에 내가 이겼지요. 예수 일행은 북쪽으로 떠나 여러 곳을 다니셨어요. 나는 소문을 주시하다가 다시금 우리 마을을 지날 때 만나서 뜻을 말씀드렸지요. 랍비는 선뜻 허락하시지 않았어요. 내가 어렸으니까요.

나는 내가 병이 나은 것은 랍비를 도우라는 하나님의 뜻일 것이라고 하며 우겼지요. 그러자 랍비는 곰곰이 생각하다가 허락하셨어요. 제자들도 반대했지만 준엄하게 말하며, '지금은 그대들이 몰라도 나중에는 알 것'이라고 하면서 설득하셨지요. 이제 보면, 랍비는 하나님의 나라는 누구든 환대하고 참여할 수 있다고 생각하셨기에 허락한 것이지요.

기자: 남성 제자들 틈에서 생활하는 데 어려운 점이 많았을 텐데요.

마리아: 워낙 랍비가 자상하시니까, 제자들도 나를 많이 챙겨주었지요. 특히 '미남' 요한이 그랬어요. 나보다 네 살 더 많은 요한은 성품이 강직하면서도 부드러운 면이 풍부해서, 나를 여동생처럼 아끼고 돌봐주고 매사에 변호해주고 말 상대가 되어 주었어요. 그는 랍비를 무척이나 많이 닮은 사람이에요. 나는 부모님께 가끔 사람을 보내 안부를 전하기도 했지요.

기자: 그 후 마리아는 예수께서 십자가에 달리고 무덤에 묻히실 때도 함께했고, 부활 현장에는 홀로 있었지요(요 20:1).

마리아: 내가 울고 있을 때, 다시 사신 랍비께서 내 이름을 부르고 '미리암, 사랑한다!'라고 한 말을 어찌 잊을 수 있겠나요? 그 후 내 영혼과 삶은 랍비가 내 안에 들어와 당신의 삶을 사시는 것이 되었지요.

기자: 감동적인 이야기를 들려주어 고맙습니다.

3

기자: "아베, 마리아!" 당신은 야고보와 요한의 어머니이시지요?

마리아: 그래요. 나는 "가버나움의 야고보와 요한 형제의 어머니 마리아"에요.

기자: 가버나움은 예수께서 처음으로 제자들을 부르신 곳이지요(공관복음. 요한복음은 다름). 어부인 당신의 두 아들과 이웃집 베드로와 안드레 형제들입니다. 그런데 아드님들이 예수의 한 마디의 부름에 어떻게 바로 따

라갈 수 있었는지, 믿어지지 않는데요?

마리아: 이야기를 하자면 길어요. 어느 날, 제사장 아들인 "요한"이 요단 강 끝에 있는 유대 광야에 나타나, "하나님의 나라가 가까이 왔다. 회개하라."라고 말하며 침례·세례를 준다는 소식이 들려왔어요(마 3:2).

그 사람은 광야에 있는 어떤 수도 단체에서 오랫동안 수도 생활을 했나 봐요. 그 수도원은 지금도 거기에 있어요. 사람들은 요한을 "말라기" 예언자 이후 400년 만에 나타난 예언자라고 했어요. 그래서 말라기 예언자의 말대로(말 4:5), 그를 메시아가 오기 전에 나타날 "엘리야" 같은 예언자라고 믿었지요. 곧 오실 메시아의 길을 예비하는 사람이라는 요한의 출현은 젊은이들을 흥분시키며 열풍을 일으켰지요. 우리 애들도 그에게 갔다가 제자가 되었어요(요 1:35~42). 얼마 후 예수와 함께 고향으로 돌아왔지요.

예수는 베드로 형제와 우리 애들이 어부이니까, "내가 너희를 사람을 낚는 어부가 되게 하겠다."라고 하며 데리고 다니셨어요. 남편은 무척 반대했지만, 애들이 고집을 피워 하는 수 없이 내버려 두었답니다. 나는 가만 있었어요. 그러나 요한이나 예수가 말하는 하나님의 나라라는 것을 도무지 이해할 수 없었어요.

기자: 그것은 유대인들이 오랫동안 기다려온 세상이 아니던가요? 메시아가 오면, 그런 세상이 이루어진다고 믿어왔잖아요?

마리아: 그래요. 그러면 말이에요, 내 생각에는 이렇게 되어야 했어요. '예수가 숨겨진 다윗 같은 대왕 메시아거나, 아니면 예수 또한 메시아의 길을 예비하는 요한 같은 예언자이거나, 둘 중 하나여야 한다.' 왜냐면 옛 예언자들은 분명히 메시아가 다윗의 후손으로 온다고 말했으니까요. 그러면 엘리야 같은 예언자가 둘인 셈이니, 나쁠 것도 없지요. 메시아가 올 게 더

욱 확실해지니까요.

그래서 나는 예수가 다윗 같은 대왕인 메시아라면, 갈릴리 촌구석에서 왕이 될 순 없으니까, 장차 예루살렘에 가서 왕이 되려나 보다 하고 생각했지요. 그래서 애들이 예수를 따라가는 것을 내심 좋아했지요. 그렇지만 내색하지는 않았어요.

기자: 듣고 보니, 대단히 총명한 분이시네요?

마리아: 총명하기는요. 하기는 그런 말 많이 들었지요. 호호!

기자: 그래서 예수가 점점 예루살렘 가까이 가자, 때가 왔구나 하고 따라가서, 두 아드님을 위하여 흥정(로비)을 벌이신 것인가요(막 10:35~45)?

마리아: 흥정은요, 내가 무슨 상인인가요? 하기는 흥정이기는 하지요. 예수가 가는 곳마다 병자들을 한순간에 낫게 하는 기적을 일으키자, 군중이 구름 떼처럼 따랐어요. 그것은 누구라도 예수가 예루살렘에서 다윗 같은 대왕이 될 징조로 볼 수밖에 없는 일이었지요. 사람들이나 나는 예수가 하는 말은 하나도 듣지 않았어요. 들어도 '하나님의 나라'라는 말만 들었지요. 그것은 누가 뭐래도 메시아가 온다는 말이었어요. 그래서 오로지 예수가 기적의 사나이라는 것만 봤지요. 어떤 의사도 못 고치는 병자를 손만 대어 낫게 하고, 죽은 자도 살려 놓으니(눅 7:11~17, 나인성 과부의 아들), 왕이 되는 것이야 식은 죽 먹기일 것이었으니까요.

기자: 그래서 염치불구하고 아드님들을 위하여 흥정하신 것이네요? 혹시 아드님들이 부추겼습니까?

마리아: 부추긴 것은 없지만, 말을 듣고 보니 그런 눈치였어요. 그래서 우리 애들이 하지 못할 말을 내가 나서서 한 것이지요.

기자: 대단하십니다! 그래서 형은 장차 다윗 대왕 같은 메시아 예수의 오

른편에, 동생은 왼편에 앉게 해달라고 하신 거예요?

마리아: 아니, 뭐 그런 것보다는, 다윗 대왕 같은 메시아는 하나님의 '나라'를 세운다고 하니, 나라에는 장관들이 필요할 게 아니겠어요? 그래서 현실적인 입장에서 부탁한 것이지요.

기자: 여성 정치인이 되셔야 할 걸 그랬어요. 그런데 예수는 일언지하 거절했지요?

마리아: 그렇죠. 그때 예수는 도무지 알아듣지 못할 말을 했어요. "내가 마시는 잔, 내가 받는 침례"라고 했지요. 나중에 안 사실이지만, 그것은 예수가 자신의 수난과 치욕, 십자가와 죽음을 가리킨 것이었어요.

기자: 그런데 어떻게 마음이 달라지셨나요?

마리아: 무슨 뜻인가요?

기자: 제 말은 예수가 십자가에 달려 죽고 동굴에 묻혔을 때, 이튿날 새벽에 무덤에 찾아갔기에 하는 말이에요(야고보의 어머니 마리아, 막 16:1; 눅 24:10). 그것은 예수를 제대로 이해했다는 뜻이 아닌가요?

마리아: 아니에요. 정(情) 때문이었어요. 우리 집은 넉넉한 편이었기에, 나는 애들 아버지 몰래 예수나 우리 애들이나 제자들을 위해서 줄곧 경비를 대주었어요. 그때는 마침 유월절이었기에, 나는 예루살렘에 순례를 갔어요. 그런데 그런 일이 벌어진 거예요. 그간 정도 들었고, 또 우리 애들의 랍비이니, 이래저래 안타까웠지요. 우리네 지도자들은 예수를 위험한 인간이라고 욕을 해댔지만, 내가 볼 때 예수처럼 의롭고 선하고 자비로운 청년도 없었어요. 그것이 나에게 감동을 주었지요.

게다가 이제 나이 서른세 살이니, 얼마나 한창때인가요? 그리고 얼굴도 모르는 예수의 어머니 마음을 헤아리자니, 가슴이 아파서 열 일 제쳐 두고 막달라 마리아를 따라서 갔던 거예요. 그러나 나도 모르겠어요. 그냥 무엇이 나를 끌어당겨 그렇게 되었다고 하는 게 옳을 거예요. 참 슬펐지요. 그런데 한참 울다가 무덤 안으로 들어가 보니, 시신은 없고 텅 빈 동굴뿐이었어요. 그리고 어떤 남자가 갈릴리에서 그를 만날 것이라고 말했어요(막 16:1~8). 그 말이 무슨 뜻인지 몰랐지요. 그 후 무척이나 허탈한 심정에 싸여 집으로 돌아왔어요.

기자: 그 후 아드님들은 예수가 부활했다는 말을 하며 예수가 하던 일을 이어받아 한 것이네요?

마리아: 그렇지요. 철없던 시절이 부끄럽지만, 나도 이제는 예수를 새로운 세상을 펼치는 하나님의 예언자로 믿어요. 그의 얼굴과 말은 지금 내 가슴에 살아 있어요.

4

기자: 이번에는 "헤롯 안티파스의 재정관 구사의 아내 요안나, 그리고 수산나와 살로메"와 이야기를 나누는 자리입니다(눅 8:1~3). 제가 알기로 갈릴리의 영주 "헤롯 안티파스"는 독재자인데, 요안나는 그 정부의 요직인 재정관의 아내였네요?

요안나: 독재자 밑에서 일한다고 해서 독재자인 것은 아니니까요. 내 남편은 그런 것하고는 거리가 멀지요. 물론 정부 지출을 위해서 백성에게서 세금을 받아내야 했으니까, 그런 재정 계획도 짰지만, 그것은 대개 영주의 명령이나 봉토 운영의 필요 때문에 했을 뿐이지, 백성을 갈취한 것은 아닙니다. 세리와 마찬가지로, 누군가는 해야 할 일이었지요. 그러나 제 남편은 청렴한 관리였답니다. 받는 봉급으로 만족했으니까요. 그리고 남편과 나는

도성 "티베리아스"의 가난한 사람들을 많이 도와주었어요.

기자: 그런데 어떻게 하여 예수 일행을 돕게 되었나요?

요안나: 예수는 도성 티베리아스에는 한 번도 들리지 않았어요. 왜 그랬는지는 모르겠어요. 아마 헤롯이 예언자 요한을 죽인 것 때문이었을 거예요. 이 말은 예수가 두려워했다거나 죽지 않으려고 했다는 말이 아니라, 당신의 "때"를 위해서 의도적으로 피하신 것 같다는 거예요. 더 큰 일을 위하여 작은 것을 버리신 것이라고 할 것이니, 현명한 태도였지요.

헤롯 안티파스 정부의 정보원들은 갈릴리 모든 곳에서 촘촘히 활동했어요(막 3:6). 민중 반란 때문이었지요. 그는 전에 나사렛과 가나 북쪽에 자리한 자기 아버지 "헤롯 대왕"(기원전 37~4년)의 별장이 있던 풍광 좋은 "세포리스"를 도성으로 삼고, 각종 건설 사업과 강제 동원과 세금 착취를 했지요.

그 때문에 반란과 방화로 화재가 일어나 많은 건물이 소실되고, 자기 군대로 막을 수 없게 되자, 로마 군대를 불러들여 강제 진압을 했지요. 그때 십자가에서 처형당한 사람들이 무려 3천 명이 넘었어요. 그 후 도성의 민심이 흉흉했지요. 그래서 그는 티베리아스에 새로 도성을 짓고 옮긴 거예요. 도시 이름도 당시 로마 황제 "티베리우스"(재위: 서기 14~37년) 이름을 따서 아부하기 위해서 지은 것이지요.

헤롯 안티파스가 가장 두려워한 것이 민중 반란이었기에, 예수의 활동을 처음부터 감시하고 죄다 파악하고 있었어요. 그런데 내가 남편을 통해서 들은 소식에 따르면, 예수는 한 번도 민중을 선동하거나 헤롯을 비판하는 말을 하지 않았다는 거예요. 후에 갈릴리 밖에서 딱 한 번 헤롯을 "여우 새끼"라고 한 것밖엔 없어요(눅 13:32).

그리고 예수는 가난하고 병들어 비참하게 살아가는 민중의 친구가 되어, 그들에게 하나님의 말씀을 전하며 위로하고 희망을 주고 먹이고 돌보고, 특히 어린이들과 여인들을 깊이 동정하고 자비롭게 만나신다는 거예요. 나는 그런 소문을 들을 때마다 놀라며 감동하고 눈물을 흘렸어요. 지금 이렇게도 각박하고 힘겨운 세상에 그런 사람이 있다는 것을 믿을 수 없었지요. 그래서 점점 예수에 매혹되었지요.

그런데 매일 제자들과 함께 걸어 다니며 풍찬노숙(風餐露宿)을 하시는데, 음식이나 의복이나 신발이 필요할 것이고, 그리고 만나는 가난한 사람들에게 음식이라도 나눠주려면 경비가 있어야 할 것이기에, 따라다니진 못해도 도울 방법을 찾다가, 여기 나와 친자매처럼 지내는 마음씨 고운 '수산나와 살로메'와 함께 돕게 된 거예요. 이들의 남편들도 내 남편과 함께 재정부에서 일합니다. 물론 우리는 남편들이나 다른 관리의 아내들이 모르게 한 것이지요.

기자: 참으로 훌륭하십니다. 그런데 살로메는 예수가 죽은 후 막달라 마리아와 함께 무덤까지 갔다고 하던데요(막 16:1)?

살로메: 요안나 부인처럼, 수산나와 나도 예수께 매혹되었어요. 그런데 유월절에 순례를 갔다가 십자가에 달리신 예수를 보게 되었어요. 너무도 큰 충격에 슬픔과 고통이 이루 말할 수 없었지요. 그 자리에서 막달라 마리아도 만났지요. 그녀로부터 예수의 이야기를 더 자세히 들었어요. 그래서 그 새벽에 그녀와 함께 예수의 시신에 향료를 발라드리기 위해서 갔던 거예요. 영혼 깊은 곳에서 그래야만 한다는 울림을 느꼈으니까요.

수산나: 예수는 언제나 새롭고 영원한 내 남편이시랍니다.

기자: 그렇군요. 내가 읽은 이야기 하나를 들려드릴게요. 예수를 따르는 어떤 여성 이야기인데요(17세기 스페인 성녀 '데레사 수녀'. 마르셀 오클

레르-아빌라의 데레사 전기). 그녀는 매일 아침 자리에서 일어나자마자 하는 일이 있었어요. 머리맡에 있던 예수의 목각 조상(彫像)을 침대에 올려놓고 바라보며 이렇게 기도했답니다. "사랑하는 예수여, 당신은 이 세상에 머무시던 30년 하고도 3년 동안, 충분히 고통받으셨어요. 그러니 오늘은 쉬세요. 제가 대신 고통받을 테니까요."

나는 이런 순결하고 신실한 여성들 때문에 오늘날도 교회가 유지되고 있다고 봐요. 꼭 큰일을 하여 유명한 여성이어야만 하는 것은 아니지요. 배운 것 없고 가난하지만 경건한 시골 할머니라도 교회가 썩지 않고 살아 있게 하는 소금이고 작은 촛불이지요.

아기 예수를 안고 온 부모를 만난 "안나" 할머니는 남편과 7년을 살다가 과부가 되어 84세가 되도록, 매일 성전에 가서 자주 금식하며 이스라엘의 구원과 평화를 위하여 기도를 올렸어요. 나는 그런 할머니의 진실과 착함이 유대인들을 "정복되지 않는 민족"(조셉 게이어-정복되지 않는 민족)으로 만드는 고요하고 강력한 힘이라고 봐요. 그러니 여러분들도 예수의 하나님 나라 운동에 큰 힘이 되어 준 것이지요.

_____5_____

기자: 만나서 반갑습니다. 사람들은 당신을 이름으로 부르지 않고 "사마리아 여인"이라고만 합니다(요 4:1~42). 이름을 알려주시겠어요?

여인: 내 이름은 중요하지 않아요. 나는 남편을 여섯이나 둔 여자였으니까요. 나에게 중요한 것은 예수께서 제가 영혼을 찾도록 도와주셨다는 것뿐이에요. 저는 바닥난 여자였어요.

기자: 그게 무슨 말인가요?

여인: 나야말로 물이 솟지 않아 바닥 난 우물 같았다는 뜻이에요. 언제부 터인지도 모르지만, 내 영혼의 우물은 아예 말라붙어, 물 한 방울 길어 올리 지 못했어요. 인생의 기쁨도 생기도 만족도 사랑도 행복도 몰랐어요. 그 목 마름의 갈증을 남자들을 통해서 해결하려고 할수록, 해골 같이 말라버린 내 영혼에서 솟구치는 뼈가 시리도록 아픈 슬픔과 허무감 속에서 한없이 목마 른 인간으로 살아왔어요. 그렇게 30여 년의 세월을 헛되이 흘려보냈지요.

기자: 그렇군요. 그러나 달리 생각하면, 당신은 늘 무엇을 찾고 있었다 는 말이 아닐까요?

여인: 그런가요? 나도 그것이 무엇인지 알면 좋겠어요.

기자: 그래요. 사람들은 그것을 모르고 살지요. 당신이 우물가에서 예수 를 만난 것은 말라붙고 목마른 당신의 영혼이 발걸음을 인도한 것으로 봐야 할거에요.

여인: 알 수 없는 일이지만, 그럴 수도 있겠네요. 지금에 생각해보면, 하나 님이 저를 불쌍히 여기신 것 같아요. 나는 꼭 물을 길으러 간 것만은 아니에요.

기자: 그건 무슨 말입니까?

여인: 우물은 동네에도 있어요. 내가 굳이 들판에 있어 목동들이나 사 용하는 "야곱의 우물"에 간 것은 하도 답답하고 메마른 심정을 달래보려고 간혹 하던 일이었어요. 그 우물에는 두레박이 없어요. 목동들이 가지고 다 녔으니까요. 나는 매일 두레박과 물동이를 가지고 먼 길을 오가고, 우물가 무화과나무 아래에서 쉬면서 뻥 뚫린 마음을 달래며 가라앉히려고, 일삼아 그렇게 했던 거예요.

기자: 듣고 보니, 당신이 야곱의 우물에 드나들었다는 것은 절묘한 비 유 같습니다.

여인: 그게 무슨 말인가요?

기자: 야곱도 바닥난 우물 같이, 한평생 영혼의 갈증에 시달린 사람이에요. 야곱은 아내가 넷이나 있었는데, 무척이나 사랑하던 아내 "라헬"이 둘째 아들을 낳고는 바로 죽었지요. 그 후 야곱은 영혼의 갈증이 더 깊어져, 거의 정신 줄을 놓고 살았어요.

여인: 아니, 그걸 어떻게 아시나요?

기자: 그의 이야기를 읽어보면 그래요. 그는 이곳에 사는 내내, 당신처럼 그렇게 목마른 영혼으로 일생 무엇을 찾았지만, 끝내 발견하지 못하고 늙어버렸지요. 그러다가 아들 덕분에 이집트에 가서야, 비로소 영혼의 우물을 찾았던 겁니다.

여인: 그래요? 나는 몰랐어요. 마을 어른을 찾아가서 야곱의 이야기를 들어봐야겠네요.

기자: 당신이 꼭 물을 길으러 우물에 간 게 아니라는 말을 알 것 같아요. 왜냐면 당신이 예수를 만난 이야기를 보면, 당신이 먼저 예수를 발견한 게 아니라 예수가 당신을 보고 물을 달라고 하셨으니까요(4:7). 생각에 잠긴 당신은 예수가 거기 있는 것도 몰라본 거예요.

여인: 그래요, 맞아요. 나는 생각에 잠겨 무심코 우물에 다가갔기에, 웬 남자가 나무 아래 앉아 있는 줄도 몰랐어요. 그분이 물을 달라는 말을 해서 흠칫 놀랐지요. 보니까 유대인 남자였어요. 유대인 남자와 사마리아 남자는 옷을 다르게 입어서 금방 알아볼 수 있어요. 나중에야 그분이 예수라는 것을 알았지요.

그분이 유대인 남자였기에, 나는 곧 뻣뻣해졌지요. 그래서 유대인 남자가 어떻게 사마리아 여자에게 물을 달라고 하시느냐고, 한 마디로 톡 쏘아

붙였어요. 사마리아 사람과 유대인이 상종하지 않은 것은 무척이나 오래된 일이었으니까요. 유대인들은 지금도 사마리아 사람을 사람 취급도 하지 않고, 유대 땅에서 갈릴리로 오갈 적에는 우리 땅이 더러워서 부정 탄다고 지나다니지도 않아요. 고얀 사람들이에요!

그랬더니, 예수는 나에게 자기가 누군지를 알았다면 내가 물을 청했을 것이고, 당신이 내게 "생수"를 주었을 것이라고 하셨어요. 도통 알아듣지 못할 말씀이었지요. 그렇게 해서 이야기가 시작된 거예요. 예수는 내가 남편이 다섯이나 있었고, 같이 사는 남자도 남편이 아니라는 것까지 맞추셨어요. 그 말에 나는 예수가 점쟁이 같은 예언자라고 직감했지요.

그래서 나는 곧 예배 문제를 꺼냈어요. 본래 한 민족인 유대인과 사마리아인 사이의 오랜 분열과 적대감은 각기 나라가 망한 후, 성전 때문에 빚어진 것이기 때문이니까요. 유대인은 예루살렘 성전을, 사마리아인은 그리심 산 성전을 하나님의 유일한 참된 성전이라고 했지요. 그래서 서로 가짜 성전에서 예배를 드린다고 비난하고 공격한 것이지요.

<u>기자</u>: 그게 700년이 넘지요.

<u>여인</u>: 그렇게 오래된 줄 몰랐어요. 그랬더니 예수는 하나님을 "아버지"라고 하면서, 예루살렘이나 그리심 산의 성전에서 예배를 드리지 않을 때가 올 것이라고 하셨어요. 경천동지할 말이었지요. 그러면서 또 참된 예배는 영과 진리로 드리는 것이라고 하셨어요. 나는 그게 무슨 말인지 알아듣지 못했지요. 그래서 나는 메시아·그리스도가 오시면, 그 모든 진실을 알려 줄 것이라고 말했어요. 그랬더니 예수는 "당신과 말하고 있는 내가 그다."라고 하시는 것이었어요.

나는 그 말에 너무나도 놀라 물을 마시게 할 생각도 하지 못하고, 물동

이와 두레박을 그 자리에 두고 마을로 달려가 사람들에게 메시아가 오셨다고 소리쳤어요. 그러자 놀란 마을 사람들이 나를 따라 우물에 갔어요. 그러면서 말씀을 듣고 싶다고 하며 마을로 초청했지요. 예수는 "이틀 동안"이나 머무르며, 유대인과 사마리아 사람의 오랜 적대 관계가 어떻게 시작되었는지, 그리고 참된 예배가 어떤 것인지를, 사람들이 알아들을 만큼 쉽게 말씀해주셨어요. 그래서 듣는 사람마다 그분을 메시아로 믿게 되었지요.

메시아 예수는 제 영혼의 우물이 터지게 하여, 지금까지 생수를 마시며 살게 해주신 분이에요. 아니, 그분이 바로 내 영혼의 우물이 되신 것이지요! 그 후 나는 동거하던 남자와도 헤어지고, 새로 태어난 사람이 되어 홀로 살아요. 마을 사람들도 더는 나를 따돌리지 않게 되었지요. 이제는 그분이 내 영혼의 우물이 되셨으니, 물이 마를 날 없이 솟구치게 되어, 매일 새롭고 행복하답니다.

기자: 그래요. "이 우물을 마시는 사람은 다시 목마를 것"이라는 예수의 말씀은 인생의 진실이에요. 세상에 있는 우물들이란 죄다 허상이고 가짜이니까요. 그것이 권력이든, 돈과 재산과 부든, 명예와 명성이든 인기이든, 음식이든 쾌락이든, 인간관계든, 인간은 아무리 그 물을 마셔도 인생의 갈증을 해결하지는 못해요.

메시아 예수야말로 영원한 우물이시지요. 그 우물은 우리 안에 있어요. 영과 진리로 예배를 드리는 사람은 그것을 찾을 겁니다. 그것을 찾은 당신은 정녕 행복한 여인입니다.

여인: 이전에도 하나님을 믿고 성전에 다녔지만, 그게 다 진심이 없는 건성으로 한 것임을 알았어요. 메시아 예수가 나에게 가르치신 것은 성전에서나 들판이나 집에서나, 마음의 진실, 그러니까 영과 진리로 하나님께 예

배드리라는 것이니까요.

　기자: 그렇지요. 영과 진리 없이 드리는 예배는 형식주의나 가정의 복이나 비는 미신(기복주의)으로 떨어지기 쉽지요. 그건 평생 반복해도 마른 우물로 살아가는 것밖에는 아무것도 아닙니다. 사람들이 얼마나 자기를 기만하며 사는지, 기가 막힐 노릇이지요.

03

향유를 부은 여인, 혈루증을 앓던 여인, 어린이 엄마들,
베다니의 마리아와 마르다, 음행하다가 잡혀 온 여인

1

기자: 나는 기독교인이지만, 인간의 구원은 인간 자신에게 달려 있다고
믿고 있습니다! 이 말을 오해하지 말기를 바랍니다. 내 말은 아무리 외부에
구원자가 있다 하더라도, 인간이 원하지 않는 한, 그 구원자도 강제로 인간
을 구원하지는 않기 때문에 하는 말이니까요. 구약성서는 이런 일을 많이
보도합니다. 아담과 하와 이야기, 가인 이야기, 노아 홍수 시대 이야기, 롯
과 에서 이야기, 소돔과 고모라 이야기, 출애굽 이후 광야에서 죽은 이스라
엘 사람들 이야기, 그리고 결정적인 것은 이스라엘의 멸망이라는 사건입니

다. 이런 일들은 인간이 하나님의 은혜와 구원을 거절했기에 파멸에 이른 것이지, 하나님이 그렇게 만드신 게 아닙니다.

복음서에도 이런 사례가 적지 않습니다. 앞에서 생각해본 사마리아 여인, 이제 이야기하려고 하는 향유를 부은 여인, 혈루병을 앓고 있던 여인, 삭개오 이야기 등이 그러합니다. 예수가 이들을 강제로 구원한 게 아닙니다. 이들이 예수에게 스스로 마음을 열어 구원의 문으로 들어간 것이지요. 거기에서 예수는 하나의 촉매(觸媒)가 된 것입니다.

기독교 역사와 오늘의 현실을 보더라도, 사람이 예수를 믿는다고 해서 구원을 받는 게 아니라는 것은 사실입니다. 그런 점에서 기독교는 구원이라는 것을 다시 정의해야 할 것이라고 봅니다. 육신과 삶을 제외한 영혼 구원이란 기독교의 신앙이나 신학이 아니지요. 성서는 그런 말이 없습니다. 설령 있다 해도, 그것은 그리스 철학과 종교에서 나온 인간 이해의 이분법, 요컨대 육과 영이라는 이원론에 따라 방편으로 쓴 것일 뿐입니다.

구약성서나 유대교나 예수나 기독교에서 말하는 구원은 전인(全人) 구원입니다. 곧, 하나님이나 그리스도 예수를 믿어 인간다운 인간이 되는 것, 참된 인간이 되는 것, 한마디로 말하면 인간화입니다. 전인 구원이란 하나님의 형상을 온전히 회복하여, 세계관과 인생관과 가치관의 혁명을 이루어 '예수 스타일', 곧 예수의 사고방식과 존재 방식을 닮는 것이지요.

그래서 바울도 구원을 목표지점에 이르기까지 끊임없이 그 푯대를 향하여 나아가는 것이라고 말하지요(빌 2:12, 3:12~16). 그리고 에베소서는 사람이 그리스도의 차원에까지 도달하는 것, 그것이 구원을 온전히 이룩한 상태라고 말합니다(엡 4:13~15). 하나님이나 예수를 믿는다 해도, 사람답지 못한 사람이 어찌 구원을 받은 사람일까요! 정직한 눈으로 기독교 2천

년 역사와 오늘날 교회의 현실을 보면 알 것입니다.

물론 예수 그리스도는 인간의 구원자이십니다. 하지만 그분은 인간을 강제로 구원하시지 않습니다. 그랬다면 십자가도 없었지요. 십자가라는 비극적 사건은 인간의 구원이 얼마나 어려운 것인가를 증언합니다. 예수 그리스도를 하나님이 사람의 몸을 입고 세상에 오신 분으로 보건(요 1:1~18), 사람의 아들 예수가 그리스도 차원으로 올라간 것으로 보건(행 2:36, 하나님이 그리스도가 되게 하신 것), 구원은 하나님의 은혜로 펼쳐지고 주어진 것이고(은혜=선물), 그것을 자기 것으로 삼는 것은 전적으로 사람이 할 일입니다. 그렇기에 구원은 인간에게 달려 있지요. 그래서 예수도 그런 일이 일어났을 때, 말끝마다 "네 믿음이 너를 구원하였다."라고 말한 것입니다.

2

기자: 반갑습니다. 사람들은 당신을 예수께 "향유를 부은 여인"이라 합니다(눅 7:36~50). 누가 기자는 당신을 "그 동네에 죄인인 한 여자"라고 추상적으로 말해서 알아듣기 어려운데, 정확히 당신은 어떤 사람이었습니까?

여인: 누가 기자는 나를 '창녀'로 알고 암시한 것 같은데, 아마도 예수를 돋보이게 하려는 심산에서 그런 것 같아요. 그래도 기분이 나쁩니다. 그것은 나에 대한 정확한 기록이 아니랍니다. 이 점만은 분명히 짚고 넘어가고 싶어요.

마을마다 창녀가 있던 게 아니에요. 시골 읍내에서는 율법을 철저히 강요하는 바리새파 때문에 불가능한 일이었지요. 그랬다면 돌에 맞아 죽었을 거예요. 다만 외국인이나 국내 상인들이 출입하고, 로마 군대가 주둔한 인구가 많은 도시에만 있었지요. 갈릴리에서는 대도시인 세포리스나 티베리아스, 유대에는 예리코와 예루살렘뿐이었어요. 거기에서는 바리새파나 랍비들이나 제사장들도 어쩔 수 없었지요.

그런데 유대 사회에서 '죄인'이란 단지 창녀만 가리킨 말이 아니에요. 바리새파 사람들이나 율법 학자들이나 예루살렘의 제사장들이 규정한 율법을 지키지 않는 사람들, 회당에 가지 않거나 안식일을 준수하지 않는 사람들, 성전에 가지 않는 사람들을 싸잡아 비난하며 죄인으로 몰았어요(막 2:15에 나오는 예수와 함께 식사한 '죄인들'이 그러하다). 거기에는 '창녀(더럽고 천하고 하나님을 모독하는 직업), 세리(민족 배반자), 목동과 가죽 세공업자와 돼지치기(몸에서 악취가 진동하기에 병을 옮긴다는 혐의. 특히 돼지치기는 유대인들은 먹지 않는 동물을 길러 그리스인이나 로마 군대에 납품하는 민족 배반자), 고리대금업자(동족 착취자), 문둥병이나 중증 여성 질병 환자(치료 불가능한 악성 질병을 옮기는 자) 등이 그런 부류였지요. 이런 사람들은 성전 출입도 금지되고 헌금도 바칠 수 없었어요. 보이지 않는 인간 취급을 받은 죄인이지요.

기자: 그러고 보니, 당신은 꽤 배운 사람 같네요.

여인: 집안이 넉넉해서 문자를 알고 글을 읽을 수 있어요. 그러나 그렇지 않더라도 누구라도 주의력만 있으면 다 아는 일이에요. 괜한 칭찬 마세요.

기자: 성격도 곧은 것 같습니다.

여인: 그렇기도 하지요. 그리고 전통적으로 유대인들은 크거나 작거나 간에, 질병을 죄에 대한 하나님의 심판으로 생각했기에, 병 걸린 사람을 죄인이라고 했어요.

기자: 그러면 당신은 어떤 병을 앓았기에, 누가 기자가 그렇게 기록한 것이라고 보세요?

여인: 나는 처녀 시절부터 심장도 안 좋고, 자주 경련을 일으키며 쓰러지거나 간질로 발작도 했어요(추정). 그러니까 한꺼번에 여러 가지 중병을 앓아서 누구든지 부모나 내가 하나님께 큰 죄를 지어 벌 받는다고 했어요(막 2:1~12; 요 9장 참조). 유대 전통이나 제사장들이나 바리새파나 학자들이 그렇게 말하니, 나는 죄인일 수밖에 없었지요. 그렇지 않다는 것을 안 부모님도 하는 수 없이 죄책감을 안고 살 수밖에 없었지요.

기자: 그래서 예수가 병을 고치신다는 소문을 듣고, 예수를 초청한 그 바리새인의 집에 들어간 것이네요. 아, 이제 이해가 됩니다. 당신이 창녀였다면, 분명히 부유층인 그 집 하인들이 대뜸 알아보고 들어오는 것을 막았을 테니까요. 그러니 하인들도 당신을 알아보고 막지 않은 것이라고 봐야겠지요.

여인: 나는 물에 빠진 사람이 지푸라기라도 짚는 심정으로, 예수가 바리새인의 초청으로 그 집에서 식사하신다는 말을 듣고, 내 모든 슬픔과 괴로움을 토로(吐露)하고 건강한 삶에 대한 희망을 말하고 싶어서, "향유가 담긴 옥합"을 갖고 갔던 거예요.

기자: 나는 그 향유가 부잣집 규수들이 결혼 지참금으로 쓰려고 모은 값비싼 명품 향수의 일종으로, 이집트나 페니키아(레바논)나 키프로스에서 난 수입품이라고 들었어요. 어떤 사람은 저 먼 인도에서 들어온 것이라고도 하지요. 웬만한 집에서는 마련하기 어려운 것이라지요. 그것도 한 번에 살 수 있는 것이 아니라, 조금씩 사서 옥합에 담아 모으는 것이고요. 옥합도 값비싼 수입품이고요. 질그릇이나 사기그릇에 담으면 변질하여 못쓰게 된다고 해요. 그러니 결혼할 때 그것을 팔면 큰돈을 마련할 수 있었다지요. 그러니까 당신은 결혼의 꿈을 간직한 처녀였다는 말이겠네요?

여인: 그렇습니다. 그러나 갖가지 병을 짊어지고 사는 주제에 무슨 결혼

을 하겠어요. 그래서 그조차도 다 포기하는 심정으로, 내 모든 것을 바쳐서 예수께 말하고 싶었던 거예요.

기자: 그러니 그 절절한 심정을 누군들 짐작이나 했겠어요?

여인: 예수를 보자마자 가슴이 북받쳐 올라 눈물만 났어요. 그분의 눈은 자비의 빛으로 가득했고, 얼굴에는 진실한 사랑이 감돌았어요. 그래서 예수의 등 뒤로 가서 발 곁에 서서(부잣집 유대인들이 팔을 괴고 옆으로 발을 뻗고 비스듬히 누운 자세 때문), 눈물로 그 발을 적시고 머리털로 닦고, 발에 입을 맞추고는, 머리와 어깨와 발까지 향유를 발라드렸어요.

내 행동에 바리새인이 눈살을 찌푸리자, 예수는 어떤 돈놀이꾼이 자기에게 500데나리온과 50데나리온을 빚진 두 사람의 빚을 탕감(용서)해준 비유를 들려주며, 그에게 누가 그를 더 사랑하겠느냐고 물으며, 내가 "많이 사랑했기에 많은 죄를 용서받았다."라고 말씀하셨어요. 아마 예수는 나를 500데나리온을 빚진 사람으로 여기고, 내 행동을 내가 이미 하나님께 용서받은 은혜를 당신에게 쏟은 사랑으로 보셨나 봐요. 예수는 바리새인에게 용서받는 것이 적은 사람은 적게 사랑한다고 하셨으니까요.

예수는 그 말씀으로, 그간 죄책감에 싸여 지독한 슬픔과 괴로움과 절망감에 시달려온 나를 풀어주신 거예요. 나에게 "당신의 믿음이 당신을 구원했습니다. 평안히 가십시오."라고 말씀하셨으니까요. 그러니 예수는 우리 유대인들이 생각해온 질병과 죄에 대한 전통적인 사고방식을 단번에 깨뜨리신 것이지요.

기자: 그런 걸 보면, 인간을 해방하고 자유롭게 해야 할 종교가 오히려 인간을 죄책감의 감방에 가두는 역할을 한 것이지요. 그런데 당신이 어둠의 동굴에서 해방되어 구원을 얻은 데서 예수가 한 일은 아무것도 없습니다.

예수는 다만 당신이 뜻대로 행동하도록 묵인하고 수용하며 구원의 촉매가 된 것이지요. 그런 점에서 예수는 확실히 다른 분이고, "낯선 분"이십니다 (조셉 돈더스-예수, 그 낯선 분).

여인: 집으로 돌아온 후, 나는 마음도 몸도 건강하게 지내며 결혼도 했어요. 모든 게 예수 덕분이지요.

기자: 많은 용서를 받은 것과 많이 사랑하는 것은 서로 바꿔 말해도 되는데, 동전의 양면과 같습니다. 물론 용서받은 것을 알지 못하고 하거나, 안 다음에 할 수 있지요. 예수의 비유에 따르면, 당신은 이미 하나님께 많이 용서(탕감)받았다는 것을 알지 못한 채, 많은 사랑으로 응답한 것입니다(눅 11:4 참조). 그것이 당신이 예수께 한 행동으로 나타난 것이고요. 왜냐면 당신이 구원을 얻은 것은 당신의 믿음이니까요.

그래서 나는 당신이 예수가 아닌 '다른 누구'에게 그렇게 했다 해도, 구원을 얻었을 것이라고 봅니다. 다만 예수는 그 이치를 명쾌하게 밝혀서, 당신이 어둠에서 해방되게 하신 것이 다르지요. 그러니 그날 당신이 예수를 찾아가 만난 것은 일생에 잊을 수 없는 은혜의 사건이 된 것입니다. 왜냐면 당신이 다른 사람에게 그렇게 했더라도 분명히 구원을 얻었겠지만, 그러나 예수의 말씀과 같은 것은 듣지 못했을 것이기 때문이지요. 그런 점에서 예수가 당신의 구원자가 되신 것이지요. 그것이야말로 예수가 베푸신 은혜·선물입니다.

3

기자: 이제 "혈루증을 앓던 여인"을 만나보겠습니다(막 6:25~34).

여인: 내 이야기를 들어주신다니, 고맙군요.

기자: 여성의 특유한 질환은 그저 병일 뿐이지만, 말하기 곤란하지요. 그런데 부인은 "12년 동안이나" 앓았다고 하니, 그간 병은 죄에 대한 하나님의 책벌이라는 유대인의 전통 사고방식에 따라, 죄책감 속에서 얼마나 깊은 슬픔과 고통을 겪으며 힘드셨을지, 나는 짐작하기도 어렵습니다.

여인: 같은 여성이니까 아시겠지만, 혈루증(하혈증)은 생리가 멎지 않는 것은 물론, 하루에도 몇 번이나 하의를 갈아입어야 하는 데다, 조금만 늦게 손을 써도 냄새를 풍겨 사람들이 가까이 다가오지도 않아, 여간 마음 괴롭고 외롭고 절망적인 것이 아니에요.

기자: 그렇군요. 그것까지는 생각해보지 못했네요.

여인: 그나마 집안이 부유해서 전국에 있는 용한 의사라는 의사는 이 잡듯 뒤지며 찾아다녔어요. 그럴수록 상태는 더욱 악화하여 고통이 깊어지고, 집안 재산도 무척이나 갉아먹었지요. 의사들도 지금 의학으로는 치료할 수 없다고 했어요. 급기야 남편도 포기하라고 했지요.

기자: 그러던 차에 마침 예수의 소문을 들었군요?

여인: 예수가 귀신에 들린 정신병, 말라리아 환자, 중풍 병자, 문둥병자를 고치셨다는 소문을 들었지요. 그래서 마지막 희망을 품고, 그분이 지나가시는 길목에서 기다렸어요. 기저귀를 차고 하의를 몇 개 걸쳐 입었어도, 냄새가 날 것이 불안하여, 먼발치에 있다가 먼지가 이는 차에 사람들 틈에 끼어들어 헤치며, 곧장 예수의 뒤로 가서 옷에 손을 대었어요.

기자: 말로 요청하지 않고요?

여인: 네, 부끄러워서 그랬어요. 나는 옷에 손을 대기만 해도 나을 것이라고 믿었어요. 그만큼 간절했으니까요. 더는 버틸 힘이 없었지요. 아마 하나님까지 원망하며 절망 속에서 죽은 자처럼 살았을 거예요. 그렇잖아요?

나는 그런 병을 앓을 만큼 죄를 지은 일이 없어요! 그런데도 치료해도 낫질 않으니, 하나님이 잘못하는 것이라는 생각이 들 수밖에 없지요.

기자: 충분히 이해합니다. 그랬는데 곧 출혈의 근원이 말라 몸이 나은 것을 느꼈군요?

여인: 그러나 나는 아무 말도 할 수 없었고, 감사를 표할 틈도 없었어요.

기자: 아니, 왜요?

여인: 살짝 옷에 손을 대고 나은 것을 느끼고는 섰는데, 사람들이 물밀 듯 밀어대며 예수를 나에게서 떼어놓게 되었어요. 그런데 예수가 저만치서 뒤로 돌아서서, "누가 내 옷에 손을 대었습니까?" 하고 물으셨어요. 그 말에 제자로 보이는 사람이 "사람들이 이렇게도 랍비를 에워싸고 떠밀고 있는데, 누가 손을 대었느냐고 물으십니까?"하고, 어이없다는 투로 대답했어요. 아마 예수는 내가 손을 댔을 때, 무엇인가 당신의 기운이 빠져나간 것을 느끼셨던 모양입니다.

그래서 나는 사람들을 헤치고 앞으로 나아가서 사실대로 말했어요. 그러자 예수는 나에게 "하나님의 따님! 당신의 믿음이 당신을 구원했습니다. 안심하고 평안히 가세요. 늘 건강하시기를 빕니다." 하고 말씀하셨어요. 나는 눈물로 감사하며, 예수의 손을 붙잡고 얼굴을 바라보았어요. 그 눈빛이 마치 자기 어머니를 바라보시듯 따스했던 것을 지금도 잊을 수 없어요. 그 후 우리 집안은 예수를 하나님이 보내신 예언자로 믿고 따랐어요.

기자: 저는 예수의 "기운·능력"이란 단지 병을 고치는 기적을 일으키는 신성한 힘이라고만 생각하지 않아요.

여인: 무슨 말인가요?

기자: 그것이 가리키는 의미는 그보다 더 깊은 차원이라고 봅니다. 왜

냐면 힘으로만 생각하면, 그 후 그분을 믿고 기도한다 해도 병을 치유 받지 못하는 사람들하고는 관계도 없는 분이 되고 마니까요. 그렇지 않나요?

여인: 그렇네요. 그러면 어떤 차원인가요?

기자: 나는 예수의 능력이란 신성한 힘이지만, 지극히 인간적인 힘이기도 한 것이라고 봐요. 그것은 예수의 신성하고 인간적인 힘의 통합으로, 예수는 언제나 고통을 겪는 사람들에게 마음이 활짝 열려 있는 분이라는 뜻이라고 봅니다. 곧, 그것은 예수의 공감(共感) 능력이지요(sympathy). 이것은 단지 동정(同情)을 넘어서, 고통을 겪는 사람들의 마음과 삶에 함께 고통을 겪는 것이니까요. 그래서 예수의 공감 능력은 예수의 자비심이지요.

여인: 그래요, 맞는 말이에요. 내가 경험한 예수는 자비의 화신(化身)이세요. 그분을 만난 것이 내 삶을 완전히 바꾸어 놓았으니까요. 만일 하나님이 사람이 되어 사신다면, 분명 예수처럼 사실 거예요! 나는 내가 경험한 대로 말하는 것뿐이에요.

기자: (결론) 나는 이 부인의 12년간의 질병을 사회적 여성 차별과 소외 측면에서도 바라본다. 곧, 갖은 불이익을 당하며 살아오던 끝에, 예수를 만나 새로운 정신으로 이겨내고 독립하고 주체적으로 선 것이라고 본다. 그런 일은 언제나 일어날 수 있고, 또 일어나야 하는 일이니까.

4

기자: 이제 제 나이와 비슷한 "어린이 엄마들"을 만나보지요(막 10:13~16). 반가워요! 사랑스러운 어린이들입니다. 여러분들은 왜 예수께 아기들을 데리고 갔나요(서너 살 이하로 봄)?

엄마 1: 우리 유대인들은 전통적으로 제사장이나 마을 회당의 랍비, 할

아버지나 아버지, 현명한 이웃 어른의 축복 기도를 받으며 살아왔어요. 창세기에는 이삭이 둘째 아들 야곱에게, 늙은 야곱이 이집트 왕 파라오에게 축복하는 이야기가 나와요. 그리고 민수기에는 "제사장의 축복 기도문"이 나오는데, 외우고 있어요. "주께서 당신들에게 복을 주고, 지켜 주고, 당신들을 밝은 얼굴로 바라보며 은혜를 베풀고, 고이 보아 평화를 주시기를!"(민 6:24~26). 모세도 죽기 전에 우리 민족을 축복하셨지요(신 33장).

엄마 2: 회당의 랍비는 여기에서 '복, 보호, 밝은 얼굴, 은혜, 사랑·고임'은 같은 말이고, 그 모든 게 '평화'를 위해서 있다고 가르쳐주셨어요.

엄마 3: 그런데 우리 랍비는 전에 놀라운 말도 하셨어요. 창세기에 나오는 "모리아" 산 이야기도 아버지 아브라함이 아들 이삭에게 한 축복 기도라는 거예요(22장)! 그게 어떻게 축복이냐고 물으니까, 아들이 하나님 앞에서 가장 깊고 숭고한 신앙인이 되어 사랑받으며 사는 것이야말로 하나님이 내리시는 최고의 복이기 때문이라더군요. 듣고 보니, 정말 그래요.

기자: 모두 현명하시네요. 그러면 여러분은 예수를 랍비로 보신 것이네요?

엄마 1: 그렇지요. 그분처럼 하나님의 말씀을 친절하고 강직하게 가르쳐주시는 랍비도 드무니까요. 특히 그분은 어린이들을 무척이나 사랑하신다고 해요. 그래서 그 소문을 듣고 축복 기도를 바라고 애들을 데리고 간 거예요.

엄마 2: 그런데 그분의 제자들과 다른 어른들이 우리와 애들을 야단치며 가로막았어요. 그래서 놀랐지요.

엄마 3: 그것은 도무지 이해하지 못할 일이었어요. 아마 예수 랍비가 말씀을 가르치고 계시는데, 훼방한다고 보았는가 봐요. 그러자 랍비는 제자들과 사람들에게(권위를 부리는 남자들이지요!) "왜 어린이들이 나에게 오는 것을 막습니까? 나는 어린이들을 위해 살아요. 하나님의 나라는 이런 어린이들의 세상입니다. 누구든지 어린이와 같이 되지 않으면, 하나님의 나라에 들어가지 못합니다." 하고 말씀하셨어요. 아주 속이 다 시원해지더라고요.

엄마 1: 그리고는 곧 환한 얼굴로 우리를 맞아들이고, 애들을 일일이 껴안고 볼에 입을 맞추고 머리에 손을 얹어 축복하셨어요.

기자: 어떤 말씀을 하셨나요?

엄마 2: 아주 간단해서 지금도 기억해요. "아버지, 이렇게도 사랑스러운 자녀들을 깨끗하고 거룩하게 살도록 끝까지 지켜 주소서." 그리고는 그렇게도 천사 같은 사랑스러운 얼굴로 애들을 바라보실 수가 없었지요. 마치 애들 아빠 같았어요, 호호!

엄마 3: 나는 하나님의 나라가 어린이들의 세상이라는 말씀을 들으면서, 이사야 예언자가 한 이야기가 떠올랐어요. 왜 그 유명한 "사자와 어린 양 이야기" 있잖아요(사 11:6~19)? 어린이가 강하고 약한 모든 동물을 이끈다는 이야기이지요.

기자: 그 이야기가 사람들 이야기, 곧 세상 이야기라는 것도 아시지요?

엄마 1: 그럼요. 우리 마을 회당의 랍비는 강한 자도 약한 자도 없는, 평등하고 평화로운 세상이 그런 것이라고 했어요. 우리 민족은 지금도 그런 세상이 오기를 바라고 기다리지요.

기자: 예수는 그런 세상을 하나님의 나라라고 말씀하신 거예요.

엄마들: 그렇군요. 우리는 그게 죽어서 간다는 천국인 줄 알았어요.

기자: 그게 아니랍니다. 물론 참된 신앙인은 사나 죽으나 하나님 안에 있으니까, 사후 천국도 포함하지요. 그러나 예수의 가르침은 우선 이사야 예언자가 말한 것처럼, 모든 사람이 평등하고 서로 벗이 되어 평화롭고 행복하게 살아가는 이 세상을 가리킨 것이에요.

엄마 3: 그런데 어른이 어떻게 어린이처럼 될 수 있나요?

기자: 그것은 마음을 가리킨 것이에요.

엄마 1: 아, 그러니까 우리 아기들같이 부드럽고 사랑스럽고 착한 마음이네요?

기자: 그렇지요. 어른이 되어도 그런 어린이 마음을 지니고 사는 사람이 어쩌다 있어요. 바로 예수 랍비가 그런 사람이지요.

엄마 2: 그래요. 예수 랍비를 보면 분명히 어른인데, 하나님의 어린이 같으세요.

기자: 잘 보셨어요. 예수야말로 '하나님의 참된 어린 어른, 어른 어린이' 시지요. 우리가 모두 되어야 할 모습이랍니다.

5

기자: "베다니의 마리아와 마르다" 자매를 만나보지요(눅 10:38~42; 요 11:1~12:8). 여러분은 어떻게 예수와 사귀게 되셨나요?

마르다: 처음에는 우연히 만났지요. 그분이 예루살렘에 가면서 말씀을 전하실 때, 마침 시장에 나갔다가 가르침을 들었어요. 주로 하나님의 나라에 관한 이야기를 들려주셨는데, 나와 마리아는 무척이나 감동했지요. 그리고 예수 랍비는 머리가 치렁치렁하고 수염도 많고 신장도 크고 어깨도 떡 벌어지고 얼굴도 미남이셨는데, 눈이 참 아름다웠어요. 무엇보다 그 점이 매력적이었지요!

마리아: 언니는~!

마르다: 왜, 내가 그른 말 했니? 그래서 말씀을 마치시자 바싹 다가가서 집으로 초청했지요. 마리아가 안내하게 하고, 나는 장도 더 봤어요. 제자들

도 따라다녔으니까요.

기자: 매우 유복했었나 봅니다.

마르다: 부모님은 돌아가셨지만, 남겨주신 유산 덕분에 우리 세 오누이는(아 참, 제 남동생 나사로도 있지요!), 넉넉하게 살았고 집도 커서 방도 많았지요.

마리아: 언니는 제자 중에서 잘 생긴 안드레에게 자꾸만 눈길을 주었대요!

마르다: 얘는!

마리아: 왜, 내가 그른 말 했어? 말이야 바른 말이지.

마르다: 집으로 간 나는 부지런히 저녁 식사를 마련했지요. 그런데 얘는 눈치코치도 없이, 랍비 곁에 앉아서 이야기를 들려달라고 조르는 거예요. 그 때문에 나만 바빴지요. 그래서 랍비께 가서, 마리아가 나를 돕게 해 달라고 말씀드렸지요.

기자: 예절이 바르시네요?

마르다: 부모님께 배운 것이지요. 그랬더니 랍비는 "마르다, 일을 많이 만들어서 하네요. 우리는 그렇게 잘 먹지 않아도 돼요. 빵과 포도주만 있으면 족하니까요. 마리아는 좋은 몫을 택한 거예요. 누가 그걸 막겠나요?" 하고 미소를 지으며 말씀하시는 거예요.

저는 말문이 막히고 말았지요. 그래서 시장하시더라도 조금 더 기다려 달라고 했지요. 마리아에게 눈을 흘기고 잔뜩 벼르며, 빵도 여러 가지로 굽고, 생선도 지지고, 각종 과일과 좋은 포도주도 내놓았어요. 남동생이 마리아 대신 잘 도왔지요. 원래 유대인 남자들은 부엌에 들어오지 않지만, 우리 집엔 그런 거 없어요. 아버지도 그러셨지요. 그렇게 랍비와 제자들과 우리는 행복한 만찬을 즐겼답니다. 매일 셋이서만 먹다가 대식구가 먹으니, 마치 잔칫집 같았지요.

기자: 그런데 마리아는 언제 랍비께 향유를 발라드렸나요?

마리아: 그 일은 랍비를 영혼으로 사랑하게 된 내가 랍비가 세 번째로 예루살렘에 오시면서 우리 집에 들렀을 때였어요. 나는 하나님 안에서 랍비를 사랑하게 된 심정을 그대로 드러내고 싶어서, 그간 모은 향유를 가져다가 머리부터 발끝까지 옷에 발라드렸어요. 그랬더니 랍비는 "마리아는 나의 장례를 위해서 쓰려고 간직해온 것을 썼군요." 하셨어요.

기자: 그 말씀에서 무엇을 느끼셨나요?

마리아: 그때는 별로 느낀 것이 없었어요. 며칠 후에 상상치도 못한 랍비의 죽음으로 모든 일이 헝클어진 후에야 알게 되었지요. 하늘이 무너지는 것 같고 가슴이 찢어졌지만, 이제는 알아요. 랍비가 이스라엘이 오래도록 기다려온 메시아시라는 것을요! 언니나 오라버니도 그렇고요. 아 참, 랍비는 죽은 지 사흘이나 된 오라버니를 다시 살리셨어요. 우리는 백 년을 열 번 산다 하더라도, 평생을 바쳐 랍비를 사랑하며 따를 거에요.

기자: 오누이는 진정 행복한 사람입니다.

6

기자: 이제 "음행하다가 잡혀 온 여인"을 만나보겠습니다(요 8:1~11). 당신은 정말 간음하다가 현장에서 잡혔나요?

여인: 그래요. 나는 몸을 팔아 사는 여인이었어요. 어려서 고아가 된 후, 어쩔 수 없이 그렇게 되었지요. 모두 외면한 나를 포주 할머니가 길러주셨어요. 내게는 어머니 같은 분이세요. 그런데 어느 날 근엄하게 점잖을 떠는 바리새파 사람 셋이 사람들 눈치를 살피며 우리 집 앞에 있다가, 마침 시장

에 가는 나를 느닷없이 붙들었어요. 물론 그들은 자기네 손을 더럽히지 않으려고 수하들을 시켜서 그랬지요. 아마 내가 아니더라도 누구든 붙잡아 갔을 거예요. 내가 마침 재수 없이 붙들린 것이지요.

그러더니 그들은 인정사정없이 내 얼굴에 따귀를 날리며 입에서 피가 흐르게 하고는, 머리채와 손을 붙잡고 옷을 찢다시피 하여 예루살렘 광장으로 끌고 갔어요. 그 바람에 허벅지와 가슴이 드러났지요. 나는 악을 쓰며 저항했지만 그럴 때마다 두들겨 맞았어요. 사람들은 좋은 구경거리가 났다고 하며 따라왔고요.

이윽고 광장에 도착하자, 그들은 어떤 사람 앞으로 나를 떠밀었어요. 그러면서 그 사람에게 나를 "간음하다가 현장에서 잡힌 창녀"라고 하면서, "모세는 이런 여자는 돌로 쳐 죽이라고 했는데, 선생은 어떻게 할 거요?" 하며, 눈에 쌍심지를 켜고 대들었어요. 나는 악을 쓰며, 이 사람들이 조작한 거라고 항의하려고 입을 떼려는데, 그들은 또 주먹으로 머리를 치고 발길질을 하며 말도 하지 못하게 막고는 꿇어 앉혔어요. 그래서 나는 '아, 이렇게 한 많은 인생, 이제 돌멩이로 끝장이 나겠구나!' 하며 오들오들 떨기만 했지요.

그런데 한 번도 본 적이 없는 그 사람은 딴청을 피우는 것이었어요. 허리를 굽히고는 땅바닥에 무슨 글씨를 썼어요. 그들이 재차 다그치자 일어서더니, 이렇게 말하는 것이었어요. "당신들 가운데서 죄 없는 사람이 먼저 이 여자에게 돌을 던지지 그래요!" 그리고는 다시 허리를 굽혀 글씨를 썼어요. 정신이 없던 나는 그 말에 놀랐지요. 대단히 재치 있고 현명한 말이었으니까요. 어떻게 그 순간에 그런 생각을 했을까요?

그러자 바리새파 사람들은 물론 수하들, 그리고 구경하던 모든 남정네가 모조리 걸쩍지근한 표정을 짓더니 물러서는 것이었어요. 그래서 광장 한 가운데는 그 사람과 저만 덩그러니 남게 되었지요. 그러자 그 사람은 일어나더니, 나에게 이렇게 말했어요. "하나님의 따님! 사람들이 모두 물러갔군요. 당신을 정죄한 사람이 한 사람도 없네요." 나는 정신을 가다듬고 대답했지요. "선생님, 한 사람도 없습니다." 그러자 그 사람은 "나도 당신을 정죄하지 않습니다. 그러니 이제부터 다시는 그런 죄를 짓지 말고 사십시오." 하고 말했어요.

기자: 가슴 아프면서도 감동 어린 이야기네요. 그런데 그분이 누군지 어떻게 알았나요?

여인: 그분이 저에게 자비롭고 부드러운 미소를 지으며 돌아서서 가시자, 어떤 이를 붙들고 이름을 물으니, "나사렛에서 온 예언자 예수"라고 가르쳐주더군요. 아마 그분의 제자였던 것 같아요. 그분의 말씀과 미소는 지금도 잊지 못해요. 그 후 저는 그 집에서 나와, 그분이 돌아가신 후 그분의 제자들을 따르며 살고 있어요.

기자: 좋은 사람 만나서 행복하게 사시기 바래요.

여인: 아니에요. 결혼하지 않고, 내게 새 인생을 선물로 내려주신 그분을 "영원한 남편"으로 모시고 살 거예요(F. M. 도스토옙스키-영원한 남편).

7

기자: 이제 마지막으로 "빌라도의 아내"를 만나보겠습니다(마 27:19, 마태복음에만 있음). 당신은 예수를 재판하던 남편 빌라도 총독에게, "당신은 그 옳은 사람에게 아무 관여도 하지 마세요. 지난밤 꿈에 내가 그 사람 때문에 몹시 괴로웠어요." 하고 말했다지요?

여인: 꿈이란 참 이상야릇한 것이지요. 한 번도 만나거나 본 적도 없는

사람을, 꿈에서 보았으니 말이에요. 그런데 그 사람은 손가락으로 하늘을 가리키며 사람들에게 무슨 말을 하고, 굶주리고 가난하고 천하고 욕을 먹는 여인이나 노인이나 병자들을 일일이 안아주는 것이었어요. 그래서 나는 '아, 저 사람은 참으로 훌륭한 분이시구나!' 하고 생각했지요. 그러다가 그 사람이 군인들에게 체포되어 밤새도록 참혹하게 고문을 받고 피를 흘리는 것이었어요. 그러니 내가 얼마나 놀라고 괴로운 심정이었겠어요? 오금이 다 저렸어요.

화들짝 놀라 꿈에서 깨어나 밤새도록 잠을 이루지 못했지요. 그런데 아침에 실제로 그런 일이 벌어진 거예요. 그래서 더욱 놀라고 말았지요.

기자: 그런데 빌라도 씨는 결국에 당신의 말을 듣지 않고, 유대 지도층들의 협박에 못 이겨 그를 죽이도록 허락한 것이네요?

여인: 그렇지요. 하지만 그들이 그 사람 대신에 "바라바"라는 독립 운동가 암살자를 석방하라고 다그치자, 나는 그것이 더 이해가 되지 않아, 남편에게 그러지 말라고 말했지요. 그러자 남편은 그 사람을 석방해주려고, "이 사람이 정말 무슨 나쁜 일을 했소?" 하며 물었지요. 그런데 그들은 대답도 하지 않고, "정 그러면, 민란이 나는 것을 보고 싶소?" 하며 협박했지요. 그 말에 남편은 잔뜩 겁을 집어먹고는, 하는 수 없이 로마 병사들에게 그 사람을 내주었어요. 그때만큼 남편이 불쌍하게 보인 적은 없었어요. 그리고 또 한편으로는 이해도 되었지요. 민란이 나면 곧장 총독 지위를 잃을 수밖에 없었으니까요. 남편은 그 덕택에 8년이나 더 총독 자리를 유지했지요(서기 26~36년, 예수 처형은 28년경).

기자: 그런데 그 후 그의 제자들이 그분의 부활을 선포하며 곳곳으로 나가 메시아라고 하며 선교했지요. 그때 어떤 기분이 들었나요?

여인: 별 느낌 없었어요. 그것은 어디까지나 유대인의 일이었으니까요. 로마 사람들에게는 그런 인물이 필요 없지요. 철학자들과 시인들이 많았으니까요. 무슨 느낌보다, 나는 유대인들은 나라도 빼앗기고 살면서, 어째서 자기네들끼리 저렇게 싸우는가 하며 혀를 찼을 뿐이에요. 지금도 나는 예수라는 그 사람을 의로운 현인이라고 생각해요.

8

기자: 지금까지 나는 여성학자와 기자로서, 예수를 만난 여인들과 이야기를 나누었습니다. 이 외에도 일일이 더 찾으면 많지만, 이것으로 충분하다고 보고 마치려고 합니다. 예수와 여인들! 오늘날에도 예수는 여전히 파격적이고 충격적이고 혁명적인 분이십니다. 나는 기독교인들이 아직도 예수를 잘 모른다고 봅니다.

그 당시 유대교 랍비들 가운데서 여성을 제자로 둔 예는 없었습니다. 그만큼 예수가 여성을 제자로 둔 것은 당대에는 충격적인 "스칸달론"이었습니다(그리스어. scandal). 그러나 예수는 사람들의 입이나 평가에 마음을 둔 분이 아니셨지요. 사람들의 인정이나 칭찬이나 존경이나 기림이나 영광은 바라시지도 않았으니까요(요 5:41).

그러면 예수는 어째서 천하거나 상처받거나 병들거나 사회적 모멸을 뒤집어쓰고 사는 여성들을 그렇게 보살피고 사랑하고 자비롭게 대우하셨을까요? 나는 그것을 예수의 하나님 나라 운동 때문이었다고 봅니다. 예수의 하나님 나라는 모든 인간이 하나님의 형상을 온전히 다시 찾아 인간다운 인간이 되어, 서로 사랑하며 행복하고 의미 있는 삶을 살아가는 새로운 세상이니까요. 인간을 죄와 무지와 어리석음, 편견과 폭력성에서 근원적으로 해방하여 자유롭게 하는 인간 혁명, 그리고 그런 인간을 통한 세계 혁명이 실현된 하나님 나라를 지향하는 예수 운동은 지금도 여전히 진행 중입니다.

04

산상수훈을 들은 사람들, 예수를 떠난 제자

1

신학자: 예수의 "산상수훈을 들은 사람들"을 만나보겠습니다(마 5~7 장). 먼저 그 자리의 풍경은 어땠는지, 어르신께서 말씀해주시겠습니까?

노인: 랍비 예수가 우리에게 말씀을 전한 곳은 갈릴리 호수가 내려다보이는 가버나움의 야트막한 언덕의 풀밭이었다오. 모든 게 아름답기 그지없었게 보이는 저녁나절 황혼 때였지. 그것은 마치 저 옛날 시나이반도를 떠돌던 우리 조상들에게 하나님의 말씀과 법도를 가르치신 모세 어른이 설교하는 광경과 같았다고 해야 할, 그런 것이었소! 나는 이때껏 출애굽기에 나

오는 그 장면을 사랑하고 기억하며 살아왔다오. 그 날 저녁 랍비 예수는 얼마나 아름다운 모습이었는지 모른다오!

신학자: 그 광경이 눈에 보이는 것 같습니다.

노인: 예언자는 하나님과 백성 사이에 서서 삶의 길을 가르쳐주는 스승이지요. 그러니 그의 말에 귀를 기울이는 것은 하나님께 귀를 기울이는 것과 같아요. 우리 민족의 역사를 보면, 예언자나 현자의 가르침에 마음의 문을 열고 귀를 기울였을 때는 풍요롭고 평화로웠고, 귀를 닫았을 때는 언제나 타락과 파국을 치달아 하나님의 심판을 받았어요.

나는 그 자리에서 현자(賢者) 예수를 보았어요. 마치 잠언(箴言)을 듣는 것 같았지요. 젊은 사람이 어쩌면 그렇게도 인생의 간난신고(艱難辛苦)와 희로애락(喜怒哀樂)을 다 체험하고 깨달은 것처럼 말하는지, 무척이나 놀라고 감명을 받았다오. 그는 여느 랍비들과는 다르게 매우 "권위 있게 가르쳤어요."(마 7:28) 성서에 대한 새로운 해석이 친근한 비유이면서도 심오한 뜻을 지니고 있고, 부드러우면서도 엄중하고, 전통적이면서도 현명하기 그지없는 말이었어요. 어린이로부터 노인에 이르기까지 누구나 들어야 할 가르침이었지요.

신학자: 잠언에서 "노인의 영광은 백발"이라고 했는데(14:29), 어르신의 백발은 지혜가 꽃핀 것 같습니다. 지혜로운 말씀입니다. 아시는 바와 같이, 잠언에 이런 말도 있지요. "정의는 나라를 높이지만, 죄는 민족을 욕되게 한다."(14:34) "사람의 눈에는 바른길같이 보이나, 마침내는 죽음에 이르는 길이 있다."(14:12, 16:25) 예수의 가르침도 이와 같은 것이니, 어르신께서 예수에게서 현자를 보셨다는 것은 매우 심오한 통찰입니다.

아, 여기 랍비도 계시는군요.

랍비: 물론 노인의 말처럼, 예수의 말에는 새로운 면도 있지요. 하지만 그건 모르는 소리라오. 예수의 말은 대부분 성서와 우리네 "탈무드, 미드라시, 미시나" 같은 책들에 이미 다 나오는 가르침이라서, 별로 새로울 게 없어요. 얼마든지 증명할 수 있어요. 게다가 얼마 전에 세상을 떠난 위대한 두 랍비인 '샴마이와 힐렐'의 가르침에도 나오는 말들이 많습니다.

그러니까 내 말은 예수는 이곳저곳에서 자기가 하고 싶은 말들만 골라서 들려준 것일 뿐이라는 말이에요. 머리가 좋다고 봐야지요. 다만 "옛사람들"이라고 하면서 모세나 예언자들을 깎아내리고, "나는~"이라며 말씀을 고친 것은 대단히 잘난 체하는 것이기에, 유감스럽고 신성모독적이기까지 한 발언이라고 봅니다.

신학자: 삐딱하시군요? 물론 그 누구도 전혀 새로운 진리를 말하기는 어렵지요. 이미 다 옛사람들이 말한 것인데, 다만 시대에 따라 표현을 달리하여 응용하며 적용하는 것이지요. 그래도 예수의 가르침을 들어보면, 예수의 독창성이나 새로움을 볼 수 있지 않습니까? 게다가 율법이나 예언자들의 말보다 심오하고요. 옛날의 가르침을 뛰어넘는 새로운 가르침이 나오지 않으면, 도대체 무엇 때문에 역사가 진행되는 것일까요? 자손은 조상보다 더 현명하고 뛰어나야 역사가 발전하는 게 아닙니까?

랍비: 우리 민족이 나아가고 살아갈 길은 이미 옛날에 다 가르쳐진 것이라고요!

신학자: 그렇다면 당신들은 어째서 탈무드와 미드라시와 미시나 같은 성서 주석과 해설과 교훈이 담긴 이야기책을 쓰는 것입니까? 그냥 성서(히브리 성서-구약)만 보면 될 텐데요?

랍비: 그거야 새로운 세대에게 하나님의 말씀을 새롭고 자상하게 해석

해서 가르치고 기르려는 것이지요.

신학자: 제 말이 그 말이에요. 예수도 그렇게 한 것이라고 보면 되지 않겠습니까?

랍비: 하지만 그는 '정식 랍비'도 아니에요! 랍비 학교도 졸업하지 않은 사람이 랍비 행세를 한다면 누구나 랍비가 될 텐데, 그러면 세상이 어떻게 되겠소?

신학자: 랍비들만 성서를 해설할 자격은 누가 준 것인가요? 집안의 할아버지와 아버지와 동네 어르신들도 자녀들에게 성서 이야기를 들려주지 않습니까?

랍비: 아무튼 성서를 그런 식으로 함부로 해석하고 가르치면 안 되는 거요!

신학자: 어르신은 예수에게서 어떤 것을 느끼셨나요?

할머니: 아유, 내 손자가 그렇게 현명하다면 기뻐서 토끼처럼 뛰겠소! 그 사람 할머니는 얼마나 좋을까? 나는 귀가 좀 어두워서 다 듣진 못했지만, 예수의 얼굴과 입 모양을 유심히 들여보며 귀를 기울였다오. 이따금 팔을 들어 하늘과 들판과 호수를 가리키며 말했어요. 마치 사방에서 자비로운 바람이 불어와, 내 가슴을 토닥여주는 것 같았지. 살아오는 동안 그렇게 흐뭇한 날도 없었다오.

신학자: 그렇군요. 혹시 기억에 남은 말이 있나요?

할머니: 몇 가지 있는데, 다 말해도 돼요?

신학자: 얼마든지 그러세요.

할머니: "자비한 사람은 복이 있다. 너희는 세상의 소금이고 빛이다. 하나님은 선인이나 악인, 의인이나 불의한 사람을 가리지 않고 골고루 햇빛과 비를 내려주는 착한 아버지이시다."라는 말이에요. 나는 예수의 말에서 따

스함과 부드러움과 사랑을 느꼈어요. 우리네 삶이 그렇게 되면, 얼마나 좋아요? 나는 그때 자비의 예수를 보았다오.

신학자: 어르신은 예수의 가르침을 다 들으신 것이나 마찬가지예요. 우리가 하나님을 닮은 사람이 되어야 한다는 뜻이니까요.

할머니: 아 참, "양의 탈을 쓰고 오지만, 실은 굶주린 이리들 같은 거짓 예언자들을 조심하라."라는 말도 했어요.

신학자: 그게 왜 기억에 남아 있을까요?

할머니: (랍비를 힐끔 보며) 나는 마음이 깨끗하고 거짓말하지 않는 사람을 좋아하는데, 아마 가르치면서 돈을 바라는 맘으로 하는 사람들을 야단친 것 같았어요. 예루살렘에 그런 사람들이 많다고 들었거든요.

신학자: 그렇군요.

할머니: 또 하나 있는데, 말해도 되나요?

신학자: 그럼요.

할머니: 마지막에 한 말인데, 집 짓는 사람들 이야기를 했어요. 그건 누구나 다 아는 이야기지요. 전에는 목수였다니까, 아마 비가 오면 쉽게 지붕이 새고 담벼락이 무너진 집을 많이 고쳐준 것 같아요. 그런데 그것을 집 짓기에 대한 것이 아니라, 사람이 살아가는 모습을 말한 거예요. 단단한 바위 위에 집을 지으면 튼튼하고, 모래가 많은 땅에 집을 지으면 쉽사리 무너지는 것 같이, 자기의 가르침을 듣고 실천하는 사람과 듣기만 하고 흘려버리는 사람이 그런 차이를 가져온다고 했어요.

2

신학자: 당신은 옷차림이 말쑥한 것을 보니, 농부나 어부는 아닌 것 같군요.

<u>중년 상인</u>: 나는 당나귀에 봇짐을 실어 이곳저곳 떠돌아다니며, 칼, 낫, 머리띠, 빗, 장신구, 청동이나 무쇠 그릇 등의 물건을 파는 박물(博物) 장사입니다. 그 날 나는 가버나움에서 호수 서남쪽에 있는 마을인 게네사렛과 막달라를 거쳐서 티베리아스로 갈 생각으로, 그곳을 지나는 중이었어요. 그런데 언덕 풀밭에 사람들이 많이 모여 있기에, 무슨 일인가 싶어 가보았지요. 한 젊은이가 말하고 있었어요. 그래서 발걸음을 멈추고 서서 귀를 기울였지요.

<u>신학자</u>: 어떤 말이 가슴에 와 닿던가요?

<u>중년 상인</u>: 나는 아무래도 떠돌며 장사하는 사람이니까, 돈과 안전에 관한 말에 귀가 솔깃해졌지요. "사람이 하나님과 재물을 아울러 섬길 수 없다, 걱정과 근심과 두려움에서 벗어나 하나님 아버지께서 먹이고 지켜 주신다는 것을 잊지 말고 살라, 그리고 남을 심판하지 말라."라는 말이 저를 찌르며 감동을 주었어요. 왜냐면 장사하면서 흥정하느라 다투는 일이 잦아서, 그와 반대로 살아온 일이 많았으니까요. 그래서 예수의 말은 마치 내 가슴을 다 훔쳐보고 하는 말 같아서 뜨끔했어요. 젊은 예수가 마치 인생을 무척이나 오래 살아, 세상을 죄다 꿰뚫어 보고 말하는 명민한 철인(哲人) 같았어요.

황혼이 내려앉는 시간이기에 어서 다음 마을로 가야 해서, 다 듣지는 못하고 중간에 떠났어요. 가는 내내 곰곰이 생각해봤지요. 그래서 그의 말이 옳다는 것을 깨닫고 가슴에 새겼지요. 그랬더니 마음이 시원해지면서 묵은 체증이 가시는 것 같았어요. 지금도 그 세 가지 말씀을 기억하며 살아요. 사람들에게 늘 웃으며 부드럽게 말하니, 장사도 더 잘되더군요.

<u>신학자</u>: 그렇지요. 사람은 진리의 말씀을 하나만 가슴에 새겨도 부끄럽지 않게 살 수 있다고 봐요. 장사는 날씨와 비슷해서, 늘 잘 팔리는 날만 있

는 게 아니지요. 잘 되거나 안 되거나, 걱정과 두려움에서 벗어나는 것이야 말로 욕심에서 해방되고, 마음의 평안을 유지하고, 사람들을 부드럽게 만나는 길이니까요.

중년 여성: 나도 아들들과 며느리들과 손자 손녀들과 함께 그 자리에 갔었어요. 솔직히 말해서, 예수의 말은 나에게 '시원함'과 함께 '무거운 짐'을 지워준 것 같아요. 우리 애들은 어떻게 들었는지 모르지만, 나에게는 그랬다는 말이에요.

시원하다는 것은 자선이나 기도나 금식을 남들이 봐주기를 바라면서 하거나, 사람을 잘못 가르치는 거짓 예언자들이나, 욕심과 망상에 빠져서 하나님을 이용하는 사람들에 대한 책망의 말씀을 가리켜요. 우리 유대인들은 이런 말씀을 가슴 깊이 새기며 자신을 반성해야 해요! 회당엘 다녀도 남들의 평판 때문에 눈치와 입으로만 하는 일이 많고, 기도해도 그저 가정의 복이나 바라는 것이 대부분이니까요.

신학자: 그러면 무거운 짐을 진 것 같다는 말은 무슨 뜻인가요?

중년 여성: 율법의 일점일획도 어기지 말고 다 지키고, 분노하지 말고, 맹세하지 말고, 보복하지 말고, 원수까지 사랑하고, 남을 심판하지 말라는 말이 그래요. 사람이 어떻게 그렇게 살 수 있나요? 하루에도 속 터지는 일이 한두 개가 아닌데요.

신학자: 듣고 보니, 그렇네요. 그런데 예수의 말을 남에게 적용하면 시원하지만, 나에게 적용하면 무거워지는 게 아닐까요?

중년 여성: 음, 하긴 그렇네요. 그러면 어떻게 무서운 짐 같은 말을 따를 수 있나요?

신학자: 그것은 예수가 하나님을 친절하고 자상하고 사랑이 많은 "아버지"라고 말한 것을 가슴에 새기고 살아가면 되지 않을까요? 아무래도 아버지 하나님을 내 마음에 모시고 살면, 기운과 생명과 용기가 생겨서, 그리 어렵지 않게 하나님을 뜻을 실천할 수 있으니까요.

중년 여성: 그렇네요. 나는 예수를 의롭고 거룩한 분으로 보았어요.

신학자: 당신에게는 생선 냄새가 나는 걸 보니, 어부이시군요?

중년 어부: 그래요. 우리 집안은 대대로 갈릴리호수에서 물고기를 잡는 어부라오. 그런데 어찌 된 일인지, 한 번도 가난에서 벗어나질 못하고 살아요. 지금도 나는 커다란 어선과 인부를 거느리고 부유하게 사는 어부집에 고용된 신세를 면치 못하고 매일 힘겹게 일하고 있어요.

신학자: 그렇군요. 그런데 혹시 할아버지나 아버지나 본인이 좋지 못한 습관에 젖어 있는 것은 아닌가요?

어부: 나쁜 습관이요? 어떤 것을 말하나요?

신학자: 예를 들면, 폭식이나 폭음, 가족에게 거칠게 하는 것, 남의 말이나 행실을 사람들에게 옮기기를 좋아하는 것, 남의 가정과 비교하기를 잘하는 것, 화를 내며 일하는 것 등을 말합니다.

어부: … …. 아, 어쩌면 좋아요. 우리 집안이 그렇게 살아왔으니.

신학자: 괜한 이야기를 했나 봅니다.

어부: 아니에요. 이왕 말이 나왔으니 해야지요. 나도 이번에 예수의 가르침을 듣고 느낀 점을 가슴 깊이 새기며 다른 삶을 바라게 되었습니다.

신학자: 가장 기억에 남는 말은 무엇인가요?

어부: "모래 위에 집을 짓는 어리석은 사람" 이야기에요. 그것은 우리 집안 이야기였어요. 회당에 갈 때마다 성서나 랍비가 전하는 하나님의 말씀을

들고도, 한 귀로 듣고 한 귀로 흘리는 일이 오랜 습관이 되었으니까요. 따지고 보면, 모든 게 그놈의 '웬수'인 술 때문이지요. 술을 마시면 속이 가라앉는 게 아니라, 오히려 더욱 사는 게 슬프고 답답하고 분노와 원성이 마구 터져 나와, 아내나 애들한테 거친 말을 퍼부으니까요. 나야말로 모래 위에 집을 지은 어리석은 놈입니다.

신학자: 사람은 누구나 흠과 티가 많습니다. 그렇다고 그것 때문에 좌절하면, 자신과 가족만 불행해집니다. 그러니 이제는 예수의 다른 말을 생각하며 사는 게 좋지 않을까요? "반석 위에 집을 짓는 슬기로운 사람" 이야기 말입니다. 고생하며 애쓰며 사는 것 자체가 반석 위에 집을 짓는 것은 아닙니다. 그래서 예수가 '슬기'를 말한 게 아닐까요? 사람은 누구나 자신과 가족을 사랑하는 법입니다. 다만 그것을 올바르게 표현하지 못하는 게 탈이지요. 나는 "마음이 가난한 사람의 복"에 관한 예수의 말이 그것이라고 보는데요. 이 말씀은 날마다 과거를 끊어 버리고 자기를 낮추고 새롭게 살라는 뜻으로 봅니다.

어부: 그래요. 그 말도 생각이 나네요. 새로운 삶을 바라지만 말고, 이제부터 진실로 반석 위에 집을 짓는 삶을 살아야 하겠어요. 우리 애들에게 가난과 굴욕의 유산을 남겨줄 순 없으니까요. 나도 자랑스러운 남편과 아버지가 되고 싶다오. 그러면 예수는 나에게 인생을 함께 걸어가는 친구가 되겠지요?

신학자: 물론입니다.

3

신학자: 눈빛이 형형한 20대 초반 젊은이를 만나보지요. 젊은이는 가버나움 사람인가요?

청년: 그렇습니다.

신학자: 그러면 어떤 집안인가요?

청년: 그게 무슨 대수란 말입니까?

신학자: 말이 꽤 당돌하군요.

청년: 죄송합니다. 속이 끓어올라서 나도 모르게 그랬습니다.

신학자: 그게 무슨 이유인지 물어도 될까요?

청년: 이야기를 하자면 깁니다. 저는 작년에 친구들과 함께, 유대 광야에서 우리 민족의 회개를 촉구하고 살길을 제시하는 예언자 요한에게 가서 침례를 받고 왔어요. 그분은 하나님의 나라가 가까이 왔다고 하며, 우리 민족을 살려보려고 애를 쓰셨어요. 그런데 지금 그분은 살해당하셨지요. 이 민족인 "에돔" 족속의 더러운 피가 섞인 "헤롯 안티파스" 영주가 자기를 비난한다고 죽인 것이지요. 그는 간사한 인간인 데다가, 물건이든 땅이든 사람이든 무엇에나 탐욕을 부리는 짐승이고, 로마인들과 그리스인들이 즐기는 경기(스포츠) 광이고, 갈릴리 전체를 촘촘히 감시하는 독재자입니다. 아, 하나님은 도대체 무엇을 하시는지!

신학자: 정의감이 충만한 청년이군요. 그런데 왜 요한을 따르지 않고 돌아왔나요?

청년: 그분이 거절했습니다.

신학자: 거절하다니요?

청년: 그분은 제자를 함부로 두지 않았어요. 제자로 삼는 기준이 대단히 엄격했으니까요. 백성이나 세리나 군인들이 해야 할 자선이나 정직보다 더 엄격한 기준이지요. 집을 떠나는 것은 기본이고, 재산이나 유산도 다 가난한 사람들에게 나누어주고, 매일 뙤약볕 내리쬐는 광야와 동굴에서 극단

의 금식과 고행과 기도를 수행해야 한다고 하셨어요.

　그런데 지금 보면, 그분이 옳았어요. 그분은 젊은이들의 객기(客氣)나 호기(豪氣) 같은 것을 그리 높이 평가하지 않으셨지요. 한때의 열정에 도취하여 멋도 모르고 영웅 심리에 빠져서 나서니까요. 늙으신 부모님과 형제자매가 넷이나 있는 막내인 내가 한순간의 의기에 그런 의도를 내비쳤으나, 그분의 조건을 따를 자신이 없었지요. 하는 수 없이 돌아서자, 그분은 나에게 인생에는 어떤 특정한 길만 있는 것이 아니니, 집에 가서 가정에 충실하고 이웃을 사랑하며 거짓 없이 바르게 살아가는 것이 하나님의 나라를 이 세상에 건설하는 일이라고 하면서 격려하셨어요.

　<u>신학자</u>: 그렇군요. 그러면 예수의 설교를 듣고는 어떤 느낌이 들었나요?

　<u>청년</u>: 솔직히 실망스러웠어요.

　<u>신학자</u>: 그래요? 어떤 점에서 그랬나요?

　<u>청년</u>: 예수의 얼굴이나 말이나 모습이나 목소리나 살아가는 방식은 요한과는 너무나도 차이가 큽니다. 설교를 듣기 전에도 가버나움에서 여러 번 보았어요. 그런데 세리들이나 평판 나쁜 자들하고 서슴없이 어울려 술을 마시고 음식을 먹으며 떠들며 대화를 나누는 모습을 보고는 놀랐지요. 게다가 지도층인 바리새파 사람들하고는 매사가 갈등과 다툼만 일으켜요. 안식일조차도 제대로 지키지 않고요.

　<u>신학자</u>: 바리새파와 다툰 것은 요한도 마찬가지였는데요?

　<u>청년</u>: 그러나 요한은 그들에게 "독사의 자식들"이라고 욕설을 퍼부으며 대들었고, 하나님의 정의와 공의로운 심판을 외쳤어요. 물론 아무도 들어먹지 않았지만요.

　<u>신학자</u>: 그래서 예수가 요한과는 다르고 예언자도 아니라고 본다는 말

인가요?

청년: 그렇습니다. 요한은 메시아 같은 예언자인데, 예수는 그런 모습이 전혀 없으니까요.

신학자: 그런가요? 젊은이가 혹시 예수에게서 다윗 같은 대왕의 모습을 기대한다면, 평생 못 볼 겁니다. 그것은 예수의 생각이나 길이 아니니까요.

청년: 그것을 어떻게 아십니까?

신학자: 그 날 가르치는 것을 듣지 않았습니까? 총명한 그대는 그날 예수의 가르침을 거의 다 기억하고 있을 텐데, 그것을 곰곰이 생각해보지 않았나요?

청년: 생각해봐도 모르겠더군요.

신학자: 솔직한 대답이니, 부끄러워하진 마세요. 제사장들이나 바리새파 율법 학자들도 알아듣지 못할 말입니다. 말이 어려워서가 아니라, 자기들이 싫어하는 하나님의 뜻을 천명하는 말이 대부분이니까요. 그렇기에 예수는 예언자이십니다. 예언자란 단지 부패한 세상을 거침없이 비판하고 탄핵하는 사람만은 아닙니다. 인간과 나라와 세상의 근본과 근원을 말하는 사람입니다. 그날 들어서 지금 기억하고 있는 예수의 말을 곰곰이 생각해보세요.

예수는 사람이 하나님 앞에서 지녀야 할 가난하고 온유하고 깨끗한 마음, 평화를 지향하는 태도, 고난에 굴하지 않는 의, 자랑이나 위선이 없는 자선과 자비와 기도와 금식, 거짓이나 폭력의 금지, 인간에 대한 사랑, 심지어 원수까지 사랑하라는 것, 그리고 걱정하지 않고 자비로우신 하나님 아버지를 철저히 신뢰하고 먼저 하나님의 나라를 추구하라는 것 등, 인간과 나라와 세상의 모든 것을 근본과 근원에서부터 다시금 설정하고 올바른 길을 가르치신 것입니다. 곧, 예수는 사람의 마음부터 바꿔

어야 새로운 세상이 온다고 가르치셨지요. 그보다 심오하고 영구한 혁명은 없습니다.

청년: 그렇다면 예수는 참된 예언자이겠네요?

신학자: 예수는 예언자 이상인 분이십니다. 그분이야말로 진정 이 세상에 하나님의 나라를 세우실 메시아이십니다! 요한도 예수를 가리켜 "세상의 죄를 짊어지고 가는 하나님의 어린양"이라고 했지요(요 1:29). 나중에 알 것입니다. 예수는 세상이 출현한 이래 처음이자 마지막으로 나타난 영원한 빛과 길의 구원자이십니다.

청년: 그런 말은 처음 듣지만, 앞으로 더 자주 예수의 가르침을 듣고 배워야 하겠습니다.

4

신학자: 이제 한 규수(閨秀)를 만나보지요. 안녕하십니까?

처녀: 나는 시인 예수를 보았어요.

신학자: 네?

처녀: 나는 예수의 말을 시로 들었으니까요.

신학자: 산상수훈을 시로 들었어요?

처녀: 네. 솔로몬의 아가(雅歌)를 애송하는 나의 눈에 예수는 참으로 위대한 시인이세요.

신학자: 그런 생각은 한 번도 해본 적이 없었는데, 호기심이 잔뜩 생기네요. 어디, 그 까닭을 들어볼까요?

처녀: 시가 어디 꼭 매혹적인 단어나 기막힌 표현을 써야만 시인가요? 뭘 '하라, 마라' 하는 말도 다시금 새겨들으면 시가 돼요.

신학자: 그래요? 처음 듣는 말이네요. 그럼, 예를 들어볼래요?

천녀: 처음에 말한 "여덟 가지 복"만 해도 그래요. 말을 조금 고치면 시예요.

신학자: 말을 고쳐요?

천녀: 문장을 다 뜯어고친다는 말이 아니라, 시구처럼 표현을 다듬는다는 말이에요. 나는 이렇게 들었어요.

마음이 가난한 사람아! 그대에게 복이 있으니, 하나님의 나라가 그대의 것이리.

슬퍼하는 사람아! 그대에게 복이 있으니, 하나님의 위로가 그대의 것이리.

온유한 사람아! 그대에게 복이 있으니, 땅의 참 주인이 되리니.

의에 주리고 목마른 사람아! 그대에게 복이 있으니, 만족이 그대의 것이리.

자비한 사람아! 그대에게 복이 있으니, 하나님의 자비를 입으리.

마음이 깨끗한 사람아! 그대에게 복이 있으니, 곳곳에서 하나님의 얼굴을 보리라.

평화를 이루는 사람아! 그대에게 복이 있으니, 하나님의 아들딸이리.

의를 위해 박해받는 사람아! 그대에게 복이 있으니, 하나님의 나라가 그대의 것이리.

이런 거예요. 그리고 세상의 소금, 세상의 빛, 산 위에 세운 마을, 등잔대 위에 놓는 등불, 햇빛과 비, 몸의 등불인 눈, 공중의 새와 들의 백합, 솔로몬의 영화 등이 모두 그래요. 특히 공중의 새와 들의 백합은 절창(絕唱)이에요. 모두 말할 수는 없어요.

신학자: 놀랍다는 말밖에 할 말이 없네요. 아가씨가 시인이네요.

천녀: 그래서 나는 예수를 사랑해요. 얼마나 멋진 시인이에요?

신학자: 소년은 몇 살인가요?

소년: 열 살이에요.

신학자: 그러면 예수의 가르침을 알아듣겠던가요?

소년: 그러면 내가 어른이게요? 알아들은 것은 몇 개 없고요, 다만 환한 얼굴로 미소를 지으며 부드러운 목소리에 자상하고 친절한 태도로 사람들에게 하나님의 말씀을 전하는 그 모습이 좋았어요. 그래서 나도 그런 사람이 되고 싶었어요. 예수는 나에게 자상한 삼촌 같았어요.

신학자: 부디 그런 사람이 되기 바래요.

신학자: 마지막으로 "예수를 떠난 제자"를 만나보겠습니다(요 6:60~71). 당신은 무엇 때문에 예수를 떠나갔나요?

청년: 날이 갈수록 알아들을 수 없는 말만 하는 이상한 사람이었기 때문이에요. "나는 하늘에서 내려온 생명의 빵이다, 내 피는 생명의 물이다, 나는 아무리 마셔도 마르지 않는 그대들의 영혼 깊은 곳에서 솟구치는 하늘의 샘물이다." 나라는 이 꼴인데, 이런 말들이 도대체 무슨 도움이 된다는 말인가요?

신학자: 그러면 그대는 예수가 다윗 같은 대왕 메시아가 되어 주기를 바랐나요?

청년: 그를 따르는 젊은이들 가운데 그렇지 않은 사람도 있을까요?

신학자: 맞는 말이니, 할 말이 없네요. 그러나 안타까운 일이라는 것만은 말해야겠네요. 한두 마디 듣고 단정하는 것은 섣부른 일이 아닐까요?

청년: 하는 수 없지요. 앞으로도 계속 그런 말만 할 게 분명하니까요. 우리 민족이 대망하는 메시아는 외적을 내쫓고 해방과 자유를 쟁취하는 대왕

이어야만 해요! 옛 예언자들도 모두 그렇게 말했어요. 그렇지 않다면, 그들이 하나님의 말씀을 잘못 전했다는 게 아닙니까?

05

예언자 요한, 요한의 제자 한 사람

신학자: 이제 예언자 요한을 만나볼 차례입니다. 먼저 예언자를 올바로 이해하고 가야 하겠습니다(預言者, 그-prophetes, prophet). 고대 세계 어느 나라나 예언자가 있었습니다만, 특히나 이스라엘 역사에 출현한 예언자들은 독특하고 독보적이고 예외적인 현상이라 하겠습니다.

기독교인들은 예언자를 오해하기 쉽습니다. 지금도 동서양에서 젓가락이나 쌀이나 카드나 별자리를 보고 운수를 알려주는 사람, 무슨 도사(道士)네 하는 사람을 '예언가(豫言家)'라고 합니다. 예언(豫言)은 앞날에 일어날 일을 미리 말하는 것을 뜻하니까, 이른바 점(占)을 치는 것이지요.

그러나 구약성서에서 말하는 예언(預言·prophecy)은 이런 게 아닙니다. 예금(預金)이란 말에서 보듯이, 預는 맡긴다는 뜻입니다. 預言은 맡기는 쪽에서 보면 '맡긴 말'이고, 맡은 쪽에서 보면 '맡은 말'입니다. 그래서 예언은 그 사람(예언자)의 말이 아니라, 맡기신 이의 말로 듣습니다. 그렇다고 예언자가 아무 이성이나 판단이나 감정이나 의지가 없이 기계적으로 맡긴 말을 녹음해서 전달한 게 아닙니다. 거기에는 예언자 자신의 이성과 감정과 성격과 의지, 존재 방식과 인격과 삶 전체가 통합됩니다.

곧, 예언은 말을 맡기신 하나님에 대한 예언자 자신의 주체적이고 실존적인 응답과 이해와 통찰과 깨달음과 행동이 어우러져 나온 말입니다. 오늘날 예언자에 대한 정확한 정의나 비유는 어렵지만, 자기의 생각과 말과 글과 행동에 목숨을 걸고 사는 사회 운동가나 사상가나 철인이 그런 사람이라고 보면 됩니다.

예언자는 도사도 아니고 점쟁이도 아닙니다. 예언자는 불의하고 부패한 당대 사회와 나라에 하나님의 뜻과 말씀을 메시지(사상)로 전하여, 변화와 전환의 회개와 자아 혁명, 그리고 사회 정의를 선포한 사람입니다. 거기에서 바람직한 미래가 가능하지요. 그래서 예언(預言)에는 미래에 관한 말도 있어서 예언(豫言)도 포함됩니다.

그러나 예언자의 활동에서 언제나 우선 사항은 '지금 이곳'의 불의하고 부패하고 타락한 현실 상황에 대한 비판과 책망, 변화를 거부할 때 미래에 일어날 하나님의 심판과 역사적 파국 사태에 대한 경고, 그에 관한 적절한 대응책인 회개와 응답 행동, 선택해야 할 대안(代案·alternatives)인 정의와 사랑과 자비로운 행동의 실천입니다. 그래서 예언자는 하나님을 대리하여 인간과 나라·세상의 근본적인 변화를 촉구하는 사람이고, 예언은 그가 언어와 행동으로 선포하는 말이고, 행동은 몸으로 표현하는 말이기에 예언에 포함됩니다. 예언자가 특히 세상의 종말을 선포하는 묵시적 예언자라면 더욱 그렇습니다.

그렇기에 당대 사회와 나라가 예언자의 선포에 귀를 기울여 회개, 곧 변화와 혁신을 선택하면 밝은 미래가 있다는 것이고, 거부하고 부패를 지속한다면 어두운 심판의 미래가 기다리고 있다는 뜻입니다. 따라서 예언자는 의사와 같지요. 과도한 음주나 과로나 스트레스로 인해 몸과 마음이 망가져 가는 사람을 진찰한 의사는 그에 적절한 처방을 내리거나 수술까지 합니다. 이러한 사실은 구약성서의 모든 예언자를 이해할 때 필요한 전제입니다. 물론 요한과 예수를 이해할 때도 적용됩니다.

2

신학자: "예언자 요한"을 만나봅니다. 반갑습니다. 선생님은 예언자로서, 예수 직전에 출현하여 동시대를 사셨지요.

요한: 그렇소.

신학자: 그러면 선생님은 예수의 스승이신가요?

요한: 그렇지 않소. 동지(同志)라고 말하는 게 옳소.

신학자: 그런데 후세 사람들(복음서, 기독교인들)은 선생님을 예수의 길을 예비한 선구자로 봅니다. 그래서 제2 이사야 예언자의 말을 선생님을 가리키는 것으로 해석하고 말하거나(사 40:3~4; 막 1:3; 마 3:3), 선생님이 예수를 가리키며 "세상 죄를 지고 가는 하나님의 어린양"이라며 이스라엘에 알리신 것이라고 말합니다(요 1:29~36).

요한: 그것은 후세 사람들의 해석일 뿐이오. 예수도 내가 죽기 전에 나를 가리켜 "예언자"라고 했소(마 11:7~11). 나도 예언자이고 예수도 예언자요. 그래서 우리는 동지요. 하나님께서 같은 시대에 두 사람이나 예언자를 보내셨으니, 그것은 찬미를 드려야 할 사랑과 은혜이면서도, 지금 이스라엘이 놓은 상황이 그만큼 큰 위기에 처했다는 뜻이오.

신학자: 그렇군요. 예수를 따른 사람들(복음서 기자들)도 민중이 예수를 "갈릴리 나사렛에서 나신 예언자 예수"라고 말했다고 하지요(마 21:11; 마 16:14; 막 8:28; 요 4:19). 물론 유대교 지도층은 이것을 부정했는데(요 7:52), 그들의 말은 예수가 갈릴리 나사렛 출신이기에, 예수는 물론 갈릴리 사람들을 천시하고 모욕하는 태도에서 나온 것입니다.

요한: 하나님을 대신하여 그분의 말씀을 전하는 사람이 된 것은 어찌할 수 없는 운명이오. 하나님이 붙잡아 말하라고 시키시는데(암 7:15), 누가 거부할 수 있겠소? 사나 죽으나 하나님의 명령에 목숨을 내걸고 살아야 할 운명이니, 오히려 영광스러운 일이오. 그렇게 생각하지 않으면, 어떻게 이 길을 가겠소?

신학자: 그래서 예로부터 하나님의 부르심을 받은 예언자들은 처음에는 대개 거부했지요. 모세가 그러하고, 예레미야가 대표적이지요. 특히 예레미야는 하도 힘들어서, 여러 번이나 때려치우려고 했습니다. 그러자 하나님도 놀라서 뜯어말리셨지요. 그의 책을 읽으면 안타깝고 눈시울이 붉어지고 가슴이 먹먹해집니다. 엘리야 예언자는 갈멜산에서 바알 종교의 사제들과 예언자(豫言者)들 수백 명과 대결하여 위대한 승리를 얻은 후인데도, 하도 힘겨워서 다 포기하고 시나이반도의 광야로 은둔해버리려고 했지요. 그러니 예언자 노릇이란 게 너무나도 힘든 일이라서, 영광의 운명으로 알고 가지

않으면 아무도 갈 수 없는 길이지요.

요한: 예언자는 사제와는 전혀 다른 사람이기 때문이오. 사제는 하나님과 백성 사이에 서서 성전 예배의 집례(執禮)를 하는 편안하고 존경받고 보수도 좋고 자식에게 세습해주는 직업이지만, 예언자는 직업도 아닌 데다가 허구한 날 종교 지도층이나 부유층이나 그 하수들의 반대와 구박과 핍박만 받아야 하니 말이오.

신학자: 그런데 선생님의 메시지는 간단합니다. "회개하라. 하나님의 나라가 가까이 왔다."라는 말이 대표적인데, 이것은 후세에 예수를 믿고 따르는 사람들이 쓴 책에도 기록되어 있는데(마 3:2), 그들조차도 제대로 알지 못합니다. 그러니까 선생님은 예수보다 먼저 하나님의 나라 운동을 전개하신 겁니다. 이것은 아무도 부정하지 못할 사실입니다.

요한: 그렇소. 그러나 나는 옛 선배 예언자들의 뒤를 따른 것뿐이오. 메시아의 나라, 곧 하나님의 나라가 이 땅에 이루어져야 하니까. 그것이 하나님의 궁극적인 뜻이오. 그것은 예언자들의 책뿐만 아니라, 구약성서 곳곳에 기록되어 있는 이스라엘 민족의 오랜 전통과 희망이오. 하나님이 세상을 지은 뜻이나, 아브라함과 후손 이스라엘 민족을 택한 이유와 목적도 이 세상에 하나님의 나라를 세우시려는 뜻 하나밖엔 없소. 모든 것이 하나님의 나라를 위해서 배열되어 있소.

하나님의 나라는 본래 하나님이 인간을 지을 적부터 뜻하신 계획이오. 모든 인간이 하나님 안에서 서로 존중하고 사랑하며 함께 행복하고 평화롭게 사는 세상, 그것이 하나님의 나라요. 그런데 인간이 죄를 지어서 하나님의 계획을 와장창 망가뜨려 버렸소. 그래서 하나님은 다시금 그런 평등하고 행복하고 평화로운 세상을 실현하기 위하여 아브라함과 이스라엘을 택하신 거요. 그렇지 않다면, 하나님이 무엇 때문에 이스라엘 민족을 택하셨겠소?

신학자: 성서를 환히 꿰뚫고 계시는군요. 옛 예언자들도 메시지를 선포할 때마다 조상들의 역사를 줄줄이 읊으며 가르쳤습니다. 그러니 예언자들은 단지 하나님의 말 심부름꾼이 아니라, 해박하고 심오한 지식인이기도 합니다.

요한: 당연하지요. 하나님의 훈련에 포함된 것이오. 이스라엘 역사와 전통과 성서를 모르고 예언자가 된 예는 없소. 예언자는 목동이 쓰는 죽은 막대기 같은 사람이 아니오. 사람이오, 하나님이 휘두르시는 지팡이가 된 사람! 모세의 지팡이 이야기도 그것이오(출 4장).

3

신학자: 그런데 선생님은 도시나 도성 예루살렘에서 활동하지 않고, 이 외진 광야 요르단강 하구에 거처하며 하십니다. 어떻게 된 일입니까?

요한: 그것도 내가 그렇게 하고 싶어서 한 게 아니라, 하나님의 뜻에서 나온 것이오. 우리 민족은 말이든 글이든, 백성에게 하나님의 뜻을 전하는 사람을 누구나 예언자라고 했소. 그래서 역사가나 시인이나 현자도 예언자요. 장마당이나 길거리에서 말하든지, 학교에서 말하든지, 골방이나 동굴이나 광야나 사막에서 말하든지, 글이나 책을 쓰든지, 학교나 회당에서 가르치든지, 하나님의 뜻을 전하는 사람은 누구나 예언자요.

더 나아가 별들, 당나귀, 말, 소, 양, 염소, 들판의 꽃들, 하늘을 날아다니는 새들, 천둥, 번개, 지진, 계절, 철새 등, 모든 게 하나님의 뜻을 전하니까, 사람이 아닌 예언자라고 할 수 있소. 만사가 다 그렇소.

신학자: 나를 비롯하여 예수를 믿는 사람들은 선생님에 대한 기록에서

받은 인상이 머리에 박혀 있어서, 지금 하신 말씀이 전혀 다르고 새롭게 들립니다.

요한: 나, 그렇게 무식한 사람 아니오. 농담했소! 하나님께서 나에게 맡기신 예언의 역할은 광야에서 백성에게 죄를 뉘우치고 다가오는 하나님의 나라를 기다리며 새롭게 살라는 표시로 침례를 주라는 것이었소. 마을이나 도시에서 활동하는 예언자는 하나님께서 그렇게 하라고 하셔서 하는 거요. 예수가 그렇소. 그러니 나와 예수는 서로 다른 방식으로 예언 활동을 하는 것이오.

신학자: 그렇군요. "젖먹이들과 어린이들의 입술"이나(시 8:2), 방에 은둔하여 글을 쓰는 시인이나 소설가나 철학자도 세상에 대고 말하는 하나님의 입이니까요.

요한: 신의 말씀은 누가 어디에서 어떻게 하든 사람에게 전달되기 마련이오. 하나님은 내가 도시에 가지 않아도 사람들을 양처럼 몰아다 주셨소. 물론 오지 않은 인간들도 많았지만 말이오. 누군지 알 거요. 그러나 그들은 스스로 자기를 정죄하여 하나님의 심판을 자초하는 인간들이오. 하나님의 말씀을 외면하고서 잘 살 인간은 없소! 겉으로는 그렇게 보이겠지. 하지만 하나님을 등지고도 하나님께 충성한다는 작자들은 자기들만의 망상과 착각에 빠져 있을 뿐이오. 반드시 "하나님의 도끼와 불에 태워질 날"이 오고야 말 것이오(마 3:10). 인생과 역사라는 게 그렇게 우습고 쉬운 것이 아니오!

신학자: 그런데 침례는 이스라엘에 없던 것 아닌가요? 선생님은 그것을 어디에서 배워서 도입하신 겁니까?

요한: 그 연원이나 전통을 이야기하자면 길어요. 광야에서 수도 생활을 할 적에 배운 것이오. 지금도 사해 주변 동굴과 은밀한 골짜기에는 수도원

이 여럿 있소. 나도 한때 거기에 몸담았소. 그곳에서는 '정식 제자'로 입문하는 사람에게만 침례를 주었소. 그들도 자기들이 창안한 게 아니라, 바빌로니아나 페르시아의 동방 종교에서 배운 것이오.

신학자: 그런데 어떻게 처음 찾아오는 사람들 누구에게나 침례를 주셨나요?

요한: 생각해보시오. 들어올 때 재산을 다 바쳐야 하고, 평생 독신이어야 하고, 새벽부터 밤늦게까지 몇 년간 극도의 고된 훈련을 다 마쳐야만 제자로 받아들이며 침례를 준다면, 세상 모든 사람을 수도사로 만들 작정이 아니고서야, 그게 어떻게 백성을 인도하고 마음을 움직이겠소? 예언자는 수도사를 만들러 온 사람이 아니오.

신학자: 그래서 그곳을 나와 독자적으로 활동하신 것이군요.

요한: 어느 날, 하나님의 목소리를 들었소. "너는 가서 이 백성이 죄를 회개하고 새로운 삶을 결단하는 표시로 침례를 주어라!" 그러면서 "때가 되면, 너에게 한 사람이 찾아올 것이다. 그도 내가 세상에 보내는 사람이다. 나는 그에게 성령을 비둘기 같이 내려줄 것이다. 네가 그것을 보면, 그가 그 사람인 줄 알아라." 그래서 그곳을 떠나서 요단강 하구에서 침례를 베풀기 시작한 것이오.

신학자: 그런데 선생님은 침례만 준 것이 아니라, 하나님의 말씀도 전하셨잖아요?

요한: 그렇소. 그러나 나는 말을 많이 하는 사람이 아니오. 내 성격이 그래요. 간단한 말 몇 마디만 했소. 세상은 말이 부족해서가 아니라, 간단한 진리조차 실천하기 때문에 문제인 것이오! 오래전 예언자 아모스는 정의를, 호세아는 사랑만 말했소. 모든 예언자의 선포는 이 둘에 다 들어가

는 것이오. 그러나 나라가 어떻게 되었소? 망하고 말았소. 가정(家)의 도덕은 큰 가정(國家)인 나라에도 마찬가지요. 정의와 사랑만이 생명과 평화의 길이오.

나는 나를 조사하고 감시하러 나온 바리새인들이나 사두개파 제사장 지도층에게는 이렇게 말했소. "이 독사의 새끼들아, 너희에게 닥쳐올 하나님의 징벌을 피하고 싶다면, 지금 회개하고 실천으로 그에 알맞은 열매를 보여라. 그렇지 않으면 하나님의 도끼와 불이 너희를 찍고 죄다 불살라버릴 날이 올 것이다."(마 3:7~12) 하나님에 대한 경외심(敬畏心), 곧 하나님을 두려워하는 마음이 없는 것이 정의와 사랑을 내팽개치게 하는 근본이오. 물욕 때문이지. 이 얼마나 모순인가 보시오. 명색이 성전(제사·예배)과 율법을 통해 말끝마다 하나님을 운운하는 작자들이 정작 하나님을 왜곡하고 이용하고 모독하는 짓을!

백성에게는 "속옷 두 벌 가진 사람은 없는 사람에게 나눠주고, 음식도 그리해라", 세리들에게는 "나라에서 정해 준 것보다 더 백성에게서 우려내고 착취하지 말라", 군인들에게는 "백성을 협박하고 강탈하고 속이지 말고, 너희 봉급으로 만족하라." 하고 말했소(눅 3:7~17).

이 말은 옛 예언자들과 같이, 자비, 정직, 사랑을 말하오. 이것을 회복하는 것만이 이 나라가 사는 길이오. 듣자 하니, 예수는 나보다 더 많은 말로 가르치고, 백성의 질병을 치유하며 마음의 상처를 위안하고, 저 잘난 체만 하는 바리새인과 제사장들로부터 죄인이란 딱지가 붙은 소외된 사람들을 가리지 않고 끌어안고 어울리며 용기와 희망을 주고, 온몸으로 사랑과 자비와 정의를 드러내며 활동하고 있다니, 그것은 그가 받은 하늘의 몫이기에, 실로 존경할 만한 일이오.

신학자: (결론) 그 후 요한은 갈릴리의 영주 헤롯 안티파스의 실정과 가혹한 독재와 부도덕한 행태를 낱낱이 들어가며 질타하고 탄핵했습니다. 물론 거기에는 지도층도 포함되지요. 그리하여 그는 얼마 후 체포되어, 안티파스의 별장인 "마케루스" 요새의 감방에 갇혔다가 처형되었습니다(막 6:14~29).

33세 젊은 예언자의 죽음! 그러나 그는 죽어도 죽지 않는 하나님의 얼 사람, 이스라엘의 영혼, 역사의 별이 되었습니다. 그리고 그런 사람은 예수 이후 다시 나타나지 않았습니다. 지금도 예언자 요한의 의로운 예언·메시지와 강렬한 짧은 삶은 종교와 정치 지도층, 그리고 온 세상 사람들에게 인생과 나라와 역사의 준엄한 진리로 다가옵니다.

<hr/>

4

신학자: 이번에는 "요한의 제자 한 사람"을 만나보겠습니다. 나는 당신을 예언자 요한의 오른팔로 알고 있는데요?

제자: 그렇게 말하기는 곤란합니다. 그분은 정치가가 아니신 데다가, 우리를 형제와 동지로 아셨으니까요. 제자라는 말도 어울리지 않습니다. 그것은 사람들이 하는 말일 뿐이지요. 그분은 늘 우리를 '형제, 동지'라거나 이름으로 부르셨지요. 사람들의 생각과는 다르게, 그분은 매우 친절하고 소박하고 겸손하셨습니다. 한 번은 예수를 가리키며, "나는 그분의 신발을 들고 다닐 자격조차 없는 사람"이라고 하셨지요(마 3:11).

요한: 예언자는 지나치도록 금식하고 기도하고 침묵하셨지요. 그래서 몰골이 말이 아니게 상하셨지요. 거친 흑빵과 메뚜기 말린 것과 물이 그분의 음식이었어요. 물론 그조차도 이따금 드셨지만요. 나는 선생님이 가끔

자정이 넘은 시각에 자기도 모르게 자다가 일어나, "오, 하나님!" 하며 눈물을 흘리다가(아시시 프란치스코의 일), 굼벵이처럼 몸을 돌돌 말고 잠드시는 것을 여러 번 목격했어요. 나라와 백성의 안위를 그처럼 걱정하실 수 없었지요. 그러나 우리에게 입을 열어 가르치실 때는 부드럽고도 준엄하셨어요.

신학자: 그러니 요한을 "엘리야"라고 말하는 것이지요(왕상 18:42; 막 8:28; 마 11:14). 요한은 예수를 어떻게 보았나요?

제자: "나와 같은 하나님의 예언자, 하나님 나라 운동의 동지, 나보다 더 걸출한 사람, 역사의 전환점, 새로운 역사를 여실 분, 인류가 존재하는 한 기억되고 흠모받을 분, 여인이 낳은 아들 중에서 최상의 사람" 등입니다.

신학자: 당신은 어떻게 요한을 따르게 되었나요?

제자: 그분은 "말라기" 이후 400년 만에 출현한 예언자이십니다. 예언자는 하나님이 보내신 사람이지, 비판적 지식인이 아닙니다. 그런 지식인은 많지요. 하지만 하나님의 영에 휩싸여 하나님의 말씀에 목숨을 거는 사람은 거의 없지요. 그런데 요한은 그런 사람이었어요. 그분의 마음과 생각과 뜻은 오로지 하나님의 나라가 이 땅에 이루어지는 것에 닻을 내렸습니다. 이스라엘의 해방과 자유만 생각하셨지요. 그러나 그분은 그것이 폭력 혁명으로 이룩된다고는 생각하지 않으셨습니다. 그런 점에서 그분은 대단히 현실적인 분이셨어요. 유대인이 독립운동으로 로마 제국의 강대한 군대를 내쫓을 수는 없다고 하셨지요.

그것은 그분의 독단적 생각이 아니라, 우리 민족의 역사를 보고 하신 말이에요. 유다 왕국 말엽, 예레미야 예언자도 그랬습니다. 아무리 하나님을 믿는다고 해도 - 물론 제 말은 믿음은 진실한 행동과 실천과 삶으로 증명해야 하는 것을 말합니다 - 세계 최강의 강대국인 바빌로니아에 대항해서 이길 수는 없었지요. 현실이 그랬어요. 게다가 그때 유다 왕이나 지도층이나 백성의 행태는 목불인견으로 타락했었지요. 그런데 믿음을 내세우다니요? 믿음은 부패한 삶에 대한 자기 합리화나 정당화의 수단이 아닙니다!

그래서 예레미야는 하나님의 심판으로 추방되고 포로가 될 것이라고 선포하며, 대항하지 고 항복하는 것만이 그나마 하나님의 은총을 입는 것이라고 했지요. 예레미야는 왕실을 보존하고자 항복을 권유한 게 아니에요. 백성을 살려야 했기 때문이지요! 그런데 "시드기야" 왕은 끝내 말을 듣지 않았어요. 그렇게 하여 마지막 남은 대안조차 걷어차고 대항하다가 처참하게 몰락하고, 백성을 죽음의 구렁텅이로 내몰았지요. 말할 수 없이 비참한 역사입니다.

옛 예언자들과 같이, 요한은 회개와 갱생과 혁신만이 하나님의 도움과 구원을 얻을 유일한 길이라고 생각했어요. 그것도 옛 역사에 나오지요. 강력하고 잔혹하기 그지없는 아시리아 제국이 침략했을 때, "히스기야" 왕은 예언자 이사야의 말을 듣고 진실하게 회개하고 기도했습니다. 결국에 하나님은 아시리아 왕 "산헤립"의 군대 진영에 느닷없이 역병을 일으켜 몰살당하고 철수하게 하셨지요(사 36~37장).

나는 예언자 요한이 침례를 주고 메시지를 선포할 때, 퍽 감명 깊게 들었어요. 그래서 침례를 받고 함께 하겠다고 말하자, 흔쾌히 허락했지요. 동지들도 나와 같은 뜻이었어요.

<u>신학자</u>: 동지들은 몇 사람이었나요?

<u>제자</u>: 들락날락했어요. 매일 굶다시피 하니까 견디지 못하고 떠났지요. 요한이 체포될 무렵, 마지막까지 남은 사람은 5명입니다(추정).

신학자: 대단합니다. 그러면 당신도 하나님의 나라에 깊이 공감한 것이네요?

제자: 그렇지요. 지금 우리 민족은 살아도 사는 게 아니에요. 명색이 하나님의 선민이라는 민족이 어째서 이렇게도 오랜 고난을 겪어야 하는지 모르겠어요. 분명히 하나님의 뜻이 있으시겠지요.

요한이 들려준 이야기에 따르면, 이렇습니다. 하나님이 아브라함과 그의 후손 이스라엘을 택하신 것은 이스라엘만의 번영과 영예를 위해서가 아니라는 것이에요. 그것은 아브라함의 소명 이야기에 나오는 것이지요(창 12:1~3). 아브라함의 신앙을 물려받은 이스라엘이 신앙인의 민족이 되어, 장차 그것을 온 세상에 복음으로 선교하여, 이 땅에 하나님의 나라를 실현하려고 택하신 것이라고 했어요. 그런데 지금도 보세요. 신앙의 민족이란 겉모습일 뿐, 속은 다른 나라나 마찬가지이지요. 로마인들이나 이집트인들은 우리보다 더 타락한 종족입니까? 아니지요. 비슷하게 살아요. 그러니 우리 민족이 선민이라는 게 부끄럽지요. 그래서 고난이 그치질 않는다는 것이에요.

그렇기에 진실한 회개와 의롭고 거룩한 생활의 열매를 맺어야 한다는 것이지요(마 3:8). 신앙은 하나님이 변하기를 바라는 게 아니라, 우리가 하나님의 뜻에 따라 변하는 것이라고 하셨어요. 그런데 우리 민족은 이것을 착각하고 있어요. 요한은 진실로 우리 민족이 아브라함을 따르는 신앙의 민족이 되어, 그것을 복음으로 세상에 전한다면, 로마 군대도 아시리아처럼 될 것이라고 했어요. 하나님이 그것을 주시려고 하는데도 받을 사람이 글러 먹었으니, 어떻게 주실 수 있나요? 그러면 하나님이 잘못하시는 게 되고 말지요.

신학자: 옳은 말입니다. 그런데 지도층이 변하질 않으니, 백성이 어떻게 변하겠어요?

제자: 그렇지요. 요한은 분노에 찰 때마다 그들을 향하여 욕설을 퍼부었어요. '독사의 자식들, 파리 떼 같은 놈들, 쥐새끼 같은 놈들, 병든 나라와 민족을 사랑할 줄 모르는 악마의 자식들, 자기네 이익에만 미친 눈먼 놈들, 백성의 등에 밭고랑을 내는 잔혹한 동물들, 가장 먼저 도끼에 찍히고 불태워질 자들' 등이지요. 그러나 뜻 있는 사람들은 그 말을 나라와 민족에 대한 충정, 내 땅에서 포로가 된 백성에 대한 가없는 사랑의 말로 들었지요.

5

신학자: 그런데 요한은 감방에서도 깊은 회의에 젖은 듯싶습니다. 하나님께서 자기 뒤에 오는 사람이 메시아라고 말씀하셨는데, 예수의 행동은 자기와는 너무나도 달라서, 과연 예수가 메시아인가 의심이 들었나 봅니다. 이른바 세상에서 죄인이니 악인이니 불한당이니 하는 사람들과 서슴없이 어울려, 밥을 먹고 포도주를 마시고 병자들을 고치는 이야기만 들려오고, 지도층은 아무것도 달라지는 것이 없으니, 과연 하나님의 나라가 오겠는가 했겠지요.

제자: 면회하러 갔을 때, 요한은 예수가 과연 자기가 기다리던 메시아인지 알고 싶다며, 우리에게 심부름을 시키셨지요. 하도 답답하셨으니까요. 예수는 자기가 하는 일을 목격한 그대로 말하라고 했어요(마 11장). 병자가 낫고, 소외된 자가 친구를 얻고, 차별받는 자가 환대를 받고, 버려진 자가 돌봄을 받고, 악질이라는 사람이 변화되고, 가난한 사람이 복음을 듣고, 죽은 자가 살아난다고….

그래서 내가 물었지요. '그러면 하나님의 나라는 어떻게 됩니까? 그런 것하고 하나님의 나라가 어떤 관계가 있느냐는 말입니다!' 그러자 예수는 그것이 바로 하나님의 나라가 이 땅에서 이루어져 가는 증거라고 말했어요. 그래서 또 '그러면 메시아는 누구'입니까?'

그러자 예수는 '요한이나 당신들은 메시아가 하늘에서 내려온다는 인자(人子)나 다윗과 같은 대왕이라고 생각하나요? 왜 메시아를 정치 차원에서만 생각하나요? 정치는 인간과 세상의 한 부분일 뿐입니다. 중요한 것은 인간의 삶이지요. 삶이 인간답게 회복되는 것이 하나님의 나라이고, 메시아는 그런 일을 하는 사람입니다.' 하고 말했어요.

신학자: 그래서 당신은 예수께 '당신이 메시아입니까?' 하고 물었겠네요?

제자: 그랬지요. 그랬더니 대답은 하지 않고, '여자가 낳은 사람 가운데서 요한보다 더 큰 인물은 역사상 없었다.'라고 요한을 칭찬하며, '나는 세리와 죄인의 친구'라고만 했어요.

신학자: 보고 알고 믿으라는 말로 들었겠네요.

제자: 그랬지요. 그러나 그래도 알 수 없었어요. 그런 행동이 하나님의 나라와 메시아의 일과 어떤 관계인지는 지금도 모르겠습니다.

신학자: 나는 예수의 가르침과 사람을 귀하게 보고 대접하고 사랑하는 행동이 메시아라는 것을 보여주고, 하나님의 나라가 어떤 것인지를 말해준다고 봅니다. 그런데 예수를 메시아로 아는 것은 전적으로 신앙에 달린 문제입니다.

제자: 그렇습니까? 그래도 모르겠어요. 그 후 나와 동지들은 처형된 요한의 장례를 치르고, 지금도 이 광야에서 수도하며 살고 있어요. 그리고 나름대로 요한의 하나님 나라 가르침을 사람들에게 전하고 있습니다. 그러나

얼마나 갈지는 모르겠어요.

신학자: 나는 여러분이 언젠가 예수 운동에 합류해야 한다고 봅니다. 왜냐면 예수는 요한의 일을 이어서 완성하실 테니까요. 물론 하나님의 나라가 예수 생전에 이루어진다는 말은 아니에요. 하지만 예수가 이룩하시는 일은 세상이 없어지는 때까지 사라지지 않고 생생히 살아 있을 거예요. 그리고 장차 이 세상에 하나님의 나라가 실현될 것이고요.

제자: 그렇게만 된다면, 더 바랄 것도 없겠지요. 예수 운동에 합류하는 그런 문제는 우리가 서로 의논해본 후에 결정해야 할 일입니다. 그러나 합류하지 않더라도, 하나님의 나라를 전하는 것은 같은 뜻이니, 꼭 그래야만 하는 것도 아니라고 봅니다.

신학자: 나는 예수를 세상에 나타난 새로운 인간, 새로운 문화와 문명, 새로운 세계의 독보적 선구자로 봅니다. 예수는 마음, 인간관계, 세상의 모든 질서를 완전히 새롭게 하여 이룩하는 거대하고 영구적인 실천, 곧 하나님의 나라 운동을 하시는 분입니다. 그러니 여러분이 예수 운동에 합류하여 하나님의 운동에 참여하는 것은 요한의 뜻이라고 봅니다. 결단코 분파(分派)로 머물다가 소멸하는 것을 바라지는 않을 것입니다(행 19:3).

06

베드로와 안드레, 야고보와 요한, 마태,
나다나엘, 도마, 가룟 유다

<hr />

1

신부: 나는 예수의 제자들을 만나보려고 합니다. 먼저 "베드로"부터 만나보지요. 당신은 결혼하여 아내가 있고 장모까지 모시고 살았으니, 제자들 가운데서 가장 연장자였겠는데, 자녀들은 없었나요?

베드로: 없었어요. 늦게 결혼한 지 얼마 되지 않았을 때 예수를 만났으니까요. 예수를 따를 때 내가 드러낸 갖가지 불상사(不祥事)는 지금 돌아봐도 슬픔과 부끄러움과 고통의 몰골일 뿐입니다. 그때는 내가 그렇게도 나약한 인간인 줄 몰랐어요. 온통 세속적 야망에 불타서 예수를 따랐으니까요. 아

둔함과 망상과 착각이 깊었지요.

신부: 예수는 예언자 요한을 이어 이 땅에 하나님의 나라를 세우는 운동을 전개하면서(막 1:14~15; 마 3:2) 제자들을 부르신 것입니다. 그래서 처음 네 사람을 부르실 적에 "사람을 낚는 어부가 되게 하겠다."라고 하신 것이지요(막 1:17). 그러면 당신은 예수가 말하는 하나님의 나라가 무엇인지 몰랐겠네요?

베드로: 그렇지요. 예수는 무수히 많은 가르침과 비유와 행동으로 하나님의 나라(마태는 하늘나라, 같은 말)를 가리키며 드러내셨지만, 나는 제대로 알아듣지 못했습니다. 아니, 우리 유대인들이 대망하던 메시아의 나라로 알아들었지요.

신부: 그러면 메시아를 하늘에서 내려온 인자(人子)와 다윗 같은 위대한 제왕(단 7:13; 막 11:10), 모든 외세를 내쫓아 이스라엘을 해방하고 자유를 실현하여 세상 모든 나라와 민족을 지배하고 통치하는 전륜성왕(轉輪聖王)으로 본 것이네요(마 4:8~9)?

베드로: 나뿐 아니라, 모두 그랬지요. 그랬기에 예수께서 부르실 때, 물고기처럼 덥석 그 낚시를 문 것이지요. 뭘 알아듣고 한 게 아닙니다.

신부: 그러니까 하나님의 나라에 대한 예수의 생각과 제자들의 생각은 처음부터 엇갈린 것이네요. 그런 상태가 예수의 공생애 3년 내내 계속된 것이고요. 동상이몽(同床異夢)입니다.

베드로: 그래서 지금 생각하면, 부끄러움뿐이라는 것이지요. 그렇게도 예수를 오해하며 끊임없이 속을 끓여드렸으니까요. 그런 우리를 보고, 예수께서 얼마나 오래 참으며 깊은 괴로움을 겪으셨을지, 지금도 다 헤아릴 수 없어요.

두 가지 일이 그렇습니다. 내가 예수를 메시아로 고백한 후 수난과 죽음과 부활을 말씀하셨을 때, 거칠게 옷자락을 붙잡고 항의하던 것을 생각하면, 지금도 모골이 송연해질 정도로 부끄럽습니다(막 8:27~33). 그때 예수께서 나를 가리켜 "사탄아, 너는 하나님의 일을 생각하지 않고, 사람의 일만 생각하는구나!" 하신 말씀을 오래도록 알아듣지 못했지요.

또 예수께서 유월절 식사자리에서 우리의 배신을 말씀하셨을 때, 나는 다른 사람은 몰라도 나는 그렇지 않겠다고 장담했지요. 그러나 예수께서는 내가 수탉이 울기 전, 세 번이나 배신할 것이라고 하셨어요. 몹시 서운한 말이었지요. 그런데 꼭 그렇게 되고 말았습니다.

나는 예수께서 대제사장 집에서 심문을 받은 후 빌라도에게 재판받기 위해 끌려가며, 이미 세 번이나 배신의 말을 내뱉은 나와 눈이 마주쳤을 때 보이신 '슬픔과 연민의 눈빛'에 커다란 충격을 받아, 곧바로 밖으로 나가 너무도 가슴이 아파 대성통곡을 했어요(눅 22:61~62). 왜냐면 3년이나 예수를 따라다녔어도, 내 안의 악마를 죽이지 못했기 때문이지요. 육신과 욕망의 노예가 된 나약한 인간인 내가 그런 위험 앞에서 배신하는 것은 당연한 모습이었지요.

내가 자살하지 않도록 막아준 것도 예수의 그 눈빛이었어요. 빗물처럼 터져 흘러내리는 눈물이 그 순간 나를 씻어, 어렴풋이 스승을 향한 내 마음의 사랑에 작은 불꽃을 일으킨 것 같았어요. 그러다가 그 눈빛이 끝없는 이해와 사랑의 눈빛이라는 것을 알게 되었지요. 그래서 차마 떠나지 못하고 마음을 추슬러 동지들과 함께, 군중 틈에 끼어 사형장으로 떠나는 예수의 뒤를 멀리서 비척거리며 따라갔던 거예요.

신부: 그것은 우리의 모습이기도 합니다. 그런 점에서 예수는 지난 2천

년간, 그리고 오늘날도 매일 배신당하시지요. 그렇게 보면, 그때 당신이나 다른 제자들은 근본적으로 변화되지 못하고 육신과 욕망의 노예가 된 나약한 인간의 영원한 상징입니다. 그렇기에 인생에서 가장 소중한 것은 성령과 진리를 통한 영적 변화, 곧 내면의 각성입니다. 변화되지 못한 사람은 누구든 예수를 이용하여 세속적 야망과 이익을 탐할 뿐입니다. 그리고 그것을 신앙이라고 하지요. 웃기지도 않은 일입니다.

베드로: 그래요, 그때 나는 정말로 웃기지도 않은 인간이었어요.

신부: 이런 말을 하는 나도 웃기는 인간이기는 마찬가지입니다. 그런데 선생님은 오순절 이후, 박해를 기뻐하는(행 5:41) 예수 그리스도의 전사(戰士)로 변신하셨는데요?

베드로: 전적으로 그리스도의 은총과 사랑 덕분이지요. 이제 나는 예수를 위해 내 목숨까지도 바치려고 합니다. 예수께서는 이미 십자가에 달리면서 내 영혼과 목숨과 삶을 모조리 가져가셨으니까요! 내가 사는 것은 그분이 내 안에서 당신의 삶을 사시는 것입니다.

신부: 그래서 우리는 바울의 말처럼, 매일 죽고(고전 15:31) 매일 다시 태어나야 합니다.

베드로: 나를 사탄이라고 하던 때, 예수는 말씀하셨지요. "나를 따라오려고 하는 사람은 자기를 부인하고 자기 십자가를 지고 나를 따라오너라."(막 8:34) 나는 이제 이 말씀을, 예수는 우리 목숨까지 빼앗아갈 정도로 우리를 진실로 사랑하신다는 뜻으로 듣습니다. 부활 후 갈릴리호숫가에서 나에게 하신 말씀도 그것이었어요(요 21장). '내가 너를 위해 내 목숨을 바쳤으니, 너도 나를 위해 죽어다오! 그것이 내 양을 먹이고 돌보는 것이다.'

2

신부: 이제 베드로의 동생 "안드레"를 만나보지요. 당신의 성격은 적극적이고 진취적이고 창조적인 것 같습니다.

안드레: 창조적인 것은 몰라도 적극적인 편입니다.

신부: 겸손하시군요. 당신은 형에게 예수를 그리스도라고 말하며 데려왔지요(요 1:40~42). 그것이 당신의 성격을 말해줍니다. 대단히 창조적인 것이지요. 무엇인가 새롭고 놀라운 것을 발견했을 때, 홀로 알거나 간직하지 않고 남에게 알려주는 것이야말로 창조성입니다.

안드레: 예언자 요한이 예수를 가리키며 "하나님의 어린양"이라 했을 때, 나는 앞서서 예수를 따라가 어디에 묵고 계시는지를 물었어요(요 1:35~39). 예언자 요한이 그렇게 말할 사람이라면, 궁금증이나 호기심이 발동하지 않을 수 없었지요. 된 사람이 된 사람을 알아보는 법이잖아요? 그릇이 작은 사람은 그릇이 큰 사람을 시기하고 평가절하하기나 하지, 칭찬하고 높일 수 없지요. 그날 밤 함께 지내며 거의 밤이 새도록 이야기를 나누며 보니까, 예수는 보통 인물이 아니었어요. 우리는 이내 매혹되었지요.

신부: 그래요. 어떤 사람하고는 하룻밤만으로도 백 년이라도 남을 영혼의 만리장성을 쌓고, 어떤 사람하고는 평생 같은 일을 해도 서로 다른 행성에 사는 사람처럼 낯선 이방인으로 머뭅니다. 그래서 인생은 된 사람, 그릇이 큰 사람을 만나는 일이라고 봐요.

안드레: 그러나 내 경험상, 그보다는 그런 사람을 알아보는 안목(眼目)이라고 봐요. 아무리 예수가 이 땅을 백 년 동안 거닌다 해도, 그를 몰라볼 사람은 여전히 몰라볼 것입니다. 어찌 보면 '참(眞)'을 알아보는 눈은 운명인 것도 같아요. 물론 모든 사람은 그런 눈을 지니고 있지요. 하지만 욕심의 먹

구름에 가려 눈이 흐린 것이 문제이지요.

신부: 맞는 말입니다. 당신은 오병이어 사건에서도 적극적인 역할을 했어요(요 6:8). 한 아이가 보리빵 다섯 개와 물고기 두 마리를 가지고 있다는 것을 예수께 알렸지요. 그것이 촉매가 되어, 그 날 놀라운 일이 벌어진 것이지요. 그러니 당신이 큰 역할을 한 것입니다.

안드레: 나는 어린이의 작은 도시락이 그렇게 많은 사람에게 무슨 소용이 있을까도 생각했지만, 그간 지켜본 경험으로, 예수께서 그것을 통해 무슨 일이라도 하실 것이라고 보았어요. 예수께서 그것을 받아 들고 감사기도를 올리고는, 사람들에게 나누어주라고 해서 나누어주었더니, 그때야 사람들은 제 도시락을 꺼내서 없는 사람들에게 나누어주었어요. 그래서 적은 것을 가지고도 모두 배가 부르게 먹고 남았지요. 그것이 예수께서 일으키신 "표적"입니다(세메이온·semeion, sign. 무엇을 가리키는 상징·손가락·표지판).

그것은 빵과 물고기가 떼자마자 쑥쑥 불어나 오천 명을 먹였다는 허황한 이야기가 전혀 아니에요. 예수를 그런 마술사로 보거나, 당장 유대 민중의 배고픔을 해결해주는 다윗 같은 왕인 메시아로 보는 것은 예수의 모습도 길도 아니에요(요 6:15). 왜냐면 그것은 예수가 이미 거부한 악마의 유혹이니까요(마 4:1~11).

그 이야기가 표적인 까닭은 예수께서 현존하시는 곳에서, 사람은 한 형제자매가 되어 서로 가진 것을 아낌없이 나누게 된다는 것을 뜻하기 때문이지요. 우리는 그런 일을 오순절 이후에 똑똑히 경험했어요(행 2:42~47). 그것이 진정한 기적이지요. 그래서 표적입니다. 그것을 봐야 하지요. 그런데 사람들은 보고도 볼 줄 모르고, 들어도 들을 줄 몰라요. 그리고는 노상 기적 타령만 합니다.

신부: 그렇지요. 그것을 마술사의 기적 같은 것으로 생각한다면, 다시는 그런 일이 일어나지 않으니, 그 후나 오늘날에는 읽을 필요조차 없지요. 예수의 모든 기적이 그렇습니다. 표적이지요.

3

신부: 예수께서 과격한 성격 때문에 "천둥의 아들"(보아네르게스·Boanerges, sons of thunder)이라는 별명을 붙여준 형제 "야고보와 요한"을 만나봅니다(막 3:17). 형제의 어머니는 여성 제자가 되어, 예수의 무덤에도 갔지요(제2장 3 참조. 막 16:1; 눅 24:10). 그러나 형제는 가지 않았지요. 그때 어디에 숨어 있었나요?

야고보: 한없이 부끄러운 일입니다. 우리 제자들은 모두 두려움과 공포에 휩싸여 유월절 식사를 한 그 집안에 콕 박혀서 매일 두문불출하고 노심초사하며 보냈습니다. 한 사람만이 예수께서 십자가에 달리신 자리에 갔었고, 나중에 예수의 어머니 "미리암"을 자기 집에 모시고 살았지요(요 19:25~27, 예수께서 사랑하시는 제자).

신부: 그 사람이 동생 '요한'입니까?

요한: 그것은 영원한 비밀입니다.

신부: 왜 그렇지요?

요한: 그래야 재미있으니까요!

신부: 아니, 그게 무슨 말입니까?

요한: 어떤 사태를 일일이 다 알리고 밝히는 것도 좋지만, 숨겨두는 것도 좋은 일입니다. 그러면 이야기를 듣는 사람들도 충분히 상상의 나래를 펼치

며 자기를 대입해볼 수 있지요.

신부: 나는 형제와 어머니를 보면서, 인간이 진정으로 변화되면 위대한 일을 한다는 것을 생각하게 됩니다. 형제와 어머니의 변화는 대단히 극적입니다. 3가지를 생각해보지요.

1) 어머니가 형제를 앞세워 예수를 찾아와, 곧 예루살렘에서 왕(메시아)이 되실 터이니, 큰아들은 오른팔, 작은아들은 왼팔로 삼으면 좋겠다고 인사 청탁(로비)을 했지요(막 10:35~45). 장관이나 군대 사령관 자리가 필요할 테니까요. 예수를 몰라도 한참 모른 데다가, 두 아들의 능력도 과대평가한 것이었지요.

야고보: 우리 어머니는 성격이 남자 같은 면이 여간하신 게 아니에요. 그래서 오랜만에 만난 우리를 설득하여 당신이 하는 대로 잠자코 있으라고 하셨어요.

요한: 어머니는 가버나움에 사신 예수를 잘 알고 친하게 지내서 그렇게 한 거예요(마 4:13, 복음서에서 유일하게 예수의 가버나움 이사를 말함). 그런데 예수께서는 어머니가 아닌 우리에게 말씀하셨어요. 우리가 어머니를 내세운 것으로 보신 것이었지요. 그러면서 우리가 구하는 것을 모른다고 하며, 당신이 장차 마시는 잔(수난)을 마시고 침례(죽음)를 받을 수 있느냐고 물으셨지요. 그래서 우리는 그럴 수 있다고 자신 있게 말했어요. 그랬더니 우리가 그렇게 할 것이라고 하면서, 그러나 그런 자리는 당신이 허락할 일이 아니라고 하셨지요. 한마디로 당신은 우리가 생각하는 그런 메시아가 아니라는 것이었지요.

야고보: 그 때문에 제자들 사이에 큰 갈등과 말싸움과 다툼이 일어나게 한 것은 두고두고 우리의 부끄러움입니다. 어머니도 나중에 부끄러워하셨

지요. 나는 예수의 말씀을 지금도 기억합니다. "너희는 너희가 구하는 것이 무엇인지를 모르고 있다."(막 10:38). 제자들 모두에게 하신 말씀이지요. 또 이렇게 말씀하셨습니다. "많은 나라를 정복하고 지배하는 로마 황제나 총독이나 관리들은 세계의 유일한 제국의 정치가와 지배자라고 자처하면서, 백성들을 마구 내리누르고 억압하고 착취하고 세도를 부리는데, 내 길은 그런 왕이나 정치가의 길이 아니다. 내 길은 섬기는 사람이 되는 것이고, 세상의 꼴찌가 되는 것이고, 모든 사람의 종이 되는 길이다. 그래서 내 길은 세상과는 전혀 다른, 얼의 참된 왕과 정치가의 길이다. 너희도 그래야 한다."

신부: 2) 예루살렘으로 가던 중, 사마리아의 어떤 마을 사람들이 맞아들이지 않자, 형제는 "하늘에서 불이 떨어져, 저것들을 몽땅 태워버리라고 우리가 명령하면 어떻겠습니까?" 하고 말했다가, 예수께 혼이 난 일입니다(눅 9:51~54). 이 때문에, 예수께서 형제에게 "천둥의 아들"이란 별명을 붙여 주신 것 같습니다. 그런 것을 두고, "여우가 사자 행세를 한다."라고 하는데(호랑이는 이스라엘에 없었음. 호가호위·狐假虎威), 흔히 권력의 위세를 등에 업고 사람들에게 세도를 부리는 것이지요.

3) 제자들은 가버나움에서부터 서로 "누가 크냐?" 하고 다퉜지요(막 9:33~37; 눅 9:46~48). 그런데 당신들은 마지막 유월절 식사자리에서까지 그랬어요(눅 22:24~27). 이 두 번째 일은 뭐라 말할 수 없이 참으로 부끄러운 일입니다. 예수는 수난과 십자가의 비극적인 죽음을 앞두고 있는데도, 그것을 까맣게 모르고는 자리다툼이라니요?

야고보: 예수의 말씀마따나 뭘 모르고 설쳐댄 것이지요.

요한: 그저 한없이 부끄럽고 죄송할 뿐입니다.

신부: 그래도 예수께서는 그 모든 것을 참아주셨습니다. 왜 그랬다고

보십니까?

　　야고보: 우리가 아직 속이 안 변한 인간들이었으니까요!

　　요한: 예수께서는 우리가 곧 변화될 날이 온다고 하며, 그것만 믿으셨어요(행 1:3~5). 결국에는 그렇게 되었지요. 예수의 은총과 사랑과 자비에 그저 무한히 감사할 따름입니다.

　　신부: 그래서 예수가 위대한 스승이십니다.

　　야고보: 그렇습니다. 우리 안에 더는 우리가 없고, 오직 그리스도 예수만이 계십니다. 이것이 오순절 이후 우리의 모습입니다.

4

　　신부: 이번에는 "빌립, 마태, 나다나엘, 가나안인 시몬, 도마"를 만나보겠습니다. 빌립은 갈릴리호수의 가버나움 동쪽에 있는 산간 마을인 벳새다 출신이라지요?

　　빌립: 그렇습니다. 나는 농사와 과수원을 하던 농부였어요. 어려서부터 나는 별들을 사랑했어요. 이 말은 내가 예언자들이 말한 새로운 에덴동산의 세계를 바라고 꿈꾸었다는 뜻이에요. 낮에는 일하다 피곤하면, 언제나 "포도나무와 무화과나무 아래 앉아서" 쉬며 먼 하늘을 쳐다보며 꿈꾸었지요.

　　신부: 그것을 최초로 말한 이는 아시리아의 침략으로 전란의 시대를 살았던 "미가" 예언자이지요(미 4:4, 기원전 8세기 후반). 전쟁과 억압과 착취와 불평등이 사라진 참된 평화(샬롬·Shalom)의 세계가 이루어지기를 대망하는 염원을 담은 희망의 신앙입니다. 그 후 그 시구는 평화를 대망하는 민중의 희망을 상징하는 말이 되었지요. 그래서 그런 세상을 바라며 예수를 따라나선 것이군요?

빌립: 아니, 그분이 나를 부르셨어요(요 1:19~51). 그분의 말과 태도, 눈빛과 얼굴과 음성은 사람을 빨아들인다고나 할까, 그런 것이었어요. 내가 스승으로 모시고 따르던 예언자 요한은 예수를 가리키며 "하나님의 영으로 세례를 주시는 분"이라고 했어요(요 1:33). 그래서 나는 제대로 알지는 못했지만, 그분이 새로운 세상을 여실 분이라고 본 거예요. 아무래도 새로운 세상은 참된 지도자가 있어야 하니까요.

신부: 나다나엘은 빌립이 소개해서 예수를 만났다고요?

나다나엘: 그렇습니다. 전에는 빌립을 몰랐어요. 나는 예루살렘 사람이니까요. 나는 예언자 요한에게 침례를 받으러 요단강 하구로 가는 길에, 잠시 "무화과나무 아래 앉아 있었어요."(요 1:48). 그것은 내 오랜 습관이었지요.

빌립: 내 나이 또래로 보이는 나다나엘이 기도와 명상에 잠겨 있는 듯, 고요한 얼굴로 꼿꼿하게 앉은 것이 무척이나 아름답게 보였어요. 우연히 앉은 것이 아니라, 일부러 앉은 것이 분명했어요. 내가 잠시 바라보는데, 눈이 마주쳤어요. 그래서 다가가 말을 걸었지요. 이야기를 나누다 보니, 가문도 좋고 학식도 많고 점잖은 사람이고, 나처럼 메시아가 이룩할 평화의 세계를 꿈꾸고 있다는 것을 알게 되었어요.

신부: 그래서 며칠 후 다시 찾아가 예수를 소개하고 데려온 것이군요.

빌립: 그렇지요.

나다나엘: 그런데 예수께서도 이미 '무화과나무 아래 앉아 있는' 나를 보고, 내 마음을 들여다 보셨더라고요. 그것이 참된 평화의 세계를 꿈꾸고 대망하는 우리 민족의 오랜 희망인 것을 알고 있는 예수께서 그런 나를 좋게 보신 것이지요.

신부: 두 분은 그렇게 해서 예수의 하나님 나라 운동에 참여하게 된 것이

군요. 예수도 언제나 '무화과나무 아래 앉아' 계신 분이시니까요.

신부: 당신은 예수를 따르기 전에 세리였다지요?

마태: 그랬지요(막 2:13~17). 우리 집안은 세리를 하지 않아도 먹고살 만했으나, 다만 내가 글을 읽고 장부를 정리하는 솜씨가 있어서 채용된 것뿐이에요. 그러나 나는 현장에 나가지 않고 세관에서 사무를 본 세리였어요. 그래서 백성들과 직접 부딪히는 일은 없었지요. 그래도 늘 백성의 욕설과 손가락질에 마음이 불편한 것은 어쩔 수 없었어요. 그래서 언젠가 때가 되면 그만둘 생각을 품고 있었지요.

신부: 그러던 차에, 예수께서 지나가다가 부르시니까, 바로 나선 것이군요.

마태: 때가 왔다고 생각했지요. 나는 무척 기뻐서 예수와 제자들을 집으로 초청하여 저녁 식사를 나누었어요. 세리들은 물론, 세관에서 심부름하는 사람들과 세리들이 세금을 거둘 때 힘깨나 쓰는 고용된 사람들까지 다 불렀지요. 사람들은 우리를 "죄인들"로 보았지요.

신부: 그랬는데, 바리새파 사람들이 시비를 걸어 한바탕 논쟁이 붙은 것이네요?

마태: 그것은 우리하고 한 게 아니라, 처음에 제자들과 하다가 예수께서 끼어드신 것이에요. 그들은 밖에 서서(세리는 사람 새끼도 아니니까, 집에도 들어오지 않지요!) 손가락으로 제자 몇 사람을 오라고 하여 부르더니, 예수를 가리키며 "저 사람은 세례들과 죄인들과 어울려 음식을 먹느냐?"라고 핀잔을 주며 비난했어요.

자기를 '저 사람'이라고 하는 말이 거슬렸는지, 예수는 먹던 빵을 내려놓고는 큰소리로 말씀하셨어요. "내 묻겠소. 의사는 건강한 사람에게 필요한 거요, 아니면 병든 사람에게 필요한 거요?" 어린애도 대답할 수 있는 질문이었지요. 그들은 유구무언이 되었습니다. 그러자 예수는 이렇게 말씀하셨지요. "나는 세상의 의사요. 나는 잘난 체하는 의인들을 부르러 온 것이 아니라, 죄인들을 고치러 왔소이다."

신부: 단순하고 재치 있고 명쾌한 말입니다. 그런데 예수는 또다시 바리새파에게 선전 포고를 한 셈입니다(첫 번, 막 2:1~12). 예수의 하나님 나라는 인간이면 누구나 존중받고 환영받고 대우받고 사랑받는 평등한 세계이니까, 그것을 싫어하고 거부하는 사람들과는 자연 갈등과 논쟁과 대결이 발생할 수밖에 없었지요.

마태: 그래서 예수께서 초기에서부터 바리새파와 대결하게 되신 것이지요(막 3:1~6).

신부: 사람들은 당신의 별칭을 "가나안 사람"(Cannnaios)이라는데, 그것은 예수 전후 민족해방의 독립투쟁 전사(戰士) 집단인 "젤롯파"(Zealots. 열혈당·熱血黨, 열심당·熱心黨) 사람을 가리키는 은어(隱語)라고 들었습니다(막 3:18). 그래서인지 지금도 눈빛과 입과 얼굴에서 강렬하고 단단한 기운이 뻗쳐나오는군요.

가나안인 시몬: 아직도 내가 그렇게 보입니까? 그런 줄 몰랐습니다. 그러고 보면, 사람은 아무리 성령을 통해 다시 태어난다 하더라도, 타고난 성격이나 자라면서 터득하고 몸에 밴 환경의 영향과 습관, 지식과 이념을 떨쳐버리기 어려운 것 같습니다. 물론 이제는 예수를 따라 하나님의 나라를 추구하기에, 살아가는 방식이나 지향하는 방향이 달라졌지요. 민족해방 독립투쟁이나 예수의 하나님 나라는 다만 방법이 다를 뿐, 참된 세상을 세우려는 이상(理想·Idea)을 위한 싸움이라는 데서는 같은 것이라고 봅니다. 예

수의 하나님 나라 운동은 영혼과 진리의 싸움입니다.

나는 이상 때문에 삽니다. 이상 없는 나의 삶은 아무 가치도 의미도 없습니다. 예수를 통해서 나는 민족해방이라는 이상보다 더 넓고 숭고하고 참된 이상을 발견했지요. 그래서 예수의 뒤를 따라서 하나님의 나라를 이 땅에 실현하는 일을 위해 목숨을 걸고 삽니다. 물론 예수를 따르는 동안, 나는 무수한 회의와 고뇌에 싸여 갈등했지요.

신부: 그런데 어떻게 전향(轉向)하신 겁니까?

시몬: 나는 제자들 가운데서도 으뜸이라 할 지식인입니다. 마태도 글을 읽고 쓸 줄 알지만, 나처럼 많은 책을 읽고 논쟁할 수 있는 사람은 아닙니다. 사실 나는 내가 속한 젤롯당에서 예수를 포섭하라고 파견되어 잠입한 사람입니다. 젤롯파는 비밀결사 단체로 숨어서 활동했지만, 예수는 드러내 놓고 민중을 가르치며 기적을 연출하여 열광적인 인기와 추종을 받았기에, 그를 이용하면 하나님의 도우심으로(!) 구국 혁명에 성공하리라고 보았기 때문이지요. 물론 내 신분은 철저히 숨겼지요. 그러나 예수는 금방 내 신분을 알아차리셨지요.

신부: 처음 듣는 대단히 흥미로운 이야기이네요.

시몬: 나는 자주 예수와 이야기를 나누었어요. 왜냐면 제자들 가운데서 성서와 역사와 정치 등에 대하여 깊은 이야기를 나눌 사람은 나밖에 없었으니까요. 그리고 이제 확실히 아는 것이지만, 예수는 나를 매우 사랑하여 다른 방향으로 인도하신 겁니다. 예수의 이야기는 대단히 현실적이고 타당한 것이었는데, 이런 것이었지요.

「젤롯파나 그대의 이상과 뜻은 가상하다. 이 땅에서 타도하려는 적은 로마 제국이다. 갈릴리 영주 헤롯 안티파스 같은 녀석은 꼭두각시 정권에 불과하기에, 로마를 축출하면 자동으로 없어진다. 그런데 로마 제국은 세상 최강의 군대를 보유한 나라이다. "가이사리아"에 있는 유대 총독의 군대만 해도 6천여 명이고(지중해변 항구도시, 오늘날 텔아비브), 그 상부인 시리아 총독의 군대는 수만 명의 군단이다. 유대는 군대조차 없고, 젤롯파는 소수이다. 따라서 설령 민중을 선동하여 동원한다 하더라도, 특수하게 훈련된 로마 군대와 전쟁을 벌이면 반드시 패배한다. 어디 그뿐인가? 예루살렘이 파괴되는 것은 물론, 반드시 수십만 민중이 살육되는 불상사가 일어나고, 유대인들은 더는 이 땅에 살지 못하고 죄다 추방된다.」

그리고는 「설령 로마를 축출하여 독립을 쟁취한다고 하자. 그러면 젤롯파의 수장이 왕이 될 테지. 그런데 그가 정녕 이스라엘이 바라마지 않는 정의롭고 평화로운 정치를 펼칠 것이라는 보장을, 어디에서 얻겠는가? 그가 다윗 같은 왕이 될지, 솔로몬 같은 왕이 될지 어떻게 알겠는가(솔로몬은 악정으로 민족 분단의 원흉)? 그대도 그리스 제국 시대에 독립투쟁에 성공한 "마카베우스" 형제들의 역사를 알겠지(기원전 167~164년). 명색이 제사장 가문인 그들은 "하스모네안" 왕조를 세우고 통치했지만, 형제들, 삼촌과 조카들 사이의 권력 다툼과 배신과 암살로 나라를 말아먹고, 끝내 로마의 식민지가 되고 말았지(기원전 142~63년).

현실을 똑똑히 직시하시게! 이런 나를 나약하다고 보는가? 그러나 역사를 보면, 나라와 제국은 언젠가는 망하네. 그것은 역사의 필연적인 법칙이지. 나는 그런 거짓과 폭력의 왕국을 세우려는 것이 아니네. 하나님의 나라는 다윗왕국이나 로마 제국 같은 게 아니라, 하나님의 영과 사랑과 진리로 하나가 된 새로운 세계이네. 그것이 나의 이상이네. 유대 민족은 물론, 온 세상 모든 나라와 민족에 사랑과 진리의 세계를 세우려는 것이네.

따라서 내 나라는 이 세상과 같은 방식으로 작동하는 것이 아니네. 그대가 나를 이해하고 나와 함께 이런 참된 세상을 세우는 데 참여하든, 아니면 나를 버리고 독립투쟁을 하든, 그대의 자유이네. 나는 아무것도 강요하지 않네. 그러나 내가 분명히 말하는 것은 그대는 나를 이용하지 못한다는 것, 그리고 젤롯파가 전쟁을 택한다면 유대인들은 거지반 죽어 나가고 더는 이 땅에서 살지 못한다는 것이네.」

그래서 나는 '그러면 굴욕을 감수하고 노새처럼 살라는 것입니까?' 하고 물었지요. 그랬더니 이렇게 말씀하셨어요. 「나는 독립운동을 반대하는 게 아니네. 로마의 힘과 유대의 힘이 비슷하다면 해볼 만하지. 그러나 전혀 상대되지 못하네. 설령 맞설 만하다 해도, 그것은 나의 길이 아니네. 내가 하려는 독립과 해방과 자유의 투쟁은 인간에게서는 근원적으로 탐욕과 이기심을 없애고, 나라와 세상에서는 불평등과 차별과 전쟁이 없는 평화의 세상을 만드는 것이네. 그러자면 먼저 인간이 철저히 변해야 하고, 그에 따라 세상을 바꾸어 가야 하네. 그러니 나는 세상 전체와 싸우고 있는 것이지.」

<u>신부</u>: 그런 말에 차츰 현실적인 이해 속에서 다른 이상을 품게 된 것이군요.

<u>시몬</u>: 그렇지요. 그러나 예수께서 처형당할 때까지 하나를 선택하진 못했지요. 그러다가 그분이 다시 살아나 우리에게 나타나신 후에야 모든 것을 이해하게 되었고, 오순절을 맞이하게 된 것입니다. 그런데 젤롯파가 나를 배신자라고 하며 죽이려 했기에, 나는 누구보다 친하게 지내던 야고보의 동생 요한과 더불어 이집트 알렉산드리아로 떠났습니다(추정).

우리는 몇 년간 신분을 숨기고, 유대인 철학자인 "필로"의 학당에 들어가, 그리스어와 그리스어 성서(70인 역)와 그리스 철학을 배우고, 특히 필로가 그리스 철학을 이용하여 성서를 이해하고 설명하는 방법을 깊이 공부

했습니다. 그 후, 우리는 그곳에 작은 공동체를 세우고 선교했지요. 그러다가 요한은 소아시아 에베소로 떠났고, 내가 그곳을 맡았습니다. 주로 지식인들과 상인들과 부유층과 지도층에게 예수의 가르침과 삶을 "복음"으로 전하여 많은 제자를 길러내고 있어요. 요한도 에베소에서 나와 같은 방식으로 선교하고 있습니다.

신부: 독립운동가가 하나님의 나라를 위한 진리와 자유의 운동가가 된 것이니, 대단한 변화입니다.

신부: 당신은 "쌍둥이"라는 별명을 가졌지요(요 11:16)?

도마: 그렇습니다.

신부: 형인가요?

도마: 동생입니다(추정).

신부: 형이 아니라서 억울한 일도 많았겠네요?

도마: 무슨 그런 말을? 태어나고 보니 동생인 걸 어떡합니까? 그렇다고 우리는 "에서와 야곱"처럼 어머니 뱃속에서부터 피 터지게 싸우지는 않았어요.

신부: 그런데 형은 왜 예수를 따르지 않았나요?

도마: 사람은 자유이니까요. 얼굴을 구별할 수 없을 만큼 똑같은 쌍둥이라고 해서, 성격이나 생각이 같은 건 아닙니다.

신부: 그런데 사람들은 당신을 '의심 많은 도마'라고 말하는데, 그런 이유가 있겠지요?

도마: 아마도 내가 예수께서 부활하셨다는 말을 듣고도, 직접 보기 전에는 믿을 수 없다고 해서 그런 말이 퍼진 것 같습니다. 그러나 알지도 못하고, 보지도 못하고, 체험하지도 못하고, 자각하지도 못하고, 깨닫지도 못한

주제에, 무조건 믿는다고 좋습니까? 난 그딴 거 안 믿어요! 그것은 신앙이 아니라, 미신이고 우상숭배예요.

신부: 그러면 예수를 보지도 못하고 믿는 사람은 죄다 미신과 우상숭배를 하는 것이란 말입니까?

도마: 내 말귀를 알아듣지 못하시네요?

신부: 말귀라니요?

도마: 방금 말하지 않았나요? 체험도 자각도 없는 신앙이란 그저 미신이나 우상숭배일 뿐이라는 말이지요. 그렇지 않나요? 우리 민족 역사를 보세요. 오래도록 성전에 드나들며 하나님을 믿어왔으나, 대부분이 체험도 자각도 없는 미신과 우상숭배였지요. 그래서 오랜 수난의 역사를 이어오고 있는 것이지요.

중요한 것은 체험과 깨달음이란 말입니다. 암만 성전에 백 년을 열 번이나 드나든다고 해도, 미신과 우상숭배는 결단코 사람을 변화시키지 못해요. 욕심으로 가득 찬 마음에 무슨 변화가 있어요? 사람은 믿는다 해도, 뭘 알고 깨닫고 믿어야 해요. 이게 내 신념입니다.

예수의 가르침을 깨달아야만 사람이 변한단 말이에요. 중생(요 3:1~8), 곧 오순절 성령 체험이 그것이지요. 사람이 아무리 배운 게 없어 무식하다 해도, 진실하고 단순한 마음만 품고 예수를 믿는다면, 분명히 체험하는 바가 있고 깨닫는 게 있습니다! 왜냐면 성령은 그런 사람들을 찾아오시니까요. 반대로, 아무리 학식이 많다 해도 영적 체험과 깨달음이 없으면, 그저 제 이름이나 지위나 영광이나 탐하지, 별 것 없어요.

제자들 가운데서 글자 아는 사람은 절반도 안 돼요. 그러나 보세요. 미안한 말이지만, 까막눈인 베드로만 해도 얼마나 다른 사람이 되었습니까?

예수를 알려면 그분의 가르침을 깨달아야만 해요. 예수를 믿는 것은 그저 넓은 문과 길로 걸어가는 길입니다(마 7:13~23). 예수께서 가르치신 좁은 문과 좁은 길이란 깨달음을 가리키는 거예요. 그렇지 못하면, 예수를 믿고 따른다는 우리 공동체도 장차 크나큰 병에 걸리고 말 거예요. 예수의 하나님 나라 운동을 이어받은 우리 공동체에서 관건은 깨달음을 통한 내적 혁명입니다.

5

신부: 마지막으로 "가룟 유다"입니다(이야기 시점은 예수 배신 후).

유다: 나는 스승을 배신한 나쁜 놈입니다! 내 본뜻은 아니었는데, 사태가 그렇게 되고 말았어요. 그것은 무엇이든 뜻대로 되지 않으면, 벌컥 화를 내며 마구 행동하는 내 성격 때문에 벌어진 일입니다. 전혀 면밀하게 계산하고 한 게 아니라 충동적으로 한 거예요. 세상에 내가 스승을 팔아먹다니, 상상하지도 못한 사태였어요. 죽도록 내가 밉기만 합니다. 죽어도 용서받지 못할 거예요!

신부: …. 당신이야말로 예수의 말씀처럼, 길 잃은 양입니다.

유다: 그래요. 나는 길 잃은 양이에요. 참 우스운 일이지요, 3년 동안이나 인간의 길을 가르치신 분을 따라다닌 자가 길을 잃다니! 그러나 나만 길 잃은 양은 아니에요. 말은 민족을 떠들어대지만, 실상은 자기들의 기득권과 현실의 안위를 위해 나를 이용해 처먹은 저 성전의 제사장들이나 바리새파나 율법 학자들이나 장로 놈들도 역시 자기들이 그렇게도 받드는 성전과 율법과 믿음 안에서 길을 잃은 처량하고 고약한 양들이기는 마찬가지라고요!

신부: 그렇지요. 성전에 다니지만 길을 잃어버린 양들은 언제 어디서나

많으니까요. 그러면 예수를 처음 따르던 때부터 찬찬히 들려주시겠어요?

유다: 그러지요(추정). 나도 '마태, 가나안인 시몬'처럼, 제자들 가운데서 문자를 아는 몇 사람에 들어요. 어릴 적부터 나라의 고관이 되는 것이 꿈이었던 나는 "세포리스"의 관공서에서 행정과 회계 업무를 받아보다가, 예수의 소문을 듣고 찾아가 제자가 되었지요. 사람들은 특히 예수가 일으킨 기적들에 열광했어요. 그래서 나는 그런 기적이라면, 장차 왕이 되고도 남을 것이라고 보았지요. 나는 예수의 초기 제자 축에 속하는 사람이기에, 일찍부터 예수를 따른 셈입니다. 무수한 기적을 목격했어요. 그에 따라 내 꿈과 야망도 부풀어 올랐지요.

그러나 나는 그런 마음을 절대로 내비치지 않고 꼭 숨겨두었습니다. 아무도 내가 어떤 인물인지 몰랐어요. 나는 분통이 터지는 때 외에는, 평소에 거의 말을 하지 않는 사람입니다. 예수의 모든 것을 묵묵히 바라보고 깊이 생각할 뿐이었지요.

신부: 그런데 언제부터, 어디에서, 어쩌다가 예수를 삐딱한 시선으로 보기 시작했나요?

유다: 갈릴리호수 북쪽 "헤르몬산" 자락으로 피정(避靜) 떠났을 때, 베드로가 어느 언덕에서 예수를 "메시아"라고 했지요. 그러자 예수는 그를 칭찬하며 인정했어요! 하지만 아무에게도 그런 말을 하지 말라고 단단히 일렀어요(마 16:13~20). 그것은 분명히 예루살렘에 갈 때까지는 입조심 하라는 말이었어요. 왜냐면 도성을 정복하지 않고서는 아무 일도 되지 않을 것이니까요. 그리고는 며칠 후 산에 올라 모두 기도하고 있는데, 예수의 모습이 천사처럼 변하는 사건이 일어났어요. 모세와 엘리야가 나타났지요. 나는 그것을 보고 내 생각이 맞다고 무척이나 기뻐했지요.

그런데 그 산을 떠나서 가버나움으로 내려오던 중, 예수는 모두가 깜짝 놀랄 발언을 했어요. 자기가 예루살렘에 올라가면, 반드시 제사장들과 바리새인들과 장로들에게 배척받아 수난을 당하다가 죽고, 사흘 뒤에 다시 살아난다는 것이었지요(막 8:31~37). 그때 우리는 모두 나중 말은 코로도 듣지 않고, 앞말만 듣고 놀라서 입을 다물지 못했지요. 베드로가 제일 심했지요. 그도 나와 같은 생각을 품고 있었던 게지요. 나는 그 말에 까무러칠 뻔했어요! 망치로 내 머리통을 내려치는 말이었으니까요.

그러자 베드로가 예수의 옷자락을 거칠게 붙들어 잡아채며 항의했지요. 스승에게 그러다니, 아주 무식하고 버르장머리도 없는 무례하기 짝이 없는 인간입니다. 그러자 분노한 예수는 그를 꾸짖으며, "사탄아, 내 뒤로 물러가라. 너는 하나님의 일은 고사하고 사람의 일만 생각하는구나!"라고 거칠게 말했습니다. 사탄의 새끼라면 몰라도, 사탄이라니! 그리고는 우리 모두를 노려보더니, 자기를 따르려면 십자가에서 죽을 각오를 하라고 말했어요.

다른 사람들은 모르지만, 그 말에 경악한 나는 속이 들끓고 뒤집혔지요. 하지만 내색하진 않았어요. 그런데 그 후, 그런 불길한 말을 두 번 더 했어요 (막 9:30~32, 10:32~34). 아마 우리에게 단단히 일러두어 착각하지 말라고 한 것이겠지요. 그래서 나는 '아, 그렇다면 모든 게 물 건너갔구나!' 하는 허탈감에 빠지고 말았습니다. 그 후로는 어떤 정신으로 따라다녔는지조차 모르겠어요. 그저 영혼이 나가버린 허깨비가 되어 멀뚱멀뚱 눈만 뜨고 다녔을 뿐이에요. 그것을 감추느라 기운이 탈진하다시피 되었지요.

신부: 결정적으로 예수를 배신할 생각을 품은 것은 언제인가요?

유다: 길어서 말하고 싶지도 않아요. 두 가지만 말하지요. 예루살렘 동쪽 문에서 가까운 마을인 베다니의 나사로네 집에서 식사하는데, 그의 동생인

마리아라는 처녀가 향유를 담은 옥합을 가져오더니, 예수의 머리와 어깨와 등에 바르고, 발에도 붓고 긴 머리칼로 닦았지요(요 12:1~8). 그것을 본 나는 구역질을 느끼고 분노하며, "300데나리온 어치도 될 것 같은데, 그 비싼 것을 이렇게 낭비해도 되는 거요? 차라리 가난한 사람들에게 나눠주는 게 더 좋지 않아요!" 하고 퉁명스럽게 내뱉었지요.

그런데 예수는 그게 좋았는지, "가만두게나. 마리아는 내 장사(葬事)를 미리 마련한 것이네. 가난한 사람은 세상에 많지만, 나는 늘 그대들 곁에 있는 게 아니네!" 하고 말했어요. 나는 그 말에 완전히 절망했지요. 결국에 예루살렘에 죽으러 온 것이구나 했지요.

신부: 도대체가 이해할 수 없었겠네요.

유다: 그렇지요. 죽은 자도 살리는 능력을 지닌 사람이 어째서 죽음의 형장으로 걸어 들어가는 것인지! 베드로가 메시아라고 말할 때 인정하고 칭찬했으니, 로마 군대를 물리치는 것쯤 쉬운 일이 아니겠어요? 메시아는 무능한 사람이 아니잖아요? 하늘에서 내려온 "인자"인 메시아가 어째서 죽는단 말이에요? 그러면 그게 무슨 메시아인가요? 메시아는 영생불멸하는 분이 아닙니까?

이사야(제1)는 메시아가 다윗의 후손인 왕으로 온다 했고(사 11:1~9), 다니엘서는 온 세상의 권력과 영광과 영화를 한몸에 지닌 '인자(人子) 같은 이'(하늘에서 내려온 구원자, 하나님의 아들, 단 7:13~14)가 땅에 내려와, 세상에서 모든 악당을 말끔히 척결하고, 도탄에 빠진 유대인은 물론, 언어가 다른 뭇 민족의 백성을 해방하여 하나님이 바라시는 새로운 나라를 세워 하나님께 바칠 것이라고 했지요.

그러니 베드로의 말에 자신이 메시아라는 것을 인정한 예수가 성서나 예언자들을 부정하고 거짓말을 한 게 아닙니까? 다윗 같은 대왕도 아니고, 하늘에서 내려온 인자도 아니라면, 도대체 누가 메시아란 말인가요? 그러면 하나님이 예언자들을 통해서 거짓말하셨단 거예요? 그러나 하나님은 거짓말하실 리 없지요. 따라서 죽는 메시아는 사이비 가짜가 분명하지요!

신부: 그러나 이사야는 또 메시아는 "백성을 대신해서 죽임을 당하는 어린양"이라고도 했잖아요(제2 이사야, 사 53장)?

유다: 나도 알아요! 그러면 하나님이 앞에서는 이렇게 뒤에서는 저렇게, 한 입으로 두 가지 말씀을 하셨다는 거예요? 그렇다면 우리는 도대체 어떤 말을 하나님의 진실이라 듣고 믿어야 하지요? 만일 앞에서 한 말이 하나님의 진실이라고 하면, 뒤에서 한 말은 진실이 아닌 거예요. 반대로, 만일 뒤에서 한 말이 하나님의 진실이라고 하면, 앞에서 한 말을 스스로 뒤집은 것입니다. 그렇다면 하나님은 믿을 수 없는 분이 되고 말지요. 그런데 다니엘의 책이 이사야(53장)보다 한참 뒤에 나온 것이니, 그것이 하나님의 진실입니다! 언어 논리상, 같은 사안에 대한 뒷말은 앞말의 철회나 수정으로 보는 것이니까요. 그 둘이 어떻게 조화가 됩니까? 그러니까 하나님의 진실은 다니엘의 말이라고 봐야지요. 그렇지 않나요?

신부: 논리 정연하네요. 그러나 우리가 아는 것은 예수는 확실히 다윗 대왕의 후손이나(막 12:35~37), 다니엘서의 하늘에서 내려온 인자 같은 메시아 상을 거부했다는 것이고, 이사야의 두 번째 말을 믿었다는 것입니다. 따라서 예수는 유대민족의 독립과 자유를 위해서 활동하신 분이 아닙니다.

유다: 그러면 묻지요? 그렇다면 예수는 어째서 자기를 가리키며 늘 '인자'라고 했나요? 인자라는 말을 쓰면, 다니엘서가 말하는 인자가 되어야 하

는 게 아니에요? 그렇지 않다면, 그 말을 쓰지 말았어야지요! 왜 그 말을 써서 듣는 백성이 모두 오해하게 했느냐는 말입니다. 그래서 나는 아무것도 이해할 수 없었고, 완전히 혼란에 빠진 것이에요.

그런데 나만 그런가요? 다른 제자들도 마찬가지예요! 그들을 비겁한 무리라고 해야 할지, 나약한 무리라고 해야 할지 모르겠지만, 아무튼 그들도 나와 같은 야망에 불탔던 사람들이에요. 길바닥에서 누가 크냐고 싸우고, 유월절 식사자리에서도 그랬어요!

신부: 그래서 절망하여 배신의 길을 택했다는 말이네요.

유다: 왜 배신이라고 해요? 배신 아니에요!

신부: 그런 무엇이란 말인가요?

유다: 예수를 도와준 거예요.

신부: 예수를 도와줘요?

유다: 그래요. 생각해보세요. 내가 배신하지 않았대도, 누군가는 했을 것이란 말이에요. 설령 그렇지 않았대도, 지도층과 성전 경비병들이 겟세마네 동산에서 예수를 체포한 것은 내가 그리로 데리고 가서 그런 것만이 아니라고요. 그들도 이미 그곳을 알고 있었어요! 그들의 촘촘한 감시망을 모르나요? 바리새파는 처음 갈릴리에서부터 예루살렘에 이르기까지, 자기들이 목격한 것은 물론, 정보원 끄나풀들을 풀어 면밀하게 감시하며 모든 말과 행동을 낱낱이 파악하고 있었고, 예수의 얼굴도 자기네 자식들처럼 잘 알고 있었어요. 그 일은 그들이 나를 협박해서 이용한 것일 뿐이에요. 그래서 제자에게 배신당한 스승이라는 오명을 씌워, 예수를 초라하게 만들어 절망에 빠뜨리려고 한 것이라고요.

신부: 사람들은 당신이 지도층으로부터 돈을 받고 판 것이라고 하던데요?

유다: 돈이요? 난 그딴 사람 아니에요. 강제로 주기에 받았지만, 곧 모욕감에 성전 마당에 내동댕이쳤어요. 그러나 예수에 대한 절망은 분노로 바뀌었지요. 그래서 도운 거예요.

신부: 점점 더 모를 소리를 하네요. 그게 어찌 예수를 도왔다는 말입니까?

유다: 왜 모른다는 겁니까? 예수가 세 번이나 수난과 부활을 말했다고 했잖아요? 죽어도 다시 살아난다니까, 그렇게 죽도록 도운 것이란 말이에요. 왜 그것이 잘못이란 말인가요?

신부: 그렇다 해도 당신의 잘못이 없어지는 건 아닙니다! 그러면 상을 주어야 하나요? 생각해보세요. 유대인들은 세리를 민족 반역자라 하지요. 그러나 로마 제국의 식민지라서 세금을 내야 하고, 로마는 민중 반란을 피하려고 유대인들을 선발하여 대신 걷는 교묘한 정책을 폈지요. 그러니 세리는 로마에 이용당하는 것을 알면서도, 누구라도 해야만 할 일이었어요. 그렇다고 그들이 잘못이 없다고 할 순 없지요. 물론 칭찬할 수도 없고요.

유다: 그런데 왜 예수는 세리들과 죄인들하고 식사하고 사귄 것이란 말인가요?

신부: 그것은 예수가 그들이 죄가 전혀 없다고 여겨서 한 것이 아니라, 동족으로부터 갖은 욕설과 손가락질과 차별과 모욕을 받으며 죄책감에 싸여 마음이 병들어서 사니까, 그들을 사람으로 대우한 것일 뿐이에요. 왜냐면 예수의 활동은 하나님의 나라를 이 땅에 세우는 일을 위해 펼쳐진 것이니까요. 곧, 예수는 당신의 가르침과 삶을 깨달아 내적 혁명과 변화를 일으킨 사람들을 통해서, 세상에 하나님의 나라를 세우는 거대한 인류문화 차원에서 활동하신 거예요. 단지 유대 민족의 독립과 자유 같은 작은 일이 아니지요. 당신이 오해하고 잘못 생각한 것입니다. 당신은 지나치게 자신의

꿈과 야망을 앞세웠어요.

물어봅시다. 예수께서 당신을 홀대하고 섭섭하게 하신 적이 있었나요? 예수께서 당신을 자기 목숨처럼 사랑하시지 않았다고 생각하세요? 당신도 마지막 식사자리에서 이루어진 일을 알지 않습니까(요 13장)? 식사 도중, 예수는 허리를 굽히고 일일이 당신들의 발을 씻어주며 진정한 사랑을 드러내시지 않았나요? 그리고는 유일한 계명이랄까, 평생의 지침이랄까 하는 것을 말씀하셨지요. "내가 그대들을 사랑한 것과 같이, 그대들 또한 서로 사랑하십시오."(13:34) 어떻게 더 사랑을 증명한단 말인가요? 알다시피 먼지와 때 묻고 냄새나는 발을 씻어주는 것은 종이 주인에게 하는 일입니다. 그러니 예수는 당신들의 종이 되어 주신 것이 아닙니까? 그것이 진정 사랑이 아니라면, 도대체 무엇이 사랑이란 말인가요?

유다: …….

신부: 그래요. 실컷 우세요. 속이 다 시원해지고, 깊이 가라앉은 분노와 야망의 앙금이 모조리 씻겨나가도록 우세요. 예수는 슬퍼하는 자는 복이 있다고 하셨지요. 그간 예수께서 그렇게도 자주 용서를 말씀하신 것을 보고 듣지 않았습니까? 용서란 아무 조건 없이 있는 그대로 이해하고 사랑한다는 뜻입니다. 그러니 예수는 당신을 용서하고 이해하고 사랑하실 겁니다. 그렇지 않다면, 예수는 자기모순을 드러내는 셈이니까요.

6

신부: 몹시 눈동자가 흔들리고 부르르 몸을 떨던 유다는 더 말하지 않고 벌떡 일어나 떠났습니다. 나는 그가 예수의 용서와 사랑을 발견하기만 바랍니다.

지금까지 몇몇 제자들과 이야기를 나누었습니다. 가장 마음이 아프게 하는 사람은 역시 유다입니다. 여느 제자들처럼, 그도 야망을 품고 예수를 따르기는 했지만, 어쩌면 마음속 깊이 예수를 진실로 사랑했는지도 모릅니다. 잘 내색하지 않고 과묵한 성격이라서 모르겠지만, 사랑하지 않는 사람은 배신도 하지 못하니까요. 어떻든 유다와 예수의 관계는 겉으로 드러난 것만 가지고는 판단하기 어려운 영원한 수수께끼이기도 합니다.

예수께서 제자들에게 목숨을 내걸고(자기 십자가를 지고) "나"를 따르라고 요구하신 것은 분명한 사실입니다. 나는 예수의 '나'가 '하나님의 나라'를 가리킨다고 봅니다. 그런 점에서 예수는 자신과 하나님의 나라를 동일시하신 것이지요. 나는 예수의 참된 면모는 하나님의 나라 운동에 있다고 봅니다. 비록 제자들이 예수 생전에 변화되지는 않았지만, 예수는 자신의 온몸을 통해 제자들의 길과 삶을 미리 보여주고 가르치신 분입니다. 따라서 예수를 보는 것은 하나님의 나라가 어떤 것인지를 보는 것이지요.

예수가 바로 하나님의 나라입니다. 곧, 우리는 "인간 예수"에게서 성령과 진리로 철저히 변화된 사람(막 1:1~13; 마 3:13~4:11; 요 3:1~8), 하나님의 나라를 이 땅에 실현하기 위해서 자신을 바치신 "그리스도"를 봅니다(눅 4:18~19; 요 13~17장). 그래서 그분이 진실로 세상을 구원할 "예수 그리스도, 그리스도 예수"이신 것입니다.

따라서 성령을 통한 철저한 내적 혁명(중생, 내 안에서 이루어지는 하나님의 다스림·나라)과 일상의 실천을 통하여 세상에 하나님의 나라를 세워나가는 것이야말로 제자의 길이고 삶입니다. 예수 그리스도는 오로지 하나님의 나라를 받들어 몸을 바쳐 사는 제자를 부르실 뿐입니다. 그렇기에 예수를 따르는 길에 개인주의나 기복주의란 있을 수 없습니다. 그것은 또 하나의 유다가 되는 것입니다.

어떤 젊은이들, 나사로, 예수의 동생 야고보

1

　신학생: 나는 신학 대학원 4학기에 다니는 20대 후반의 학생이고, 교회에서는 교육 전도사입니다. 내가 만나볼 사람은 다섯 사람인데, 세 사람은 익명의 젊은이들입니다(눅 9:57~62). 이들부터 만나보겠습니다. 당신은 예수께 이렇게 말했지요. "나는 선생님이 가시는 곳이면, 어디든지 따라가겠습니다." 그때 무슨 생각으로 예수를 따르겠다고 자청했나요?

　젊은이 1: 예수가 멋지고 좋아 보였으니까요. 그렇게 젊은 나이에 하나님의 진리를 가르치는 예언자가 되어 유명해졌으니, 얼마나 대단한 일입니까? 가버나움 들판에서 하신 그분의 말씀은 한마디로 "놀라움" 자체였어요 (산상수훈, 마 7:28. 마태에는 이들의 이야기가 바로 이어 8장에 나온다). 그 후 갈릴리 전 지역에서, 그분의 명설교와 훌륭한 인품과 따사로운 자비심은 일대 열풍을 일으켰지요. 위대한 예언자가 나타났다는 소문에 원근각처에서 사람들이 꼬리를 물고 몰려들었어요. 게다가 그분은 말 한마디나 손만 대고도 병자들을 치유했기에, 사람들이 더욱 열광했지요. 남자로 태어나 그런 사람이 되어 살고 싶었지요. 그런데 우선 제자가 되어 배워야 하는 게 아닙니까?

신학생: 그래서 나서서 제자가 되겠다고 한 것인데, 처음부터 예수를 오해했네요. 당신은 인기나 명성을 얻는 데 관심을 두고 있으나, 예수는 그런 것에는 일절 관심이 없는 분이고, 제자들에게도 그런 것을 주고자 부르신 것이 아닙니다. 예수는 이 땅에 하나님의 나라를 세우는 일에 목숨을 걸고 사신 분이시지요. 그래서 예수는 진정한 예언자이십니다. 도대체 예언자가 자기를 추구한다면, 그는 가짜입니다.

젊은이 1: 나도 바로 알았어요. 예수는 나에게 이렇게 말씀하셨으니까요. "여우도 굴이 있고, 하늘을 하는 새도 보금자리가 있으나, 나는 머리 둘 곳이 없는 사람이오." 나는 예수가 곧바로 진실하고 확실하게 말하는 것이 좋았어요. 그러나 그것이 고생살이를 적나라하게 말하는 것이기에, 따르는 것을 포기했어요. 사실 그분은 매일 걸어 다니며 노숙하거나 굶는 것이 일상이었다고 들었으니까요. 그 때문에 나도 그간 알지 못했던 나를 새삼 알게 되었지요. 그래서 들판에서 하신 말씀을 기억하고 일생 실천하며 살기로 하고 떠났습니다.

신학생: 당신은 저 사람과는 달리, 예수께서 자기를 따르라고 부르셨다면서요?

젊은이 2: 그랬습니다. 저에게서 무엇을 보고 그런 말씀을 하신 것인지, 지금도 모르겠습니다. 그때 나는 마침 아버지께서 세상을 떠나셨다는 전갈을 받고, 일터에서 집으로 돌아가는 중이었어요. 그래서 나는 "먼저 가서 아버지의 장례를 치르고 돌아와 따르겠다."라고 했지요. 그런데 허락하지 않고, 이렇게 말하는 것이었어요. "죽은 사람들의 장례는 죽은 사람들이 치르게 하고, 그대는 가서 하나님 나라를 전파하시게."

나는 이 말에 큰 충격을 받았지요. 세상에, 누가 아버지가 돌아가셨다는 소식을 듣고도 집에 가지 않는단 말인가요? 아버지가 원수인가요, 낯모르는 사람인가요? 도대체가 말이 안 되는 말이지요. 그런 일은 이스라엘 문화에서 전혀 있을 수 없는 일입니다. 이방인들도 그렇게 하진 않아요! 도대체 예수에게는 아버지도 어머니도 없단 말인가요?

게다가 죽은 사람은 그렇다 쳐도, 장사를 지내는 사람들은 엄연히 하나님을 믿고 율법을 지키고 신앙생활을 하는 가족과 친척과 이웃 사람들인 유대인인데, 그들까지 죽은 사람들이라고 하니, 그게 제정신으로 하는 말입니까? 그러면 세상 사람들이 전부 죽은 사람들이라는 말이 아닌가요? 도대체 하나님의 나라가 무엇이길래, 단단히 미치지 않고서야, 그런 독단이 어디 있나요?

신학생: 듣고 보니, 반박할 여지 없이 그렇군요.

젊은이 2: 만일 내가 아버지 장례도 치르지 않고 예수를 따랐다고 합시다. 그러면 가족이나 친척, 그리고 마을 사람들이 나를 보고 미친 후레자식 놈이라고 하겠지요. 그리고 예수를 보고는, 어리석은 젊은이들을 꼬드겨 인간의 기본

질서와 전통문화를 파괴하고 세상을 혼란에 빠뜨리는 악마의 자식이라고 하겠지요. 그러면 하나님의 나라라는 것을 어디에서, 어떻게 찾고 이룬다는 것인가요? 그건 사람을 위한 것이 아닌가요? 사람을 위한 것이 아니라면, 그건 해서 뭘 합니까? 그래서 나는 화가 나서 거부하고 집으로 돌아갔습니다. 나는 지금도 예수의 말을 이해할 수 없어요.

신학생: 그런데 예수는 다른 데서 이런 말씀을 하셨어요. "누구든지 내게로 오는 사람은 자기 아버지나 어머니, 아내나 자식, 형제나 자매뿐만 아니라, 심지어 자기 목숨까지도 미워하지 않으면, 내 제자가 될 수 없다. 누구든지 자기 십자가를 지고 나를 따라오지 않으면, 내 제자가 될 수 없다."(눅 14:26~27)

그러니 예수는 제자가 되려는 사람에게 예수 자신을 그 모든 것 앞에 두고 소중히 여기고, 십자가에 달려 목숨을 잃을 것까지 각오하라는 뜻에서 하신 말씀입니다. 예수의 '나'는 앞서 당신에게 말한 '하나님의 나라'와 같은 뜻이니까, 하나님의 나라를 인생의 그 무엇보다 더 소중히 여기며 먼저 추구하라는 말이지요. 왜냐면 예수의 하나님 나라는 죄짓기 이전의 에덴동산이 다시 이 땅에 이루어지는 세상이니까, 가정이나 개인보다 중요하기 때문이지요.

그런데 내가 보기에는 아버지 장례를 치르고 와서 예수를 따르며 하나님의 나라 운동에 참여해도 될 것 같은데, 그렇게 말씀하셔서 나도 모르겠습니다.

젊은이 2: 만일 당신이 나라면, 어떻게 할 건가요?

신학생: 어려운 문제입니다. 나도 당신처럼 집으로 갔을 겁니다. 그런데 당신은 장례 후에 왜 따르지 않았나요? 다시 돌아와서 따랐다면, 예수께

서 거절하셨을까요?

젊은이 2: 그건 모르지요. 어떻든 나는 예수의 말에 하도 충격을 받아서 그만둔 것입니다.

신학생: 아, 이제 다시 생각해보니, 예수의 말을 이해하는 관건은 아브라함의 모리아 산 이야기가 빛을 비추는 것 같습니다(창 22:1~18).

젊은이 2: 그건 무슨 말인가요?

신학생: 아브라함에게 아들을 번제로 바치라는 말은 하나님께는 글자 그대로가 아닌 "시험"이었지만, 아브라함은 글자 그대로 받아들여 진짜로 아들을 죽이려고 했지요. 그래서 하나님이 막고 '바친 셈으로 치신 것'이지요. 하나님이 아브라함을 시험하신 목적은 아브라함이 진실로 그렇게도 소중한 백 살에 얻은 외아들을 하나님 아래에 두고 참된 신앙으로 사는가를 알아보시려는 것이었으니까요. 그러니 아브라함은 시험에 합격한 것이지요.

그러니까 내 말은 예수께서도 당신에게 시험, 곧 방편으로 말씀하셨다는 것입니다. 당신이 아브라함처럼 예수의 말을 글자 그대로 받아들이고 따랐다면, 분명히 예수는 당신을 집으로 보내서 장례를 치르고 오게 하셨을 것이고, 당신은 제자가 되었을 것이라는 말입니다.

그만큼 예수에게는 '인간적이고 신성하고 평화롭고 참된 세상', 곧 모든 인간이 가난과 배고픔, 차별과 소외, 불평등과 범죄와 전쟁도 없이 평화롭고 행복하게 사는 새로운 세상인 하나님의 나라보다 더 소중한 가치가 없다는 것이지요. 그래서 예수는 아무리 하나님을 믿으며 산다 해도, 하나님의 나라보다 가족이나 개인의 관심사를 앞세우는 사람들을 실상 '죽은 사람들'이라고 과격하게 말씀하신 것입니다. 하나님의 나라를 지향한 예수는 인간의 사고방식과 인생관과 세계관과 소망을 근본에서부터 바꾸어 놓으신 것이지요.

따라서 예수를 믿는 사람들은 언제나 당신에게 하신 예수의 말씀을 분명히 기억하고 잊지 않아야 할 것이고, 가정이나 권력이나 재산이나 그 밖에 세상의 그 어떤 것, 심지어 자기 목숨까지도 하나님의 나라 앞에 두어서는 안 된다는 것입니다. 그런 점에서 예수는 하나님처럼 말한 것이고, 그것에 대해서는 추호도 타협하지 않으셨습니다. 그러니 이제라도 당신이 이런 생각을 한다면, 예수를 따를 수 있을 것입니다.

<u>신학생</u>: 당신은 첫 번째 젊은이처럼 예수를 따르겠다고 나섰지요?

<u>젊은이 3</u>: 그랬습니다. 그런데 내가 먼저 집안 식구들에게 "작별인사"를 하게 해달라고 하자, 예수는 누구든지 손에 쟁기를 잡고 뒤를 돌아다보는 사람은 하나님 나라에 합당하지 않다고 말했습니다. 나도 어처구니가 없어서 그만두었습니다. 아니, 집을 떠나는데 인사도 하지 못하나요? 나도 쟁기를 잡고 뒤를 돌아보면, 밭고랑이 꼬불꼬불해진다는 것쯤은 알아요! 그러면 어떻습니까? 밭고랑이 휘어지든 직선이든, 씨만 뿌리면 되는 게 아닙니까?

<u>신학생</u>: 하긴 그렇지요. 그러나 아마 예수께서는 뒤를 돌아보지 말라는 경고를 무시하고, 집과 값비싼 재산이 와장창 무너지는 소리를 듣고 돌아보았다가 소금 기둥이 되어버린 저 "롯의 아내"를 염두에 두고 하신 말씀 같습니다(창 19장; 눅 17:28~33).

'쟁기'는 결심이나 사명이나 이상을, 뒤는 사람들이 좋아하며 추구하는 권력이나 재물 등에 대한 욕심을 가리키니, 예수는 역설의 진리, 진리의 역설을 가르치신 것입니다. 작별인사를 반대한 게 아니라, 하나님 나라의 우선성을 강조하신 것이지요.

그러니 세 사람에게 하신 예수의 말씀은 같은 것이라고 봅니다. '예수, 나, 하나님의 나라'가 '먼저, 우선, 중심, 앞'이라는 것이 핵심입니다. 그러자면 고생살이도 각오해야 하고, 가정도 뒤에 두어야 한다는 것이지요. 그렇게 보면 이해되지 않나요? 예수는 '나를 위해 나를 사랑하는 자', 곧 '하나님의 나라를 위해 예수를 사랑하는 자'를 바라신 것이지요. 그런 점에서 예수는 타협 없는 역설적 단호함을 보이신 것입니다.

2

신학생: 이번에는 죽었다가 다시 살아난 '유명한' 사람을 만나보지요 (요 11장).

나사로: 유명하다니, 무슨 그런 말을! 나는 그저 재수 좋은 사람, 아니 하나님의 깊은 은총을 입은 사람입니다. 예수 덕분이지요.

신학생: 그런데 젊은이인 당신은 어째서 죽게 된 것인가요? 기록이 없어서 아무도 그 까닭을 알지 못합니다(추정).

나사로: 나는 어려서부터 허약한 몸으로 갖은 질병을 앓으며 자랐습니다. 우리 집은 부유한 편이어서, 부모님은 나를 치료하기 위해 숱한 고생을 하며 돈을 쓰셨지요. 그러나 전부 소용없었어요. 부모님이 여행 중에 사고로 세상을 떠나시고는, 마르다 누님과 여동생 마리아와 함께 서로 의지하며 행복하게 살았습니다.

나는 소년 시절부터 간혹 가슴이 답답하고, 바늘로 찌르듯 아프고, 새끼를 꼬듯 조이는 것 같은 통증을 자주 앓았고, 그 때문에 까무러치고 눈을 뒤집고 드러누워 몸을 비틀고 혼절한 게 한두 번이 아니었어요. 그렇게 죽었다 깨기를 수없이 했지요. 마을 사람들은 내가 귀신에 씌운 것이라고 했어요. 그래서 나는 밖에 나가지도 못하고, 언제나 집안에만 틀어박혀 지내서 친구도 하나 없어요. 언제 '발광'(사람들의 말입니다)할지 몰랐으니까요.

신학생: 예수와 제자들은 어떻게 예루살렘에 갈 때마다 당신네 집에 머무르신 것인가요?

나사로: 어느 날 누님과 여동생이 시장을 보러 갔다가 우연히, 간음하다가 바리새파 사람들에게 적발되어 율법에 따라 돌멩이에 맞아 죽을 뻔한 위기에 처했던 여인의 일을 지혜롭고 자비스럽게 처리하신 예수에게 매료되어 초대한 것이 계기가 된 것입니다. 그러나 제자들이 많아서 매일 온 것은 아니고, 이따금 와서 식사하고 쉰 후, 주로 예루살렘 맞은편에 있는 올리브동산에서 노숙하셨습니다.

예수는 우리 오누이들을 극진히 사랑하셨지요. 집에 오는 날이면, 늘 성서의 말씀을 재미있게 들려주셨어요. 마리아는 그걸 좋아해서 자꾸만 졸랐지요. 어느 날에는 마리아가 그간 모은 향유를 예수께 발라드리기도 했어요.

신학생: 그 광경을 상상하는 것만으로도, 진실하고 신성한 사랑이 어우러진 훈훈하고 정겨운 가정의 모습입니다. 그것이 바로 예수의 하나님 나라의 모습이지요. 가족과 이웃, 낯 모르던 이들이 사랑 가운데서 이야기를 나누고 서로 축복하며 살아가는 것 말입니다.

나사로: 그런데 예수께서 우리 집을 떠나신 후, 나는 갑자기 격심한 가슴의 통증을 느끼고는 혼절했습니다. 그 후 아무것도 모릅니다. 그것까지가 내가 아는 일입니다.

신학생: 그래서 마르다가 예수께 알렸지요. 그러나 당신은 예수께서 오시기도 전에 죽었습니다. 예수께서 오신 것은 죽은 지 나흘째 되던 날입니다.

나사로: 그때 누이와 동생의 슬픔과 고통, 상심과 충격과 혼란을 어떻게

말로 하겠습니까? 누이는 예수께 매달려 눈물로 울부짖으며 살려달라고 했답니다. 예수께서도 그런 모습을 보고는 몹시 슬퍼하고 괴로워하며 눈물을 흘리셨다지요. 그리고는 내가 묻힌 동굴로 가서 저를 불러내신 것이지요.

신학생: 누이가 얼굴에 감긴 수건을 풀어주었을 때, 느낌이 어떠했나요?

나사로: 아무것도 새로운 것은 없었어요. 그저 잠들었다가 다시 깬 것 같았을 뿐이에요. 나는 내가 죽은 것을 몰랐으니까요. 누이와 여동생과 사람들을 보고 나서야, 모든 것을 알게 된 것이지요. 우리는 곧 큰 잔치를 열었습니다. 장례식장이 잔치마당으로 바뀐 것이지요.

신학생: 그런데 당신은 다시는 아프지 않았나요?

나사로: 그렇지요. 건강한 몸이 되었습니다.

신학생: 그것이 바로 표징입니다. 당신이 다시 살아난 것은 슬픔과 고통, 상심과 충격, 혼란과 눈물과 괴로움이 늘 엄습하는 우리네 삶에 예수께서 가져오시는 기쁨과 자유, 생명과 축복의 삶을 가리키는 상징입니다.

당신은 기적의 당사자이지만, 당신의 사건을 보거나 듣거나 읽는 사람은 결단코 그런 기적을 체험하지 못합니다. 그렇기에 그것을 기적으로만 본다면, 예수는 모든 이에게 아무런 의미도 없는 분이 되고 말지요. 따라서 우리는 당신의 사건 속에서 예수의 하나님 나라가 어떤 것인지를 봅니다.

하나님의 나라는 생명에 대한 지고한 사랑과 축복과 기쁨의 새로운 삶입니다. 몸이 병들고 죽는 것은 아무런 문제도 아닙니다. 그것은 자연의 질서를 따르는 것일 뿐입니다. 그러나 죽어도 죽지 않는 삶은 지금 여기에서 예수와 함께 일어나는 놀라운 사건이고 새로운 삶의 현실입니다.

나사로: 그런데 그렇게도 기쁘고 좋은 일인데, 어째서 "제사장들과 바리새파 사람들"은 내 일을 빌미 삼아 예수를 죽이려고 벼르게 되었을까요? 나

는 그것을 이해할 수 없습니다.

신학생: 하나님이 사람의 몸을 입고 오신다고 해도 극구 반대할 인간들은 어디에나 있는 법입니다. 다른 말로 하면, 당장에 이 땅에 "하나로서 모두이고, 모두로서 하나인 세계(F. 횔덜린-히페리온)인 "대동(大同) 세계"(강유위-대동 세계), 곧 하나님의 나라가 이루어진다고 해도 한사코 목숨을 걸고 반대할 인간들이 있습니다. 왜 반대할까요?

나사로: 모르겠어요. 예수같이 사람을 사랑하고, 삶에 기쁨과 자유와 행복, 축복과 평화를 가져오시는 분을 어째서 반대한다는 것인가요? 그런 것은 누구나 다 좋아하지 않나요?

신학생: 인간이라면 그래야 마땅한 일이지요. 그런데 세상에는 마땅한 일을 마땅치 않게 생각하고, 의로운 일을 불의한 일로 생각하고, 진실한 행동을 잔꾀를 숨긴 위선적인 행동으로 생각하고, 공평한 일을 음흉한 속셈을 가리는 행태로 생각하고, 사랑을 욕심을 가장하고 베푸는 거짓으로 생각하는 자들이 많습니다. 그런 자들은 무슨 일이라도 트집을 잡는 무리로서, 비유하자면 천국에서도 불평불만을 털어놓을 자들이지요.

나사로: 아, 어렴풋이 알 것 같습니다. 시기심과 질투 때문이라는 것이지요?

신학생: 그렇기도 하지만, 그보다 더 깊습니다.

나사로: 무슨 말인가요?

신학생: 그런 자들은 자기네를 세상을 떠받치는 기둥으로 여기기에, 자기들이 없으면 나라와 세상이 당장 무너질 것이라고 과장합니다. 과대망상에 걸린 환자들이지요. 주로 정치인들과 종교인들이 그렇습니다. 그들은 자기들 같은 지도자들 덕분에 세상이 유지되고 발전한다고 생각하지요.

그들은 실상 자기들의 정치 권력과 종교 권력의 안전과 보전과 계승을 위해 정치와 종교를 이용하면서도, 그게 다 백성을 위해서, 나라를 위해서, 민족을 위해서, 세상을 위해서 하는 일이라고 우겨대며 자기들을 과도하게 평가절상합니다. 그리고 수시로 그것을 자랑하고 선전하지요. 그래서 밤낮 여론을 살핍니다.

나사로: 그때 예루살렘 성전의 제사장들과 바리새파 사람들이 그랬다는 말은 어렴풋이 들어서 알고 있었어요.

신학생: 그것이 그들이 일상으로 하는 일입니다. 제사장들은 단지 성전과 종교만 지배한 게 아니라 실질적인 정치가들이지요. 바리새파는 그들과 합세하여 종교와 율법을 쥐고 지배했습니다. 그들은 당신이 다시 살아난 직후, 많은 사람이 예수를 믿고 따르는 것을 보고는, 큰일 났다 싶어 공의회를 모으고 예수를 죽일 모략을 짰습니다.

나사로: 예수를 죽여요?

신학생: 그러나 그들도 그동안 자기들이 무척이나 잘못된 행태를 보였다는 것을 잘 알고 있어요. 잘해왔다면 어째서 민중 반란을 두려워합니까? 그런 일은 일어나지도 않지요! 지도층이 제 목숨처럼 사랑하며 돌보고 보호하며 함께 살아가는데, 세상 어느 나라 백성이 그 지도층을 존경하고 따르지 않겠어요?

당신은 어려서 잘 모르지만, 그들은 이런 논리를 폈지요. 「나사로를 살린 사건으로 많은 사람이 예수를 믿고 따른다. 그러면 틀림없이 유월절에 민중 반란이 일어나, 로마 군대가 예루살렘에 진입하여 성전과 땅을 불태우고 약탈하고 백성을 수없이 죽일 것이다. 그러니 어떻게 하면 좋겠는가?」

마땅한 답을 얻지 못하자, 대제사장 "가야바"가 말했지요. "거, 아무것도 모르고, 이 중요한 순간에 쓸데없는 잡담이나 하며 시간을 죽이고 있어요! 아주 간단한 일을 가지고 뭘 어떻게 합니까? 아버지가 죽으면 집안 꼴이 말이 아니게 되듯, 두목이 죽으면 산적이나 강도들은 흩어지는 법이오. 대장하나 잡아 죽이면 그것으로 끝이란 말이오!

그러니 이 예수 한 사람이 백성을 위해 죽어주어, 민족 전체가 망하지 않게 하는 것이 절대로 유익한 일이 아니오? 그러니까 내 말은 예수를 잡아 십자가에 매달아 죽여버리면, 제자란 놈들이나 잠시 홀려서 따르던 놈들도 다 흩어지고 말 것이란 말이오! 회의 끝났소!"

나사로: 아, 내가 다시 살아나지 않았다면, 예수께서 죽지 않으셨을 텐데!

신학생: 그렇지 않아요. 당신 때문이 아니에요. 예수는 스스로 죽음으로 들어가신 거예요.

나사로: 예?

신학생: 예수의 수난과 죽음은 그와는 비교할 수도 없이 거대한 차원에서 일어난 사건이에요. 예수는 모든 인간이 하나님과 자신과 타인을 알고 사랑하고, 하나가 되어 서로 평등하고 행복하고 평화롭게 사는 세상인 하나님의 나라를 위해서 지금껏 활동하셨어요. 그것은 예수의 사명이고 이상입니다.

그런데 그것을 한사코 싫어하고 거부하고 반대하는 자들이 있어요. 그들이 바로 정치와 종교 지도자들이지요. 그런 세상이 이루어지면, 그들은 설 자리가 없어지니까요. 누군들 자기들의 해체와 몰락을 가만 바라보기만 하겠어요?

그러니 예수는 필연 충돌할 수밖에 없다는 것을 다 알고 계셨어요. 세상의 권력과 수단을 차지하고 있는 자들이 자기를 죽일 것을 알면서도, 예수는 자기 목숨 늘이자고 물러설 생각은 없었지요. 그러니 어떻게 되겠어요? 결정적 충돌과 파국뿐이지요. 그래서 예수께서 스스로 죽음으로 걸어 들어가신 것이라고 말하는 거예요.

예수는 진리를 향한 용기가 무엇인지를 보여주셨습니다. 사람에게는 죽어도 버릴 수 없는 참된 가치라는 게 있습니다. 목숨과 삶을 아까워하고 아껴서 구차하고 비굴하게 사는 것보다는, 고난을 받고 죽임을 당한다 하더라도, 자신의 의로운 신념과 이상을 말하고 지키다가 죽는 게 하나님과 역사 앞에서 비교할 수 없이 낫습니다. 한때 죽어서 영원히 사는 삶이 있는가 하면, 한때 영화롭게 살아서 천추(千秋)에 더러운 이름을 남기는 죽음이 있습니다. 예수는 죽어도 죽지 않는 생명입니다!

<u>나사로</u>: 그것이 예수께서 하나님 아버지께 돌아가신 후 지금도 나에게 위로와 소망과 힘이 됩니다.

3

<u>신학생</u>: 마지막으로 "예수의 동생 야고보"를 만나보겠습니다. 선생님께서는 언제부터 형님이신 예수를 믿고 따르셨나요?

<u>야고보</u>: 5형제 가운데서 둘째인 나는 사이에 끼어서, 어려서부터 이상스레 마음고생이 많았소(예수, 야고보, 요셉, 유다, 시몬. 막 6:3). 형제들이 많은 가정에서, 형도 아니고 동생도 아니고 형인 어중간한 자리이니까. 사람들은 툭하면 나를 형과 비교했소. 미리암 어머니의 내심은 그런 게 아니었겠지만, 어려서부터 내 눈에는 어머니가 유독 예수 형을 더 애틋하게 여기며 아끼고 편드시는 것같이 보였소.

그래서 소년 시절 때, 어머니께 물었다오. 마을 사람들이 어머니가 아

기를 잉태했을 때, 꿈에 천사가 찾아와 아들이라고 알려주고, 이름도 예수로 지으라 하며, 이다음에 하나님의 예언자가 되어 사람들을 죄에서 해방하고 자유를 가져다줄 영광스러운 인물이 될 것이라 했다고 말하는데, 그것이 사실이냐고 말이오.

<u>신학생</u>: 그랬더니요?

<u>야고보</u>: 사실이라 하셨소. 그래서 나를 잉태했을 때는 어떤 꿈을 꾸셨느냐고 물었소.

<u>신학생</u>: 몹시 구미가 당기네요. 그랬더니요?

<u>야고보</u>: 두 뿔이 돋아난 하얀 "아사셀 염소"가 집으로 들어오더니(레 16장, 이스라엘의 죄를 짊어지고 빈 들에 산다는 귀신인 아사셀에게 보내진 염소. 속죄의 염소), 이곳저곳을 들이받으며 돌아치다가, 어머니를 발견하고는 품으로 뛰어들었는데 곧 낙타로 변신하더라는 것이었소.

<u>신학생</u>: 낙타요?

<u>야고보</u>: 그렇소. 지금 생각하니, 그것은 내 성격이나 장차 할 일을 말한 것 같소. 나는 낙타처럼 고집이 세어 고생도 많이 하지만, 인내심도 있고, 남의 짐을 잘 지는 성격이라오. 우리 조상 "야곱"의 성격과 비슷하지요(야고보는 야곱과 같은 이름). 야곱도 고집이 세서 사서 고생한 낙타 같은 성격의 사람이었으니까.

<u>신학생</u>: 그러면 소년 시절에는 많은 시행착오를 거듭했겠네요?

<u>야고보</u>: 그랬다오. 어머니나 형하고도 가끔 고집을 부리며 의견 충돌을 했지. 그렇지야 않았겠지만, 아마 어머니가 형을 더 사랑한다고 생각해서 그랬던 것 같소. 나는 형처럼 목공이나 석공 일을 잘하지도 못했소. 아버지도 가끔 그것 때문에 핀잔을 주기도 하셨지요. 그러고 보니, 내가 열세 살 때 갑

자기 사고로 돌아가신 요셉 아버지가 그리워지는군요. 나는 예수 형하고는 두 살 터울이오.

신학생: 그런데 선생님은 지금 예루살렘 교회 수장(首長)으로 활동하며 (행 15:1~21), 베드로보다 더 위에서 회의를 주도하고 권위를 행사하고 계십니다. 소문을 들으니(유대교 전승), 유대교 랍비들조차도 선생님을 "점잖고 거룩한 의인"이라고, 존경하고 칭찬하기까지 한다는데(조철수-예수 평전), 그래서 혼란에 빠집니다.

선생님은 출가하여 광야에 머물던 예수 형이 고향 나사렛에 돌아와 가르치자, 마을 사람들이 놀라서 동생들의 이름을 말하며 달갑게 여기지 않는 이야기에 한 번 이름이 나오고, 그 뒤로는 아무 말도 없는데, 어떻게 그렇게 수장이 된 것인지 도대체 내력을 알 수 없으니까요(막 6:3).

야고보: 이야기를 하자면 길다오. 간단히 말하겠소. 장남인 형님이 어머니와 동생들을 죄다 버리고 무책임하게(그때는 그렇게 보았지요) 집을 떠나, 광야로 예언자 요한을 찾아가 오래 수도 생활을 할 것이니 기다리지 말라고 말했을 때, 그야말로 집안이 뒤집혔다오. 그런데 어머니는 눈물을 흘리면서도 침착하셨소. 태몽대로 될 날이 온 것으로 보셨던 것 같소.

그래도 나는 큰 충격을 받았소. 형을 배웅하면서 끌어안고 울었다오. 형은 '이제 네가 장남이다. 어머니를 잘 보살펴라.'라는 말만 하고는, 냉정하게 떠났소. 얼마나 있다가 돌아온 것인지는 나도 모르오. 왜냐면 나도 형이 떠난 얼마 후, 어머니께는 말하지 않고 동생 요셉에게 전하게 하고는 집을 떠났으니까(이하 추정). 나는 유대 광야에서 은둔하는 "엣세네파" 수도원을 찾아가 3년간 수도 생활을 했소. 극단의 고행과 기도, 성서 공부, 그리고 침묵과 노동의 나날이었지. 그러나 낙타 같은 성품에 잘 견뎌냈소.

수도원에서는 늘 사람을 보내 예루살렘 상황을 잘 파악하고 있었기에, 나는 간간이 전해오는 예수 형님의 말과 활동을 듣고 나름 깊이 생각했소. 나는 예수가 형님이라는 것을 숨겼지요. 그러다가 '예수라는 예언자가 십자가에서 처형되었다.'라는 소식을 듣고, 원장에게 떠나겠다고 말하고는, 예루살렘으로 가서 제자들을 찾아 합류했소.

거기에서 어머니를 만났다오. 그러나 부활한 형님을 만나지는 못했소. 나는 어머니의 태몽 이야기를 떠올리며 형님을 하나님이 보내신 참된 예언자로 알게 되었소. 그리고 오순절에 성령강림을 체험한 후, 형님이 진정한 메시아·그리스도라는 것을 믿게 되었소. 그러니 예루살렘 교회가 나를 수장으로 세운 것은 내가 동생이기 때문일 수도 있을 것이오.

<u>신학생</u>: 그보다는 선생님의 학식이나 인품이나 능력 때문이 아니었을까요?

<u>야고보</u>: 모르겠소. 어떻게 하다가, 염소가 낙타가 된 것이지. 당시 예루살렘 교회는 시초인 데다가 갑자기 사람들이 몰려들었기에, 유대교 지도층과 하루도 쉬지 않고 갈등하고 다투는 상황이었소. 베드로가 투옥되고, 나와 이름이 같은 '요한의 형 야고보'가 죽임을 당하는 등, 박해가 심했소(행 5:17~42, 12장). 게다가 "사울"이라는 사람이 교회를 박해하다가 부활한 형님을 만난 체험을 하고는, 시리아의 "안디옥" 교회에서 예수를 메시아라고 전하며 다니기도 했소. 그래서 그와 동료가 오자 유대인과 이방인 선교 문제를 조정해야 했소.

그리고 나는 유대교 지도층과 갈등을 완화해보려고, 성전 기도와 안식일과 율법 준수를 강조하면서 예수를 따르도록 했고, 신도들에게는 동포들에 대한 진실한 사랑과 온유와 겸손과 인내를 강조했소. 그래서인지 그 후

이렇다 할 박해가 없었소.

신학생: 그래서 아사셀 염소가 낙타가 된 것이네요. 베드로나 다른 제자들이 마음 놓고 예루살렘을 떠나 타지에 나가 선교한 것도 선생님을 믿고 한 것이겠습니다. 그러니 선생님은 진정한 사도이고, 예루살렘 교회의 기둥이십니다.

야고보: 과찬이오. 나는 예수를 피붙이 형님으로서가 아니라, 인간을 구원하시는 하나님의 메시아로 믿고 따를 뿐이니까요.

4

신학생: 마태복음 10장은 예수의 열두 제자 파송 어록입니다. 내용은 길 잃은 자를 구원하고 인간을 비인간화하는 모든 더러운 것에서 자유롭게 하는 일(악령·귀신 축출), 나날의 청빈과 단순한 생활, 온유와 인내를 지니고 사랑과 평화를 지향하는 것, 세상의 칭찬이나 존경이나 흠모나 영광 같은 것은 바라지도 말 것, 오직 하나님의 나라를 이 땅에 세우는 일에만 전념할 것, 그리고 그 일을 위한 과정에서 받는 박해나 죽음조차도 기쁘게 받아들일 것 등입니다. 이른바 제자의 길이지요.

그러나 이것은 선교사나 목회자에게만 해당하는 것이 아니라, 예수를 믿고 따르는 모든 그리스도인에게도 하신 말씀입니다. 왜냐면 그 말씀은 산상수훈과 연결된 것이기 때문입니다. 마태복음 5:10~12, 7:15~23이 그것입니다. 의를 위하여, '나' 곧 예수를 위하여, 다른 말로 하면 이 땅에 하나님의 나라를 세우는 일을 위하여, 욕설과 모욕과 박해를 받아도 기뻐하라는 것, 이기심과 탐욕을 위하여 당신의 이름을 팔거나 이용하지 말 것에 대한 경고와 같은 것입니다.

어느 종교나 안과 밖에서 도전을 받습니다. 밖의 도전은 주로 훼방과 박해와 무관심이고, 안의 도전은 자체의 본질과 정체성 망각과 이단적 사설과 제도적 고착과 안일입니다. 따라서 안의 도전이 더욱 심각합니다. 참된 생명과 진리의 종교는 외부의 박해로 죽지 않습니다. 하지만 내부의 안일과 형식주의에 질식하고 생명력을 잃어버립니다.

그런 점에서 예수는 유대교인 같은 사람이 아니라, 일상이나 선교 활동에서 온몸으로 지금 하나님의 다스림(나라) 안에서 살면서 그 운동에 삶을 바치며 살아가는 제자를 바라신 것입니다. 그것이 그리스도인의 길입니다. 예수는 당신의 이름으로 세속적 복을 구하는 새 종교를 창설하신 게 아닙니다. 그래서 마태복음의 이 세 부분은 특히 오늘날 매우 중요하게 다가오는 말씀이라고 봅니다(마 5:10~12, 7:15~23, 10장).

바리새인들과 율법 학자들

1

목사: 먼저 우리가 확실히 짚고 넘어가야 할 사안을 살펴보는 것이 좋겠습니다. 예수와 바리새파(율법 학자들은 대개 바리새파 소속. 그러나 바리새파가 전부 율법 학자는 아님), 초기 기독교와 바리새파의 관계에 관한 것입니다.

예수와 바리새파의 갈등과 대립, 그리고 그들이 제사장들과 장로들과 합세하여 예수를 죽인 것은 역사적 사실입니다. 그런데 바리새파에 대한 예수의 비판은 어디까지가 사실인지 모호합니다. 특히 마태복음 23장 전체는 바리새파와 율법 학자들에 대한 준엄한 비판과 경고와 탄핵인데, 어느 것이 역사적 예수의 말인가는 생각해볼 문제입니다.

초기 기독교는 이스라엘에서는 바리새파와 경쟁과 적대 관계에 있었으나 해외에서는 별다른 문제가 없었고, 더구나 대로마 독립항쟁인 "유대 전쟁"(The Jewish War, 서기 66~70년)으로 성전은 완전히 소실되고, 유대인들이 예루살렘에서 완전히 추방되어 "디아스포라"(Diaspora, 흩어진 유대인)가 된 후에는 알력이 없었습니다.

오늘날까지 이어지는 유대교는 전적으로 랍비인 바리새파 율법 학자들이 지키고 가꾸어온 종교입니다. 그 전쟁의 여파로 일어난 주목할 만한 사실은 사두개파 제사장 계층이 역사에서 소멸했다는 것입니다. 예루살렘에서 추방된 율법 학자들은 서기 90년경 지중해 인근의 "얌니아"에서(오늘날 텔아비브 근처) 구약성서의 경전 작업을 완료하고 확정했습니다(히브리 성서·Hebrew Bible. 기독교 구약성서와는 책의 구성이나 분류법이나 순서가 다소 다름). 지금도 유대교는 회당의 랍비들이 성직자와 학자로서 활동합니다.

그래서 우리는 시종일관 그들을 "위선자"(Hypocrite)라고 말한 예수와 바리새파의 관계에 대하여 사실적으로 파악하고 이해해야 합니다. 예수도 대중 설교와 성서 해석과 가르침 때문에 "랍비"(Rabbi)라고 불렸습니다. 복음서에 나오는 예수의 바리새파 비판을 모두 생각해보기는 어렵기에, 그들의 행태와 그에 대한 예수의 비판을 선별하여 이야기해보려고 합니다. 이 대화는 예수의 죽음 직전에 한 것으로 설정합니다.

2

목사: 먼저 한 분을 만나보겠습니다. 안녕하십니까?

바리새인 1: 예, 반갑습니다.

목사: 우선 바리새파가 생기게 된 기원부터 들려주시겠습니까?

바리새인 1: 그러지요. 사실 바리새파의 기원은 모세 시대로 올라갑니다! 모세는 자기를 돕는 재판관 제도(출 18:13~26)와 제사장 제도(출 28장)를 세웠는데, 이것을 보면 재판관 제도가 제사장 제도보다 먼저 출현한 것이지요. 바로 이 재판관이 랍비의 기원입니다.

그러다가 사울 왕부터 왕정 시대에 들어서서 3대 솔로몬에 이르러 정통 유대교가 확립되었습니다(전기 유대교, 왕조시대. 후기 유대교는 바빌론 포로에서 해방되어 귀환한 이후의 유대교). 제사장은 성전과 제사만 담당하게 되었고, 궁정에서 활동하는 공무원인 "서기관" 제도가 생겼지요(왕상 4:3). 서기관은 궁정 일지 기록, 각종 보고서와 문서 정리, 도서(圖書) 관리, 왕실 가문과 지도층 자녀의 교육을 담당했지요. 그래서 자연히 이스라엘의 상류 지식인 집단을 형성하고, 나라가 망하기 전까지 거의 400년 동안 활동했습니다(기원전 971~586년까지).

나라가 망한 후, 바빌론 포로 시대가 되자 제사장이나 서기관도 사라지고, 포로가 된 제사장들이 그때 생긴 회당에서 자연스럽게 교육자로 활동하며 예배와 교육을 담당하면서 오경과 역사서와 예언서들을 편집하고 새로 쓰기도 하면서 경전과 유대교를 보전했습니다. 그때부터 유대교가 "책의 종교"가 된 것입니다(카렌 암스트롱-축의 시대).

페르시아 시대에 해방이 되자(기원전 539년) 돌아온 사람들도 있지만, 돌아오지 않고 그곳에서 살아간 사람들도 많았습니다. 귀환하지 않고 바빌론에서 살던 "에스라"는 제사장이면서 학자였는데(라 7:1~11), 아마 그때부터 자체 내에서 정식으로 랍비가 생긴 것 같습니다. 그러니까 에스라를 최초의 랍비로 보는 것이지요.

에스라는 "모세의 율법에 능통한 학자, 하나님의 계명과 율법을 많이 배운 사람, 하나님의 율법에 통달한 학자"인데(라 7:6.11~12), 이것이 랍비의 직무입니다. 에스라는 페르시아 황실의 지원을 업고 예루살렘에 랍비 학교를 세워 양성했습니다(라 7:10.25, 법관들과 판사들).

그리스 시대에 들어서자 지독한 박해를 받았지요(기원전 332년 알렉산드로스 대왕 사후~164년. 그 말기에 다니엘서가 나옴). 167년경 예루살렘에 살던 한 제사장이 가족을 이끌고 시골로 낙향하여 독립운동을 했는데, "마카베우스" 형제들입니다. 그때 랍비들도 그들과 합류했습니다. 그런데 그 형제들은 "하스모네안" 왕조를 세우더니, 권력에 대한 탐욕에 젖어 이민족과 똑같은 정치를 하여 독립과 자유의 명분을 상실했습니다.

그들에게 실망한 랍비들과 "경건한 사람들"은 각기 독립된 종파를 만들어 결별했습니다. 그것이 바리새파의 실질적 기원입니다. 한 종파는 "하시딤"(Hasidim)이라 하는데, 그들은 주로 시골에 살면서 경건주의 운동에 힘썼기에, 21세기 지금도 소수입니다. 바리새파는 예루살렘에 랍비 학교를 세워 양성하고, 전국의 주요 도시에서 장사를 통해 부를 축적하며 평신도 율법 준수 운동을 했습니다. 이것이 바리새파의 역사입니다.

목사: 그러고 보니, 대단히 오래된 것이군요. 그러니까 바리새파와 율법학자들은 실질적인 유대교의 중심이네요.

바리새인 1: 그렇습니다. 그것이 우리의 자부심입니다. 우리는 유대교의 기둥이고 핵심입니다. 유대교는 우리를 낳았고, 우리는 유대교를 보전했습니다.

3

목사: 그런데 바리새파는 시종일관 예수와 갈등하고 충돌했는데, 예수

가 율법을 깨뜨린다고 보았기 때문인가요?

바리새인 2: 당연히 그렇지요. 예수는 처음부터 유대교에 크나큰 적대감을 가진 듯 활동했습니다. 마치 유대교를 악으로 보고 분쇄하는 것을 자신의 사명으로 아는 듯했지요. 사사건건 말과 행동으로 유대교의 근간인 율법을 어기고 부정하고, 우리를 규탄하고 위선자라고 몰아붙이며 모욕하기 일쑤였습니다.

율법 학자 1: 그가 한 말은 일일이 입에 담을 수 없을 지경입니다. 랍비인 나에게도 그가 정녕 유대인인가 싶을 정도입니다. 그의 말에 따르자면, 유대교는 하루아침에 없어지고 말 것입니다. 그는 우리 민족의 파괴자입니다. 게다가 그는 율법과 유대교를 주신 하나님을 서슴없이 모독한 이단자입니다.

목사: 이단자요?

율법 학자 1: 이단자가 아니고서야, 어찌 자기가 자라오고 속한 율법과 유대교를 그렇게 못마땅하게 여기며 하나님을 모독하고 민중을 선동하며 혁파와 분쇄를 가르친단 말입니까?

목사: 그렇게 예수가 모조리 잘못된 가르침과 행동을 했단 말인가요? 왜 그렇게 하는지 진지하게 생각해보신 적은 없었나요?

율법 학자 1: 생각해볼 것도 없었습니다. 그의 거만한 눈빛과 거친 입과 자만심 가득하고 딱딱한 태도를 보면, 분명히 유대교를 분쇄하려고 작정한 것이라는 사실을 누구라도 알 수 있었으니까요.

율법 학자 2: 그렇습니다. 생각해볼 것도 없었고, 대화를 나눠볼 것도 없었지요. 자기는 죄다 옳다 하고 우리는 모조리 틀렸다고 하는데, 무슨 생각을 하며 대화를 해보겠습니까?

목사: 그런데 이름을 말하기는 곤란합니다만, 내가 알기로는 바리새인이나 율법 학자 가운데서 예수를 이해하려고 애를 쓰고 대화해본 사람도 있다고 하던데요?

율법 학자 2: 우리 몰래 예수에게 접근한 그들은 배신자들입니다. 혹시 율법 학자가 아닌 어떤 바리새인이 "성서를 제대로 살펴보지도 않고"(요 7:52) "율법을 알지도 못하고 저주받은 무리"(요 7:49)를 제자랍시고 거느리고 다니는 대장인 예수에게 미혹되어 호기심을 가졌겠지만, 잘못된 자들입니다. 율법 학자 가운데서 그런 사람은 하나도 없어요! 대화가 아니라 예수가 율법이나 제대로 알고 있는지 떠본 학자들은 있었지요(사마리아 사람 이야기에 나오는 율법 학자, 간음하다가 잡힌 여자 이야기에 나오는 율법 학자들).

목사: 당신들은 토론에 능한 사람들이 아닙니까? 그러니 속을 터놓고 예수와 대화하는 것이 무엇이 그렇게 어려웠나요?

율법 학자 1: 토론이란 정리되지 않은 모호한 문제를 놓고 서로 주장하고 대화하는 것입니다. 그런데 예수나 우리나 이미 확신 속에서 결론을 내려놓고 있는데, 무슨 토론이 가능합니까? 그것은 토론이 아니라 주장이나 비난이나 공격밖엔 아무것도 아닙니다. 결국에는 팽팽해 대립하다가 무너진 쪽이 패하는 것이고 버티는 쪽이 이기는 것이지요.

목사: 참, 할 말이 없습니다. 어째서 종교는 타협이나 대화를 거부하는 것인지!

율법 학자 2: 진리에 무슨 타협이 있습니까? 진리는 진리라고요! 서로 타협해서 조정한 것이 무슨 진리입니까? 토론과 타협과 대화로 진리를 결정한답디까? 진리가 사람이 만들어내는 물건이란 말인가요? 진리는 하나님이 말씀하신 것입니다. 인간이 할 일은 선포된 그 진리를 준수하고 수호하는 것밖엔 없습니다. 그것이 우리가 하는 일이지요. 그렇기에 하나님의 진리를 반대하고 깨뜨리고 제멋대로 수정하려고 하는 자는 누구나 신성모독자입니다. 누가 그럴 권리를 가졌다는 것입니까? 예수나 그의 할아비라도 그런 권리는 없어요!

목사: 맞는 말인 것 같은데, 어째 지나치게 딱딱하고 독선적이네요.

4

목사: 그러면 이제 본격적으로 바리새파와 예수의 갈등과 대결 문제를 이야기해보지요. 최초의 충돌은 어떤 것입니까?

바리새인 1: 어느 안식일에 가버나움 회당에서 일어났지요(막 1:21~28). 그때 나도 거기에 있었어요. 하지만 나와 동료들은 처음 난데없이 일어난 일이기에, 아무런 말도 하지 않고 기분이 나빠져서 가만있었소. 그때부터 우리는 예수를 주시하기 시작했습니다.

율법 학자 1: 우리 유대교는 그렇게 꽉 막힌 종교가 아니랍니다. 왜냐면 누구에게나 회당에서 성서를 읽고 설교할 수 있는 권리와 기회가 주어지니까요. 물론 남자만 그렇지요. 여자는 아닙니다! 그날 예수는 어떤 성서를 읽고 설교했습니다. 그런데 성서를 깊이 이해하고 있더군요. 그래서 나는 묵묵히 들었고, 사람들은 좋아하는 눈치였습니다.

바리새인 1: 그런데 설교 중에 어떤 "더럽고 악한 귀신에 들린 자"가 소리를 지르며 아우성을 쳤어요. 그 바람에 예배 분위기가 엉망진창이 되었지요. 그 녀석이 외친 말은 이랬어요. "나사렛 사람 예수여, 왜 우리를 간섭하십니까? 우리를 없애려고 오셨습니까? 나는 당신이 누구인지 압니다. 당신은 하나님께서 보내신 거룩한 분입니다."

바리새인 2: 미쳐도 단단히 미친 자였지요. 무슨 말이 '우리'라고 했다가 '나'라고 했다가, 횡설수설했지요. 마귀가 수십 마리나 들어앉아 있었던 게 분명합니다.

목사: 예수가 설교를 그치고 그 사람에게, "입을 다물고 이 사람에게서 나가라."라고 하자, 귀신은 그에게 경련을 일으켜 놓고는 큰소리를 지르며 떠났습니다.

바리새인 1: 사람들은 귀신도 그의 명령에 복종하는 것을 보니, 하나님의 새로운 가르침이라고 하며 놀랐습니다. 우리도 어떻게 된 것인지 몰라 당황하여, 아무 말 없이 나왔습니다.

율법 학자 2: 우리는 예수가 안식일에, 그것도 회당 안에서 그런 일을 한 것을 용납할 수 없었습니다. 그래서 집으로 가는 길에, '이거 보통 일이 아니다. 앞으로 또 안식일에 이런 일을 한다면, 그때는 대책을 세워야 한다. 이 일은 다른 마을의 바리새파에게도 알려주어야 한다.' 하고 의논했습니다.

율법 학자 1: 생각해보세요. 다음날 그렇게 하면 뭐가 어떤가요? 안식일에 일하면 안 된다는 것을 알면서도 그렇게 했으니, 일부러 작정하고 한 것이 아닌가요? 귀신이 다음 날 어디 출장이라도 간답니까?

목사: 아니, 그게 성서를 가르친다는 사람이 할 말인가요? 아픈 사람은 지금 당장 편안하게 되고 싶은 게 아닙니까? 그 사람이 오늘 밤 죽어서 내일엔 없을 수도 있잖습니까? 안식일이 사람의 몸과 생명보다 더 중요하단 말인가요?

율법 학자 2: 나도 그런 것쯤은 잘 압니다. 그러나 왜 안식일을 깨뜨리느냐는 말입니다. 왜 오늘 밤 죽는다는 말을 합니까? 그 사람이 내일 살아 있을 수도 있지 않습니까?

목사: 하나님은 사람을 위해서 안식일을 주신 것이 아닙니까? 그러니 사람을 살리는 것이 안식일을 제대로 지키는 것이지요.

바리새인 2: 사람을 살리는 것을 누가 반대합니까? 그러나 사람을 살리자고 안식일을 깨면, 누구나 그런 핑계를 대서 안식일을 깨드릴 게 아닙니까? 그러면 모든 행태가 다 정당화되고, 우리 민족이 어떻게 됩니까? 망합니다! 그러니까 안식일에는 반드시 지켜야 하고, 무슨 일이든 다음으로 미뤄야만 합니다.

목사: 그래서 그 날부터 예수를 주시하게 된 것입니까?

바리새인 1: 그렇지요. 우리가 느닷없이 당한 것이나 마찬가지지요. 그래서 주변에 알리고 대책을 의논한 것입니다.

5

목사: 그 며칠 후, 가버나움의 어떤 집에서 일어난 일입니다. 그런데 예수는 나사렛에서 가버나움으로 이사하셨기에(마 4:13), "예수가 집에 계신다."라는 말은 자기 집에 있다는 말로 보겠습니다. 그 날은 안식일이 아니었지요. 많은 사람이 모여들어서 문 앞에조차도 들어설 자리가 없었다고 합니다.

율법 학자 1: 그런데 마침 네 사람이 중풍으로 옴짝달싹하지 못하는 친구를 들것에 실어 데리고 왔지요. 예수는 사람들에게 설교하고 있었고요. 사람들은 그것을 보고도 길을 비켜주지 않았어요. 그게 유대인들이라니, 내 원 참!

율법 학자 2: 내가 유심히 보니까, 그들은 하는 수 없자, 사다리를 놓고 올라가 지붕을 덮은 나무들과 나뭇잎들과 지푸라기를 걷어내 구멍을 뚫고는, 들것의 네 귀퉁이를 밧줄로 매어 그 사람을 들어 올려 예수 앞으로 내려 놓았습니다. 그 바람에 예수는 하던 말을 멈추었고, 사람들은 웅성거리며 난리가 났지요. 집안이 삽시간에 부스러기와 먼지 구덩이가 되었지요. 예수의 머리에도 흙덩이와 지푸라기가 한 줌 얹혔고, 사람들은 재채기하고 어처구니없다는 표정을 지었지요.

율법 학자 1: 그런데 예수는 툭툭 흙과 지푸라기를 털더니, 감탄한 표정을 지으며, 그 중풍 환자에게 "형제여! 당신의 죄가 용서받았소!" 하고 말하는 것이 아니겠습니까? 기가 찼지요. 자기가 무슨 하나님이나 된 듯 그런 말을 하다니, 신성모독이었어요! 죄를 용서하는 것은 하나님만 하시는 일입니다!

목사: 아니, 다짜고짜 그렇게 말씀하시지 말고 좀 차근차근 이야기해봅시다. 당신네 유대인들은 전통적으로 죄와 질병의 상관관계를 믿으며 살아오지 않았나요? 욥기가 그것 아닙니까? 그것에 따르면, '경하거나 중한 죄→ 하나님의 심판으로 경하거나 중한 질병 초래→ 환자의 회개→ 하나님의 용서와 회복→ 치유된 환자의 찬양과 감사.' 이런 식입니다.

그리고 이것을 반대로 해석하여 이렇게 말하지요. '건강한 사람은 죄를 지은 일이 없기에 하나님의 복을 받은 것이다!' 그러니까 당신네 논리에 따르면, 건강한 사람은 누구나 의인입니다. 그런데 과연 그럴까요? 당신들은 죄를 지은 일이 없어서 시방 이렇게 건강하단 말인가요? 그리고 더 나아가 가난하고 지지리 궁상맞게 사는 사람은 죄를 짓고 벌을 받아서 그런 것이고, 부유하게 사는 사람은 의롭게 살기에 복을 받은 것이라는 말입니까?

율법 학자 2: 흠, 논리가 지나칩니다. 우리는 부유하고 건강해도 의인이라고 자처하진 않습니다.

목사: 그렇습니까? 내가 보기로는 그런 게 아닌 것 같은데요? 좋습니다. 그러나 문제는 특별히 죄를 짓지 않았는데도 병을 앓거나, 회개한다해도 낫지 않는 경우입니다. 그러면 당신들은 또 이렇게 말하지요. 그것은 회개로도 용서받지 못한 크나큰 죄를 지었기 때문에, 하나님은 그 사람이 평생 그 벌을 짊어지고 가게 하신 것이라고! 그러면 날 때부터 장애를 안고 태어난 사람은 어머니 태 속에서 죄를 지어서 그렇다는 것입니까?

율법 학자 1: 그것은 그 부모가 죄를 지어서 그리된 것이니, 아이는 부모를 원망해야지요. 하는 수 없습니다. 우리가 아는 것은 그뿐입니다. 죄는 확실히 하나님의 심판을 불러들이고 질병을 초래하니까요. 그러니까 죄는 인간을 교정하고 세상을 바로잡는 질서의 수단으로 작용하는 것입니다. 죄는 심판을 가져온다는 그런 생각이 없다면, 죄를 밥 먹듯 짓고도 뻔뻔하게살 게 아닙니까?

목사: 그렇지요. 그러나 어째서 인간이 서로 용서하는 게 하나님의 하실일을 가로채는 신성모독이라는 말입니까? 서로 용서하며 살라는 것은 하나님이 권하시는 게 아닌가요? "한 백성끼리 앙심을 품고 원수 갚는 일이 없도록 하라. 다만 너는 너의 이웃을 네 몸처럼 사랑하라"라는 말에는 죄의 용서도 포함되는 게 아닌가요(레 19:18)?

율법 학자 2: 아니, 논리가 이리저리 개구리들처럼 사정없이 튀는군요?여보세요, 그런 게 아니라고요! 우리가 말하는 것은 죄의 용서는 하나님만이 하시는 일이라는 겁니다.

목사: 그것은 맞는 말이기도 하고, 그렇지 않기도 합니다.

율법 학자 1: 그렇지 않다니요? 그러면 사람도 자기에게 잘못한 일이 없는 제3 자의 죄를 용서해줄 수 있다는 것입니까?

　　목사: 그렇습니다. 예수가 중풍 환자에게 죄를 용서받았다고 말한 이유는 그 사람도 자기가 그런 벌을 받을 만한 죄를 지은 일이 없는데, 그런 병을 앓고 있으니, 하나님의 중한 심판을 받은 것이라고 여기는 데다가, 중풍보다도 더 무거운 마음의 죄책감이라는 짐 덩어리를 짊어지고, 자기가 하나님께 완전히 버림받은 인간이라는 절망감을 안고 사니까, 그런 오그라든 마음부터 풀어주기 위해서였다는 것입니다.

　　예수는 분명히 이렇게 말했어요. "형제여! 당신의 죄가 용서받았소!" 이것은 '내가 네 죄를 용서해준다.'라는 말이 아니지 않습니까? 용서를 선언한 것뿐입니다. 곧, '나도 당신을 정죄하지 않습니다.'라는 말입니다(요 8:11). 그러니 용서를 선언한다고 해서, 사람이 자기가 죄를 용서해준다는 말이 아니라(그것이야말로 오만과 무례함이지요), 하나님을 대신해서 용서를 선언해준다는 말입니다. 일종의 변호사같이 말입니다. 그런 일은 사람이면 누구나 할 수 있는 권리이기도 합니다. 그러니까 예수는 당신네 전통적인 사고방식을 일거에 혁신하여, 죄와 하나님의 심판과 질병이라는 그릇된 인식을 폐기하여, 마음의 죄책감이라는 무거운 질병부터 치유하고 해방하신 것입니다.

　　율법 학자 2: 아무나 그렇게 한다면, 세상은 엉망진창이 되고 말 것입니다!

　　목사: 그렇지 않지요. 어떤 병자에게 하나님의 용서를 선언해서 그 병자가 마음에 기쁨을 얻어 실제로 병이 낫는다면, 그 사람이 그것을 체험하고도 또 죄를 밥 먹듯 지으리라고 보십니까? 그렇다면 인간이 아니지요. 그것이야말로 하나님을 우롱하고 모독하는 일이니까요.

　　율법 학자 1: 그러나 사람은 그렇게 쉽게 달라지는 게 아닙니다!

목사: 당신은 예수께 직접 하나님의 계명 가운데서 으뜸이 되는 중요한 계명이 무엇이냐고 물은 율법 학자이시지요?

율법 학자 3: 그렇습니다. 나는 으뜸을 물었는데, 예수는 하나님 사랑과 이웃 사랑이라고, 버금까지 대답하더군요(막 12:28~34). 그래서 나는 "그렇다면 내 이웃이 누구냐?"고 물었지요. 그러자 예수가 착한 사마리아 사람 이야기를 한 것입니다(눅 10:25~37).

목사: 그 이야기를 듣고 무엇을 느끼셨나요?

율법 학자 3: 솔직히 예수의 혜안에 경탄했습니다.

목사: 그것에 놀라지 않았나요?

율법 학자 3: 예?

목사: 당신은 으뜸이 되는 계명만 물었는데, 예수는 두 개를 말했습니다. 그러니까 그것을 같은 것으로 본 것입니다. 둘이 다 으뜸이라는 것이지요. 이웃 사랑은 버금이 아닙니다. 하나님을 사랑하면 이웃을 사랑하고, 이웃을 사랑하는 것은 하나님을 사랑하는 것이니까요. 따라서 그 두 계명은 사실 하나입니다. 이것이 예수의 놀라운 점입니다.

율법 학자 3: 그때 나는 그것도 모르고, 두 계명을 지키는 것이 모든 번제와 제사보다 더 낫다고 말했지요. 그랬더니 예수는 나에게 "당신은 하나님의 나라에서 멀리 있지 않습니다."하고 말했소(막 12:34). 예수가 사마리아 사람 이야기를 들려주며, 나에게 "누가 이웃이 되어 주었느냐?"라고 묻자, 나는 "자비를 베푼 사람"이라고 대답했소. 그것으로 나는 이웃이란 이웃집이나 거리에서 만나는 '타인'이 아니라, 도움이 필요한 사람에게 자비를 베푸는 '나'란 것을 알게 되었소. 그러니 예수의 말은, 이웃은 내가 누군가에게 되어야 할 나의 인간적인 참모습이라는 뜻이지요.

목사: 그렇습니다. 이웃이란 '저 사람'이 아니라 바로 '나'입니다. 그러고 보니, 당신은 열려 있는 랍비이십니다.

7

목사: 복음서는 당신들이 예수를 죽이고자 결심한 것을 대략 다섯 가지로 말합니다. 1) 예수가 안식일을 깨뜨리며 사람들을 선동한다는 것(막 2:23~3:1~6; 요 5장, 9장), 2) 예수가 손을 씻고 음식을 먹어야 하는 정결 예법을 어기며 사람들을 오도한다는 것(막 7:1~23), 3) 예수가 당신네 집단을 저주와 심판을 받아야 마땅한 위선자와 눈먼 지도자라고 비난하고 공격하며 지도력을 훼손한다는 것(마 23장), 4) 예수가 성전 마당에 들어가 난동을 피우며 성전제사를 폐기하며 신성모독을 했다는 것(막 11:15~18), 5) 예수가 당신네 존재 자체를 거짓말쟁이와 살인자인 "악마의 자식"이라고 모독하고 폭로했다는 것(요 8장).

그런데 깊이 생각해보면, 모두 맞는 말인데, 어째서 예수를 죽이려고 하나요?

바리새인 1: 나는 애초부터 그 건방진 젊은 사람이 마음에 들지 않았어요. 아주아주 거만합니다. 자기는 모든 것을 다 알고, 우리는 잘 모를뿐더러, 사물을 그릇된 눈으로 바라보고 백성을 오도한다는 거예요.

목사: 자, 생각해봅시다. 사물이나 사건이나 사람, 또 나라의 현실과 세상의 현재 상황을 보는 눈에는 여러 가지 방식이 있지요. 그런데 크게 볼 때는 올바른 견해가 있고, 그릇된 견해가 있습니다. 물론 양쪽 다 자기 견해가 옳다고 하지요. 그래서 갈등과 충돌이 일어납니다. 그런데 인간이 진리

를 확정하는 것은 아닙니다만, 그래도 진리에 가까운 견해가 있고, 먼 견해가 있습니다.

바리새인 2: 그렇지요. 그렇다면 당신의 말은 예수는 진리에 가까운 견해를 말한 것이고, 우리는 먼 견해를 말한다는 것이란 뜻입니까?

목사: 나는 그렇게 말한 게 아닙니다. 나는 무조건 예수를 편드는 것도 아니고, 당신네를 책망하는 것도 아닙니다. 자, 성서를 깊이 읽어봅시다(히브리 성서·구약성서). 모든 것을 판단하는 기준은 성서이니까요. 감히 성서를 생략하거나 그릇 해석하고는, 자기 견해를 '하나님의 뜻'이라고 하는 것은 그야말로 이단자들이나 하는 짓입니다.

나는 히브리 성서가 진리의 척도라고 봅니다. 거기에 하나님의 말씀과 뜻이 들어 있으니까요. 그렇다면 예수가 무슨 말과 행동을 하든지, 그것이 아무리 과격하다 하더라도 어디까지나 성서에 비추어서 생각해봐야 합니다. 왜냐면 성서의 가르침은 하나님의 근원적인 진리이니까요. 누구의 사사로운 견해를 기록한 게 아닙니다.

바리새인 2: 전적으로 옳은 말입니다.

목사: 그러면 다섯 가지를 하나하나 성서에 비추어 생각해봐야 하겠지요?

바리새인 2: 그렇지요.

목사: 안식일, 정결 예법, 당신네 집단에 대한 공격, 성전 사건, 당신네 집단을 거짓말쟁이와 살인자인 악마의 자식이라 한 것 등은 예수가 사사로이 한 것인가요, 아니면 성서에 기초하여 한 것인가요?

바리새인 1: 사사로이 한 것이지요!

바리새인 2: 다짜고짜 그렇게 화를 내지 마세요. 모든 일을 성서와 전통에 비추어 이성적이고 합리적으로 생각하는 게 우리가 아닌가요? 이분 말씀도 옳은 게 많아요. 우리는 우리의 견해를 지나치게 중시하다가 자칫 하나님을 거스르는 짓을 할 수도 있다는 것을 명심해야 하겠습니다. 우리가 하나님의 눈에 안팎이 모조리 의로운 사람은 아니잖아요?

율법 학자 3: 그렇습니다. 내가 볼 때, 예수는 근원적인 진리를 말하는 것 같아요. 사마리아 사람 이야기도 그런 것이에요. 일부러 우리가 싫어하고 혐오하는 사마리아 사람을 등장시켜서, 우리가 자신을 돌아보도록 한 것으로 볼 수 있어요. 그 이야기에 등장하는 제사장이나 레위 사람이 우리일 수도 있어요. 예수가 그렇게 말하지 않은 것만도 고마운 일입니다.

예수가 안식일, 정결 예법, 우리 집단에 대한 공격, 성전 사건, 우리를 거짓말쟁이와 살인자인 악마의 자식이라 한 것 등에서, 나는 아무런 모순이나 악감정을 느끼지 않아요. 모두 옳은 말입니다. 다만 마지막 말은 사사로운 감정이 들어 있는 말이라고 봐요. 우리는 악마의 자식이 아니니까요. 그러나 알지도 못하게 그렇게 될 수도 있어요. 그런 경고로 들으면 족한 것이에요.

우리는 안식일이나 정결 예법을 주신 하나님의 본뜻을 생각해야 해요. 안식일을 잘 지키며 이웃과 평화롭게 지내고, 몸이나 집안을 깨끗하게 씻고 닦으며 질병을 예방하고, 성전을 거룩하게 사용하고, 제사와 율법 준수보다는 "정의와 자비와 신의"를 더 중요하게 여기고(마 23:23) 진실한 마음으로 실천하는 것은 하나님이 명령하신 거예요. 그런데 사마리아 사람 이야기에서도 보듯이, 중요한 것은 이런 것들 자체가 아니라 지금 필요에 직면한 사람입니다! 그렇다고 필요가 만사의 왕이라는 말이 아니에요. 그렇게 되면 세상이 엉망진창이 되고 마니까요.

중요한 것은 사람입니다. 생명이란 말이에요. 하나님이 중하게 보시는 것이 바로 이것이에요. 우리는 자식이 율법을 어겨도 다짜고짜 책망하지 않고, 이해할 수 있도록 대화하며 용서와 사랑을 드러냅니다. 그게 더 자식을 올바르게 키우는 길이니까요. 예수가 한 일도 그런 것으로 보입니다.

바리새인 1: 아니, 당신은 바리새파요, 예수파요?

율법 학자 3: 그렇게 성질부터 내지 마세요. 찬찬히 합리적으로 생각해 보자는 말이에요. '만일' 예수가 진실로 하나님이 보내신 예언자라면, 우리가 어떻게 됩니까? 그를 죽인다면, 우리는 반드시 하나님의 심판을 받고야 말 겁니다. 옛날 예언자들을 그런 식으로 박해해서 우리 민족이 어떻게 되었나요? 다 알지 않아요? 예언자가 아니라고 결론부터 내리고 그를 보면, 예언자가 아니게 되어 있어요!

만일 예수가 진실로 하나님이 보내신 예언자라면 우리는 그의 말을 들어야 하고, 거짓 예언자라면 죽여도 됩니다! 그것은 하나님과 모세의 명령입니다(신 12:29~13:18, 18:14~22). 우리는 예전에 하나님의 예언자들이 활동할 때 거짓 예언자들이 더 많았다는 것을 명심해야 합니다. 예레미야 예언자의 책을 보세요! 우리가 그런 사람들이 될까 두렵습니다.

목사: 이분의 말씀이 참으로 옳습니다. 당신들은 예수가 안식일, 정결 예법, 당신네 집단에 대한 공격, 성전 사건, 당신들을 거짓말쟁이와 살인자인 악마의 자식이라 한 것을 성서에 비추어서 생각해봐야 합니다. 예수는 사사로이 그런 말을 한 게 아닙니다. 예수는 유대교의 모든 것을 부정하고 폐기한 게 아닙니다. 하나님께서 안식일, 정결례, 성전과 제사, 제사장이나 학자들을 주신 것은 다 백성의 자유와 기쁨, 일치와 사랑과 행복과 평화를 위해서입니다. 예수는 그 모든 게 이것을 위해서 존재한다는 것을 말한 겁니다.

그런데 당신네 유대교는 언제부터인가 이런 근원적인 하나님의 뜻보다는, 당신들이 만든 세밀한 규정을 앞세우며 강요했습니다. 그래서 분노한 예수가 당신들을 악마의 자식이라고까지 말한 것입니다. 이사야(제1, 제3)나 예레미야, 아모스와 호세아, 미가와 예레미야 예언자들을 보세요. 예수보다 더 과격하게 제사장들과 학자들을 공격했습니다.

율법 학자 1: 우리도 우리 민족을 사랑하기에 그런 것이에요! 백성을 억압하는 게 아니라고요. 우리가 살길은 안식일과 율법을 철저히 지키는 데서만 보장됩니다. 그러니 지금 하는 그대로 나아가는 게 옳아요. 다구이성(多口異聲)은 혼란뿐이에요.

바리새인 1: 다구이성이 무슨 말이오?

율법 학자 1: 아, 많은 입이 제각기 다른 소리를 떠든단 뜻이에요!

바리새인 1: 그러면 중구난방(衆口難防)이란 말을 쓸 것이지, 원!

율법 학자 1: 내 맘이오.

8

목사: 자자, 흥분하지 마세요. 이제 이야기가 거의 다 된 것 같습니다. 내가 보기로는 당신네 집단이 합리적이라는 자부심은 단지 말뿐이라는 것입니다. 대단히 고집스럽고 편파적이고 강압적입니다. 종교가 어째서 사람을 그렇게 만듭니까? 그것은 분명히 그릇된 모습이라고 봅니다. 사람은 쉽사리 자기의 의(義)에 사로잡힙니다. 특히나 종교에서 그렇습니다. 극단적으로 가면, 자기네는 천사이고 저놈들은 악마라는 것이지요.

바리새인 1: 말 잘하셨소이다. 예수가 바로 그런 자란 말이오.

목사: 말꼬리를 붙잡으면 도대체 말이 이루어지지 않습니다.

바리새인 1: 우리를 비난해서 그런 것이오.

목사: 비난이 아니에요. 사실과 진실을 말하는 것이지. 사람이 두려워해야 할 게 둘 있습니다. 하나님과 역사입니다. 인간에 대한 최종판단은 하나님의 몫입니다. 그리고 우리는 후대와 역사의 평가를 생각하며 살아야 합니다. 역사에는 당대에는 진리로 통했어도 후대에는 거짓으로 판명이 나고, 당대에는 거짓이라 박해를 받았어도 후대에는 진리라는 것이 입증된 일이 허다합니다. 나는 당신들이 거짓을 진리라고 수호하다가 하나님과 역사를 그르치지 않기를 바랍니다. 나는 민족을 위한 당신들의 열정을 높이 평가합니다. 그러나 그것은 어디까지나 성서에 근거한 것이어야 합니다. 예수도 그것을 말한 것이라고 봅니다.

바리새인 1: 당신도 예수파이니까, 그렇게 말하는 거예요.

목사: 앞서도 말했듯이, 당신들이 성서를 깊이 이해하고 예수를 보았다면, 그의 말에서 그 어떤 것도 책잡지 못할 것입니다. 도대체 예수가 무슨 잘못된 말을 했다는 것입니까?

바리새인 1: 그 사람의 목적은 유대교를 파괴하는 것입니다!

율법 학자 3: 어느 예언자가 유대교를 파괴한답디까?

바리새인 1: 당신은 그를 예언자로 보는 거요?

율법 학자 3: 아까 나는 '만일'이라고 했어요. 왜, 그런 말도 하지 못합니까? 그래서 깊이 생각하자는 겁니다.

목사: 자, 같은 파인데, 어째 다투시는 겁니까? 그렇습니다. 만일 예수가 하나님이 보내신 예언자라면, 당신들은 모세의 말처럼 "그의 말을 들어야 합니다."(신 18:15) 어떤 예언자의 말이든, 무릇 예언자의 말(預言)이란 죄다 근원적인 진리를 가리키는 것이기에, 당대나 후대나 언제나 '쓴소리, 거친 소리, 듣기 거북한 소리, 분노와 반대를 일으키는 소리'로 들리는 법입니

다. 근원적인 진리는 언제나 당대 세상의 그릇된 풍조에 반대됩니다. 왜냐면 세상이란 언제나 부패하고 그릇된 자리에 놓여 있기 때문입니다.

예언자의 말은 예언자가 자기 말이나 견해나 의견을 제시한 게 아니라, 하나님이 전하라고 맡겨주신 통찰의 말입니다. 예언자는 "하나님의 입"이지요(출 4:12.16). 그러니 예언자라는 사람이 하나님의 입이 되지 않는다면, 그는 직무 유기로 하나님의 처벌을 받습니다. 그런 식으로 예언자가 거짓 예언자로 전락한 예는 수두룩합니다.

바리새인 2: 듣고 보니, 그렇군요. 우리는 우리가 하는 일이 하나님의 뜻에 합당하기만 바랄 뿐입니다.

바리새인 1: 누군들 그렇지 않겠소?

율법 학자 1: 그렇소. 우리는 우리 민족의 생존과 미래를 생각해서 일하는 겁니다. 로마 제국의 식민지인 이 마당에 우리가 할 수 있는 일은 이것뿐입니다. 바리새파라고 해서 모두 같은 의견인 것은 아닙니다. 그것이 격정이지요.

바리새인 1: 무장 독립운동 단체인 "젤롯파"에 퍽 동조하는 바리새인들이 있다는 게 믿어지지 않습니다. 도대체 머리가 돈 놈들이 아니오?

바리새인 2: 우리는 독재 정당이 아닙니다. 율법을 중요시하는 것 외에는 각자 자신의 견해를 가질 수 있는 것입니다.

율법 학자 2: 아니, 바리새인이 어떻게 그런 생각을 한단 말인가요?

바리새인 2: 혹시 알아요? 다시 "마카베우스" 형제 같은 사람이 나타나 독립을 쟁취할 수 있을지? 그때 바리새파도 그들과 함께하지 않았습니까? 결국에 성공했고요.

율법 학자 3: 그런데 예수는 폭력 혁명에 반대하는 것 같습니다.

목사: 그렇습니다. 그는 역사를 잘 압니다. 마카베우스 형제가 창설한 "하스모네안" 왕조로 결국에는 민족 배반자들이 되었으니까요. 게다가 로마 제국은 그때 그리스-시리아 제국 정도가 아닙니다. 전혀 비교할 수 없이 강력합니다. 그래서 예수는 무장 독립운동은 뜻은 가상해도 민족 전체에 참화를 가져올 일이라고 보았습니다(막 13:1~23).

여러분은 예수의 말과 행동에서 하나님의 뜻을 보아야 합니다. 나는 그의 가르침이 유대 민족의 새로운 시대와 문화 창조의 대안(代案, alternatives)이라고 봅니다. 그는 단지 유대교나 유대 민족만을 위해서 활동하는 것이 아닙니다. 인류 전체를 내다보고 하는 일입니다.

율법 학자 3: 나도 그렇게 보았습니다. 나는 우리 민족이 이제라도 수많은 책을 선별하고 확정하여 미래를 예비해야 한다고 봅니다. 우리 민족을 향하신 하나님의 뜻은 우리만의 번영과 영구성이 아니라고요! 아브라함 이야기에서 이미 나타났듯이, 모든 민족이 하나님의 복을 누려 평화로운 세상을 이루는 것이 하나님의 뜻이고 계획입니다.

목사: 그렇습니다. 예수가 말한 것은 당신들이 안식일이나 기타 율법이나 전통과 관례에 덧붙인 세밀한 규정과 예법을, 성서에 나타난 하나님의 뜻과 같은 것으로 여기지 말고, 안식일과 율법이 지향하는 목적을 보라는 것입니다. 그 모든 것은 민족 공동체의 자유와 기쁨, 어울림과 행복과 평화를 위해 하나님이 주신 선물이니까요.

긴 시간 고맙습니다. 이것으로 마치지요.

09

니고데모, 사두개파 제사장들

1

<u>장로</u>: 나는 대학에서 인문학을 가르치는 교수입니다. 그래서 예수 시대 유대 사회의 지식인이며 교육자인 바리새파를 어느 정도 이해할 수 있는 위치에 있다고 봅니다. 내가 만난 사람은 "니고데모"입니다(Nicodemus. 이야기를 나눈 시점은 예수의 부활 이후).

그는 크게 성공한 부자이고, 유대 사회에서 6천 명 정도인 바리새파이기에, 누구나 부러워할 만한 엘리트의 한 사람이지요(요 3:1~15). 물론 조상의 덕도 보았을 테지요. 그렇지 않고 홀로 자수성가해서 그만한 자리에 올

랐다면, 머리와 수완과 능력이 좋은 사람이라 하겠습니다. 게다가 그는 71명으로 구성된 유대 의회인 "산헤드린"(Sanhedrin)의 의원이니, 오늘날의 국회의원으로서 지도자이고 지도층에 속하는 사람입니다. 의장은 세습적으로 대제사장의 몫이었기에 꿈도 꿀 것이 아니었다 해도, 그는 정상의 자리에 올라선 사람이기에(CEO), 더 추구할 게 없었을 것입니다.

요한복음 기자는 복음서에서 유일하게 그에 관한 이야기를 보도합니다. 그에게 크나큰 고민거리가 하나 있었다는 것입니다. 그것이 그의 이야기가 시작되는 발단(發端)입니다. 그것이 아니었다면, 그는 예수를 찾아오지 않았을 것입니다. 그것은 다른 바리새인들을 보면 알 수 있지요. 그는 바리새인 가운데서 유일하게 예수를 찾아온 사람입니다.

그런데 요한 기자는 그의 고민거리를 드러내 말하지 않고 암시만 하여, 우리가 생각하고 상상해보도록 유도합니다. 그것은 그가 예수께 와서 처음으로 말문을 연 것으로 알 수 있지요. 요컨대 니고데모는 예수라는 젊은 랍비가 어떤 사람인가 하는 호기심이 강했습니다. "랍비님, 우리는 선생님이 하나님에게서 오신 분임을 압니다. 하나님께서 함께하지 않으시면, 선생님께서 행하시는 그런 표징들을 아무도 행할 수 없습니다."

그의 견해는 예수가 하나님의 예언자이기에 기적들을 행한다는 것인데, 동료 바리새인들의 평가와 전혀 다른 것입니다(요 7:45~49 비교. 본문의 "우리"는 "나"로 봐야 함). 그래서 그는 예수가 과연 하나님의 예언자인지 확실히 알고 싶었던 것이고, 예언자를 반대하는 것은 크나큰 죄악이기에, 만나본 후 자신의 태도를 결정해야 한다고 생각했으니, 합리적인 사람이라 하겠습니다.

요한 기자는 이 이야기를 예수의 공생애 초기에 예루살렘에서 일어난 것으로 말하지만, 사실 이것은 아무 데나 놓아도 상관이 없는 독립된 이야기입니다. 왜 그런가 하면, 이 이야기 전에 나오는 기적은 가나의 결혼잔치에서 물을 포도주를 변화시킨 것 하나뿐이고, 다른 것은 기적이 아닌 성전 정화 사건이기 때문입니다(2장).

그래서 그가 말하는 '표징들'이 무엇을 말하는 것인지 모호합니다. 따라서 우리는 이 이야기를, 공관복음의 순서를 따라 갈릴리에서부터 예루살렘에 이른 예수의 모든 활동 이후에 이루어진 대담이라고 보아야 합니다. 그러면 그가 말하는 '표징들'은 그때까지 바리새파가 수집해온 예수의 기적들을 가리키는 것입니다.

물론 그가 사용한 '표징들'이란 그의 말이라기보다는, 요한 기자가 의도적으로 쓴 단어입니다. 그는 기적이 표징(表徵)이란 것을 몰랐을 테니까요. 기적은 인간이 할 수 없는 놀랍고도 신비한 신적 사건이지만, 표징은 그것이 가리키는 어떤 상징과 의미를 말합니다. 그러니 니고데모는 예수가 과연 하나님의 예언자인지를 확실하게 알고 싶어서 찾아온 것입니다.

미국 작가 '마크 네포'는 "진리로 인도하는 내면의 신성한 목소리와 사회적인 중재의 목소리"를 말하는데(고요함이 들려주는 것들), 곧 '참된 자기의 목소리와 사회가 부여한 가치와 질서를 추구하라는 거짓 자기의 목소리'입니다. 따라서 니고데모는 그간 사회적인 중재가 가져오는 거짓 자기의 목소리만 들으며 무난하게 살아오다가, 예수로 인해 그러한 기존의 관념 체계가 온통 흔들려 삶의 진실을 찾아 나선 것이라 하겠습니다. 니고데모에 관한 후기(後記)는 없지만, 그는 분명 그것을 찾았을 것입니다.

'칼릴 지브란'은 "사람의 아들 예수"에서, 예수를 만난 후 니고데모의 개안(開眼)과 자각(自覺)을 이렇게 말합니다. "갈릴리의 시인이 내게 말을 해주었을 때, 내게서는 살과 뼈의 막힌 담이 무너졌습니다. 그래서 나는 영의 붙들어주심을 입었고, 높은 위로 들림을 받았고, 내 두 날개는 공중에서 열정의 노래를 얻었습니다."

2

장로: 샬롬(Shalom, 안녕하십니까)! 나는 선생을 자신에게 정직한 사람이라고 봅니다.

니고데모: 그렇게 봐주시니, 고맙습니다. 예수의 소문을 듣고 만나기 전까지, 나는 인생에 대한 고민이나 회의를 모르고, 누구나 부러워할 만큼 승승장구하여 우리 사회의 정상에 오른 사람입니다. 그런데 어느 날부터 예수가 내게 커다란 혼란을 초래했습니다.

장로: 충분히 이해합니다. 그 혼란이 어느덧 깊은 고뇌가 된 것이지요?

니고데모: 그렇습니다. 나는 바리새파이고, 국회의원이고, 민족 지도자의 한 사람이기에, 누구보다 우리 민족의 안정과 질서를 소중히 여기지요. 그런데 난데없이 갈릴리에서부터 들려오는 '나사렛 사람 예수'에 관한 정보가 우리 바리새파를 혼란과 분노에 사로잡히게 했지요. 그의 말과 행동 전체가 안식일과 정결 예법, 전통문화와 견고한 사회 질서 등, 우리 유대교 체제를 근본적으로 뒤흔드는 전복적인 것이었기에, 이스라엘 민족을 근본적으로 무너뜨려 무질서와 파멸에 이르게 하는 것으로 보였으니까요. 그래서 우리 바리새파는 이미 예수의 초창기인 갈릴리에서부터 그를 죽일 결심을 했지요(막 3:1~6).

그런데 내가 이해할 수 없는 것은 예수가 일으킨다는 기적들입니다. 한 번도 목격한 적은 없지만, 정보에 따르면 헤아릴 수 없이 많습니다. 그간 로마 제국과 우리 지도층에게 불만을 품은 청년 혁명가들이 여러 차례 민중을 선동하여 반란을 일으켰다가, 숫자가 적어 끝내 실패하여 죄다 십자가에 처형된 일들이 있었지요. 그렇기에 예수가 가는 곳마다 따르는 민중이 무척 많았기에 혁명을 일으킬지도 모른다고 생각했습니다.

그러나 예수는 민중 혁명이나 로마를 타도하려는 선동적인 발언을 드러낸 적이 없었고, 주로 율법을 이스라엘의 살과 피로 여기는 우리 바리새파에 대한 비판과 공격이 많았지요. 그것도 이해할 수 있었어요. 사실이지, 우리 바리새파는 백성을 위한다는 명분으로 율법을 내세우지만, 그보다는 늘 종교적 정치 권력과 기득권 옹호에 더 적극적이었으니까요.

그러나 그가 일으킨 기적들은 도무지 이해할 수 없었습니다. 치유 불가능한 병자들을 고쳐주는 것은 분명히 인간의 힘이 아니라, 신성한 능력의 작용이 아니고서는 할 수 없는 일입니다. 게다가 우리 소식통들이나 동료 바리새인들의 정보에 의하면, 예수의 말은 옛 예언자들의 가르침과 다를 게 없을 뿐만 아니라, 오히려 더욱 심오한 것이었습니다. 그래서 민중은 예수를 예언자로 받들었지요.

그러니 예언자들과 같은 가르침에다 기적까지 행하는 것을 보고, 행여 하나님의 예언자인 그를 반대하고 핍박하는 것은 정작 하나님을 받든다는 우리가 오히려 하나님을 거스르고 모독하는 중대한 죄를 저지르는 일이라고 생각하지 않을 수 없었지요. 옛날에도 예언자들을 그렇게 박해했다가 나라가 망하지 않았습니까?

그래서 나는 예수가 진실로 하나님의 예언자인지 알고 싶었던 것입니다. 그가 예언자라면, 누구라도 그의 말을 들어야 할 것이니까요. 그렇기에 나는 어떻게 해서라도, 그가 과연 누구인지 알아야만 한다고 생각했습니다.

장로: 여느 바리새인들처럼 예수를 의심하며 유대교와 민족을 해치는 적으로 보면 고민할 것도 없는 간단한 일이었을 텐데, 그런 생각을 품게 되었으니, 그만큼 선생은 '진리로 인도하는 내면의 신성한 목소리와 사회적인 중재의 목소리' 사이에서, 일종의 실존적 위기에 놓여 고뇌한 것이라 하겠습니다. 그래서 내가 선생을 자신에게 정직한 사람이라고 말한 것입니다. 외적 성공의 어떤 형식에도 매몰되지 않고, 정녕 인생의 진실을 찾는 사람이라면, 그런 내적 위기에 직면하지 않을 수 없지요.

성서에 그런 사람들의 이야기가 많지요. 아브라함, 야곱, 요셉, 모세, 예언자들이 그렇습니다. 40년간 광야에서 목동을 하던 모세도 실존적 위기에서 죽도록 고뇌하고 탐색하며 보냈지요. 성공과 영광과 영화를 누리던 기존의 삶에서 아무런 의미와 가치와 목적을 찾지 못하는 사람은 누구나 그런 위기와 고뇌에 직면합니다. 그런 점에서 그런 사람은 자기에게 정직하고 진실한 사람이기에, 결국에 탈출과 해방과 자유의 기회가 내려온다고 하겠습니다.

3

니고데모: 그런데 예수는 아무리 애를 써도 이해할 수 없는 사람이었습니다.

장로: 그것은 무슨 말인가요?

니고데모: 예수는 내가 '랍비는 하나님에게서 온 사람, 그런 표징들'이라고 한 말에 대해서는 아무것도 대답하지 않고, 오히려 더욱 모를 소리를 했지요.

장로: "누구든지 다시 태어나지 않으면, 하나님의 나라를 볼 수 없습니

다."라는 말이지요?

니고데모: 그렇지요. 나는 모든 지식을 동원해도, 이 말을 이해할 수 없었습니다. 다시 태어난다느니 하나님의 나라니 하는 말은 처음 듣는 말이었거든요. 그래서 그 말을 무식하게(!) 곧이곧대로 이해하고는 물었지요. "사람이 늙었는데, 어떻게 어머니 뱃속에 다시 들어갔다가 태어날 수 있겠습니까?" 그랬더니 빙그레 웃더군요.

장로: 그래서 예수에게서 어떤 느낌을 받았나요?

니고데모: '아차, 내가 무식한 소리를 했구나!' 한 나는, 예수가 용의주도한 철인(哲人) 같다는 인상을 받았어요. 저 그리스의 "소크라테스"와 비슷한 화법(話法)이었으니까요. 질문자의 말과는 전혀 엉뚱한 이야기를 툭 던져서 낚시를 물게 하는 것 말입니다. 그랬더니 더욱 모를 소리를 하더군요. "누구든지 하나님의 영으로 다시 태어나지 아니하면, 하나님의 나라에 들어갈 수 없습니다." 그래서 다시 태어나는 것과 하나님의 영, 그리고 하나님의 나라는 무엇이냐고 물었지요.

장로: 그랬더니요?

니고데모: 아무 설명 없었어요.

장로: 그래서요?

니고데모: 멀뚱멀뚱하며 가만있었지요. 그러더니 더욱 알 수 없는 말을 했습니다. "육체에서 난 것은 육체일 뿐이고, 영에서 난 것은 영입니다. 이 말은 육체는 도무지 쓸데없다는 말이 아닙니다. 인간은 육체이고, 그것을 통해서 사니까요. 하나님의 영으로 다시 태어난다는 말과 하나님의 나라에 들어간 것은 같은 뜻입니다. 내 말을 이상하게 여기지 마세요."

그래도 내가 아무것도 알아듣지 못하니까, 이런 비유를 했습니다. "생각해보십시오. 바람은 불고 싶은 대로 붑니다. 당신은 그 소리는 듣지만, 어디에서 와서 어디로 가는지를 모릅니다. 하나님의 영으로 다시 태어난 사람도 다 이와 같습니다." 바람이 그렇다는 것은 알지만, 뒷말은 알아들을 수 없었습니다.

그러자 예수는 이렇게 말했습니다. "하나님은 영이십니다. 우리 인간의 가장 깊은 속도 영이지요. 그러니 거룩하고 큰 영과 나의 작은 영이 만나 불꽃을 일으키는 것이 다시 태어나는 것입니다. 그러면 하나님의 뜻·진리를 깨달아 새사람이 됩니다. 새사람은 영의 사람입니다. 육체의 종노릇에서 해방된 사람이지요. 이를테면 권력과 돈과 사회적 존경 등, 세상의 어떤 것에도 집착하거나 걸리지 않는 바람 같은 자유인이라는 말입니다."

그래서 나는 "그러면 성전의 제사·예배나 율법은 다시 태어난 새사람이 되는데 아무 소용이 없는 것입니까?" 하고 물었지요.

장로: 그랬더니요?

니고데모: 예수는 이렇게 말하더군요. "제사나 율법은 다시 태어나 새사람이 된 후에 드리는 감사와 기쁨의 표현이지, 그것으로 새사람이 되는 게 아닙니다. 율법 역시 새사람이 된 후에 하나님을 공경하는 진실한 마음으로 이웃에게 사랑과 자비와 정의를 드러내는 도덕적인 응답일 뿐입니다. 생각해보십시오. 밤낮 예배를 드리는 제사장들이나 율법 준수에 목을 매는 바리새파 사람들이 정녕 진리를 깨달은 새사람들이고 자유인들입니까? 새사람이나 자유인의 표지(標識)는 감사와 기쁨, 사랑·자비와 정의로운 삶입니다."

나는 아무 말도 할 수 없었습니다. 왜냐면 나나 동료 바리새인들이나 제사장들이 평생 추구해온 것은 하나님의 영광이나 백성을 향한 자비보다는, 백성에게 권위와 신분과 영향력을 행사하며 누리는 자기만족이었으니까요

(마 23:2.5~7.10; 요 5:44). 그러나 내게 다시 태어난 체험은 없어 예수의 말을 이해할 수는 없었지만, 인생에는 우리가 모르는 무엇인가 더 높은 것이 있다는 생각만 했을 뿐입니다.

장로: 대담 이후, 선생은 제사장들과 바리새파가 예수를 잡아 오라고 보낸 성전 경비병들이 그냥 돌아와서, "그 사람이 말하는 것처럼 말한 사람은 지금까지 아무도 없었다."라고 말하자, 그들이 "율법을 알지도 못하는 이 무지렁이들은 저주받은 자들"이라고 비난할 때 예수를 옹호했다가, "당신도 갈릴리 사람과 한패냐?"라는 핀잔을 들었는데(요 7:45~52), 그것을 보면 선생의 마음은 이미 예수에게 기울었다는 것을 알 수 있습니다. 그리고 선생이 예수가 처형된 후 그의 시신에 넣고 바를 "몰약에 침향 섞은 것을 약 34kg"이나 가져다가 장례를 지낸 것도 그것을 보여줍니다(요 19:39~40).

니고데모: 대담 이후, 예수의 말을 끊임없이 생각했습니다. 나는 바리새파나 공의회에서 축출될 각오까지 했습니다. 예언자들의 책을 여러 번 곱씹어 읽으며, 인생과 우리 민족의 역사와 현실 등, 그 모든 것의 진실을 깊이 생각하던 끝에, 짧고 보잘것없는 티끌 인생에서 세상의 영광이니 영화니 하는 게 도무지 어리석은 작태라는 것을 깨달았습니다. 그러다가 오순절 날, 예수의 제자들과 함께 성령으로 다시 태어난다는 것을 확연히 깨달았지요(추정).

나는 이제 바리새파도 공의회원도 아닙니다. 예수의 말처럼 바람 같은 자유인이 되었습니다. 그간 내가 축적한 모든 부도 예수의 하나님 나라 운동을 위해 쓰고 있지요. 이제는 세상의 어떤 것도 나를 사로잡지 못합니다. 예수의 가르침처럼 "세상에 있어도 세상에 속하지 않은 사람"이 되었으니까요(요 17:14~19). 이제 나는 예수의 제자입니다.

장로: 나는 선생에게서 "존재를 향한 용기"를 봅니다(Paul Tillich-Cour-age to Be). 사람들은 '소유를 향한 용기'는 많지요. 하지만 참된 인간이 되려는 용기를 품는 사람은 적습니다.

니고데모: 나는 예수를 따르는 사람이 되어야 할 바대로 된 것일 뿐입니다. 성령으로 다시 태어나지 못한다면, 그저 유대교인일 뿐이지요. 그런 점에서 예수는 진실로 이스라엘뿐만 아니라, 세상에 새로운 인간 혁명과 세계 혁명을 가져오신 분입니다!

선생의 말처럼, 성령으로 다시 태어난 사람은 '진리로 인도하는 내면의 신성한 목소리'를 듣고 사는 사람이 된 것이지요. 그런 사람은 지금 이 순간 하나님의 다스림(나라)에 들어가 있고, 세상을 하나님의 나라로 만드는데 자신을 바치며 삽니다. 이것이 내가 체험한 진리이고 새로운 삶입니다.

장로: 참으로 안타까운 것은 예수를 믿는 사람들 대부분이 다시 태어나지 못한 상태라는 것입니다. 예수를 믿으나 세상에 속한 사람으로 살 뿐, 자유인이 거의 없지요. 엘리야 시대같이(왕상 18장), 하나님과 바알(물질주의·기복주의·자본주의의 신) 사이에 양다리를 걸치고 사는 게 대세입니다. 정녕 예수를 따르는 것은 중생하지 않고서는 불가능한 일입니다.

4

신부: 가톨릭의 사제(司祭)인 신부(神父)는 전례(典禮, 미사·Missa, 개신교-예배)를 집전(執典)하는 성직자입니다(이하 신부는 목사이기도 함). 가톨릭 전례는 신부의 집전을 통하여 예수의 살과 피를 상징하는 빵과 포도주를 먹고 마시며, 십자가의 죽음을 인류의 구원을 위한 거룩한 희생의 사건으로 기억하고, 부활을 여기에 현존하시는 그리스도 예수의 생명이 발현되

는 오늘의 구원 사건으로 믿고 고백하며, 인간의 신생(新生)과 자유, 그리고 공동체의 연합과 복음의 선교를 추구하고 지향합니다.

고대 유대교의 제사는 제사장의 집전을 통하여 출애굽 구원 사건을 기억하고 기리는 형식으로, 동물과 곡식을 인간의 죄를 대신하는 제물로 바침으로써 오늘에 재현하며 죄로부터의 자유, 그리고 공동체의 연대와 평화를 추구합니다. 기독교의 목적 역시 같습니다. 기독교는 예수의 하나님 나라 운동을 이어받아 세상에 하나님의 나라를 실현하는 것입니다. 하나님의 나라는 모든 인간의 중생과 인간화가 실현된 세상, 죄와 거짓과 타락과 폭력과 전쟁이 없어진 평등과 평화가 실현된 세상입니다.

이제 사두개파 제사장들과 장로들과 이야기를 나누어보겠습니다(대담 시점은 예수 사후). 사두개파(Sadducees)라는 이름은 다윗 시대의 제사장 "사독"에서 유래합니다(Zadok, 삼하 8:17; 왕상 4:2.4). 제사장의 기원이나 역사는 생략하고, 예수 시대의 상황에만 비추어 이야기를 나누겠습니다. 예수의 수난 이야기에 등장하는 두 사람의 사두개파 대제사장인 "안나스"(은퇴)와 "가야바"(현직)는 나중에 따로 만나보려고 합니다.

여러분은 이스라엘이 자랑스러워하고 의지하는 "하나님을 섬기는 제사장, 영화롭고 아름다운 거룩한 예복을 입은 사람"(출 28:1~2), "거룩하게 구별하는 기름 부음을 받은 사람"(출 29:7), "이스라엘 자손에게 복을 비는 사람"(민 6:23~27)인 제사장입니다. 여기에서 단연 중요한 것은 '거룩하게 구별되어 하나님을 섬기는 사람'이란 것입니다. 그러니까 제사장은 일반 신도들과는 다른 직분과 사명을 맡은 사람이지요.

제사장 1: 그렇습니다. 그것이 우리의 영광과 영화입니다.

신부: 그런데 하나님이 왜 제사장을 세우셨다고 생각합니까?

제사장 1: 그야 물론 이스라엘의 정결(淨潔)을 위해서이지요. 이스라엘은 하나님이 온 세상 모든 민족 가운데서 특별히 뽑아낸 백성, 이집트에서 해방하여 자유를 주신 민족이기에, 언제나 하나님을 모시는 깨끗한 그릇이어야 하지요. 우리는 날마다 죄악과 불의와 부패에서 이스라엘을 구원하기 위해 하나님께 제사를 바치는 것입니다.

신부: 그러면 하나님이 왜 이스라엘을 택하셨다고 봅니까?

제사장 2: 그거야 지극히 단순한 이유지요. 우리 민족을 특별히 사랑하시니까, 우리가 대대로 깨끗한 민족이 되어 복을 누리며 번영하고 평화롭게 살아가게 하시려는 것이지요.

신부: 하나님이 주시는 '복'을 그런 뜻으로만 봅니까?

제사장 1: 그렇지요. 무슨 다른 뜻이 또 있나요?

신부: 그보다 더 중요한 다른 이유가 있지요. 이스라엘이나 유대교나 제사장들은 그 다른 이유, 곧 다른 목적을 위해서 하나님이 세우신 것입니다.

제사장 2: 아니, 그게 무엇이란 말입니까?

신부: 길게 말할 것 없이, 다른 것은 제쳐 두고 성서 세 군데만 봅시다. 창세기 12:1~3, 출애굽기 19:5~6, 이사야 60장입니다. 이것을 보면, 하나님이 이스라엘 민족을 선택하고 유대교와 제사장을 세우신 목적이 확연히 드러납니다. 그것은 이스라엘만의 번영과 평화를 위한 것이 아니라, 인류의 '복', 곧 구원을 위한 것입니다. 이것이 예수가 말한 하나님의 나라입니다. 그러니까 복이란 사람들이 생각하고 좋아하고 추구하는 그런 물질적인 성공과 풍요와 번영이 아니고, 일차적으로 '하나님과 맺는 친밀한 관계인 신앙과 인격의 의(義)', 이차적으로 '평화의 세계를 세우는 것'을 말합니다. 이사야는 그것을 "의의 빛,

거룩한 도성·나라"라고 말했지요. 그렇게 될 때 출애굽기의 말처럼, 이스라엘은 온 세상 모든 민족을 위한 제사장 나라가 되는 것이니까요. 그래서 묻는데, 제사장은 자기를 위해 존재하나요?

제사장 1: 아니지요. 백성을 위해서 존재하지요.

신부: 그렇다면 이스라엘이 제사장 나라가 된다는 것은 무슨 뜻이겠습니까?

제사장 2: …!? 으음, 온 세상을 위해서 존재한다는 뜻이겠지요.

신부: 바로 그것입니다. 이스라엘은 온 세상의 복·구원을 위해서 존재하는 민족입니다. 그러면 복이 무엇이겠나요?

제사장 1: …. 방금 말한 것처럼, 세상 모든 민족이 하나님과 의롭고 거룩하고 친밀한 관계를 맺어(신앙) 정결한 인격을 이루고 하나님의 백성(자녀)이 되어 평화를 누리는 것이지요.

신부: 그렇다면 제사장들은 언제나 무엇을 염두에 두고 직분을 수행해야 하겠습니까?

제사장 1: 온 세상의 복·구원이겠지요.

신부: 바로 그것입니다. 그런데 이스라엘은 두 가지 점에서 실패했어요. 하나님의 정결한 신앙의 인격적 민족이 되거나 평등하고 평화로운 공동체를 건설하는 것에도 실패하고, 온 세상의 구원을 위해 선교하는 데서도 실패했습니다. 제 말이 그릇되었나요? 요나서는 그것을 질타한 게 아닌가요? 게다가 이사야(제3 이사야, 56~66장)의 책은 전체가 "이방(세상)의 의로운 빛이 되어라."라고 하며 선교를 촉구하지 않았던가요? 그러나 당신들은 예언자들의 말을 듣지 않았습니다. 예수의 하나님 나라도 그것입니다. 곧, 하나님의 나라는 인간 혁명과 세계 혁명이 이 땅에 온전히 실현되는 새로운 에덴동산입니다.

제사장 2: 그러나 이스라엘은 아직 '때'가 되지 않았습니다.

신부: 아니, 도대체 언제까지 기다려야만 때가 온답니까? 요한과 예수는 그때가 바로 지금이라고 했지요. 그렇지 않으면, 곧 하나님의 도끼와 불이 심판한다고 하지 않았습니까?

제사장 1: 그것은 그들이 제 맘대로 나서서 떠든 것일 뿐입니다. 우리는 그들을 예언자로 보지도 않아요. 쓸데없이 험한 입을 놀리며 혼란을 부추기는 과격한 젊은이들로 볼 뿐입니다. 그들이 예언자라는 증거가 어디 있습니까? 광야에 나타나 이상한 복장을 하고, 허구한 날 금식으로 몸뚱이가 해골 같이 말라서 떠들며, 이 나라에 없던 괴상한 침례나 주고, 갈릴리와 더러운 땅 사마리아까지 서슴없이 드나들고 돌아치며 사람들을 선동하는 자가 예언자란 말입니까? 그러면 광대나 수다스러운 자들도 예언자이겠구려!

제사장 2: 이스라엘의 정결함이 완전히 이루어지지 않았는데, 어떻게 선교를 한단 말인가요? 이스라엘은 정결한 인격과 삶을 위하여 더 많은 기도와 제사를 바쳐야 합니다. 그래서 우리가 주야로 봉사하는 것입니다. 우리가 아직도 부족하고 더러운데, 어떻게 이방인들에게 정결한 인격의 의를 말할 수 있겠습니까? 그것은 착각과 망상과 오만이지요. 그래서 우리는 더욱 열심히 제사를 바쳐야 합니다. 이 길밖엔 없습니다.

신부: 물론 맞는 말입니다. 더러운 사람이 어떻게 깨끗한 인격을 가르칠 수 있겠습니까? 그러나 당신들도 "의인"(차띠크·Tsaddik)을 말하지 않습니까? 어떻게 민족 전체가 깨끗해지기를 바랍니까? 그런 일은 불가능합니다. 따라서 일부 깨어난 의롭고 거룩한 사람을 골라 세워서, 세상에 나아가 선교하도록 해야 했습니다. 그것이 요나서와 이사야 예언자의 말이고, 그들의 말은 하나님의 말씀이고 뜻입니다. 모세도 모든 이스라엘을 제사장이나

장로로 세운 게 아니라, 일부 뽑아서 세운 것이 아닙니까?

　제사장 1: 논리야 그러하지만, 우리가 해야 할 직분은 제사와 기도일 뿐입니다.

　제사장 2: 우리는 맡은 일에만 충실할 뿐입니다. 그래서 선교해야 할 의로운 사람들을 길러내는 것이지요. 그들이 할 것입니다.

　신부: 도대체 언제요?

　제사장 1: 때가 되면 하겠지요.

5

　신부: 도대체가 말이 통하지 않네요. 그러니 이제 예수 문제로 넘어가는 게 낫겠습니다. 당신들은 예수의 죽음에 주도권을 행사하여 결국에 성공했습니다. 그래, 잘했다고 보십니까?

　제사장 3: 암요, 잘한 것이지요. 그런 자는 백 사람이 나타난다 하더라도 그렇게 죽어야 마땅합니다. 그게 민족을 구하는 길이지요! 가만두었다가는 더 큰 화를 불러올 테니까요. 로마 군대 말입니다. 배운 것도 없는 젊은 갈릴리 나사렛 목수 촌놈이 아주 건방지고, 어른들도 몰라보고, 졸업장도 자격도 없는 주제에 함부로 랍비라고 참칭(僭稱)하고 나대며 가르치고 다니고, 백성을 선동하고, 하나님과 이스라엘과 유대교를 모독하고, 우리 제사장들을 강도라고 비난하니, 백번이라도 죽어 마땅한 놈입니다.

　제사장 1: 그가 하는 말은 귀를 기울일 가치도 없어요. 모세 오경을 비롯한 우리 경전, 제사장들과 랍비들의 교훈 전통을 집적한 책들을 보고(탈무드, 미시나, 미드라시) 적당히 골라내서, 글자도 모르는 무지한 백성에게 자기의 가르침인 양 꾸며서 팔아먹은 것이지요. 그의 말 가운데서 독창적인 것은 아무것도 없단 말이오!

제사장 2: 나도 여러 번 예수의 말을 들었지만, 하나도 새로울 게 없더이다. 백성이 그에게 홀린 것은 그가 달변(達辯)의 말솜씨와 괴상하기 짝이 없는 술법으로 기적을 일으켜 병자들을 고친다는 소문이 돌았기 때문이오. 어쩌다가 고치기도 했겠지요. 전에도 그런 자가 많았어요! 작은 일 하나라도 크게 부풀려 자기들이 좋아하는 대로 말하고 돌아치는 게 무지하고 어리석은 백성이란 작자들이오.

신부: 명색이 백성을 위한 존재라면서, 백성을 그렇게 평가절하해도 됩니까?

제사장 2: 말하자니 그렇다는 것이지, 괜히 말꼬리를 붙잡고 그러시오?

신부: 예수의 말은 그렇다 쳐도, 그의 행동은 의롭고 거룩하고 자비로웠던 게 아닙니까? 그래서 백성이 열렬히 따르자 시기한 게 아니란 말입니까?

제사장 1: 아니, 우리가 왜 제사장도 아니고 랍비도 아닌 젊은이를 시기합니까?

신부: 예언자마다 제사장과 랍비여야 합니까? 아모스와 미가 같은 시골 농부도, 하박국이나 다니엘 같은 젊은이도, 심지어 호세아는 창녀와 결혼한 젊은이가 아니었던가요? 도대체 하나님이 당신들 뜻대로 움직이시기만 바란다는 것입니까? 그래야 예언자로 인정하겠다는 말인가요? 하나님이 당신들의 종이란 말인가요?

제사장 2: 여보세요, 어찌 그렇게 하나님을 모독하시오?

신부: 어찌 모독이라 합니까? 성서에 따라 그대로 말하는 것인데요.

제사장 1: 당신은 일부 예외를 가지고 전체를 호도하는 것이오. 사실이지, 예언자들 대부분은 제사장이거나 제사장의 아들 제사장이었어요!

신부: 좋습니다. 그러면 당신들이 예수에게 드러낸 행동을 생각해봅시다. 당신들은 예수가 제물보다 인간의 화해와 평화가 중요하다고 말한 것을 어떻게 생각합니까(마 5:23~24)?

제사장 1: 망발이지요. 하나님을 모독하고 성전을 훼파하고 백성을 오도한 짓이지요.

신부: 아니, 그런 말은 호세아 예언자도 했지 않았습니까(6:6)?

제사장 1: 아니, 그때와 지금이 어떻게 같나요? 그때는 지금보다 비교할 수 없이 타락한 시대였기에, 그렇게 말한 것이오. 우리가 비록 지금 로마 제국의 식민지가 되어 고생스럽게 살아가기는 해도, 옛날의 무법 시대와는 전혀 다릅니다.

보라고요. 지금처럼 이스라엘이 풍부하다 못해 지나치도록 제물을 바치며 제사를 올리던 때도 일찍이 없었다고요. 그게 다 누구 덕이라고 봅니까? 우리 덕이지요. 우리는 제대로 쉬지도 못하고 백성과 나라를 위해서 봉사하고 있어요! 하나님의 뜻에 따라 곧 로마가 물러가는 날이 올 것이오. 그러니 성전과 제사를 더욱 불타는 열정으로 받들어야 하지요. 그것만이 이스라엘이 살길이란 말이오.

신부: 아주 제사·예배에 중독이 되셨군요. 아모스(4~5장), 호세아(4~5장), 이사야(1장), 미가(3장), 예레미야(7장, 26장)를 보세요. 정의 없는 제사는 무용하고 해롭기까지 한 것이라고 했어요. 그런 제사는 가인의 제사와 같습니다. 종교 천국에는 의(義)가 없어요! 온 나라와 세상이 종교 천국이 된다 해도, 좋은 세상은 이루어지지 않습니다. 왜냐면 그런 종교 천국이란 하나님의 이름을 빌려 세상의 복이나 구하며 하나님을 배신하고 이루어지는 것이니까요. 부패만 가득해질 뿐입니다. 예수는 그것을 지적한 것입니다.

제사장 1: 그래도 제사만이 우리 민족이 사는 길이라고요! 그러니 성전을 부정한 그자는 죽어야 마땅했어요!

제사장 2: 암요, 그렇고말고요. 잘 죽은 거예요. 그 후 우리 민족은 제사를 잘 바친 덕택에, 로마 군대의 난동과 발호(跋扈)도 없이 하나님의 은혜로 태평하게 잘살고 있으니까요.

6

신부: 예수가 성전을 정화(淨化)한 행동을 어떻게 보십니까(막 11장)?

제사장 1: 보기는 뭘 어떻게 봅니까? 최고 악질(惡質)이지요. 하나님을 그렇게도 모독할 수 없는 행태였지요. 그자는 유대인도 아니에요! 이방인들도 자기네 성전에 가서 그렇게 하지는 않아요. 그리고 무슨 정화란 말을 써요? 그것은 '난동'이라고 하는 것이오!

제사장 2: 나는 그날 당번이었기에, 모든 것을 지켜보았소. 가관이었소. 마치 자기가 예레미야나 이사야(제3)와 비슷한 사람인 듯, 그들의 말까지 인용하며 행세합디다. 그것은 미친놈의 행패였소. 대제사장님은 너무나도 큰 충격을 받아 며칠 앓아눕기까지 하셨지요.

신부: 그래서 죽인 것이란 말이지요?

제사장 1: 그렇소. 우리 민족의 생명과 평화를 위해서 한 일이지요.

제사장 2: 감히 의도적으로 작심하고 성전에 "노끈으로 채찍을 만들어 가지고 들어와"(요 2:15) 그 난동을 피우는데, 어찌 가만두겠소? 하나님의 이름으로 백번이라도 죽여 마땅한 일이지요. 하나님의 영광을 위해서(!), 우리는 감히 하나님이 세우신 성전을 모독하는 자는 누구라도 살려둘 수 없소. 모세도 그렇게 하라고 했소(신 13장).

신부: 하나님의 말씀을 엉뚱하게 사용하는군요?

제사장 2: 무엇이 엉뚱해요? 그러면 하나님의 성전에서 난동을 피우는 짓이 거룩한 일이란 말이오? 기도와 눈물과 간청도 모자랄 판에, 제물을 패대기치고, 채찍으로 상인들의 면상을 후려치고, 상을 뒤집어엎고, 동전을 걷어차니, 망나니짓도 그런 게 없었소. 외국에서 온 동포들이 환전상들을 내쫓으면, 어디에 가서 제물을 사란 말이오?

신부: 내 묻겠소. 제물은 어디에서 팔아야 하오?

제사장 1: 예루살렘 시장이오.

신부: 그런데 어째서 성전 마당에서 팝니까? 성전이 장마당이란 말이오?

제사장 1: 그것은 하는 수 없어서 한 일이오. 사람들이 미어터지도록 많으니까, 시장도 모자라서 성전 마당 한쪽에서 하도록 허용한 것이오. 그러면 굳이 제물을 가지고 올 필요도 없이 곧바로 바칠 수 있으니, 백성이 편리하고 좋아할 게 아니오?

신부: 그걸 말이라고 합니까? 그것은 당신들이 상인들에게 웃돈을 받고 비싸게 팔아먹게 허용한 게 아니오?

제사장 2: 팔아먹다니, 무슨 그런 해괴망측한 소리요? 백성의 편리를 위해서였소.

제사장 1: 그런데 그자는 성전을 "도둑 떼의 소굴"이라고 말하고, 우리를 "강도들"이라고 했소. 얼마나 제멋대로인 자란 말입니까? 우리가 어째서 강도란 말이오? 우리는 하나님이 세우신 제사장이란 말이오. 그러면 하나님이 강도들의 두목이란 뜻이오?

신부: 논리가 엉뚱하게 튀는군요. 당신들은 도대체 부끄러움조차도 모른단 말인가요? 뒤에서 많은 돈을 우려먹으며 성전 마당을 장사판으로 만

들어 놓았습니다. 그러면서 하나님을 사랑하는 그 단순하고 착한 마음으로 제사를 바치기 위해, 먼 길 마다하지 않고 달려온 가난하고 힘겹게 살아가는 백성의 피눈물 나는 삶의 고통과 슬픔을 조금도 동정하거나, 그들의 정성 어린 마음을 알아주기는커녕, 당신들의 풍요와 영화만 챙겼습니다.

당신들은 정녕 그것이 하나님이 보시기에 잘하는 일이라고 생각한단 말입니까? 아, 그쯤 되면 인간의 양심이란 게 먼 시대의 신화가 되어버린 사태로군요! 예수의 분노와 '난동'은 당신들이 성전을 사사로이 이용하는 작태를 다 알고 한 행동이었습니다. 성서 어디에 하나님이 성전 마당에서 장사해도 좋다고 허용하셨단 말이 있습니까?

7

신부: 그런데 당신들은 예수가 다시 성전에 와서 백성을 가르치자, 무슨 권리와 권한으로 그렇게 말하고 행동하는지 다그치며 물었습니다(마 21:23~27).

제사장 3: 당연하지요. 백성을 가르치는 것은 제사장이나 율법 학자 랍비가 하는 일이오. 그런데 그자는 제사장도 아니고 랍비도 아니오. 그러니 백성을 가르칠 권리도 없고 권한도 없는 것이오. 따라서 그 입을 닫치게 하는 일이 우리가 해야만 할 일이었소. 그런데 그는 전날 성전에서 난동을 일으킬 때 하던 것보다 더 심한 말로, 우리 제사장들을 모욕하고 비난하며 백성을 선동하며 갈라치기를 했소.

제사장 1: 그랬더니 그자는 위기를 느꼈던지, 이렇게 엉뚱한 말로 회피합디다. "예언자 요한의 세례가 어디에서 왔소? 하늘에서 온 것이오, 사람에게서 온 것이오?"

신부: 그것이 어째서 엉뚱한 말이라는 것인가요?

제사장 1: 생각해보세요. 우리는 자기에게 무슨 권한으로 그러느냐고 물었는데, 어째서 남 이야기를 꺼내는 것이란 말이오? 요한은 예언자도 아니고, 그저 광야에 숨어서 떠든 미친 자였소! 예언자라면 도시에 들어와 선포해야 할 게 아니오? 게다가 침례란 게 무엇이오? 우리 민족 전통에는 그런 것 없소이다! 그것은 요한이 동방 종교의 관습을 흉내 낸 것이오.

그 진실이 무엇인지를 따져보지도 않고, 좋아 보인다고 무턱대고 아무 것이나 가져다가 그럴싸하게 포장해서 팔아먹는다고 해서 예언자인 것은 아니오. 도대체 하나님이 세우신 유대교에 무엇이 부족해서 동방 종교의 관습까지 끌어들인단 말이오? 그러면 이집트나 페르시아나 그리스나 로마 등, 온 세상 모든 나라의 종교 관습을 끌어다가 해 먹어도 괜찮단 말이오? 그러니 예수의 질문 자체가 엉뚱하다는 것이오.

신부: 그래서 모르겠다고 대답한 것이란 말인가요?

제사장 2: 그 질문 자체가 불합리한 것이었기 때문이오. 우리가 요한의 침례가 하늘에서 온 것이거나, 사람에게서 왔다고 하면, 민중은 그를 하나님의 예언자로 여기니, 우리가 빠져나갈 구멍이 없는 것이오. 그러니 우리가 왜 스스로 막다른 골목으로 들어가겠소?

신부: 그러자 예수도 자기가 무슨 권한으로 그런 일을 하는지 말하지 않겠다고 했습니다. 그것은 당신들이 스스로 알아서 판단하라는 것이었소. 그래서 예수는 당신들에게 잇달아 두 개의 이야기를 했소. 두 아들과 포도원 소작인의 비유입니다(마 21:28~32, 33~46). 포도원에 가서 일하라는 아버지의 말에 큰아들은 싫다고 했다가 뉘우치고 일하러 갔고, 작은아들은 그러겠다고 하고는 가지 않았소. 그러면서 예수는 누가 아버지의 뜻을 행한 것

이냐고 물었고, 당신들은 받아들이라고 대답했소.

제사장 1: 어린애도 아는 대답이니까요.

제사장 2: 그런데 예수 그자는 요한 이야기를 하면서, 세리와 창녀들은 그를 믿었기에 그를 믿지 않은 우리보다 먼저 '하나님의 나라'에 들어간다고 했소. 하필 세리와 창녀라니, 우리를 그토록 모독하다니! 도대체 그자는 매사가 민족을 위해 헌신적으로 봉사하는 우리 제사장들을 그저 못마땅한 눈으로만 보았소.

그리고 그자가 입만 열면 말하는 하나님의 나라가 뭐란 말이오? 아마 사후 세계의 천국을 가리키는 것 모양인데, 그것은 유대교의 가르침이 아니라, 페르시아 종교인 조로아스터교의 교리요! 우리는 사후 천국이란 걸 믿지 않소. 부활이니 영생이니 하는 것도(마 22:23~33), 죄다 조로아스터교의 교리란 말이오. 인생은 이 세상의 삶, 한 번뿐이오. 이것이 유대교의 가르침이오!

신부: 예수의 하나님 나라는 사후 천국이 아니오! 그것을 설명하자면 길지만, 성서에 이미 나온 하나님의 가르침이오.

제사장 1: 성서에 나오다니요? 성서 어디에서 하나님의 나라를 말해요?

신부: 시편 145편에 있어요(145:11~13). 이사야의 "주님을 아는 지식이 땅에 가득한" 세상(사 11:6~9), "새 하늘과 새 땅"도 그것입니다(사 65:17~25). 그 외에도 많습니다.

제사장 1: 우리도 그 구절을 잘 알아요. 하지만 그것은 유대 민족의 평화를 말하는 것이오. 세상이 아니란 말이오.

신부: 아니, '땅과 하늘'이 유대 민족에게만 있단 말입니까? 거기에서 말하는 땅과 하늘은 엄연히 온 세상 모든 민족을 말하는 것이라고요! 지나치게 생각이 좁은 당신들은 하나님의 뜻을 멋대로 해석하고 있습니다. 예수

가 말하는 하나님의 나라도 여기에 근거한 것입니다. 그것은 두 방면에서 이루어지는 새로운 현실입니다. 먼저 하나님의 나라는 성서가 줄곧 말하는 하나님을 향한 신앙이나 의나 사랑이나 성실로, 하나님이 사람의 마음을 온전히 다스리시는 것(다스림)을 말하고, 그리고 그런 사람이 사회에서 하나님의 정의와 자비를 실천하여 하나님의 뜻에 맞는 새로운 세상을 건설하는 것을 가리킵니다.

성서가 이 이야기뿐이지, 다른 게 있나요? 그래서 하나님을 사랑하는 것과 타인을 사랑하는 것은 하나이지요. 예수는 지금이 새로운 시대이기에, 성서와 전통을 새로운 언어로 해석하여 가르친 것입니다.

제사장 2: 그렇다면 예수도 우리와 비슷한 것인데, 어째서 우리를 그렇게도 반대하고 비판하는 것이란 말이오?

신부: 그것은 예수도 잘 알고 있소. 그러나 당신들은 마음에서 이루어지는 하나님의 다스림(나라)을 거부할 뿐만 아니라, 세상에서 이루어지는 하나님의 나라(다스림)도 지향하지 않고 있소. 왜 부활과 영생이 사후 천국이란 말이오? 생각해보시오. 하나님은 영이고 영원한 분이십니다. 인간도 근원적으로는 영이고 영원한 존재입니다. 인간의 삶은 몸뚱이나 이 세상으로 한정되는 게 아닙니다. 하나님은 영원한 분이시기에, 그분을 사랑하는 이 또한 영원합니다. 왜냐면 하나님과 늘 함께 사니까요. 예수의 하나님 나라는 사후 천국만 말하는 게 아니라, 지금 여기 이 땅에서 누리는 영생의 삶을 말합니다.

제사장 1: 우리가 마음에서 하나님을 거부하고 있다고요? 우리가 하나님을 믿고 순종하기에 제사장 일을 하는 게 아니오? 또 우리는 이 땅을 정의롭고 평화로운 곳으로 만들려고 불철주야(不撤晝夜) 애를 쓰고 있는데, 그런 억지가 어디 있소.

신부: 아, 도무지 서로 말이 통하질 않습니다. 그래서 분노한 예수가 이어서 당신들에게 포도원 일꾼 이야기를 한 것이오. 일꾼들은 소출을 계산하려는 주인이 보낸 종들을 죄다 잡아 죽였고, 급기야는 그의 아들까지 죽였소. 그러니 주인이 어떻게 하겠소? 당연히 그 악한 자들을 가차 없이 죽이고, 소출을 바칠 다른 일꾼들을 고용할 것이오!

제사장 2: 하나님 나라를 빼앗아 다른 민족에게 준다는 그자의 말은 유대인을 모독하고 쓰레기통에 집어처넣은 것이오. 더 이야기할 것도 없소. 그자는 단단히 미친 자였소! 하나님이 계시는 한, 우리 민족은 영원할 것이오. 그렇게 되나 안 되나 똑똑히 지켜보시오.

제사장 1: 그자는 바리새파를 저주하더니(마 23장), 급기야 우리까지 저주했소.

신부: 그게 무슨 말이오?

제사장 2: 성전을 저주한 게 그것이 아니고 무엇이란 말이오? 그자는 성전에 돌 하나도 돌 위에 남아 있지 않고 죄다 무너질 것이라고 저주했소(막 13:1~2). 그리고 자기 당대에 세상이 끝장날 것이라고 악담을 퍼부었소(마 24:1~31). 그러나 당신도 보시오. 그자가 죽었지, 어디 세상이 끝장났다는 거요? 그자는 환상에 젖은 몽상가일 뿐이오. 환상에 빠져 나라와 민족을 저주하는 자가 갈 곳은 비참한 죽음의 종말밖엔 없소. 우리는 하나님의 영광을 위해 그 일을 수행한 것이오.

8

신부: 제사장들과는 말이 통하지 않았습니다. 마지막으로 "장로들"을 만나보지요.

장로 1: 평신도인 우리는 남다른 자부심을 품고 있소. 왜냐면 장로 제도는 모세 시대에 제사장들보다 먼저 출현한 것이니까요(출 24장; 민 11장)! 그러니 우리야말로 실상 유대 민족의 기둥이랍니다. 제사장들과 바리새파는 성전과 율법을 주도하지만, 우리는 백성과 밀착하여 그들을 전통과 지혜로 올바르게 인도합니다.

신부: 당신들은 예수의 활동 때는 전혀 모습을 드러내지 않다가(막 8:31, 첫 번째 수난 예고에서 예수의 말로만 나옴), 예수의 체포와 재판과 사형 현장에만 나타났는데(막 14:43), 어떻게 된 일인가요?

장로 2: 그것은 우리가 그만큼 백성을 사랑했기 때문입니다.

신부: 그런데 어째서 예수를 죽이는데 가세했나요?

장로 1: 다른 이유는 없지요. 그가 백성, 곧 우리 민족의 성전과 율법을 해치며 백성을 선동하고 파괴했으니까요. 그의 가르침과 행동은 하나님에게서 온 것이라고 할 수 없습니다. 하나님에게서 왔다면, 더욱 성전과 율법을 지키며 백성을 단단히 붙들어주어야 할 테니까요.

장로 2: 그 모든 게 민족을 지키려고 한 것입니다. 하나님의 거룩한 선민을 해치는 자는 신성모독자일 뿐이니까요.

신부: 그러니 제사장들이나 바리새파나 당신들은 한 번이라도 진지하게 예수를 생각해볼 수 없었겠지요. 오로지 예수의 언행에서 겉으로 드러난 것만 보고 결론을 내리고는, 그 전제 아래서 보았을 뿐입니다. 그러나 포도원 일꾼 이야기에서 말한 것처럼, 당신들은 이스라엘 역사상 전무후무한 사람을 죽여, 하나님의 주신 특권을 다른 민족에게 스스로 양도한 것입니다! 나는 당신들이 오경과 예언자들의 책을 진지하게 읽었다면, 결단코 예수를 죽이지는 않았을 것이라고 봅니다. 따라서 나는 유대 민족의 장래를 걱정하지 않을 수 없습니다.

10

결혼잔치 집의 하인들, 오병이어 소년,
부자 청년, 삭개오

<hr />

1

<u>회사원</u>: 기독교인인 나는 40대 중반의 회사원입니다. 먼저 "가나 마을
결혼잔치 집의 하인들"을 만나봅니다(요 2:1~11). 먼저 하인들의 총무라고
할 사람부터 만나보지요. 결혼잔치였으니, 당신이 할 일이 많았겠습니다.

<u>하인 1</u>: 그렇지요. 유대인들의 결혼잔치는 길게는 수년 전, 짧게는 일 년
전부터 준비하지요. 왜냐면 결혼잔치의 필수품이요 꽃이라 할 포도주를 마
련하는 일부터 해야 하니까요. 부잣집에서는 포도주가 오래된 것일수록 좋
기에 수년 전부터 저장해두지만, 대개는 가난하기에 일 년 전에 합니다. 물

론 이것도 큰 포도원이나 작은 포도밭을 가진 사람들 이야기입니다. 대개는 포도원이 없기에, 포도원 집에 주문해놓지요.

회사원: 당신의 주인집은 어땠나요?

하인 1: 주인은 포도원은 없지만, 옷감과 청동 농기구를 아랍 상인들이나 예리코(여리고)에서 들여다가 파는 상인이기에(추정), 부유한 편이었지요. 맏아들의 결혼 일 년 전부터 포도주를 주문하여, 커다란 "항아리 여섯 개"에 저장해 놓았어요. 항아리 하나에는 여인들이 들고 다니는 물동이 세 개 분량이 들어갑니다. 그 정도면 손님들이 100여 명이 온다 해도 넉넉했어요.

회사원: 유대인들은 가정 형편에 따라 결혼잔치를 벌이는 날이 달랐다면서요?

하인 2: 그렇지요. 나라의 장관 같은 아주 부유한 사람은 대개 일주일, 부유하면 나흘, 보통은 이틀, 가난한 사람은 한나절이면 끝나지요.

회사원: 그러면 유대인들은 결혼식을 어떻게 했나요?

하인 2: 신랑 집에서 하는데, 집안 형편에 따라 달랐지요. 아주 부유한 집은 대개 예루살렘이나 지방에 있는 비번(非番)인 제사장을 주례로 초빙하지만(예루살렘의 제사장은 해마다 돌아가며 하는 윤번제/輪番制. 눅 1:8~9), 부유한 집이나 보통 집이나 가난한 집은 모두 마을 회당의 랍비나 존경받는 바리새인이나 장로를 주례로 모시지요.

그리고 아주 부유한 집은 노래하는 사람들과 악단까지 동원하고, 그 이하는 신랑이나 신부의 친구들이 축하 노래를 부릅니다. 게다가 초청된 사람들 가운데서 원로들은 축복의 말을 건네고, 손님들 모두 축복을 빕니다. 예식이 끝나면 그때부터 즐겁게 이야기꽃을 피우며 식사를 하지요.

<u>회사원</u>: 그러면 초대할 사람들은 어떻게 불렀나요?

<u>하인 1</u>: 대개 한 달 전부터 원근각처의 친척들이나 지인들에게 우리 하인들을 보내 알립니다. 그 일만 해도 여간 힘든 게 아니지요. 나는 나이가 들고 준비하는 것을 지휘해야 했기에, 직접 가지는 않았습니다.

<u>하인 2</u>: 나는 이번에 도련님 결혼 소식을 알리려고, 여기 이 친구와 함께, 며칠에 걸쳐 나사렛을 지나 가버나움과 막달라와 게네사렛과 티베리아스를 거쳐 여리고까지 갔다 왔어요.

<u>하인 3</u>: 먼 길에 힘들기도 했지만, 아주 즐거운 일이었어요. 모처럼 타지를 다녀오며 멋진 풍광을 바라보고, 떠들썩한 시장에도 들러보고, 여관에 묵는 재미도 무척이나 좋았으니까요.

<u>회사원</u>: 그러면 결혼식 이야기를 들려주시겠습니까?

<u>하인 1</u>: 우리 모두 그날 벌어진 일을 평생 잊지 못할 거예요. 실로 놀라운 일이었지요. 좀 부유하면서도 인품이 덕스러운 주인 양반은 결혼잔치를 닷새로 잡았지요. 초청받은 사람들은 대부분 왔고, 마을 사람들은 물론 초청하지 않은 인근 마을의 궁핍한 사람들도 왔습니다.

주례자인 회당 랍비가 가운을 입고 휘장 아래로 들어오고, 그 양옆으로 만면에 웃음을 머금은 신랑과 신부의 부모가 다가와 서자, 이윽고 신랑이 하얀 모시옷을 입고 머리에 예쁜 꽃을 꽂은 신부의 손을 잡고 가운데로 걸어 들어왔어요. 하객들 모두 환호했지요.

랍비는 환한 얼굴로 복된 가정을 노래한 시(시 112편)와 "솔로몬의 노래"(아가) 두루마리를 펼쳐 읽은 후, 신랑과 신부에게 축복의 말을 전하고는 축복 기도를 했습니다. 그리고 신랑과 신부는 서로 똑같은 반지를 끼워 주었지요. 이윽고 신랑과 신부 친구들은 각기 자기들끼리 합창단과 악단을 만들어 즐거운 찬송과 민요를 부르며 연주하고, 노래를 잘하는 청년과 처녀가 돌아가면서 축가를 불렀지요.

참으로 멋지고 행복하고 기쁜 결혼잔치였습니다. 마음씨 고운 주인마님은 초청하지 않은 인근 마을의 가난한 사람들이 돌아갈 때, 와주어서 고맙다고 하며 일일이 빵과 과자, 말린 무화과와 건포도, 그리고 생선까지 챙겨주셨지요.

<u>회사원</u>: 예수의 어머니와 동생들도 초청받아 온 것인가요?

<u>하인 2</u>: 그렇지요. 주인 양반의 친척이었으니까요.

<u>회사원</u>: 그러면 예수와 제자들은 언제 왔나요?

<u>하인 1</u>: 사흘째 되던 날 왔습니다. 아마 여러 마을을 다니며 말씀을 가르치느라 그랬던가 봅니다. 여섯 명의 제자들과 함께 여자도 와서 놀랐는데, '막달라 미리암(마리아)'이라고 했어요. 모두 주인과 신부 부모와 신랑 신부에게 축하 인사를 건넸지요.

<u>회사원</u>: 예수를 보고 어떤 느낌이 들었나요?

<u>하인 1</u>: 나사렛에서 목수 일을 하며 주인집에 한두 번 왔을 적에 보았기에, 얼굴은 알고 있었어요. 그런데 이번에는 외모부터 많이 달라진 것에 놀랐지요.

<u>회사원</u>: 어떻게 달라졌던가요?

<u>하인 1</u>: 이전에 짧았던 머리칼이 어깨까지 치렁치렁하게 내려왔고, 수염도 덥수룩했는데, 특히 눈빛과 얼굴이 많이 달라졌어요. 무어라 말할 수 없는 빛이 뿜어져 나오는 듯했지요. 그래서 절로 경외심 같은 것이 우러나왔습니다.

<u>하인 2</u>: 나는 처음에는 몰라보았어요. 그분의 한 동생이 "예수아 형!" 하

고 부르는 소리를 듣고 알았지요. 예수는 환하게 웃으며 두 팔로 어머니를 끌어안고 볼에 입을 맞추고는, 들어 올려 빙글빙글 몇 바퀴를 돌았어요. 수심의 그늘을 애써 감추고 있던 어머니는 마치 신랑을 만난 듯 기뻐하고 행복해하며 눈물까지 비치며, 아들의 품에 얼굴을 묻고 한참 있었어요. 이윽고 예수는 동생들과 일일이 포옹하며 기뻐했습니다. 그리고는 어머니 손을 붙잡고 자리에 앉아 식사했습니다. 제자들은 그 곁으로 앉았고요. 그렇게 잔치가 한창 무르익었습니다.

회사원: 그런데 언제 포도주가 떨어진 것을 알았나요?

하인 1: 예수가 도착하고 두어 시간 지난 뒤였어요. 잔치는 이틀이나 더 남았는데, 큰일 났다 했지요. 그런데 우리와 주인 부부가 웅성거리며 곤란한 표정을 짓고 있는 것을 본 예수의 어머니가 다가와 물어서, 내가 그것을 알려주었습니다. 그랬더니 걱정하지 말라고 하며 자리로 돌아가, 예수에게 무어라 말했어요. 그러자 예수는 떨떠름한 표정을 지었습니다.

그런데 어머니가 나를 부르더니, 예수가 무슨 말을 하든지 그대로 하라고 말했어요. 나는 무슨 말인가 싶어 영문을 모르겠다는 표정을 지으며, 하인들에게 물을 퍼다가 항아리에 가득 채우라고 말했지요.

하인 2: 우리가 물을 다 채우고 가만있자, 예수는 이제 떠서 손님들에게 나누어 주라고 하는 것이었어요. 세상에, 물을 가져다주라니! 너무나 곤혹스러운 내가 하는 수 없이 바가지를 항아리에 넣고 술 단지에 담는데, 놀라운 일이 벌어진 거예요. 물이 아니라 포도주였어요!

너무나도 기가 막혀 놀라 서 있는데, 집사장님이 왜 그러느냐고 하며 술 단지와 다른 항아리 다섯 개를 일일이 들여다보고는, 입을 다물지 못했어요. 그리고는 컵으로 한 잔 맛보더니, 준비했던 포도주보다 더 맛이 좋다고 하며 놀라셨지요. 주인 부부는 눈을 휘둥그레할 뿐이었지요.

하인 1: 도대체 무슨 일이 일어난 것인지, 보고도 믿을 수가 없었지요. 내 생각에는 예수가 기적을 일으킨 것 같았습니다. 그렇게 해서 결혼잔치가 끝날 때까지 포도주가 떨어지지 않았어요. 그런데 물이 포도주로 변한다는 게 말이 됩니까? 우리는 그저 어안이 벙벙하여 예수의 얼굴만 쳐다보았어요. 경이로움과 함께, 두려운 마음조차 들었지요.

회사원: 내 생각에 그것은 예수가 세상에 가져오는 새로운 삶을 가리키는 것 같습니다. 삶은 결혼잔치와 같다는 것, 그리고 예수가 있는 곳에는 물이 포도주가 되는 것 같은 새로운 변화가 일어나 결혼잔치와 같은 삶이 계속된다는 것을 말한다고 봅니다. 예수와 함께하는 삶은 결혼잔치라는 것이지요!

그렇게 바라보지 않으면(표징), 그 일은 아무런 뜻도 없습니다. 만일 그 결혼잔치에 예수가 참석하지 않았다면, 주인 부부는 사람들로부터 인색하다는 말을 들어 크나큰 낭패와 수치를 겪었을 겁니다. 그렇듯 예수 없는 우리네 인생도 쓸쓸한 퇴락(頹落)이라는 것이지요.

하인들: 그렇게밖에 볼 수 없겠네요. 아무튼, 놀라운 일입니다. 우리는 그 후 예수를 전혀 다른 눈으로 보게 되었습니다.

회사원: 그런 점에서 예수는 세상에 거룩하고 영구한 혁명을 가져오신 분입니다.

2

초등학교 6학년생: 야, 너도 나 같은 초등학생이었을 텐데, 대단한 일을 했다! 나였다면 어려웠을 것 같아. 그런데 나는 네 이름이 무엇인지도 몰라

(막 6:30~44). 알았으면 얼마나 좋았을까! 그러면 우리도 너 때문에 어깨를 으쓱했을 텐데 말이야.

소년: 그렇게 치켜세우지 말아! 별로 대단한 일도 아니었으니까. 누구라도, 아니 너라도 그렇게 했을 거야.

초등생: 나는 그때 너 같은 어린애가 어째서 예수께서 사람들을 가르치시는 곳에 간 것인지 몹시 궁금해. 그 이야기부터 들려주면 좋겠어.

소년: 무슨 말씀을 들으러 간 게 아니야. 듣는다 해도, 내가 뭘 알아듣겠어? 그냥 이 마을 저 마을 사람들이 예언자의 가르침을 들으러 들판으로 몰려가기에, 구경하러 간 것뿐이야. 사람들이 예언자가 나타난 것을 보고는, 이구동성으로 하나님이 고난을 겪는 이스라엘을 도우신다는 분명한 증거라고 했으니까. 그래서 나는 예언자라는 사람은 어떻게 생겼을까 하는 호기심으로 가득 찼지. 부모님은 일이 바빠서 가시지 않았어. 대신 엄마는 내게 도시락을 챙겨주셨지. 나는 그렇게도 많은 사람이 모여 있는 것은 태어나 처음 보았어. 나중에 누가 그러는데, 그 날 수천 명이나 모였대. 굉장한 일이었지.

초등생: 그래, 우리 교회학교 선생님이 그 이야기를 들려준 말에 따르면, 사람들은 예수께서 병자들을 치유하시니까 기적을 기대하고 간 것이고, 또 예언자이니까 이스라엘의 해방과 독립을 바라는 심정에서 간 것이라고 했어.

소년: 나도 그런 말을 들었지. 모두 가난하고 궁핍한 갈릴리 사람들이었으니까. 그래서 몸이 아픈 사람들도 많이 데려왔어. 그런데 예수는 아픈 사람들을 고쳐주기는 했지만, 이스라엘의 해방과 자유에 대해서는 한마디로 하지 않았지.

<u>초등생</u>: 그런데 너만 도시락을 싸간 것이었어?

<u>소년</u>: 아니야. 나 외에도 많은 이들이 도시락을 가져왔어. 그러나 대개 한두 시간 예언자의 가르침을 들을 것이라고 여겨서 그랬는지, 모두 가져 오지는 않았어. 그런데 그 예언자는 두어 시간 말씀을 전하고는 그쳤는데도, 사람들은 돌아갈 생각을 하지 않았어. 아마도 메시아에 대한 말씀을 기대한 것 같았어. 그러면 지긋지긋한 가난도 없어질 것이었으니까. 이건 어른들이 한 말이야. 그러다가 저녁나절이 다 되었지. 사람들 얼굴을 보니까, 몹시 굶주린 표정에 기운도 없었어.

<u>초등생</u>: 그래서 어떻게 된 거야?

<u>소년</u>: 앞쪽에 앉아 있던 나는, 그 예언자의 제자들이 그냥 이대로 돌려보내면 가다가 쓰러질 염려가 있다고 하는 말을 들었어. 어떤 제자는 사람들을 다 먹이려면, "이백 데나리온 어치"가 필요할 것이라 하고(막 6:37), 어떤 사람은 그것도 충분하지 않았을 것이라고 했어(요 6:7. 마태와 누가에는 없음). 한 데나리온은 어른이 하루 일하고 받는 삯이니까, 엄청나게 많은 돈이지. 사람들이 그렇게 많았단 말이야.

<u>초등생</u>: 그런데 어떻게 네가 도시락을 내놓은 거야?

<u>소년</u>: 응, 어떤 제자가 내가 도시락을 무릎에 올려놓고 앉아 있는 것을 보고는, 그 예언자에게 말했어. 그러자 그 예언자가 미소를 지으며 나에게 와서 내 눈을 지긋이 바라보며, "얘야, 하나님의 사람인 너를 만나서 참으로 기쁘구나. 부탁이 있는데, 들어주겠니?" 하고 물으셨어. 나는 나를 하나님의 사람이라고 말하는 예언자의 눈과 미소를 보고, 무척이나 기뻤지. 우리 아빠에게서도 볼 수 없었던 사랑이 가득한 눈매와 미소였어. 그래서 나는 "무슨 부탁이신가요?" 하고 말했지.

<u>초등생</u>: 그랬더니?

<u>소년</u>: 그랬더니, 그 예언자는 "네 도시락을 나에게 줄 수 있겠니?" 하시는 거야. 그래서 나는 여전히 나를 들여다보는 예언자의 얼굴에 어린 따스한 미소를 보고는 내드렸어.

<u>초등생</u>: 그것이 "보리빵 다섯 개와 마른 생선 두 마리"였구나?

<u>소년</u>: 어린이 도시락이어서 모두 조그만 것이었어. 그러자 예언자는 모든 사람이 볼 수 있도록, 보리빵과 물고기를 두 손에 펴들고 높이 하늘을 향해 올리고는 감사의 기도를 드리셨어. 그리고는 빵과 물고기를 찢어서 나와 곁에 있는 사람들에게 나누어주셨지.

<u>초등생</u>: 그러면 그때 정말 빵과 물고기가 뗄 때마다 쑥쑥 늘어나서 사람들이 다 배불리 먹었다는 거니?

<u>소년</u>: 야, 너 참 유치찬란하구나! 그런 일 없었어. 그러자 도시락을 가져온 사람마다 그것을 보고는, 모두 자기들의 도시락을 주변 사람들과 나누어 먹은 거야. 나는 사람들이 돌아가면서 나누던 말을 지금도 또렷이 기억하고 있어. 이렇게 말했지.

'우리는 오늘, 예언자가 일으킨 기적을 본 것이야. 비록 배부르게 먹진 못했지만, 굶진 않았잖아? 게다가 이상하게도 마음이 무척이나 행복하고 기운이 솟아나서, 아까워하는 맘 하나 없이 나눌 수 있게 된 것이잖아? 그러니까 이 예언자는 우리 마음에 사랑의 불을 지피신 것이지. 그게 바로 기적이야!' 그러니까 이렇게 된 거라고!

<u>초등생</u>: 그렇겠다! 이제 기억이 나는데, 우리 교회 전도사님도 사람들이 예수를 통해서 한 형제자매와 가족이 된 것이 기적이라고 하셨어. 빵과 물고기가 자꾸만 불어난 것으로 안다면, 예수를 잘못 아는 것이라고 하셨지.

그러면서 그것은 작은 불꽃 하나가 온 들판을 사르는 것과 같은 일이라고 하셨어. 작은 선한 일 하나가 큰일을 일으킨다는 거야.

하나님의 나라는 그런 방식으로 세상에 퍼져나간다는 것이지(누가복음만 "하나님의 나라"를 말한다(9:11). 그러니 누가 기자가 이 이야기를 제대로 이해한 것이다. 곧, 오병이어의 기적은 모든 이가 하나님 안에서 한 형제자매가 되어, 서로 나누고 사랑하며 살아가는 새로운 세상, 곧 하나님의 나라에 관한 표징 이야기이다).

3

청년: 우리 사회에서는 '금수저, 다이아몬드 수저, 흙수저, 개 수저'니 하는 돼먹지도 못한 말을 서슴없이 하는 치졸한 인간 군상들이 지나치게 많습니다. 유행병인 것 같습니다. 부러움과 시기심과 자조(自嘲)가 뒤섞인 말입니다. 그저 사람마다 가정 형편이나 살아가는 방식이 다르다는 것으로만 그치면 좋겠는데, 그걸 무슨 특권이나 결정적인 악조건인 듯 여기며 교만하거나 좌절감을 품으니, 대한민국이 이토록 오합지졸의 나라인가 싶습니다.

그만큼 우리 사회의 비인간성과 불평등과 차별과 우울증이 심각하지만, 누구나 노력하면 성공하는 사회가 되었으면 좋겠습니다. 그리고 돈 있다고 거만하게 구는 불량한 젊은이들이 없었으면 좋겠고요. 부자 부모덕에 난 체하는 참으로 못난 일입니다.

그래서 나는 묻고 싶습니다. '부자는 정녕 행복한가?' 과연 이 말에 자신 있게 대답할 사람이 얼마나 있을까요? 내가 아는바, 부자건 가난한 사람이건, 행복한 사람은 티를 내지도 않고 과시하지도 않고, 남에게 거칠게 하지도 않습니다. 그것은 자신이 불행하다는 증거이기 때문이지요. 사람은 행복하면 절로 착하고 겸손한 법입니다. 이것이 지금껏 내가 깨달은 인생의 진실입니다.

오늘 내가 만나볼 사람은 "한 부자 청년"입니다(마가 10:1~22; 마태 19:16~22; 누가 18:18~23. 마가는 청년이란 말 없이 "한 사람", 마태는 "한 사람, 젊은이", 누가는 "어떤 지도자·관리." 그래서 통칭 부자 청년으로 봄). 이 이야기는 초기 기독교에서부터 지금까지 해석상의 문제로 골치 썩은 것으로 유명합니다. 그 한 사람에게만 해당하는 이야기인가, 아니면 모든 그리스도인에게 요구되는 것인가 하는 문제 때문이지요. 대단히 곤혹스러운 이야기입니다.

우리는 이 부자 청년이 부잣집 도련님이거나, 아버지가 세상을 떠나 유산을 물려받은 것을 생각해야 합니다. 그런데 대화 중에 "한 가지 부족한 것"인 "재산을 다 가난한 사람들에게 주고 나를 따르라."라는 예수의 말을 보면, 그가 재산을 처분할 위치를 전제하기에 후자의 경우라고 보아야 합니다.

그런데 공관복음은 각기 차이가 있습니다. 예수께서 젊은이에게 말한 십계명에서 "살인과 간음과 도둑질과 거짓 증언의 금지, 부모 공경"은 공관복음 공통입니다. 그런데 마가에는 "속여서 빼앗지 말라."라는 말이 있으나, 마태와 누가에는 없습니다. 그리고 마태는 유일하게 "네 이웃을 네 몸과 같이 사랑하라."라는 계명을 추가했습니다. 그런데 마가는 "예수께서 그를 사랑스럽게 여기셨다."라고 합니다(마태와 누가에는 없음). 왜냐면 젊은이가 그런 계명을 다 지키고 사는 것은 대단한 일이기 때문이지요. 그러니 예수는 그를 쓸만한 인재로 보신 것입니다. "한 가지 부족한 것"은 마가와 누가에만 있고, 마태에는 없고 "완전한 사람이 되려고 하면"으로 대치합니다.

그런데 마태에 따르면, 그는 이웃 사랑을 자선쯤으로 알고 있습니다. 우리가 다 그렇지요. 그러나 예수가 그에게 말한 이웃 사랑은 그것이 아니라, 전 재산을 가난한 사람들에게 나누어 주고 자기를 따르라는 것입니다. 그러니 제자로 삼고 싶은 속내를 비치신 것이지요.

4

청년: 반갑습니다.

부자 청년: 미안하지만, 나는 금수저 집안의 아들입니다.

청년: 미안할 것 없습니다. 내가 원해서 그런 집안에 태어난 것이 아니라, 태어나고 보니 그런 것이니, 행운이지요. 당신네 유대인들의 사고방식에 따르면, 부는 하나님이 베푸신 복의 하나입니다. 그러니까 부는 하나님이 당신의 것을 어느 사람에게 맡겨주신 것이라는 말이지요. 따라서 부는 자기 것이 아니라 하나님의 것이기에, 하나님의 뜻을 위하여 선하고 의롭고 자비롭게 사용해야 하는 은혜·선물입니다. 그런 부자는 결단코 거만하거나 교만하지 않습니다. 시 112편은 이에 관한 고전적인 가르침입니다.

세상에 할 일이 얼마나 많은가요? 돈 없어서 가난하고 못 배우고 뜻을 펼치기 어려운 청년들이 많지요. 그러니 부자들은 이런 청년들을 위해서 돈을 사용할 줄 알아야 합니다. 그래야 세상이 훈훈해지고 나라가 발전하니까요. 좋은 나라는 부유한 나라가 아니라, 부자가 가난한 자를 돌보고 책임지며 함께 살아가는 나라입니다.

부자 청년: 우리 마을 회당의 랍비처럼 말하는군요. 그런데 나는 "영생"의 문제를 물으려고 예수께 갔던 것인데, 그런 말을 듣자 다 포기했습니다.

청년: 그래서 당신은 예수의 말에 "울상을 짓고 한숨을 푹푹 쉬면서 떠났군요."

<u>부자 청년</u>: 그렇게 할 수 없었으니까요. 전 재산을 가난한 사람들에게 나눠줘야만 영생을 얻는다는 말은 처음 들었습니다. 성서 어디에도 그런 말은 없습니다. 예수의 말은 너무나도 과격한 것이었어요. 그래서 나는 그의 말을 들으니, 조상들의 가르침대로 살기로 하고 떠난 것입니다. 예수를 따르는 사람은 누구나 그렇게 해야만 한다면, 필시 재산이 하나도 없는 사람이나 가능할 것입니다. 도대체 제자가 된다는 것이 무엇이기에, 그렇게까지 요구한단 말인가요? 그러면 예수를 따르는 사람은 누구나 가난뱅이나 수도사가 되어야 하겠네요?

<u>청년</u>: 당신에 대한 예수의 말에 따르면 정확히 그것일 수밖에 없습니다. 그런데 이 이야기의 난제를 풀 열쇠는 "예수께서 당신을 사랑스럽게 여기셨다."라는 말로 보입니다. 예수는 그렇게 훌륭하게 살아가는 당신이 "제자"가 되기를 바라신 것입니다.

<u>부자 청년</u>: 나는 예수의 제자가 되느니, 우리 조상의 가르침과 전통을 따라서 경건한 유대인으로 살 것입니다.

5

<u>청년</u>: 예수가 제자에게 요구한 조건은 마가 8:31~36, 마태 10장, 누가 14:25~33에 나옵니다. 초기 기독교 교부들은 이것을 두 가지 논점에서 이해했습니다. 하나는 이것은 글자 그대로 그리스도인은 재산을 비롯한 목숨까지 모든 것을 바치며 따르라는 것이다. 다른 하나는 이것은 그리스도인의 재산 선용(善用)에 관한 보편적인 가르침이다!

전자는 대표적으로 "베네딕투스, 프란치스코, 알베르트 슈바이처, 마더 데레사 수녀"가 보여준 예이고, 후자는 그렇게 하지는 못해도 하나님의 뜻

에 따라 사회를 위해 재산을 사용하는 그리스도인들에 대한 가르침입니다. 이 두 가지 외에는 이해할 길이 없습니다. 그리고 그것은 각자가 결정해야 할 문제입니다. 그렇다 해도 후자의 이해 역시 대단히 따르기 어려운 요구인 것은 분명합니다. 예수는 말합니다. "너희는 하나님과 맘몬(Mammon, 재물의 신)을 아울러 섬길 수 없다."(마 5:24).

어떻든 그리스도인은 재물이든 재능이든, 모든 소유를 하나님이 맡기신 하나님의 것으로 보고 하나님의 뜻을 세상에 펼치는 데 사용해야 한다는 것은 분명한 가르침입니다. 이렇게 이해할 수 있는 근거는 예수께서 이 이야기의 결론을 "하나님의 나라"와 연결하신 데 있습니다(마태의 하늘나라는 같은 뜻). 부의 사회적 선용도 하나님의 나라를 이 땅에 펼치는 운동이니까요. 예수께서는 그런 사람만이 "영생"을 얻는다고 하셨습니다(구원도 같은 뜻. 영생이나 구원은 지금 얻는 것).

그러니 예배당에 잘 다니는 기독교인이 이기적이거나 과시적인 부자라면, 그리스도인일 수 없습니다. 여기에서 '기독교인'은 중생(重生, 성령을 통한 내적 혁명)을 모르는 사람을, '그리스도인'은 중생한 사람을 말합니다. 이것은 내 말이 아니라, 복음서와 신약성서의 가르침입니다(특히 요한복음 3장, 로마서, 갈라디아서, 에베소서, 골로새서 등).

이것은 대단히 큰 차이를 가져옵니다! 교회가 기독교인으로 가득하면, 세상에 아무런 힘을 발휘하지 못합니다. 그리스도인만이 세상의 빛과 소금으로 삽니다. 그래서 기독교인과 그리스도인이란 말을 함부로 사용하면 안 됩니다. 예배당에 다니는 사람들은 자기가 과연 기독교인인지 그리스도인인지를 진지하게 물어야 할 것입니다(요한 1서 2:15~17). 짧은 인생에서 돈과 재산과 부의 노예가 되어 살아가는 것은 하나님의 백성이 할 일이 아니니까요. "사람의 눈에는 바른길같이 보이나, 마침내는 죽음에 이르는 길이 있다."(잠 14:12, 16:25).

6

<u>50대 장로</u>: 나는 중소기업을 경영하는 기업인입니다. 부유한 계층에 속한다고 할 수 있는 신앙인으로서, 솔직히 말해서 부에 관한 예수의 가르침 앞에서 숱한 고뇌를 겪지 않을 수 없다고 고백합니다. 그래서 될 수 있는 한 어려운 사람들을 돕는 데 힘쓰면서 사치하지 않고 단순하고 소박한 생활을 하려고 애를 씁니다만, 부끄러운 점이 한둘 아닙니다.

오늘 나는 여리고의 세관장 직위에 올라, 부의 소유와 축적 면에서 어느 정도 나와 비슷한 부류라고 여길 수 있는 사람인 "삭개오" 씨를 만나서 이야기를 나누어보려고 합니다. 이야기의 결과를 볼 때, 그는 실로 존경할 만한 사람입니다.

먼저 그렇게 성공할 수 있게 된 내력을 말씀해주시지요.

<u>삭개오</u>: 성공이라니, 부끄러울 뿐입니다. 어쩔 수 없이 선택한 직업에서 그런 자리에 오른 것이기에 그렇습니다. 내 땅을 정복하고 지배하고 억압하고 착취하는 이민족인 로마 제국의 재무부 공무원이었으니까요.

우리 집은 궁핍해서, 청소년 시절 무척이나 험난하고 모진 세월을 살았지요. 게다가 보시는 바와 같이, 나는 "신장"이 유난히도 작지요. 그 때문에 어려서부터 친구들이나 사람들로부터 받은 따돌림과 모욕으로 받은 마음의 상처와 고통은 헤아릴 수 없었습니다(이하 문학적 상상). 알고 지내는 애들은 있었어도, 친구는 하나도 없었지요! 그건 인생에서 너무나도 외롭고 괴롭고 힘겨운 일입니다. 그래서 나는 어느덧 마음조차도 한없이 쪼그라들어 콩알만 해

졌고, 마음속을 감방으로 삼아 틀어박혀 살아가는 수인(囚人)이 되었습니다.

그렇게 천하에서 가장 외로운 소년으로 자랐지요. 누구 하나 따스한 말을 해주는 사람이 없었어요. 그럴수록 하나님이 원망스러웠고, 사람들이 죄다 미웠어요. 사람들은 내가 작게 태어난 게 부모가 지은 죄 탓이라고 하며, 욕하고 조롱했지요. 너무나도 억울했지요. 원망과 분노가 들끓었지만, 연약한 처지에서 아무것도 할 수 없었지요. 그래서 '언젠가는 복수를 하고 말테다. 두고 봐라, 이놈들아!' 하는 맘으로 이를 악물고 자랐어요. 그 때문인지 가뜩이나 작은 신장이 더 작아지는 것 같았지요.

장로: 솔직히 말해서, 내가 자란 환경과 너무나도 달라서, 충분히 이해한다고 말하기가 어렵습니다. 그런데 어떻게 세관에 들어가게 되었나요?

삭개오: 열두 살 되던 해 어느 날, 세관 앞을 지나다가 알고 지내던 세관장 아저씨를 만났어요. 그는 어릴 적에 한쪽 다리를 다쳐서 절룩거리는 장애인이어서 그랬는지, 저를 퍽 귀여워 해주셨지요. 그런데 아저씨는 나에게, 마침 자리도 비었고 그리 어려운 일도 아니니, 세관에서 청소하고 심부름도 하는 일을 해보지 않겠느냐고 말씀하셨어요.

그 말이 나에게 얼마나 큰 기쁨을 주었는지, 말로 다 못해요! 내가 다시 태어난 날 같았지요. 그분은 세상에서 나를 '사람!'으로 대접한 첫 사람이었어요. 우리 아버지와 어머니도 전혀 그렇지 못했지요. 나에게 늘 '재수 없게 난 자식'이라고만 했어요.

7

장로: 그랬군요.

삭개오: 그 아저씨 말에 힘이 솟구쳤습니다. 그래서 당장 하겠다고 했지

요. 그렇게 해서 세관에 발을 들여놓게 된 것입니다. 그 날부터 정말, 열심히 일했어요. 집에서 출퇴근하다가, 얼마 후에는 아저씨의 배려로 아예 세관에서 먹고 잤지요. 세관 구석구석을 열심히 쓸고 반짝반짝 윤이 나도록 닦았어요. 심부름을 시키면 빠르고 정확히 해냈고요.

그리고 봉급이란 것도 받았지요! 처음으로 봉급을 받던 날, 펑펑 울었어요! 할 짓이 없어서 민족 배신자들의 집합소인 세관에서 일하느냐고 욕하고 나무라기만 하던 아버지도 돈을 가져다드리자, 눈이 휘둥그레지며 놀라다가 좋아하시더라고요. 그렇게 처음 부모님께 인정을 받자, 말할 수 없이 기뻤습니다.

그러나 또래들이나 주변 사람들은 나를 볼 때마다 전보다 더 험악한 입으로 욕하고 손가락질을 하고 침을 내뱉었어요. 내가 들은 욕설은 '로마인의 가련한 부지깽이, 숫제 굴러다니는 짤막한 노예, 난쟁이 로마 꼬마 놈, 민족 배신자 똘마니, 더러운 세리 자식, 양아치, 인간 걸레, 개돼지만도 못한 똥 막대기, 지옥으로 직행할 놈, 하나님의 천벌을 받을 놈' 등, 이루 말할 수 없었지요. 그러나 그때부터는 그런 말에 조금도 상처받지 않았어요. 속으로 '어디 봐라, 이 자식들아! 장차 나에게 애걸복걸하며 살려달라고 울부짖을 날이 올 거다!' 했지요.

<u>장로</u>: 어려서 입은 상처와 상실감은 두고두고 영향을 끼치지요. 그렇게 열성적으로 일해서, 점점 승진에 승진을 거듭한 것이네요?

<u>삭개오</u>: 그렇지요. 3년 정도 지나서, 사환의 우두머리가 되었지요. 세관장 아저씨는 일부러 짬을 내서 나에게 글과 산수, 계산법과 문서를 작성하는 법, 그리고 간단한 라틴어(로마어)와 그리스어와 아랍어도 가르쳐주셨어요. 물론 다른 세리 아저씨들도 그랬지요. 누구나 나를 동지로 여겨주셨

어요. 세상 어디에서보다 행복했지요. 열심히 배웠습니다. 저는 그때야 제가 그런 방면에 재주가 있다는 것을 알게 되었지요.

장로: 그러면 언제 세리가 되었나요?

삭개오: 그렇게 2년 정도 더 지난 17살에, 세관장 아저씨는 여러 가지 시험을 거쳐서 나를 정식 세리로 임명해주셨습니다. 온 세상을 다 얻은 기분이었지요. 정말이지 성실하게 일했습니다. 얼마 후 나는 결혼하고 자식 둘을 두었습니다.

큰 도시이고 통상(通商) 관문인 여리고 세관은 가구마다 다니며 세금을 걷는 부서(인두세와 재산세)와 외국 상인에게서 관세를 받는 부서로 나뉘어 있었어요. 나는 신장이 고려되어 관세 부서에 배정되었어요. 그간 배운 서투른 외국어나마 달달 외우다시피 했기에, 업무를 수행하는 데는 별 어려움이 없었지요. 그렇게 정직하고 성실하게 일하며 승진에 승진을 거듭하며 20년간 일했습니다.

그동안 세관장 아저씨는 은퇴하시고, 다른 사람이 임명되었습니다. 나는 관세 부서장에 올랐지요. 그런데 3년 후 그 사람이 다른 곳으로 발령이 나는 바람에, 내가 세관장에 임명되었습니다! 그 기쁨과 행복은 무어라 말할 수 없었지요. 그때 나는 하나님을 다시금 보게 되었어요! 난쟁이 신장으로 인한 모든 고초의 세월이 그렇게 절묘하게 바뀌게 되었으니까요. 그래서 하나님께 잘못했다고 회개도 했습니다.

그간 나는 부정하게 돈을 긁어모으지 않았어요. 받는 봉급으로만 만족했지요. 세리가 되었을 때, 헤롯 안티파스 영주에게 죽임을 당한 광야의 예언자 요한의 서슬 퍼런 말씀을 전해 들었어요. 그는 부정한 방법으로 백성에게 돈을 갈취하는 세리들에게, 받는 봉급으로 족할 줄 알라고 책망했다고 합니다(눅 3:12~13). 맞는 말이지요. 가뜩이나 로마 제국의 식민지인데, 동족으로서 백성을 갈취하고 폭력을 행사하는 일은, 그분 말마따나, 하나님의 심판으로 "도끼와 불"을 받을 일이었으니까요. 그나마 다행스러운 것은 처음부터 외국 상인들에게 관세를 받는 부서에서 일한 것이지요. 그것도 하나님의 은총이라고 생각했어요.

그러나 알지도 못하는 사람들은 세리들을 죄다 사탄의 자식인 악당으로 보았으니, 변명해봤자 통할 리 없었지요. 묵묵히 참았습니다. 그렇게 하여 세관장인 나는 어느덧 여리고 명사와 부자가 되었습니다. 그때부터 앞에서 나를 욕하는 사람은 아무도 없었고, 뒤에서나 수군거렸을 뿐입니다. 나는 통쾌했습니다. 결국에 복수를 한 것이니까요.

8

장로: 그런데 어째서 예수를 보려고 했습니까?

삭개오: 나는 본시 마음이 여리고 약한 사람입니다. 열등감도 컸지만, 복수심은 내 본의가 아니었어요. 모든 게 어쩔 수 없어서 한 것이지요. 나도 살아야 했으니까요. 내가 할 일이란 세리밖엔 없었다고 해야 할 거예요.

40세가 넘으면서부터 이상하게 마음에 슬픔과 괴로움과 허무감이 스멀스멀 스며드는 것이었어요. 먹고살 만하고 유명인사에 지도자의 한 사람이 되었는데, 밤이 오면 마음을 가눌 길 없는 외로움과 괴로움이 솟구쳐, 송충이가 나뭇잎을 갉아 먹듯이, 내 영혼을 야금야금 갉아 먹어치우는 것 같았지요. 그러나 아무에게도 말하지 못했어요. 급기야 자주 악몽까지 꾸게 되었습니다. 견딜 수가 없었습니다.

내가 밖에 나갈 때면, 스치는 사람마다 말은 하지 않아도 슬금슬금 피해

가고, 멀리서 퉤 하고 침을 뱉는 모습을 보면서, 말할 수 없는 자괴감(自愧感)만 들었지요. 내가 아무리 정직한 세리라 하더라도, 그걸 누가 인정해주겠습니까? 그리하여 만사가 빛바랜 누런 색깔을 띠고 있는 것으로 보이기 시작했어요. 아무리 애를 써도 막을 길 없이 쳐들어오고, 도무지 떨쳐버릴 수 없는 허무감에 시달렸습니다.

그렇게 수난을 받으며 참고 배우고 힘써서 오른 자리와 부가 도리어 서서히 나를 무너뜨리기 시작한 것이었지요. 그렇게 될 줄은 나도 상상치도 못했지요. 그 모든 성공과 부가 나를 고발하고 비난하며, 하나님의 도끼와 불로 변하여 옥죄었습니다. 내 영혼이 지옥의 심연이 되어버린 것 같았지요. 도저히 슬픔과 고통과 허무감을 견디기가 힘들었습니다. '이걸 어떻게 빠져나가나?' 하는 생각뿐이었지요. 그러나 도대체 출구가 보이지 않았습니다.

장로: 그러던 차에 예수라는 랍비가 여리고에 온다는 소식을 듣게 되었던 것이로군요?

삭개오: 그렇지요. 그분에 대한 소문은 전부터 들었어요. 갈릴리에서 그를 모르는 사람이라면, 죽은 사람들일 뿐일 것입니다. 매일 그분이 일으키신다는 기적과 가르침에 관한 이야기가 들려왔습니다. 그런데 내가 크게 들은 것은 그분이 나와 같은 세리들과 창녀를 비롯한 죄인들을 친구로 여기고 어울려 식사를 나누고 대화하고, 심지어 유대인들이 상종치도 않고 더럽고 귀신 들린 종족이라고 따돌리고 차별하는 사마리아 사람들까지 따스한 말로 위로해줄 뿐만 아니라 인간으로 대우해주셔서 새사람으로 변화된다는 소식이었습니다.

그분이 하셨다는 말씀 가운데서 두 가지가 제 마음에 무척이나 큰 감동을 안겨주었지요. "건강한 사람에게는 의사가 필요하지 않으나, 병든 사람에게는 필요하다. 나는 자칭 의인을 만나러 온 것이 아니라, 세상이 죄인이라고 하는 사람들을 부르러 왔습니다."(막 2:17) "누구든지 하나님의 뜻을 행하는 사람이 곧 내 형제요 자매요 어머니요 아버지입니다."(막 3:35)

장로: 그렇군요. 그것이 선생께 실로 놀라운 말씀, 곧 기쁜 소식(福音)이 되었군요?

삼개오: 그 말씀이 바로 나에게 하신 말씀으로 들렸어요. 나는 병든 사람이니까요. 뒤의 말씀은 내게 크나큰 희망을 안겨주었습니다. '하나님의 뜻을 실천하는 사람'이라는 그 말이 내 영혼에 대못처럼 박혔습니다.

장로: 그래서 크나큰 결심을 하고, 여리고를 지나시는 예수를 보려고 나간 것이로군요.

삼개오: 그렇지요. 더는 그런 마음의 지옥에 갇혀 발버둥 치고 악몽을 꾸며 살 순 없었으니까요. 그래서 나는 이렇게 결단을 내렸습니다. '그렇다. 이제 나도 사람답게 살아보자! 그간 벌어들인 재산의 절반을 가난한 사람들에게 나누어주고, 혹여 빼앗아 온 것을 뇌물로 챙긴 것이 있다면, 그것의 네 배로 갚아주겠다.' 나는 예수를 한 번이라도 보고 이렇게 하리라고 마음을 굳혔습니다. 그분을 대면하리라고는 상상하지도 못했지요.

장로: 그런데 사람들이 구름 떼 같이 몰려 에워싸는 바람에, 예수의 얼굴을 보는 것조차도 쉬운 일이 아니었군요.

삼개오: 그렇지요. 앞으로 가려니 작은 신장에 사람들 등판에 코를 박기 일쑤고, 게다가 세리였으니 아무리 여리고의 명사라 해도 누가 비켜주겠습니까? 그래서 길가에 있는 무화과나무에 올라간 것입니다. 보는 사람마다 조롱하는 투로 웃더군요. 어른이, 그것도 멋진 옷을 입은 여리고의 지도층이 그랬으니, 모두 내가 돌았다고 욕을 하고 침을 뱉었지요. 그래도 나

는 언짢아하지 않았습니다. 랍비 예수의 얼굴을 한 번만이라도 보는 것으로 족했으니까요.

9

장로: 그랬는데, 예상외의 일이 벌어졌습니다.

삭개오: 그렇지요. 전혀 뜻밖에도, 예수께서 나를 발견하고는, 누군가에게 무어라 물으셨습니다. 내 이름을 알아보시려는 것이었지요. 그리고는 일부러 가까이 다가와, 환한 미소로 가득한 얼굴로 나를 쳐다보며 이렇게 말씀하시는 것이었지요. "삭개오 선생, 어서 내려오십시오. 내가 오늘 밤 댁에서 신세를 져도 되겠습니까?" 그런 말을 들을 줄 누가 상상이나 했겠어요? 나는 너무나도 놀랍고도 반가워서, 얼른 내려와 꾸벅 절을 하고 집으로 모셨습니다.

장로: 그것을 보고 사람들이 수군거리며 조롱했군요?

삭개오: 그렇습니다. '아니, 어떻게 랍비요 예언자라는 사람이 죄인의 집구석에 갈 수 있단 말인가?' 하는 것이었지요. 그러나 나는 흘려버렸지요. 그 순간 내 마음은 온통 기쁨으로 가득했으니까요. 그런 분을 내 집으로 모시는 영광이 주어졌으니, 그야말로 하나님의 은총이 다시금 내린 것이지요. 너무나도 기뻐서 덩실덩실 춤을 추듯 앞서서 모시고 갔지요.

하인들에게 물과 수건을 가져오게 하여 씻으시게 하고는 식사 준비를 시켰지요. 그리고는 식사 전에, 내가 결심한 것을 그대로 말씀드렸습니다. 그랬더니, 예수께서는 환한 미소로 축하하며, "지금 하나님의 구원이 그대와 이 집에 이르렀습니다. 모두 기뻐하고 축하해주십시오. 이분도 아브라함의 자손입니다. 오늘 삭개오 씨는 잃었던 것을 되찾아 하나님의 나라에 들어갔습니다!" 이어진 식사야 말할 것도 없이 결혼잔치나 환갑잔치 같았지요. 밖에서 구경하던 사람들에게도 음식을 가져다주게 했지요.

장로: 실로 놀라운 일입니다. 예수의 빛과 사랑이 당신의 마음에 그대로 스며든 것이네요. 그러니까 당신은 스스로 구원받은 것입니다.

삭개오: 그렇지요. 세월이 지난 지금도 그 순간이 생생하게 떠오릅니다. 그렇게 예수 랍비께서는 나와 우리 집에 하나님의 평화를 가져다 주셨고, 나는 그 날 이후 새로운 인간이 되었습니다. 물론 내가 랍비께 말씀드린 대로 했지요. 그러나 부족했어요. 그래서 절반이 아니라, 대부분을 가난한 사람들에게 나누어주었습니다. 내가 나서서 강제로 빼앗은 것은 없었으나, 세관장으로서 세리들의 착취를 묵인한 것은 관행이었다 쳐도, 어떻든 내가 허용한 것으로 볼 수 있으니까요.

그러고 나니, 마음의 평안과 자유와 기쁨은 이루 말할 수 없었지요. 하나님께 진심으로 감사를 드렸습니다. 아내와 자식들은 이해하지 못했지만, 차근히 설득했지요. 결국에는 가족에게도 이웃들이 생겨, 밖에 나가기만 하면 반가이 환대하며 이구동성으로 칭찬하고 존경스럽다고 하는 말에, 내가 한 일에 감격했습니다.

나는 여전히 세관장이니까 넉넉히 살 수 있습니다. 물론 이전보다 비교할 수 없이 소박한 생활을 하며, 가난한 사람들의 친구가 되었지요. 그러자 나를 따라 하는 세리들이 생겨났고, 그들도 착취하는 일을 그쳤습니다. 놀라운 일이었지요. 그 후 아내와 자식들도 행복한 나날을 보내고 있습니다. 슬픔과 고뇌, 괴로움과 우울함이나 허무감은 바람처럼 멀리 날아가고, 기쁨과 감사함이 넘칩니다. 그때야 사람의 삶이란 것이 이런 것이구나 하고 실감했지요. 그 모든 게 랍비 예수께서 나와 우리 집에 내려주신 은총과 사랑입니다. 내가 한 게 아닙니다. 예수께서 나를 통해 당신의 일을 하신 것이지요.

장로: 진실로 대단한 일을 하셨습니다. 그런 일은 희귀한 일입니다. 나도 부끄럽습니다. 선생의 이야기를 들어보니, 내가 해야 할 일이 무엇인지도 확연히 보게 되었습니다. 예수의 은총과 사랑이 당신을 통해서 내게 다다랐습니다! 나도 당신처럼 하나님의 온전한 다스림(나라) 속에서 살 것입니다.

11

더럽고 악한 귀신에 들렸던 사람,
중풍에 걸렸던 환자, 손이 오그라들었던 사람,
거라사의 광인이었던 사람

1

<u>의사</u>: 의학은 몸과 영혼·마음·정신의 평화를 추구합니다(이하 영혼과 마음과 정신은 같은 의미로 씀). 육체와 정신은 긴밀한 관계에 있기에, 육체와 정신의 질병 없이 조화와 균형 속에서 사는 것은 크나큰 축복입니다. 육체의 질병이 가져오는 첫 번째 결과는 강요된 불편입니다. 눈에 티가 들어가거나 손에 작은 가시라도 박히면 곧장 불편해집니다. 불편의 정도는 질병의 상태에 따라 달라지지요. 정신의 질병은 특정한 정신 질환만 가리키는 게 아니라, 신경증과 지나친 집착, 그리고 인간으로서 부끄러운 그릇된 생

각과 감정과 의지와 행동까지 포함합니다.

예수께서 이 땅에 하나님의 나라를 세우는 일에 헌신하면서 몸과 마음의 질환으로 고통받는 사람들을 치유하신 것은 기적의 의사라는 면모보다는, 모든 인간이 몸과 마음의 건강을 누리며 행복하고 평화롭게 살아가는 세상을 염원하며 활동하신 것으로 보아야 합니다. 건강은 목적이 아니라, 행복하고 평화로운 삶을 위한 수단이기 때문이지요.

관심이 있어 신학대학원에서 공부하기도 한 나는 성서에서 "평화"라는 단어를 매우 중요하게 봅니다. 어떻게 보면, 성서 가르침의 전체가 여기에 들어 있다고 하겠습니다. '평화로운 인간, 평화로운 나라·세상!' 이것이 인류 역사를 다스리시는 하나님을 증언하는 성서의 주제와 목적이니까요. 사실 우리가 하나님·그리스도를 믿는 까닭도 그 자체를 위해서가 아니라, 개인과 세상의 행복과 평화를 위해서라고 하겠습니다. 이것은 하나님·그리스도가 평화의 수단이라는 말이 아니라, 그분과 '더불어·함께한다.'라는 뜻에서 하는 말입니다.

유대인들의 인사말 "샬롬"(Shalom)은 우리말의 '안녕(安寧)·평화'를 가리키지만, 이보다 더 심오하고 실제적이고 숭고한 의미를 내포한 단어입니다. 샬롬은 우선 하나님과 맺는 의롭고 친밀하고 심오하고 숭고한 관계와 행복하고 자유로운 마음을 가리킵니다. 이것이 평화의 근원입니다. 유대인들이 하나님을 "아버지"로 표상하는 것도 그래서입니다(신 32:6; 사 64:8).

그리고 샬롬은 타인·이웃과 맺는 올바르고 자비로운 관계와 태도를 말합니다. 사람은 사회에서 타자들과 함께 살아가니까요. 그래서 유대인들은 타자를 "형제자매"(한 핏줄·동족·동포)로 표상합니다(창 13:8; 느 5:8; 렘 34:9).

샬롬에 대한 이러한 이해는 히브리인들이 인생을 '관계'로 본 데서 나온 것입니다. 샬롬은 하나님과 타자와 맺는 올바르고 친밀한 관계이지요. 성서는 이것을 "하나님 사랑과 이웃 사랑"으로 요약합니다(신 6:5; 레 19:18; 막 12:28~34). 관계를 떠난 인간은 존재할 수 없지요.

그리고 평화의 관계를 결정짓는 것은 "헤세드"인데(Hesed), 우리말로는 뜻이 다양하여, '진실, 성실, 사랑, 충실, 충성' 등인데, '성실'(誠實, sincerity)로 요약할 수 있습니다. 성실은 거짓 없는 진실, 거짓 없는 사랑, 거짓 없는 충실·충성입니다. 그러니까 하나님께 성실, 타자에게 성실! 이것이 관계의 핵심이고, 거기에서 평화가 보장됩니다.

20세기 유대인 철학자 '마르틴 부버'는 인간학과 유신론적 자리에서, 인간이 맺는 만남·관계의 근원 형식을 "나(Ich·I)와 그것(Es·It), 나와 너(당신·타자, Du·You)"로 풀어냅니다(나와 너). '그것'은 물건을(things, 동물 포함), '나, 너'는 인격(personality)을 가리킵니다. '나'는 '그것, 너'와, '너' 역시 '그것, 나'와 관계를 맺습니다(나는 너의 자리에서는 너). 여기에서 중요한 것은 '나, 너'를 인격으로 아는 것입니다.

이러한 근원 형식은 일상에서 세 가지 방식으로 나타납니다. 1) '나와 그것의 관계'는 내가 사물을 적절하게 사용하는 형식입니다. 이것이 뒤집어 '그것'을 '너'의 차원으로 끌어올리면, 인간은 여지없이 소외되고 전락하여 불행해집니다. 이를테면 돈이나 이념의 노예가 되는 것입니다. 그러나 내가 '그것'을 인격적으로 대하면, 그것은 사물에 그치지 않고 소중한 인격적 차원인 '너'로 승화됩니다. 국기, 부모나 가족의 유품, 자연, 반려동물이 그렇습니다.

2) '나와 너의 관계'에는 두 가지가 있는데, 하나는 2-1) 인간과 인간의

관계입니다. '나'는 인격입니다. 그래서 인격인 나는 역시 인격인 너·타인을 인격으로 대해야 합니다(너에게는 내가 너). 평등하기 때문이지요. 그것이 진정한 관계입니다. '나'가 '너'를, '너'가 '나'를 비인격화하고서는 각자도 인격으로 머무를 수 없습니다. 그래서 인격인 '나'가 인격인 '너'를 '그것'으로 격하할 때 비극이 발생합니다. 거짓이나 배신이나 이용이나 폭력이 그것이지요. 곧, 너를 비인격화하고 물건으로 취급하는 나 역시 비인격화되고 '그것·물건'으로 추락합니다. 이것이 인간성의 상실, 세상의 파괴로 나타나, 불화와 고통, 불행과 비참함, 그리고 소외(밖으로 내던져진 상태)와 분리를 낳고, 크게는 전쟁을 일으킵니다.

'나와 너의 관계'에서 다른 하나는 2-2) 인간과 신의 관계입니다(신·하나님은 진리·道·말씀·Logos로 표현하는 것도 가능함. 시 31:5; 사 65:16; 요 1:1). 신은 인격은 아니지만, 인격적으로 표상할 수밖에 없기에 "영원한 너·당신"입니다(Ewig Du·Eternal You). 인간이 인격적이고 영원한 신과 인격적 관계를 맺어 신뢰하고 사랑하며 의롭고 거룩하게 사는 것이 올바른 관계인데, 이것이 종교가 말하는 인생의 길입니다.

이 관계에서 사용하는 성서의 용어가 하나님을 "아버지"라고 부르는 것입니다. 그렇기에 인격인 내가 인격적인 하나님을 비인격적으로 대하는 것은 하나님을 '그것'의 차원으로 격하하여 이용하거나 실제로 부정하는 행태로서, 비뚤어진 신앙이나 교만한 행위이기에(시 14편; 사 1장), 기필코 나와 사회의 혼란과 실패와 몰락, 허무주의와 비참함과 해체를 가져옵니다. 이것이 종교가 빠지는 미신과 우상숭배이고, 사회에서 발생하는 갖가지 타락의 실상입니다.

미신과 우상숭배는 유대교나 기독교 같은 이른바 '고등종교'에서도 발생하는데(마 7:15~23, 23장), 구약성서는 그것을 야훼 '하나님'(엘로힘·신)을 바알(Baal) '하나님'(엘로힘·신)으로 격하하는 것이라고 말하면서, 개인이나 나라가 파멸하는 지름길이라고 합니다(왕상 18장; 호 2~5장). 바울의 말로 하면, "죄의 삯은 죽음"이라는 것이지요(롬 6:23).

타락은 비인간적이고 폭력적이고 교만한 생각과 욕망과 이념(ideology)을 앞세워, 신·진리를 의식적으로 격하하고 비난하고 무시하는 것입니다. 그렇기에 의식적 무신론을 신봉하면, 인격인 인간을 비인격화하고 물건으로 취급하여 지배와 억압과 착취의 과정을 통해 인간성을 부정하는 행태를 드러냅니다. 일례로 평등과 인간 해방을 주창한 20세기 공산주의 사회가 드러낸 자기모순의 역사가 그것입니다. 물론 무신론이라고 해서 다 나쁜 것은 아닙니다. 무신론적 휴머니즘, 휴머니즘적 무신론도 얼마든지 가능하기 때문입니다.

이같이 부버의 통찰은 전적으로 구약성서에 근거한 것으로서, '샬롬'에 관한 것입니다. 그의 작은 책이 20세기의 사상과 각종 학문과 문화에 끼친 영향은 광범위합니다. 부버가 말하는 요점은 인격적인 관계만이 평화를 가져온다는 것입니다. 그렇기에 부버의 철학은 기후 위기와 종말적 재난(apocalyptic)에 직면한 인류에게 생태계에도 적용할 생명과 구원의 사상입니다. 따라서 헤세드(성실)에 기초한 인격적 관계를 통해 담보되는 평화야말로 인간과 세상의 근원 형식이고 질서이고 사명이고 과제이고 이상입니다. 평화야말로 인간과 세상의 목적입니다.

예수와 신약성서도 다르지 않습니다. 예수의 산상수훈이야말로 헤세드와 평화의 신학·철학입니다. 서신에서는 에베소서와 요한 1서가 성실과 평화의 철학을 설파합니다. 예수의 하나님 나라는 모든 인간의 몸과 마음이 온전해져서 살아야 할 새로운 인간, 새로운 관계, 새로운 삶, 새로운 세계의 새 현실이고 이상입니다. 그런데 몸이란 병들거나 건강하거나 늙고 약해지고 죽습니다. 그렇기에 더욱 중요한 것은 마음·정신의 건강입니다. 의사의 경험으로, 마음이 건강하면 병에 잘 걸리지 않는다고 말할 수 있습니다.

예수의 하나님 나라는 평화의 세계입니다. 그래서 몸의 건강과 정신의 건강, 그리고 건강한 관계를 통해서 이루어지는 평화야말로 진정한 삶, 진정한 인간적인 세계입니다. 그런데 몸과 마음은 대단히 밀접한 관계에 있기에, 몸의 건강에 이상이 생기면 마음의 건강도 잃기 쉽고, 마음의 건강을 상실하면 몸의 건강도 이내 상합니다.

현대인은 물질적 풍요로 인하여 예전의 질병을 앓는 일이 별로 없지만, 안락과 풍요가 가져온 새로운 종류의 질병을 많이 앓을 뿐만 아니라, 지나치게 복잡한 사회 구조로 인한 마음의 질병 또한 대단히 심각합니다. 몸과 마음의 질병은 기본적인 인간관계인 가족에서부터 사회적 인간관계인 타인·이웃과 직장에서 맺는 관계에 많은 고통을 가져오거나 파괴합니다. 그래서 몸과 마음의 건강은 행복과 기쁨과 평화를 누리며 사는 길입니다. 이와 같은 이해를 전제하고, 예수를 만나 몸과 마음의 질병을 치유한 네 사람을 만나보려고 합니다.

2

<u>의사</u>: 마가복음과 누가복음은 예수의 최초 치유 행위를 "더럽고 악한 귀신에 들렸던 사람"을 고친 것이라고 말하는데(막 1:21~28; 눅 4:31~37), 마태복음은 각종 환자를 치유한 것을 보도한 후(마 4:23~24), 나병 환자를 치유한 것으로 말합니다(마 8:1~4). 요한복음은 정신적 질병이라 할 실존적

인 고뇌와 의혹과 고통과 소외를 치유한 후(3장-니고데모, 4장-사마리아 여인), 중풍 병자를 고친 것으로 말합니다(5장). 이렇게 볼 때, 예수의 치유 행위는 육체와 마음·정신의 질병을 포괄합니다. 그것은 예수의 활동 목적이 이 세상에 하나님의 나라를 세우시는 것이기 때문이라 하겠습니다. 그러나 예수의 활동에서 주안점은 육체적 질병의 치유가 아닌 마음·정신의 치유라는 것을 잊으면 안 될 것입니다.

만나서 반갑습니다. 선생의 이름을 "광복(光復) 씨"라고 부르고 싶습니다. 선생이 예수를 만나 빛을 찾았기에 편의상 붙인 이름입니다. 귀신은 사납고 거칠고 악한 것이 특성이라 하는데, 왜 사람들이 더럽다는 말까지 붙였을까요?

광복 씨: 아무래도 눈을 까뒤집고, 음식을 토하고, 침을 흘리고, 머리에 지푸라기를 묻히고, 비가 내리면 진창에서 옷을 더럽히며 뛰놀았기 때문일 거예요.

의사: 그렇군요. 어떻게 마음의 질병에 걸렸는지부터 이야기하는 게 좋겠어요.

광복 씨: 나는 갈릴리호숫가 어촌 마을 가버나움 태생인데요, 어려서부터 심약하여 겁과 두려움이 많았어요. 특히 밤을 무서워했어요. 어릴 적에는 말할 것도 없고, 청년이 되어서도 밤에 화장실에 가다가 달빛에 비친 내 그림자를 보고 깜짝 놀라서, 혼이 빠져나간 듯 자빠진 일이 한두 번이 아니었지요. 게다가 아무렇지도 않은 일에 기겁하고 충격을 받기 일쑤였습니다.

의사: 그러니 일상생활에 큰 지장을 받았겠습니다.

광복 씨: 그랬지요. 한 번은 바람이 거세게 불고 달도 뜨지 않은 아주 깜

깜한 새벽에, 뒷간에 들어갔다 나오는 데, 옆에 있는 외양간 위에서 시커먼 형상이 혀를 날름거리고 오락가락하며 나를 노려보며 손짓을 하는 것 같았어요. 그 순간, '아, 귀신이구나!' 한 나는 등골이 오싹해지고 다리가 풀리고 가슴이 철렁 내려앉아, 그만 자리에 주저앉고 말았어요. 그런데 그 귀신이 갑자기 날아오더니 내 얼굴을 확 덮치는 것이었어요. 아연실색한 나는 곧바로 혼절하고 말았습니다.

한참 후 뒷간으로 오던 아버지가 나를 발견했지요. 치유된 후에 아버지가 들려준 말에 따르면, 그때 나는 눈동자를 뒤집고 거품을 물며 입도 얼어붙어 말조차 하지 못하다가, 겨우 손으로 무엇을 가리키며 덜덜 떨었답니다. 아버지는 그것이 바람에 날아온 부대 자루라고 했다네요. 그러나 나는 귀신이라고 아우성치며 또 혼절했대요.

그 날부터 더럽고 악한 귀신에 들린 것이에요. 그 후 나는 온통 공포로 가득한 어둠에 갇혀서 세월이 흐르는 것도 몰랐고, 마을 사람들도 알아보지 못했고, 간혹 이상한 모습이나 소리를 들으면 발작이 일어 거품을 물고 혼절하기 일쑤였습니다.

의사: 그런데 어떻게 안식일에 회당에 간 것인가요?

광복 씨: 부모님이 혹시나 해서 데려간 거예요. 사람들에게 해를 끼치지는 않았으니까, 예배를 드리며 찬송하고 랍비의 가르침을 들으면 호전될까 싶어서였지요. 그런데 잠시 호전되기는 했어요. 예배를 드리는 동안에는 나도 모르게 편안해져서 눈만 깜빡이며 부대 자루처럼 가만히 앉아 있었으니까요.

의사: 그런데 그날 예수와 제자들이 회당에 예배를 드리러 왔고, 마침 예수께서 설교하셨습니다. 유대교에서 랍비 외에도, 다른 도시에서 마을을

방문한 바리새인이나 장로나 손님, 그리고 청년 이상의 마을 남자면, 누구라도 설교할 수 있게 했으니, 대단히 열린 종교라서 부럽기만 합니다. 그런데 회당 랍비가 설교를 요청할 때만 했나요?

광복 씨: 아니요. 자청해서 하기도 했어요. 그리고 궁금한 게 있는 사람이 손을 들고 물으면, 랍비가 더 자세히 설명하기도 해요. 그래서 가끔 설교 시간이 길어지기도 하지요. 그것은 안식일의 회당 예배가 어린이부터 온 마을 사람이 참여하기 때문에, 다 알아듣게 하려고 한 것이에요. 물론 큰마을의 회당은 이른 아침부터 몇 번 나누어서 예배를 드리기도 해요.

의사: 그런데 선생은 예수께서 설교하던 중에, 자기도 모르게 소리를 치며 이렇게 말했어요. "나사렛 사람 예수여, 왜 '우리'를 간섭하려 하십니까? 우리를 없애려고 오셨습니까? '나'는 당신이 누구인지 압니다. 하나님께서 보내신 거룩한 분입니다." 그런데 말이 이상합니다. 당신은 '우리(두 번), 나'를 섞어가며 말했습니다. 오락가락한 것인데요.

광복 씨: 나도 모르게 말이 튀어나왔어요. 그냥 속에서 어떤 위기를 느껴서 나오는 대로 소리를 지른 것이에요.

의사: '우리'라는 말을 들으면, 선생은 귀신의 '집단'에 소유되어 압도당한 상태라고 볼 수 있습니다. 하나가 아니라는 말이지요.

광복 씨: 나도 모르겠어요. 예수께서 "입을 다물고 이 사람에게서 나가라."라고 하시자, 나도 모르게 경련이 일어나 바닥에 쓰러져 거품을 물고 눈을 까뒤집고 아우성을 쳤지요. 그리고는 혼절했습니다. 그 뒤로는 나중에 들은 이야기에요.

그러자 어머니가 달려 나와 나를 부둥켜안고 우셨대요. 회당은 이내 정적에 휩싸였답니다. 얼마 후에 정신이 들어 어머니의 얼굴을 보자, 이상하게도 마음이 뜨거워지며 눈물이 나서, 어머니 품에 얼굴을 파묻고 울었지요. 어머니도 눈빛이 또렷하고 차분한 표정이 된 나를 보고는 마구 울며, 내가 정신이 돌아왔다고 하며 소리를 쳤어요.

그러자 사람들이 모두 "귀신들도 복종하는 하나님의 예언자가 나타났다!"라고 소리치고 놀라며 하나님을 찬양하며 할렐루야하고 말했습니다. 예배가 끝나자, 부모님과 나는 예수께 다가가 연신 눈물로 감사하다고 했습니다. 사람들도 다가와 축하했고요. 그렇게 하여 나는 예수에게서 새로운 삶을 선물로 받았던 겁니다. 죽어도 잊을 수 없는 분이시지요.

<u>의사</u>: 의학으로는 설명하기 어려운 일이지만, 의사들도 심오한 정신적 깨달음의 차원에 이른 사람은 그 존재 자체와 간단한 말이나 미소나 손짓으로도 사람의 마음에 평안과 치유를 가져다준다는 것을 확실히 인정합니다. 의학은 만능의 학문은 아닙니다. 특히나 인간의 내면에 관해서는 여전히 모르는 바가 많지요. 예수 같은 차원에 이르지 않고서야, 누가 인간을 다 이해한다고 말하겠습니까?

3

<u>의사</u>: 이번에는 "중풍에 걸렸던 환자"와 이야기를 나누어보지요(막 2:1~12). 이분은 "온전 씨"라고 부르겠습니다.

<u>온전 씨</u>: 그 말이 맞습니다. 나는 예수로 인하여 마비되었던 사지가 온전해졌으니까요. 시체 같은 사람이었지요. 내가 스스로 하는 일이란 호흡하고 눈을 깜박이고 말하는 것이 전부였으니까요. 돌아눕거나 대소변조차 가리지 못했어요. 사람이 아니었지요. 식구들만 애태우고 고생만 시킬 뿐이었습니다.

의사: 어떻게 그렇게 되었나요?

온전 씨: 나도 몰라요. 나는 지금 40세인데, 5년 동안이나 그렇게 살아 왔어요. 부모님이나 아내의 고통은 이루 말할 수 없었지요. 그런 가운데서도 그런 나를 멀리하지 않고 늘 찾아와 위로하고, 이런저런 이야기를 들려 주며 함께 고통을 나눈 "네" 친구는 내게 크나큰 행운이었어요. 아니, 하나님의 천사들이지요.

의사: 그렇겠네요. 오랜 질병에는 고통받던 가족도 무덤덤해지고 친척과 이웃도 멀어지는 법인데, 그렇게 자주 찾아와 이야기를 들려주는 친구들이 있었으니, 그것이야말로 진정 하나님의 은총이지요. 그런 친구들은 거의 찾아보기 어렵지요. 어떤 시인이 말한 것인데요, "친구란 내가 죽어가면서도 아내와 자식들을 맡길 수 있는 사람"이라고 했어요(함석헌). 그런 친구가 한 사람이라도 있다면, 그는 인생을 제대로 산 사람이라 하겠습니다. 나도 그런 친구가 있었으면 좋겠는데, 부끄럽게도 나도 그런 친구이지는 못합니다. 그러니 당신이 중풍에 걸리지 않았을 때 얼마나 좋은 사람이었는지 알만합니다.

온전 씨: 과분한 말씀입니다. 친구들이 나보다 훨씬 더 좋은 사람이지요.

의사: 그러면 그때 일을 들려주시지요.

온전 씨: 그날 오전, 네 친구가 들것을 가지고 오더니, 다짜고짜 어디를 가자는 거에요. 어디냐고 물었지요. 그랬더니 광야에서 오랜 수도 생활을 하여 하나님의 큰 능력을 입은 예언자 예수를 만나러 간다는 것이었어요.

그분이 더럽고 악한 귀신 들린 '광복이' 청년과 오랜 열병으로 몸져누워 있던 우리 마을 베드로의 장모를 치유했다는 이야기는 벌써 들어서 알고 있었지요. 그런 이야기를 듣고는 친구들에게, 나도 치유 받았으면 얼마나 좋을까 하고 말하기도 했지만, 움직일 수 없는 몸이니, 어떻게 하겠어요? 가족도 생각해내지 못한 것을 친구들이 한 것이에요. 친구들은 그분이 지금 어느 집에서 하나님의 말씀을 전하고 계시는데, 사람들이 마당이고 울타리 밖이고 할 것 없이 몰려와 듣고 있으니, 가보자는 것이었지요.

의사: 정말 사람들이 그렇게도 많이 모여들었나요?

오전 씨: 가보니까, 이미 그 집 주변은 사람들로 꽉 차서 발 디딜 틈도 없었어요. 겨우 친구들이 사람들을 해치고 대문까지 갔는데, 더는 비켜주지도 않는 거예요. 들것에 실린 나를 보고도 그렇게 인정머리가 없었으니, 친구들은 분통을 내고 나도 무척 서운했지요. 나는 돌아가자고 했지만, 친구들은 어떻게 해서라도 내가 예수를 만나게 하려고 궁리했어요.

그러다 한 친구가 기발한 꾀를 냈어요. 사람들이 비켜주지 않으면, 비키지 않아도 만나게 할 방법이 있다는 것이었어요. 그러면서 넷이서 들것을 들고 뒤꼍 쪽으로 가서는, 밧줄을 구해 가지고 와서, 들것의 귀퉁이에 묶어 들어 올려 예언자 앞에 내려놓자는 거예요. 그 집은 묘하게도 언덕을 ㄷ자 형태로 파고 잇대어 있어서, 들것을 들고 오르기가 그나마 괜찮았어요. 그러더니 그 친구는 예언자가 한창 말씀을 전하고 있는데도, 한쪽 벽으로 올라가 지붕에서 나뭇가지와 지푸라기를 걷어내고 구멍을 뚫어서, 나를 내려놓자고 하는 것이었어요. 모두 눈이 휘둥그레졌지요. 그 구멍 바로 아래가 황망하게도 예언자가 앉아 있는 곳이었어요.

의사: 그러니 흙 부스러기며 나뭇가지며 지푸라기가 떨어져 온통 먼지 구덩이가 되었겠네요? 물론 예수의 머리와 어깨에도 떨어졌겠고요.

오전 씨: 그렇지요. 나는 들것을 달아 내리는 동안, 그냥 눈을 감았어요.

의사: 그러면 예수는 어떤 표정이었나요?

온전 씨: 바닥에 내려져 눈을 뜨고 보니까, 예언자는 아무 일도 아니라는 듯이, 머리와 어깨에 떨어진 부스러기들을 털어내고는, 나를 인자한 미소를 지으며 지긋이 바라보셨어요. 나는 너무나도 죄송했지만 어떻게 할 수도 없었지요. 그저 위에서 내려다보는 친구들만 멀뚱멀뚱 쳐다볼 뿐이었지요. 그랬더니 예언자는 환하게 웃으며 친구들을 바라보고는, 나에게 이렇게 말씀하셨어요. "친구들의 믿음이 참으로 놀랍습니다! 형제여! 당신의 죄는 용서받았습니다." 나는 그게 무슨 말씀인가 싶어, 아무 말도 하지 못했지요.

의사: 그 자리에는 바리새파 율법 학자들도 몇 사람 있었다면서요?

온전 씨: 그래서 더욱 놀라고 무서워졌지요. 나는 그들이 서로, "아니, 죄를 용서하는 일은 하나님만 하시는 일인데, 이 사람이 어찌 감히 죄를 용서한다는 것인가?" 하고 말하는 소리를 들었어요. 그 말에 나는 오싹해졌습니다. 그런데 예언자는 이렇게 말씀하셨어요.

"당신들은 어째서 그런 말을 합니까? 나는 당신네 생각을 잘 압니다. 우리 민족은 예로부터 '죄→ 하나님의 심판→ 질병이나 사고→ 죄인의 회개→ 하나님의 용서와 회복'이라고 믿어왔지요(질병은 본인이나 부모의 죄 때문이란 것, 요 9장). 욥기가 그런 이야기이지요. 그런 이야기는 죄를 경고하는 것이지만, 그러나 모든 병이 죄 때문에 오는 게 아닙니다! 지금 당신들은 이 사람도 죄를 지어서 하나님께 중풍이라는 심판의 처벌을 받고 있다고 생각하지요? 그래서 이 사람이 회개하면, 용서를 받고 건강을 회복한다고 생각합니다.

그런데 말입니다. 회개했는데도 회복되지 않는다면, 그때는 어떻게 말할 겁니까? 그러면 하나님마저도 용서하시지 못할 죄를 지은 것이라고 하겠지요. 그런데 과연 그런가요? 그렇게 해서 하나님을 자비에 인색하고 심판을 즐기시는 무서운 분으로 만드는 것입니까? 반대로 생각해봅시다. 그러면 건강한 당신들이나 여기 모인 사람들은 하나님께 하나도 죄를 짓지 않아서 그렇다는 말인가요? 죄가 꼭 몸의 질병을 가져옵니까? 그렇지 않아요! 내가 '이 형제'에게 용서를 말한 것은 이 사람이나 당신들이나 여기 모인 사람들도 전통대로 생각하기에 그랬던 것입니다. 그러나 그것은 고루하기 짝이 없는 사고방식이에요!

그렇기에 죄를 짓지 않고도 질병을 앓는 사람에게 하나님의 용서를 말해주는 것은 나뿐만 아니라, 누구라도 해줄 수 있는 거예요! 하나님을 속 좁으신 분으로 여기는 것이야말로 진정 마음으로 짓는 죄입니다! 나는 말합니다. "나는 앞으로도 병을 앓고 있는 누구에게나 용서를 선포할 것입니다. 여러분들도 그렇게 하세요! 병이 낫지 않더라도 마음에 평안을 주는 것이나, 그릇된 사고방식에서 해방되는 것은 하나님도 기뻐하고 바라시는 바이니까요."(이 같은 이해는 모든 질병에 해당)

나는 예언자의 말에 감탄했습니다. 마음속에서 중풍과도 같이 나를 마비시키는 무거운 죄의 짐이 다 벗겨져 나가는 것 같은 느낌을 받았어요. 나도 그런 사고방식을 짊어지고 하루도 평안을 모르고 살아왔으니까요.

의사: 그리고는 선생의 손을 잡고, "일어나서 들것을 걷어서 집으로 가세요. 친구들의 믿음이 당신을 구했습니다. 평안히 가세요."라고 말하자마자, 벌떡 일어선 것이네요?

온전 씨: 그렇지요. 그 말을 듣자마자, 무슨 다른 생각을 할 겨를도 없이, 중풍에 걸리기 전에 늘 하던 대로 그냥 일어났어요! 나도 까무러칠 정도로 놀랐지요. 위에서 지켜보던 친구들은 환호하고, 사람들도 모두 놀라서 어안이 벙벙해졌고요. 이윽고 박수하고 환호하며 하나님을 찬양하며 좋아하

고 축하의 말을 건넸습니다.

의사: 그러면 바리새파의 율법 학자들의 표정은 어땠나요?

온전 씨: 그들은 축하의 말 한마디 없이 툴툴거리며 일어서더니, 예언자를 노려보고는 사람들에게 비키라고 소리치며 나갔지요. 분명히 예언자의 말씀에 온통 심사가 뒤틀린 것이지요. 몇몇 사람은 "오늘 위대한 예언자의 가르침을 들었다."라며 기뻐했습니다. 내가 예언자의 손을 붙잡고 눈물을 흘리며 절하고 고마움을 표하자, 위에서 내려와 사람들을 헤치고 들어온 친구들도 연신 절을 하며 고마워했습니다. 예언자는 내게 마음의 평안은 물론, 몸의 건강까지 덤으로 얹어서 새로운 삶을 선물로 주신 거예요. 그분을 어찌 잊을 수 있겠습니까?

4

의사: 이번에는 "손이 오그라들었던 사람"을 만나보겠습니다(막 3:1~6). 이분의 이름을 무엇이라 지을지 생각해보다가 오그라든 손을 평평하게 폈으니, "옥평(玉平) 씨"로 하겠습니다.

옥평 씨: 하하, 말이 재미있네요.

의사: 두 손이 다 그랬었나요?

옥평 씨: 아니, 오른손입니다.

의사: 그랬군요. 많이 불편하게 지냈겠어요?

옥평 씨: 그렇지요. 손 하나 못 쓰게 된 게 그렇게도 불편한 것인지 그때야 알았지요. 당연하게 여기며 살아오던 것에 크나큰 지장이 생기니까, 전혀 당연한 것이 아니라는 것을 깨닫게 되었지요. 씻고 옷을 입고 일하는 모든 것에 고생했어요. 손을 펴게 된 후 나는 모든 것을 하나님의 은총·선물로

생각하게 되었어요. 인생에 당연한 것은 하나도 없다는 것을 확연히 깨달았지요. 그러니 참으로 전화위복(轉禍爲福)이 된 것이지요. 손을 펴게 된 것도 감사하지만, 인생을 이해하게 된 것은 더욱 큰 선물이니까요.

의사: 훌륭하십니다. 인생의 모든 게 선물이지요. 내 눈으로 보고, 내 귀로 듣고, 내 입으로 말하고, 내 손으로 먹고 일하고, 내 발로 걸어 다니고, 잠자리에 들고 일어나고 하는 모든 게, 그런 지체를 잃게 된다면 전혀 당연한 일이 아니지요. 이 모든 게 그저 일상의 평범한 일이지만, 그것이야말로 지극히 놀랍고도 신비스럽고도 특별한 기적입니다!

내가 애송하는 시편 세 번째에 '다윗의 시'로 알려진 것이 있지요(시 3편). 선생도 아실 거예요. 다윗이 아들 압살롬의 반란으로, 급히 도성을 비우고 광야로 피난을 가서, 슬픔과 고통으로 괴로운 가슴을 안고 뜬눈으로 지새우다가, 동이 터오는 새벽녘에 인생의 진실을 깨닫고는 지은 시라고 합니다(삼하 13~18장).

거기에 이런 말이 있습니다. "내가 누워 곤하게 잠들었다가 또다시 깨어나게 되는 것은 하나님께서 나를 붙들어주시기 때문입니다(때문이구나!)."(3:5) 반란과 피난과 진압의 모든 과정을 생략하고, 지극히 당연하고 평범하기 그지없는 일에 담긴 심오하고 오묘한 인생의 진실을 묘사한 것이지요.

멀쩡한 몸으로 보고 듣고 말하고 먹고 걷고 일하는 것은 동물도 잘하는 당연한 일입니다. 그러나 다시 보면, 전혀 당연한 일이 아니지요. 신비요 기적입니다. 다윗의 노래는 아들 군대의 추격으로 그 밤에 과연 살아남을 것인가 하고 노심초사하며, 거의 한숨도 잠들지 못하고 뒤척이다가 떠오르는 태양을 보며 살아 있음을 실감하고 지은 것이지요. 그러니 눕고 자고 깨어나고 숨을 쉬고 말을 하고 먹고 걷는 모든 자질구레한 일상적인 일이 전혀 다르게 보인 것이고, 자기와 삶을 새롭게 발견한 것입니다.

옥평 씨: 좋은 이야기를 들려주셔서 고맙습니다. 내가 바로 그랬습니다.

의사: 그런데 당신이 치유를 받은 과정이 흥미롭기도 하고 불길하기도 합니다.

옥평 씨: 그랬습니다. 안식일에 회당 예배 때 벌어진 일이에요. 나는 중풍 환자가 치유를 받았을 때 거기에 있었어요. 그래서 나도 희망을 품었지요. 그때 일로 화가 난 바리새파 사람들은 잔뜩 벼르는 눈치로 예수를 노려보고 있었습니다.

그 날 아침, 그들은 회당에 가는 길에 우리 집에 들러 나를 데리고 갔어요. 나는 내가 스스로 갈 것인데, 무엇 때문에 날 데리고 가려느냐고 따졌지요. 그랬더니 가보면 알 것이라고 으름장을 놓으며 거칠게 대꾸했어요. 나를 자기들 옆에 앉힌 그들은 랍비가 설교를 마치자, 나를 툭 치면서 일어서게 했어요. 그래서 일어나 손가락이 죄다 오그라들어 쓰지 못하는 오른손을 가슴께로 오므리고 있자, 예수께서 나를 보셨지요.

나를 보신 예수는 "일어나서 가운데로 나와주겠어요?" 하고는, 그들과 회중을 바라보며 이렇게 말씀하셨어요. "자 여러분, 오늘은 하나님을 경배하고 집안일을 내려놓고 푹 쉬는 즐겁고 행복한 안식일입니다. 이것이 안식일을 주신 하나님의 사랑이지요?" 회중은 그렇다고 했지요. 그러자 예수는 바리새파 사람들을 바라보며 이렇게 말씀하셨어요. "자, 여러분에게 물어봅시다. 안식일에 선한 일을 하는 것이 옳습니까, 아니면 악한 일을 하는 것이 옳습니까? 목숨을 구하는 것이 옳습니까, 아니면 죽이는 것이 옳습니까?"

의사: 참, 대답하기 쉽고도 곤란한 질문입니다. 당연지사, 착한 일이나

목숨을 구하는 일은 안식일이라도 해야지요. 그게 하나님을 경배하는 것이니까요. 게다가 사람들에게 기쁨과 행복을 안겨주지요. 안식일은 화목하고 기쁜 날입니다.

옥평 씨: 그런데 내가 듣기에도 예수의 질문이 너무 단순하고 지나치고 과격한 것으로 보였습니다. 선과 악, 목숨을 살리고 죽이는 일이 나와 어떻게 연결되는지 이해할 수 없었으니까요. 내가 보기에는, 안식일이라도 사람을 고치는 것은 어떻게 생각하느냐고 물어야 할 것인데 말입니다. 그러니 그들이 무슨 말로 대답할 수 있겠습니까? 어린애도 아는 일이니까요. 그들은 유구무언(有口無言)이었습니다.

그러자 예수는 그들의 얼굴을 둘러보며 이렇게 말씀하셨어요. "아니, 왜 대답을 못 하시나요? 여러분처럼 율법을 잘 아시는 분들도 없지 않나요? 만일 내가 이 사람을 치유한다면, 그것이 안식일 계명에 어긋난다는 말입니까? 어떻게 그렇게 마음이 완고하고 딱딱하십니까? 사람이 온전해지는 것은 하나님께서도 바라고 기뻐하시는 일이 아닌가요? 내가 아픈 사람을 치유하는 것이 하나님이 언짢아하고 분노하실 일일까요? 그렇다면 여러분은 하나님을 잘못 알고 있는 겁니다! 하나님은 그런 분이 아니시니까요.

안식일은 축복의 날, 경축의 날, 잔칫날, 해방과 자유의 날, 감사와 친교의 날, 생명과 평화의 날입니다. 여러분은 안식일에 소와 말과 양과 염소가 구덩이에 빠져도 끌어내면서, 장애의 구덩이에 빠진 사람을 구해주는 것이 안식일을 어기는 일이라고 보는 겁니까? 그러면 사람이 짐승보다 못한 존재라는 말인가요? 성서 어디에 그런 가르침이 있습니까?"

의사: 그런 말에 그들은 어떤 말을 했나요?

옥평 씨: 역시 유구무언이었지요. 그런데 얼굴마다 난처함과 분노로 이글

233

거렸습니다. 그런 눈으로 나를 쳐다보는데, 살이 다 떨렸지요. 나는 치유돼도 걱정이겠구나 했지요. 그러나 아무 말도 하지 않고 묵묵히 서 있었습니다. 그러더니 예수는 나를 보고는, "형제, 손을 내미세요."라고 말씀하셨어요. 그러자 손이 따스해지더니, 손가락이 절로 움직이는 것이었어요. 나는 접었다 폈다 하며 놀라서 환호했지요. 그러나 사람들은 바리새파 사람들을 의식하느라 잠잠히 있기만 했지요.

바리새파 사람들은 집으로 돌아가는 나를 붙잡고는, '너에게는 좋은 일이겠지만, 저 사람은 분명히 안식일에는 일하지 말라는 계명을 어긴 것이다. 아니, 내일 고치면 안 된다는 법이라도 있느냐?'라고 말했어요. 나는 '나는 아무 잘못 없어요.'하고 대답했지요. 그들은 하는 수 없이 돌아서며 수군거렸어요. '아무래도 저자를 가만두었다가는 이보다 더 큰 일을 벌일 것이오. 그러니 "헤롯 안티파스 영주의 끄나풀들과 의논해서 저자를 없애버리는 게" 좋겠소.' 나는 그런 말에 아연실색했지만, 그들이 무서워서 아무 말도 하지 못했습니다.

의사: 사람이 법, 제도, 전통, 이념, 종교, 정치, 경제에 지나치게 사로잡히면, 인간이 보이지 않지요! 정작 인간을 위해서 제정된 것들이 인간을 옭아매는 흉측한 괴물로 둔갑합니다.

옥편 씨: 나 때문에 예수께서 곤란하게 되어서 죄송할 따름입니다.

_5_

의사: 이번에는 "거라사 광인(狂人)이었던 사람"을 만나보겠습니다(막 5:1~20). 이 사람의 이름은 "광기(光基) 씨"라고 부르겠습니다. 괜찮겠습니까?

광기 씨: 아무려면 어때요? 이름이 뭐 그리 중합디까? 내가 사람답게 된 게 중요하지요.

의사: 거라사는 어디입니까?

광기 씨: 갈릴리호수 북동쪽의 산지입니다. 가버나움에서 동쪽이지요. 그곳에서 쭉 내려가 사해 동편의 고원 지대인데, 이방인들이 많이 사는 곳이 나옵니다. 주로 포도원이나 소와 양을 기르는 목장이나 돼지 농장을 운영하는 사람들이 사는 곳이지요. 돼지고기는 로마 군대에 납품하거나 그리스인들에게 팔았지요. 나무들이 울창한 경치는 참으로 천하절경입니다. 거기에서 갈릴리호수를 내려다보는 것은 크나큰 즐거움으로, 특히 황혼이 무척이나 아름답지요. 갈릴리 지역이 한눈에 다 보입니다.

의사: 그렇게 풍광이 좋은 곳에서 어떻게 하다가 광인이 되었나요? 아 참, 유대인들은 더럽고 미친 사람을 악한 귀신에 들린 사람으로 보았지요.

광기 씨: 아무려면 어때요? 내가 광인(狂人)에서 '빛을 내뿜는 터(光基)'가 된 게 중요하지요. 열다섯 살 때쯤, 말라리아에 걸려 오래도록 앓다가 그렇게 되었어요. 아마도 모기란 놈의 입에 무슨 비법이 있어서, 사람의 머리통 속까지 파고 들어가는가 봅니다. 간혹 모기에 물린 돼지들도 미쳐 날뛰기도 하지요. 내가 날이 갈수록 광포하게 날뛰자, 더는 견딜 수 없었던 가족과 동네 사람들이 나를 붙들어 그곳에 있는 "공동묘지"에 데려다 놓았어요.

의사: 그런데 선생은 유독 중증(重症)이었습니다. 천하 사물을 온통 거꾸로 뒤집어서 생각했으니까요. 선생은 두려움도 없어 공동묘지를 집으로 삼고, 천하장사라서 바윗돌도 집어 던지고, 쇠사슬쯤은 지푸라기로 여기고, 쇠고랑조차도 거미줄로 알고, 여러 사람이 붙들어도 물고기처럼 내동댕이쳤다지요?

<u>광기 씨</u>: 그랬지요. 너무나도 괴로워서 나도 모르게 그랬어요. 그땐 몰랐지만, 후에 내 안에 두 개의 나가 있었다는 것은 알았어요. 인간인 나와 악마의 졸개들인 나가 뒤섞여 있었는데, 그것들이 나를 온통 제압하고 끌고 다녔지요. 그러니까 인간인 나는 귀신들의 놀이터요 노리개요 노예였고, 인간의 얼굴을 쓴 한 마리 짐승이었어요.

<u>의사</u>: 그래서 아무도 선생을 붙들어 둘 수 없었겠네요. 그런데 더욱 가련했던 것은 짐승처럼 울부짖으며 살고 싶어 한 선생의 목소리와 애원의 몸짓입니다. 그것은 악마 졸개들의 포로가 된 선생이 사람들에게 살고 싶은 마음을 내비친 간절한 호소였습니다. 그렇게 선생은 밤낮 무덤 사이나 산속에서 거처하면서, 늑대처럼 울부짖고, 돌멩이로 몸을 짓찧으며 상처를 내고 피를 흘리며 영혼의 절절한 소망을 세상에 알렸습니다. 그러나 사람들은 선생의 짐승 같은 포효(咆哮)에 도망칠 뿐이었지요.

<u>광기 씨</u>: 그래도 몸이 지칠 대로 지쳐 쓰러져 드러누워 있을 때는, 잠시 내 안의 인간이 눈을 뜨기도 했어요. 무슨 생각을 했다는 말이 아니라, 별들을 바라보며 무엇을 느꼈다는 거예요. 말로 표현할 수 없는 어떤 슬픔과 괴로움과 외로움을 느꼈지요. 그래서 마구 머리와 옷을 쥐어뜯으며 울부짖은 것이에요.

<u>의사</u>: 그런데 어떻게 먹고 지냈나요?

<u>광기 씨</u>: 이따금 부모와 형제들이 멀리 떨어진 곳에 빵을 가져다 놓았습니다. 난 가족도 알아보지 못했지요. 후에 안 사실이지만, 어머니는 가끔 오실 때마다 미어터지는 가슴을 부여잡고 통곡하며 돌아갔답니다. 내가 뜻하지 않게 불효막심한 자식이 되었던 것이지요. 그래도 멀찍이서 그런 모습을 볼 때마다, 순간 이상하게도 아픔을 느꼈어요.

의사: 그런데 광기 씨는 어느 날 예수 일행을 만나게 되었습니다. 그것을 보고 어떤 느낌이 들었나요?

광기 씨: 그동안 나는, 아니 내 안의 귀신들은, 사람이 나타날 때마다 그들이 나를 죽여 자기들을 내쫓으려 한다고 의심했기에, 나를 통해서 소리를 지르고 돌멩이를 던지며 광포하게 한 것입니다. 그때 나는 귀신들을 나로 느껴서 '나'라는 의식이 없었으니까요.

그런데 그날 공동묘지 쪽으로 다가온 몇몇 사람들을 보았을 때는 내 안의 귀신들이 잠자코 숨을 죽이고 있었습니다. 나는 가만히 앉아서 그들을 멀뚱멀뚱 바라만 보았습니다. 그들은 점점 내 쪽으로 다가왔지요. 그러자 갑자기 내 안의 귀신들이 나를 일으켜 세우고는, 그들 쪽으로 달려가게 하더니, 그들 중 어떤 사람 앞에 무릎을 꿇고 엎드리게 하고는, 큰소리로 외치게 했어요. 참으로 이상한 일이 벌어진 것이지요.

의사: 후일 그 이야기를 들려준 사람들(복음서 기자들)은 이렇게 말했습니다. "그것은 예수께서 이미 그에게, '더럽고 악한 귀신아, 그 사람에게서 나가라' 하고 명령하셨기 때문이다." 이것은 예수께서 말했다는 것이 아니라, 심정에서 하셨다는 것이지요. 그러니까 예수는 이미 선생의 소문을 알고 있었던 것이지요. 그래서 선생을 보자마자 너무나도 가슴 아프고 측은하고 불쌍해서, 선생이 간청하기도 전에 선생의 속마음, 곧 인간으로 살고픈 선생의 절실한 소망의 목소리를 듣고 그렇게 명령하신 것입니다. 그래서 선생 안의 귀신들이 그 소리 없는 소리에 잔뜩 겁을 먹고, 일으켜 달려가 엎드리게 한 것이지요.

이윽고 선생 안의 귀신들과 예수의 대화가 시작됩니다. "더없이 높으신 하나님의 아들 예수여, 나와 무슨 상관이 있습니까? 하나님을 두고 애원하니, 제발 나를 괴롭히지 말아 주세요." 여기에서 선생의 상태가 그대로 노출됩니다. 인간인 선생의 나는 없고, 선생을 차지하고 부리는 귀신들이 선생, 곧 '나'라고 합니다.

<u>광기 씨</u>: 그렇지요. 그때 나는 인간의 의식이 없었으니까요.

<u>의사</u>: 예수는 묻습니다. "네 이름은 무엇인가?" 선생 안의 귀신들이 대답합니다. "군대입니다(레기온·legion. 로마 군대의 연대 병력, 약 6천 명). 우리의 숫자가 많아서 붙여진 이름입니다." 이것이 선생의 비극적 상황이었지요. 연대 숫자만큼이나 많은 귀신에 점령당했으니까요. 그러니 선생은 인간으로서는 최악의 상태에 빠져 있었던 것이지요. 예수께서 이미 귀신들에게 선생에게서 나가라고 하셨기에, 귀신들은 간청합니다. "우리를 돼지들에게로 보내서 그것들 속으로 들어가게 해주십시오." 선생이 말했듯이, 그곳에는 돼지 농장이 있었습니다.

예수께서 허락하시자, 귀신들은 일제히 선생에게서 빠져 나와 돼지들 속으로 들어갔습니다. 그러자 순식간에 미쳐버린 "거의 이천 마리나 되는 돼지들"은 광포하게 날뛰며 울타리를 부수고 비탈로 내달아 호수로 뛰어내려 빠져 죽었습니다. 그리하여 선생은 다시금 인간으로 돌아왔지요. 제정신을 찾고는, 그때야 사태를 알아차리고 옷과 머리를 가지런히 다듬고 예수 앞에 얌전하게 앉아 있었습니다.

<u>광기 씨</u>: 정신이 돌아온 나는 그분이 예언자 예수라는 것을 알게 되어, 눈물을 흘리며 감사를 드렸고, 따라다녀도 되겠느냐고 했습니다. 그러나 예수께서는 허락하지 않고, 집으로 돌아가 가족과 사람들에게 하나님이 큰 은혜와 자비를 베푸신 일을 이야기하라고 하셨어요. 나는 기쁨의 눈물로 예수께 절하고는 떠나가시는 것을 배웅했습니다. 그리고는 집과 마을은 물

론, 그간 소문을 들어 나에 대해서 알고 있던 인근 "열 개 마을"까지 가서, 사람들에게 예수를 전했습니다(데가볼리·데카폴리스: deca-열, polis-도시·마을).

의사: 선생이 요청하지 않았는데도 자비심을 일으킨 예수는 진실로 놀라운 분이십니다. 그것이야말로 예수의 하나님 나라 운동입니다. 인간이 서로를 돕고 사랑하고 자비를 베푸는 새로운 삶, 새로운 세상이지요. 단지 어느 때 일어난 기적 이야기가 아닙니다. 정녕 기적이라고 한다면, 예수의 사랑과 자비가 기적이지요. 아니, 예수라는 사람 자체가 기적이지요. 그를 믿고 사랑하는 모든 이마다 그분처럼 살아간다면, 세상이 얼마나 좋아지겠습니까?

광기 씨: 귀한 말씀 고맙습니다. 나는 그렇게 죽었다가 다시 살아난 사람입니다. 그 모든 게 예수의 사랑과 은총입니다. 평생 예수를 잊지 못할 것이고, 그분을 사랑할 것입니다.

6

의사: 지금까지 '더럽고 악한 귀신에 들렸던 사람, 중풍에 걸렸던 환자, 손이 오그라들었던 사람, 거라사의 광인이었던 사람'과 만나 이야기를 나누었습니다. 예수와 만난 사람들은 둘로 갈라졌습니다. 치유를 받거나 가르침을 듣고 새로운 인간이 되어 살아간 사람들과 만나고 듣고 보았으면서도 완고하게 거부한 사람들입니다.

현대 일본의 소설가 '엔도 슈사쿠'가 쓴 "호반"에 가슴 아픈 이야기가 나옵니다. 저녁에 홀로 갈릴리호숫가를 걷던 예수는 넝마로 만든 자그마한 움막 안에 한 노인이 드러누워 있는 것을 보고는 들어갑니다. 늙고 병들어 거기서 죽도록 내다 버린 것이지요. 인간의 잔혹함에 크나큰 슬픔과 고통을 느낀 예수는 거의 죽기 직전인 그 노인의 손을 붙잡고 위로합니다. 겨우 눈을 뜬 노인은 전에 예수를 보았던지, 자기를 살려달라고 간청합니다.

그러자 예수는 이렇게 말합니다. "나는 할 수 없어요. 내가 할 수 있는 일이란 고작 이렇게 손을 잡아주고 말을 들어주는 것밖에는 없어요. 미안합니다." 그러자 노인은 눈물을 흘리며 자기를 찾아주어서 고맙다고 합니다. 예수는 밤새도록 그 노인의 손을 붙잡고 앉아 있습니다. 새벽이 오자, 노인의 손이 식어버린 것을 안 예수는 노인의 두 손을 가슴에 얹어주고는 움막을 나옵니다. 그리고는 조금 걸어가다가 풀썩 주저앉아 눈물을 흘리며 하나님께 하소연합니다. "아버지, 어째서 세상에는 이렇게도 잔인하고 슬프고 고통스러운 일이 많습니까! 아버지의 눈에는 이것이 보이지 않습니까?"

작가는 기적의 사나이 예수가 아닌, 고통을 겪는 사람들을 향한 슬픔과 눈물뿐인 사나이 예수를 그립니다. 사랑 때문에 무기력한 예수! 그런데 이러한 예수의 모습이 오늘 우리에게 더욱 가까이 느껴지고 다가오는 것은 나만 그런 게 아닐 것입니다.

지금은 병원이 곳곳에 있고 의사들의 수준도 높아서, 누구나 치료받을 수 있습니다만, 서두에서 말한 바와 같이, 인간 사이의 관계에 든 병이 심각한 세상입니다. 우리나라든 다른 나라든, 지금 세상은 한쪽에서는 유례없는 풍요를 누리고, 다른 쪽에서는 상대적 가난으로 힘겹고 식량 부족과 기아와 질병과 병원이 없어서 죽는 어린이들이 무척이나 많습니다. 유네스코의 보고서를 보니까, 하루에 채 두 끼니조차 제대로 먹지 못하는 사람들이 무려 20억 명이나 된다고 합니다. 대부분 아프리카와 중남미와 아시아 사람들입니다.

따라서 우리는 복음서에서 질병을 치유하고 굶주린 민중을 먹이는 예수를 '기적의 사나이'로 보는 눈을 완전히 바꾸어야 할 것입니다. 그것을 암만 기억한들, 오늘날 무슨 도움이 됩니까? 인류가 지금 한 해에 '삼천조 원'이나 되는 돈을 국방비로 펑펑 써대는 게 제정신입니까? 거대한 예배당을 짓고 많은 이들이 모여 예배를 드리는 게 예수의 가르침이던가요?

　　또 하는 말이지만, 예수는 사람들에게서 "영광"이나 칭찬이나 존경이나 흠모나 경배나 숭배를 받으려는 마음조차도 없으셨습니다(요 5:41, 8:50). 물론 살아서도 죽은 후 부활해서도 마찬가지입니다. 우리는 예수의 말씀을 똑바로 들어야 할 것입니다. 예수 찬양과 예수 경배가 아니라, 예수 사랑과 예수 추종이 그리스도인의 길이니까요.

12

시로-페니키아 여인, 문둥병 환자 사마리아인,
눈먼 거지 바디매오

1

교사: 중년 여성인 나는 남해 바닷가에 자리한 기독교 고등학교의 역사 교사인데, 지중해변의 도시에서 살았던 한 여인을 만나보려고 합니다. 그곳은 기원전 3천 년 경부터 지중해 무역과 식민지 건설로 번영하고 강성하고 화려한 문명을 누렸던 "페니키아" 왕국의 수도인 "두로"입니다(티레·Tyre. 겔 26:1~28:26).

역사학자들은 페니키아를 인류에게 크나큰 문명의 혜택을 안긴 민족으로 평가하지요(오늘날 레바논). 상선과 전함 건조, 계절에 따른 풍향 측정,

항해지도 작성과 항해법, 해상 무역, 지중해 곳곳 식민지 건설(키프로스, 크레타, 한니발 장군으로 유명한 오늘날 튀니지인 '카르타고', 시칠리아, 스페인〈다시스〉-이곳에 유대인 공동체가 있었음, 요나서), 영어를 비롯한 인도-유럽어 알파벳의 기원이 된 문자 발명, 신화와 설화 문학, 왕과 귀족만 입는 값비싼 자줏빛 옷감 수출(소라에서 채취), 성전과 왕궁에만 사용한 송백 나무(백향목) 수출 등, 이천 년 이상 부유했던 해상왕국입니다(로마 제국은 "포에니"라 부름. 포에니 전쟁). 그러다가 기원전 6세기에 들어서부터는 차츰 그리스 아테네와 로마 제국에 지중해 해상 무역의 주도권을 내주었지요.

구약성서에 나오는 페니키아에 관한 이야기는 다윗 왕 때 이스라엘과 외교와 동맹 관계를 맺고(히람 왕), 솔로몬 왕 때는 석재와 목재 등의 건축 자재는 물론, 건축 설계사까지 초빙하여 성전과 궁전과 관공서 설계와 건축을 도맡아 건설하고, 그리고 이스라엘의 남북 분단 후 북이스라엘 왕실과 정략결혼으로 동맹을 맺은 것 등입니다(아합 왕과 이세벨 왕비).

후일 신바빌로니아 제국의 네부카드네자르 2세(성서-느부갓네살)는 중동 일대를 정복했지만, 페니키아의 두로는 워낙 강력한 성벽을 구축한 도성이었기에 5년 동안 포위하고서도 정복하지 못했지요(기원전 6세기 초반). 그러나 그 후 성벽을 정복한 그리스의 알렉산드로스 대왕은 그 앞의 섬으로 도피한 두로의 왕과 정부를 1년 동안 다리 공사를 한 끝에 정복했지요(기원전 4세기 후반 332년). 그렇게 하여 페니키아의 3천 년 영화가 끝났습니다.

복음서에는 예수께서 외국 땅에 간 사실이 단 한 번 나오는데, 두로가 그곳입니다. 그런데 예수께서 그곳까지 가신 까닭은 선교가 아니라, 유대교 지도층과 잦은 충돌로 빚어진 위기에서 잠시 벗어나 쉬기 위해서였습니다. 도피가 아닌, 전략이었지요. 예수의 최종 목표지점은 예루살렘이었기 때문입니다.

예수는 그곳을 거쳐서 갈릴리 최북단인 "빌립보의 가이사랴"까지 가셨던 것도 그런 이유에서였습니다. 거기에서 저 유명한 베드로의 메시아 고백이 나왔지요(막 8:27~9:13). 그 후 곧바로 갈릴리와 사마리아와 여리고를 거쳐 예루살렘으로 가신 것입니다. 그러니 두로는 예수의 하나님 나라 운동에서 분기점이 된 곳이지요. 쉬러 갔는데, 또 일이 생긴 것입니다.

2

교사: 내가 만날 사람은 "시로-페니키아 여인"입니다(막 7:24~30). 이것은 '시로(Syro·시리아. 음역-수리아) 페니키아(Phoenicia)'의 음역(音譯)인데, 로마 제국이 '시리아 주'에 편입했기 때문이지요. 이스라엘에서 보면, 이방인입니다. 이방인은 다분히 자기중심적인 민족 우월주의에서 온 고약한 말입니다. 민족과 문화 우월주의에 사로잡힌 그리스인들이 타국 사람을 '야만인'이라고 한 것과 같습니다(바르바로스·barbaros).

만나서 반갑습니다. 나와 나이가 비슷한 것 같습니다. 손과 얼굴에 신산(辛酸)한 세월의 흔적이 역력히 어려 있군요. 존경스럽습니다. 괜한 말이 아니라 진심입니다. 나는 말로 먹고 살아가는 사람이기에, 바닷바람 속에서 온몸으로 살아오신 당신의 기나긴 고생살이를 잘 헤아리지 못해요. 죄송한 마음이 듭니다.

여인: 무슨 그런 말씀을 하세요. 아이들을 가르치는 '선상님' 일이 더 힘든 일일 텐데요. 나는 문자도 모르는 무지렁이예요. 나만 고생살이를 하는 게 아니라, 바닷가 여인이 다 그렇지요. 나처럼 남편을 풍랑에 잃어버린 여인들은 더욱 고생스럽지요.

244

교사: 남편을 잃으셨다고요?

여인: 네. 고기 잡으러 나갔다가 풍랑에 배가 뒤집히는 바람에, 같이 나간 사람들 셋이 다 죽었어요. 시신도 건지지 못했어요.

교사: 세상에! 괜한 말을 꺼내 상처를 건드렸네요. 죄송합니다.

여인: 아니에요. 몇 년 전 일이라서 이젠 맘 다잡고 살아요. 딸 아이 하나가 제 모든 희망과 기쁨이지요.

교사: 그런데 그 딸이 간질에 들렸으니(더럽고 악한 귀신에 들림), 얼마나 가슴 아프셨겠어요? 바다만 바라보며 살아가는 어촌 도시에서 남편을 잃은 데다 딸까지 그렇게 되었으니, 그 마음고생과 힘겨운 삶을 나는 헤아릴 수 없군요.

여인: 아가가 나을 수만 있다면, 내 목숨이라도 바칠 것이었어요. 아가는 일곱 살인 딸을 부르는 말이에요. 이따금 아가가 간질이 도져서, 땅바닥에 쓰러져 거품을 물고 눈을 뒤집고 사지를 달달 떠는 모습은 내 혼을 다 빼가는 일이었어요. 아가마저 잃었다면, 나는 바다에 빠져 죽고 말았을 거예요. 온통 슬픔과 고통과 눈물로 밤낮을 지새운 나날이었어요. 어떻게든 고쳐보려고, 있는 돈 없는 돈 다 끌어대 의사들을 찾아갔으나, 재산만 다 날리고 빚까지 지고 아무 효력도 없었어요.

교사: 그러던 차에 마침 병자들을 치유하는 것으로 유명한 이스라엘의 예언자가 왔다는 소문을 들은 것이군요?

여인: 그렇지요. 사실 나는 우리 아가가 병에 걸린 이후, 갈릴리에 다녀온 상인들이 전하는 그 예언자의 이야기에 매우 솔깃하여, 그분이 우리 도시에 오셨으면 얼마나 좋을까 하고 기대하고 있었어요. 아가를 데리고 찾아가 보려고도 했지만, 어디에 계신지도 모르고 말도 통하질 않으니, 아무

것도 할 수 없었지요. 그런데 신도 참 고마우시지(로마가 붙인 지명인 '팔레스티나' 일대의 다른 민족들은 하나님·신을 '엘(El)'이라 함)! 그분이 우리 도시, 그것도 우리 동네로 오신 거예요. 나는 물고기 공판장에서 일하다가, 사람들이 몰려들어 외치는 소리를 듣고 알았어요. 얼마나 기뻤는지 몰라요.

나는 반장에게 사정을 말하고는, 여인숙에 머물고 계신 그 예언자를 찾아갔습니다. 염치도 가릴 것도 없이 무작정 그 집으로 뛰어 들어갔지요. 마침 식사를 하고 계셨어요. 누가 예언자인지도 알 수 없어서, 무조건 식탁 앞에 무릎을 꿇고 눈물로 호소했어요. "이스라엘 하나님의 예언자이시여! 부디, 제 아가를 고쳐주세요. 간질에 걸려 죽어가고 있어요!"

교사: 그랬더니요?

여인: 내가 무슨 소리를 하는지, 모두 알아듣질 못했어요. 말이 다르니까요. 나는 답답해서 밖으로 나와, 이스라엘 말을 할 수 있는 사람이 없느냐고 외쳤어요. 그랬더니 어떤 상인이 나서서 자기가 조금 할 수 있다고 해서, 그 사람에게 내 말을 이스라엘 말로 바꿔 달라고 해서 데리고 들어갔지요. 식탁에서 그가 바꾸어준 말을 들은 한 사람이 나에게, 종소리 같은 목소리로 "부인!" 하고 말을 걸었어요. 그래서 그분이 예언자인 것을 알았지요.

그런데 그분은 조금 언짢은 듯한 표정을 지으셨어요. 왜 그랬는지는 모르겠어요. 그리고는 이렇게 말씀하셨어요. "부인, 나는 자녀들을 먼저 배불리 먹여야 합니다." 나는 그 말이 무슨 뜻인지 몰라 물었지요.

"자녀들이라면?"

"이스라엘 사람들을 말합니다."

그 말은 나에게 청천벽력 같은 소리였어요. 사람을 고치는데, 무슨 이스라엘이고 페니키아고 가릴 게 있나요? 속이 가득 상했지요. 그래서 부아가

오른 나는 이렇게 말했지요. "사람은 누구나 다 하나님의 자녀가 아닌가요? 나도 사람이니, 하나님의 자녀라고요!"

교사: 그때 하나님께서 당신에게 지혜를 주신 것 같네요.

여인: 그랬더니, 그분은 나를 똑바로 바라보며 말씀하셨어요. "자녀들이 먹을 빵을 집어서 개들에게 던져주는 것은 옳지 않습니다." 이스라엘 사람 말고는 죄다 강아지라니, 아까보다 더 기가 찼고, 숫제 모욕이었지요! 나를 아주 강아지 취급을 하시는데, 속이 뒤틀렸지요. 그래서 남편 잃고 아가 하나 데리고 험하게 살아온 나에게 없던 강단이 생겼어요.

그 순간 고맙게도 하나님께서 나에게 용기와 지혜를 주신 것이지요. '아, 이렇게 말할 분이 아닌 것 같은데, 시방 이분이 내 속을 떠보려고 그러시는구나!' 하고 말이지요. 그래서 나는 이렇게 말했지요. "맞습니다, 선상님! 자녀들을 먼저 먹이셔야지요. 그러나 자녀들은 지금껏 많이 먹이시지 않았나요? 나도 소문을 들어서 알고 있다고요. 그런데 말이에요, 여느 집 강아지들도 자녀들이 먹다가 흘리는 부스러기를 얻어먹지 않나요?"

여인: 대단하십니다. 그랬더니요?

여인: 그러자 예언자는 놀라워하고 환한 미소를 지으며 말씀하셨어요. "맞습니다, 부인! 내가 미처 그것을 생각하지 못했군요. 훌륭한 말입니다. 하나님께서 부인의 마음속에서 말씀하신 거예요. 이제 걱정하지 마세요. 부인이 그렇게도 사랑하는 외동 아가는 시방 다 나아서 엄마를 기다리고 있을 것이니, 평안히 가보세요."

나는 그 말을 듣자마자 너무나도 기뻐서, 예언자의 손을 붙잡고 눈물을 흘리며 감사했어요. 그리고는 얼른 집으로 뛰어갔지요. 그랬더니 세상에 글쎄, 우리 아가가 침대에 앉아 해맑은 얼굴과 눈동자를 하고 나를 바라보는 것이 아니겠어요?

너무나도 놀라고 기쁜 나는 아가를 끌어안고 눈물을 흘리며, 얼굴을 만지고 일으켜 세워보며 말을 시켜보았지요. 아가는, 좀 전에 갑자기 몸이 불같이 뜨거워지더니, 곧 열이 다 빠져나가고 시원한 기운이 돌았다는 거예요. 나는 속이 메스껍거나 정신이 어지럽지 않으냐고 물었지요. 아가는 전혀 그렇지 않고, 병 걸리기 이전같이 힘이 솟구친다고 말했어요.

교사: 선생의 믿음과 지혜가 아가를 살린 것입니다.

여인: 나는 얼른 아가를 데리고 다시 여관으로 갔지요. 가던 길에 말린 생선 몇 마리를 샀어요. 식사를 마친 예언자는 데리고 온 사람들과 이야기를 나누고 계셨지요. 예언자는 우리 아가를 품에 안고 머리를 쓰다듬으며 축복해주셨어요.

예수 예언자께서 환한 미소를 지으며 우리 아가를 바라보는 모습은 지금도 또렷하게 내 가슴에 새겨져 있어요. 말도 통하지 않는 나는 말린 생선을 옆에 있는 사람에게 드렸지요. 그가 예언자의 눈치를 보는 것 같이 머뭇거리기에, 나는 손을 휘두르며 걸어가다가 잡수시라는 뜻을 전하며, 그 사람의 품에 푹 안겨드렸어요. 그랬더니 예언자와 그 사람과 다른 사람들 모두 웃었지요.

교사: 참으로 당신의 가정에 새로운 태양이 떴습니다. 앞으로도 오랫동안 딸과 함께 건강하고 행복하게 살기를 빕니다.

3

청년: 내가 만나볼 사람은 "문둥병 환자였던 사마리아 사람"입니다(눅 17:11~19). 내가 알기로는, 복음서에서 문둥병은 애매한 단어입니다. 글

자 그대로 문둥병이기도 하고(나병·한센 씨 병), 각종 악성 피부병을 통칭하는 단어라고 합니다. 그래서 사건의 정황과 문맥을 잘 들여다보고 판단해야 합니다(유대인들이 질병을 죄에 대한 심판으로 본다는 것은 이미 말함).

문둥병은 털이란 털은 다 빠지고, 피부가 짓무르고 얼굴도 뒤틀리고, 심하면 손발의 관절이 떨어져 나갑니다. 그래서 전통적으로 유대 사회에서는 문둥병을 전염되어 돌림병을 일으키는 것으로 알아, 환자를 마을 밖으로 추방하여 외딴곳에 머물게 했지요. 여러 사람일 때는 그들끼리 나을 때까지 모여 살았고, 음식은 사람들이 가져다주었습니다. 나으면 집으로 돌아올 수 있었지만, 그런 희망은 아예 없었습니다.

문둥병자들은 사람에게 다가올 수 없었습니다. 율법에 따라 최소한 50m 이상 거리를 두어야 했습니다. 만일 낫지도 않았는데 다가오면, 돌멩이로 쳐 죽여도 살인죄가 성립되지 않았지요. 그래서 복음서에서 많은 사람이 모인 자리에 문둥병 환자가 나타나 도움을 요청하는 경우는 문둥병이 아니라 악성 피부병으로 봐야 합니다. 따라서 오늘 만나볼 문둥병자는 열 명이 모여 살던 유폐 지역이었기에, 문둥병입니다(17:12, "멀찍이 멈추어 서서"가 그것을 말함).

유대인들은 문둥병을 죄에 대한 하나님의 심판에서 가장 중한 벌이라고 보았습니다. 그래서 문둥병 환자는 하나님에게서 철저히 버려지고 소외된 자, 그리고 집과 마을, 곧 사람 사는 세상에서 완전히 추방된 죽은 자로 취급되었지요(1959년에 나온 영화로, 아카데미 11개 부문의 상을 휩쓴 "벤허"에 그런 장면이 나옴).

가족은 죽었다는 소식을 들어도 가볼 수 없었지요. 세상에서 가장 처절하고 외로운 죽음입니다. 현대에는 문둥병이 거의 없지만, 이따금 '고독사'

뉴스에서 그 같은 죽음을 보는 것 같아, 마음이 언짢아집니다.

만나서 반갑습니다. 먼저 문둥병에서 해방된 것을 축하드립니다. 유대인들은 수백 년 동안이나 사마리아인을 하나님과 민족의 배반자라고 하며, "미친 자, 귀신 들린 자"로 여겼는데(요 8:48), 사마리아인인 선생은 어떻게 해서 '유대인 환자들과 같이' 있었나요? 이렇게 생각할 수 있는 근거는 세 가지입니다.

첫째, "제사장들에게 가서 너희 몸을 보여라."라고 한 예수의 말을 볼 때, 열 사람이 각각 혹은 몇 사람씩 다른 마을 사람들이었다는 것입니다. 둘째, 누가복음 기자가 열 명의 문둥병 환자라고 하면서, 병이 나아서 돌아와 감사한 당신을 "사마리아 사람"이라고 콕 집어 말하기에, 아홉 사람은 유대인이라고 판단할 수 있습니다. 셋째, 아홉 사람은 어디에 있느냐고 하며, 사마리아 사람 한 명밖에 돌아온 사람이 없느냐고 묻는 예수의 말로 알 수 있습니다. 따라서 아홉 사람은 유대인입니다.

사마리아인: 말씀하신 바와 같이, 유대인들과 사마리아 사람의 오랜 적대 관계는 700년이 넘은 것입니다. 각기 나라가 망해서 그리된 것이지요. 우리가 있던 곳은 갈릴리와 사마리아 경계 지역이에요. 그런데 얼마나 놀라운 일입니까? 고칠 길 없는 병에 걸려서야, 그 적대 관계가 사라져 한데 어울려 살았으니까요! 우습게도 종교와 율법과 성전도 하지 못한 일을 질병이 한 것이지요. 그렇게 우리는 유대인이니 사마리아인이니 하는 구별과 차별도 없이, 한 형제처럼 지냈습니다. 몇 사람은 이미 저세상으로 떠나갔고요.

청년: 그런데 예수 일행이 어떻게 그리로 지나가게 되었을까요?

사마리아인: 그건 알 수 없지요. 분명히 우리가 있던 곳이 문둥병 환자

들이 모여 사는 곳이라는 사실을 모르고 지나가게 된 것이겠지요. 알면서도 지나갔다면, 두려움도 없는 대단히 용감한 사람들이지요.

청년: 그런데 당신들은 어떻게 그분이 예수와 제자들이라는 것을 알게 되었나요?

사마리아인: 그분들이 오기 전에, 우리에게 빵과 물을 가져다주는 사람들이 언덕 위에서 큰소리 전해주어서 알고 있었어요. 그들은, 혹시 모르니까 병자들을 치유하는 능력을 지닌 예수라는 분이 이리로 지나가시면 살려달라고 소리를 쳐보라고 했어요. 그래서 우리는 온통 기대하는 마음으로 기다렸어요.

이윽고 그분들이 다가오는 것을 보자, 우리는 "멀찍이 멈추어 서서" 온 힘을 다해 목청을 뽑아 소리쳤습니다. "예수 선생님, 우리를 불쌍히 여겨주세요!" 태어나서 처음이자 마지막으로 그렇게 결사적으로 고래고래 소리를 친 것이지요. 그러자 맨 앞서 걷던 분이 우리를 보고는 말씀하셨어요. "가서, 제사장들에게 당신들의 몸이 건강해진 것을 보이십시오."

우리는 그 말에 아무것도 의심하지 않고, 각자 마을로 마구 달려갔습니다. 그런데 얼마쯤 가다가 보니, 흘러나오던 고름이 멈추고, 내 피부와 손과 얼굴이 깨끗해진 것을 느끼고 보고 알게 되었지요. 나는 너무나도 놀라고 기뻐서 덩실덩실 춤을 추었습니다. 하나님께 감사하고 찬양했습니다. 나는 곧 예수 선생님을 생각하고 돌아서서 달려갔지요. 크게 찬송하는 내 목소리를 들은 그분 일행은 멈춰 서서 돌아보셨지요. 나는 내 몸을 던지듯 예수의 발 앞에 엎드려 감사하고 또 감사했어요.

그러자 예수 선생님이 말씀하셨습니다. "아홉 유대인은 그냥 갔구려. 우리 유대인들이 사람 취급도 하지 않는 사마리아인인 형제만이 돌아왔군요. 먼저 제사장에게 몸이 깨끗해진 것을 보이고 집으로 돌아가세요. 하나님의 가없는 사랑이 형제를 살린 것이고, 하나님을 향한 형제의 믿음이 구원한 것이오."

청년: 그렇군요. 예수는 꼭 감사하는 태도를 받자는 게 아니라, 인생살이의 가장 기본적인 예의와 질서를 말씀하신 것이지요. 살아서 버려지고 죽은 목숨으로 여겨지던 사람들이 산목숨이 되었으니, 그게 얼마나 고마운 일인가요? 그런데도 그냥 가버렸으니, 참! 그러니 몸은 멀쩡해졌어도, 마음은 여전히 문둥병에 걸려 있는 것이라 하겠습니다(이것도 표징).

4

시각 장애인 대학생: 눈으로 본다는 것만큼 큰 축복과 고맙기 그지없는 행운도 없습니다. 사람들은 이를 당연하게 여기지만, 결단코 당연한 사태가 아닙니다. 정상적이고 일상적인 삶은 눈으로 보는 데서부터 시작합니다. 보는 것이 어려워질 때 겪는 고통은 이루 말할 수 없지요. 본인은 물론이지만, 부모의 고통도 그렇습니다.

나는 초등학교 4학년 때부터 점차 시력이 나빠져 도수 높은 안경을 썼는데, 급기야 중학교 2학년 때 시력을 완전히 잃어, 눈물과 탄식과 두려움에 젖어 지냈습니다. 모태 기독교 신앙인인 나는 수없이 하나님을 원망했지요. 그러다가 부모님의 오랜 설득으로 맹아(盲兒)학교로 옮겨서 점자를 배워 공부했습니다.

고등학교 2학년 때, 담임 선생님이 '헬렌 켈러' 여사의 일대기를 담은 평전(評傳)을 소개해주셔서 읽고는 크나큰 감명을 받았습니다. 그 후 그분의 편지와 글도 읽어보았지요. 그분은 태어난 지 여섯 달 만에 갑자기 원인을 알 수 없는 질병에 걸려, 보고 듣고 말하는 능력을 완전히 상실했습니다. 그러나 부모님이 모셔온 '설리번' 선생님의 무한한 인내와 노력으로, 글자를 깨치고 공부하며 대학을 졸업했습니다. 그 과정의 어려움을 누가 알겠나요? 그런데 그분은 그 모든 어려움을 극복하고 세계적인 명사가 되었지요. 지난 1930년대에는 일본 식민지였던 우리나라에도 와서 강연하여, 장애가 있든 없든 나라를 잃고 고생하는 우리에게 큰 감명과 용기와 희망을 안겨주었습니다.

그분의 삶과 글이 내게 준 감동은 이루 말할 수 없습니다. 그래도 나는 듣고 말할 수 있으니, '달란트' 두 개가 남아 있다고 생각했지요. 그래서 공부만이 내가 살 길이라는 것을 깨달았습니다. 그간 어려움도 많았지만, 모두 부모님과 선생님들 덕분에 대학에 다니고 있습니다. 내 꿈은 맹아학교 교사가 되는 것입니다. 그리고 더욱 공부하여 책도 쓰고 싶습니다.

이제 "눈먼 거지였던 바디매오"를 만나보겠습니다(막 10:46~52). 반갑습니다. 그런데 내가 알기로 '바르'(bar)는 '아들'이란 뜻이고(아람어) '디매오'는 성(姓)이니까 '디매오의 아들'인데, 그러면 이름은 무엇인가요?

바디매오: '요나스'입니다(Jonas, 추정). 그래서 '요나스 바르 디매오'입니다(티매우스·Timaeus). 우리 유대인들은 이름을 부르기보다는 아버지 이름을 따서 '아무개의 아들'이라고 부르기를 좋아하지요. '바르'는 히브리어로 '벤'(ben, 아들)입니다. 구약성서에 나오지요. 야곱의 열두 번째 막내아들 이름이 "벤 야민"(Ben-jamin, 야민의 아들)인데, '야민'은 '오른손'입니다.

대학생: 성서를 잘 아시는군요?

바디매오: 나는 시각 장애를 안고 태어난 게 아니라, 중간에 지독한 눈병에 걸려서 그렇게 된 거예요. 유대 땅에는 비가 별로 내리지 않고, 바람과 먼지가 많이 일어 눈병 앓는 사람들이 흔하지요. 집안도 흙바닥이기에 먼지가 많지요. 쥐들도 돌아다니고, 이와 벼룩도 많고요. 그래서 사십 세쯤 되면 후각이나 시력이 약해져 곤란을 겪는 사람들이 많습니다.

유대인들은 어려서부터 회당 학교에 다녀서 성서를 잘 알아요. 마을마다 회당이 있어서, 무척이나 교육에 힘쓰지요. 총명한 애들은 성서를 줄줄 외우다시피 해요. 어떤 애는 모세 오경(창세기~신명기)을 다 외우고, 어떤 애는 시편이나 잠언을 줄줄 외웁니다. 그런 애들은 대개 나중에 랍비나 율법 학자가 된답니다.

대학생: 그렇습니까? 처음 듣는 말이네요. 모태 신앙인이라는 내가 부끄럽습니다. 사실 나는 짤막한 시편은 외우는 게 한두 개 있어도, 외우는 게 별로 없어요. 그저 이런저런 이야기를 알고, 몇몇 성구를 외울 뿐이지요. 앞으로 크게 분발하겠습니다.

그런데 예수께서 지나가신다는 말을 듣고는 크게 외쳤다고 하는데요? 그렇다면 전부터 예수의 소문을 들었다는 말이 되겠네요?

바디매오: 그렇지요. 저는 여리고에 사는 사람인데, 그분이 갈릴리 가버나움에서 사람들을 가르치고 병자들을 치유하실 적부터 소문이 쫙 퍼졌으니까, 나도 잔뜩 기대와 희망을 품게 되었지요. 사람들 말에 따르면, 그분은 직접 환자를 만나지 않아도 말만으로도 병자들을 고치셨다네요. 그래서 그분이 갈릴리에서 여리고에 오실 날을 손꼽아 기다렸지요. 그분의 움직임은 하루만 지나도 다 퍼졌어요. 그만큼 위대한 예언자가 나타났다는 말에 사람들의 이목과 관심이 온통 그분에게 쏠려 있었으니까요. 그야말로 그분

은 '인기 짱!'이었어요.

　　<u>대학생</u>: 그런데 어떻게 "걸인"이 되었나요?

　　<u>바디매오</u>: 볼 수 없게 된 사람은 누구나 그랬어요. 집안이 찢어지게 가난하니, 한 푼이라도 구걸해서 벌어 먹고살아야 하니까, 어떻게 하겠어요? 그나마 여리고는 커다란 도시라서 오가는 사람들이 많아 구걸하기 딱 좋은 곳이지요. 시골 마을에서는 꿈도 못 꿔요.

　　<u>대학생</u>: 예수께서 다가오신 것을 어떻게 알았나요?

　　<u>바디매오</u>: 우리 집은 여리고 서쪽 성문에서 가까운 데 있어서, 예루살렘으로 가는 사람들이 떠나가는 곳이지요. 그때 내 친구가 마침 그 예언자가 오셨다는 소식을 전해주어, 마음이 설렜어요. 잔뜩 기다렸지요. 나는 사람들이 몰려오는 소란스러운 소리를 듣고는, 친구에게 묻지도 않고 그분이 어디에 계시는지도 모르고 무작정 외쳤습니다.

　　<u>대학생</u>: 그런데 당신은 예수를 "다윗의 자손"이라고 불렀더군요?

　　<u>바디매오</u>: 사람들이 그렇게 말했으니까요. 사람들은 누구나 그 예언자를 다윗의 자손으로 오신 "메시아"라고 믿고 있었어요. 그러나 그건 내게 아무 문제도 아니었어요. 내가 그분을 만나 눈을 뜨는 것만이 중요했으니까요. 그분이 여리고를 떠나시면 다시는 못 만날 것이라고 여긴 나는 있는 힘을 다해 고래고래 악을 썼지요. 사람들은 작작 좀 하라고 다그쳤지만, 그분을 만나지 못한다면, 나는 평생 어둠에 갇힌 거지로 가련하게 살아야 했으니, 딴 사람들이 나와 무슨 상관이 있겠어요?

　　내 영혼과 뼈다귀가 소리쳤어요. 내 마음이 악을 썼어요. 내 정신이 아우성을 쳤어요. 내 머리털 하나하나가 쭈뼛하게 서서 호소했어요. 내 몸의 모든 땀구멍이 활짝 열려 비명을 질렀어요. 내 심장이 벌렁거리며 쿵쿵 울

렸어요. 내 목구멍이 나팔이 되었어요. 내 배때기가 굶주린 짐승처럼 외쳤어요. 내 팔이 하나님을 향해 빌었어요. 그리고는 내 발이 아무도 말리지 못할 힘으로 벌떡 일어섰어요.

사람들이 또 그만 닥치라고 했어도, 나에게는 그런 말 안 들렸어요. 내 귀는 오로지 그 예언자의 목소리만 듣고자 동굴처럼 활짝 열렸어요. 내 입은 오직 이 말만 외쳤어요. "다윗의 자손 예수여! 나를 불쌍히 여겨주세요!" 젖먹던 힘을 다 쥐어짜서 호소하고 눈물로 외쳤어요. 그러자 내 앞에서 예언자의 목소리가 들려왔어요. 나는 목소리가 들려온 곳으로, 마치 눈이 보이는 것처럼 달려갔어요. 몇 사람과 부딪히자, 친구가 나를 붙들어 그분 앞에 앉혔어요. 나는 보이지도 않는 눈을 들어 위를 바라보았어요. 그러자 그분은 내 손을 잡아 일으키더니, 이렇게 말씀하셨어요. "형제여, 내가 무엇을 해주기를 바라시나요?" 그렇게도 부드럽고 자비롭고 따스하고 힘찬 목소리는 처음 들어봤어요.

나는 대답했어요. "라부니(랍비. 선생님), 내가 다시 볼 수 있게 해주세요!" 그러자 그분은 "형제의 믿음이 형제를 구원했습니다." 하고 말씀하셨어요. 나는 그 말을 그대로 믿었지요. 그 순간, 내 눈에 화롯불이 엎드러진 것 같은 뜨거운 기운이 번지더니, 못으로 찌르는 것처럼 매우 따가운 고통을 일으켰어요. 나는 비명을 지르며 손으로 눈을 만졌어요. 그랬는데 희미하게 땅바닥이 보이는 것이었어요. 나는 놀라서 눈을 비볐어요. 그리고 나서 고개를 드니까, 앞에 서 계신 예언자가 보이는 것이었어요. 나는 너무나도 기뻐서, "아, 보입니다. 이제 보여요!" 하고 소리쳤어요. 예언자는 잔잔한 미소만 짓고 계셨어요. 나는 그분의 손을 붙잡고 연신 절을 하며 감사했어요. 사람들이 모두 놀랐지요.

대학생: 나도 당신처럼 되고 싶은 마음뿐입니다. 그러나 다시 볼 수 없다고 해도 괜찮아요. 나도 그 예언자를 통해 눈을 뜬 셈이니까요. 그래서 나는 당신이 눈을 뜬 후에 "예수를 따라갔다."라는 말을 내가 가야 할 길로 봅니다. 그분이 내 눈이고 내 삶이시니까요.

사람이 알건 모르건 간에, 눈으로 보고 사는 것은 하늘의 은총이고 기적입니다. 전혀 당연한 사태가 아닙니다. 그런데 눈으로 본다 해도, '마음의 시각 장애인'으로 사는 게 더욱 큰 문제가 아닐까 싶습니다. 예수의 하나님 나라 운동이란 다른 게 아니라, '마음의 눈 뜨기'에 관한 일이라고 봅니다. 그래서 나는 예수를 통해서 마음의 눈을 뜬 사람이 많아지기를 빌 뿐입니다. 왜냐면 예수를 믿어도 여전히 마음의 시각 장애인으로 살아가는 사람들이 무척이나 많으니까요. 그것은 도대체 누가 고칠까요?

로마 군인 두 사람, 십자가 처형을 담당한 로마 군병들,
성전 경비병들과 성전 경비대원들

교목: 군대는 인류의 연약성과 미숙성과 불합리성, 탐욕과 폭력성, 그리
고 국가 때문에 생겨서 유지됩니다. 세상에 하나님의 나라가 이루어진다면,
군대는 없을 것입니다(사 11:5~9). 그러니 그전까지는 어쩔 수 없이 있어야
만 합니다.

군대의 사명은 국민의 생명과 재산과 국토를 안전하게 지키는 것입니
다. 그런데 군인을 하다 보면, 불필요한 짓을 하는 일이 있습니다. 누가복음
에 보면, 예언자 요한은 자기를 찾아온 군인들에게 이렇게 말합니다. "아무

에게도 협박하여 억지로 빼앗거나 거짓 고소를 하여 빼앗거나 속여서 빼앗지 말고, 너희 봉급으로 만족하게 여겨라."(3:14) 그 당시 당연한 관행처럼 일삼은 군인들의 폭력과 강탈을 하지 말라는 것이지요.

군인처럼 힘든 직업도 없습니다. 대한민국 군대의 장교만 해도 1년이나 2년마다 임지를 옮겨야 합니다. 그러니 가족의 고생이 이루 말할 수 없지요. 제가 처음 임지로 갔을 때 한 번은, 군인 교회에 다니는 장교 부인의 초등학교 6학년 큰딸이 도통 친구를 사귀지 않는다는 말을 듣고, 왜 그러느냐고 했더니, 전국 각지로 여섯 번째 초등학교에 다니고 있다고 합니다. 내년이면 또 이사할 것이니, 사귀어봐야 상처만 된다는 것이지요. 마음이 아팠습니다.

영국의 군사 전략 보고서 단체인 '제인 디펜스'에서 발표한 2024년도 전 세계 군사비 규모 통계를 보고는 거의 절망적인 느낌을 받았습니다. 한국 돈으로 3천조 원! 그중 미국이 1천조 원이고(천조 국!), 우리나라도 57조 원에 이르러 세계 8위권에 듭니다. 세계의 현실 때문에 어쩔 수 없는 일이라 하더라도, 인류 문명사에서 볼 때 인류는 아직도 멀었다는 생각입니다. 인류 역사상 과학 기술과 학문과 문화와 민주주의가 가장 발전한 21세기에 들어섰는데도, 여전히 춘추전국시대를 방불합니다. 인류는 도대체 언제 진정 인간다운 인간이 될까요?

2016년, 평생 인간다운 인간, 인간다운 세계를 그리워하고 노래하며 살아온 인권과 자유와 평화의 대중가수인 '밥 딜런'에게 노벨평화상이 주어졌습니다. 그러나 세상은 조금도 변하지 않습니다. 지금도 러시아-우크라이나, 이스라엘-팔레스타인 전쟁이 계속되고 있는데, 자칫 핵전쟁으로 비화할까 두렵습니다. 어떤 생물학자가 인간을 가리켜 "원숭이가 인간의 얼굴을 한 꼴이며, 세상은 인간 동물원"이라고 한 말이 부끄러울 뿐입니다(데스먼드 모리스-인간의 얼굴을 한 원숭이; 인간 동물원). 그러나 원숭이도 그렇지는 않으니, 원숭이만도 못하다고 하겠습니다.

우리는 예수의 하나님 나라를 인간 혁명과 세계 혁명을 아우르는 거대한 정신문화·문명 운동의 차원에서 이해해야 합니다. 인간이 변해야 세계도 변합니다. 예수는 단순히 종교에 국한된 운동을 하신 게 아닙니다. 예수는 진정 영원한 혁명가이십니다. 왜냐면 예수는 인간의 마음에서부터 인간관계를 비롯한 기존의 정치와 경제와 종교와 문화 등, 세상의 모든 형식과 질서를 근본적으로 철저히 변혁하여 새로운 세계인 하나님의 나라를 이 땅에 건설하는 것을 이상으로 삼고, 거기에 목숨을 바치셨기 때문이지요.

복음서를 면밀하게 읽으면, 예수의 모든 가르침과 활동이 하나님의 나라에 초점과 방향과 목적을 두고 진행된 것임을 알 수 있습니다. 간단히 말하면, 예수의 하나님 나라는 인간의 내적 혁명, 관계의 혁명, 그리고 정치와 경제와 종교와 교육과 직업 등, 인간사 모든 방면을 혁신하여 평등과 사랑과 평화가 실현된 새로운 세계입니다. 곧, 자유와 평등과 사랑과 평화가 실현된 세계입니다. 인간화되고 신성화된 세계!

누구나 이런 세상을 바라고 기다릴 것이라고 볼 것입니다. 그러나 그것은 인간이라는 종족을 모르고 하는 소리입니다. 인간들 가운데서는 그런 세상을 한사코 싫어하고 반대하는 세력이 엄존합니다. 대개 국가의 지도층과 상류층이지요. 왜 싫어하고 반대하는지는 너무나도 분명합니다. 그들은 자기들이 차지하고 누리는 기득권이 흔들리는 것을 추호도 바라지 않으니까요.

예수는 유대교 지도층과 논쟁하는 자리에서, 그들을 가리켜 "너희 아비는 악마이고, 너희는 악마의 자식"이라고 준엄하게 비판하십니다(요 8:44~47). 유대인들이야말로 진정한 평화의 세계인 '메시아의 나라'를 고대해온 민족이 아닙니까? 그런데 예수는 그렇게도 특출나게 종교적인 자기 민족의 지도층에게 그런 '신성모독적인 망발'(듣는 사람들의 자리에서)을 쏟아내셨습니다. 왜 그러셨을까요? 그들이 하나님의 나라가 세상에 실현되는 것을 싫어한다는 단순한 이유 때문이라 하겠습니다.

예수의 말은 평등과 평화가 이루어진 하나님의 나라를 싫어하고 반대하는 자들의 속성을 여지없이 폭로합니다. 지금도 인류의 자유와 평등과 사랑과 평화를 가장 싫어하고 반대하는 자들 역시 각 나라의 정치와 경제와 교육, '종교'와 군대의 지도층과 상류층이라는 것은 누구나 다 아는 일입니다.

혹시 종교를 든 것에 놀라셨나요? 그렇습니다. 종교도 예외 없습니다. 제도화된 종교는 그 체질과 본성상 하나님의 나라를 지향할 수 없습니다. 그것은 불가능합니다. 그러자면 제도 자체를 해체해야 합니다. 도대체 종교에 왜 제도가 필요합니까? 진리를 지키기 위해서라고요? 진리가 지켜야 할 물건입니까? 그렇다면 진리도 아닙니다. 지키거나 말거나 간에, 진리는 진리입니다. 진리는 사람의 수호 같은 게 필요하지 않습니다. 기독교, 불교, 이슬람교 등의 제도 종교는 겉으로는 인류의 자유와 평등과 사랑과 평화를 내세우지만, 실상은 자기네 종교의 확장을 꾀할 뿐입니다. 따라서 종교 확장은 예수가 부르짖은 인간 혁명과 세계 혁명과는 하등 상관없는 일입니다.

수년 전 티베트 불교 수장 '달라이 라마'가 쓴 '종교 없는 세상'을 논한 책을 보고 놀랐습니다(종교를 넘어). 대단히 학식이 깊고 심오한 철인인 분이 그런 말을 한 것은 대개 미신이나 우상숭배의 차원으로 전락한 종교들이 정치적 제국같이 자기 세력을 확장하고, 인간 혁명이나 세계 혁명에는 완전히 실패하고 있으면서, 전도니 선교니 구원이니 해탈(자유)이니 하며 진리를 왜곡하는 역사와 현실의 실상을 꿰뚫어 본데서 나온 것으로 봅니다.

그런데 솔직히 역사적 예수 역시 종교 없는 세상을 말씀하셨습니다. 산상수훈이나 요한복음 4장이나 성전정화사건 등이 그것입니다. 예수는 그리심 산이나 예루살렘 성전도 아닌, 인간이 자기가 있는 모든 곳에서 영과 진리이신 하나님을 영과 진리로 예배하는 세상이 왔다고 선언하시니까요. 이것은 아무리 머리를 이리저리 굴려봐도 다른 뜻으로는 생각할 수 없습니다. 예수야말로 제도로서의 종교 없는 세상을 부르짖으신 분입니다.

군인 이야기를 하다가 여기까지 왔는데, 예수의 하나님 나라는 군대 없는 세상에 관한 것이지 다른 게 아니라는 것을 말하기 위해서입니다. 군대가 필요 없게 된 세상이 얼마나 좋습니까? 군대와 전쟁이 인류라는 종(種)과 역사와 문명의 실상이기도 합니다. 여전히 전쟁만 하다가 끝내 파멸하려고, 인류가 이렇게도 열심히 나아가는가 하는 생각이 들기도 합니다.

따라서 우리는 예수의 하나님 나라를 진지하게 이해해야 합니다. 기독교만 해도 전적으로 하나님의 나라를 이 땅에 세우는 일을 목적으로 삼아야 할 것인데, 교회에서는 그런 말을 거의 들을 수 없습니다. 이것이 기독교의 비극적 현실입니다. 기독교는 제도적 종교가 아니라 하나님의 나라 운동을 하자는 것입니다. 이것이 예수께서 "새로운 삶의 양식(樣式)"(N. T. 라이트-신약성서와 하나님의 백성)인 자신의 사상과 행동을 따르는 제자 공동체를 세우신 목적이니까요.

2

군목: 복음서는 예수께서 모든 직업의 사람을 만난 사실을 보도합니다.

왕(헤롯 안티파스, 눅 23:6~12)과 정치인(빌라도, 로마 총독·행정장관), 주부, 어부, 농부, 군대와 세무 공무원, 종교인(제사장), 상인(평신도 바리새파, 장로), 학자(율법 학자와 랍비), 창녀, 직업이 없는 어린이까지 만나십니다. 그래서 예수의 일생은 세상의 축소판입니다.

이제 군인들을 만나보겠습니다(대화를 나눈 시점은 예수의 죽음 이후). 예수께서 갈릴리에서 활동하실 때 병을 앓는 부하를 치유해달라고 부탁한 로마군의 대대장(눅 7:1~10, 백부장. 100여 명의 군사를 지휘한 장교), 예루살렘 성전 경비병들(막 11:1~18, 추정)과 예수를 체포하고 압송한 성전 경비대원들(막 14:43), 십자가 처형을 지휘한 로마군의 대대장(눅 23:44~47)과 로마 군인들입니다(막 15:15~32).

당신은 로마 군인이지만 마음씨가 너그럽고 자비로운 분 같습니다(눅 7:1~10).

대대장: 그저 부하가 앓고 있는 게 너무도 안쓰러워 그랬을 뿐입니다. 그가 내 직속 부하로, 병사들의 관리를 맡아보는 중요한 자리에 있는 소중한 사람이었다는 것 때문만은 아니었습니다. 나는 내 수하의 병사들을 동생들같이 사랑합니다. 조국을 떠나 머나먼 이국땅에 와서 숱한 고생을 함께하는 동지들이니까요. 병사들은 내 종이 아닙니다.

군목: 참으로 훌륭한 군인이십니다. 로마 군대가 싸움만 잘해서 세상을 정복한 게 아닐 것입니다. 들은 이야기를 하나 해드리지요. 선생이 태어나기 260여 년 전, 제1차 "포에니" 전쟁 때 있었던 이야기입니다(기원전 264~241년, 포에니-페니키아의 로마식 명칭. 카르타고, 현 튀니지).

선생 같은 젊은 로마 대대장이 전투 중 포로가 되었지요. 그 장교는 처형되는 날 아침, 그들에게 한 가지 간청을 했습니다. 집에 계신 노모의 얼굴을 한 번 뵙고 돌아와 죽겠으니, 기회를 달라는 것이었지요. 그들이 야비한 꾀를 쓴다고 하며 죽이려고 하자, 그는 다시금 신의 이름과 로마 장교의 명예를 걸고 맹세하며 진지하게 간청했습니다.

그의 진심을 느낀 그들은 그를 바다에 있는 로마 군대로 돌려보냈습니다. 그는 로마로 가서 노모를 만나 눈물로 작별하고, 육군 사령부에 가서 사정을 이야기하고 돌아왔습니다. 그가 말대로 돌아온 것을 본 포에니 장교들은 대단히 놀랐지요. 그들은 처형당하는 그 장교 앞에 서서 경례를 하며 존경을 표했고, 시신을 로마 함선으로 돌려보내며 추모했습니다.

나는 그 장교의 모습에서 로마의 힘을 느낍니다. 당신에게서도 그런 품격이 보입니다. 유대인 "장로들"조차도 당신이 "유대 민족을 사랑하는 사람, 회당까지 지어준 사람"이라고 말하고, 예수께는 "선생님의 은혜를 받을 만한 사람"이라고 칭찬하며 치유해달라고 요청했으니까요. 정복국가의 군인이 피정복 민족을 사랑하고, 게다가 회당까지 지어주었다는 것은 일찍이 들어본 일이 없습니다.

물론 비판적인 눈으로 보면, 그렇게 해서 저항과 독립 의지마저 꺾어버린다고, 선생을 '간사하기 그지없는 여우'라고 할 사람도 있을 것입니다. 그러나 선생의 이야기를 읽어보면, 전혀 그런 느낌을 받을 수 없기에, 진실로 사람을 사랑하는 군인이라는 것을 알 수 있지요. 타민족 사람을 대놓고 '이방인'이라고 부르며 깔보고 배척하는 유대인들이 더구나 자기 민족을 침략하고 정복한 나라의 군인을 칭송하기까지 한 것은 전혀 예사로운 일이 아니지요.

대대장: 그저 젊은이가 안타까워서 그들에게 부탁한 것일 뿐입니다. 전부터 예수라는 유대인 예언자가 사람을 나라나 민족으로 갈라보고 차별대

우하는 분이 아니며, 사람이 누구든지 사람으로만 보고 사랑하신다는 말을 들어서 잘 알고 있었지요. 그런 일은 로마에서도 볼 수 없는 일이지요. 제가 듣기에도 대단히 현명하고 자비로운 예언자요 현자였습니다. 그래서 로마인인 내 부하의 고통도 기꺼이 들어주실 것이라고 보고 믿었지요. 그러나 제가 직접 찾아가기도 뭣해서, 유대인 장로들에게 부탁했던 것입니다.

그런데 그들이 떠나간 이후 생각해보니까, 집까지 오시라고 한 게 크나큰 결례 같이 느껴졌지요. 그래서 "저의 집에서 멀지 않은 곳에 이르셨을 때", 다시 "친구들"을 보내 말씀드렸지요(유대인들일 것). "저는 선생님을 내 집에 모셔 들일 만한 자격도 없는 사람입니다. 그러니 말씀만 하셔서 제 종을 낫게 해주십시오. 저도 상관을 모시는 군인이고, 내 밑에도 부하 병사들이 많습니다. 부하들에게 가라고 하면 가고, 오라고 하면 오고, 이것을 하라고 하면 하고, 저것을 하라고 하면 그대로 합니다. 그러니 선생님께서 제 종에게 나으라고 하시면 나을 것입니다."

군목: 선생의 말을 전해 들은 예수는 무척 "놀랍게 여기며" 칭찬하셨지요. "나는 이스라엘 사람 가운데서도 아직 이런 믿음을 본 일이 없습니다." 그런데 선생의 친구들이 이 말만 듣고 돌아가서 보니, 부하가 나아 있었습니다.

대대장: 그랬습니다. 그들이 돌아와서 예수의 말씀을 전하기 전에 내 부하의 병이 나았습니다. 그것을 통해서 나는 예수라는 예언자의 마음과 사랑이 민족의 경계를 넘어선 것이라는 진실을 보았습니다. 자기 나라를 정복한 나라의 군인까지 사랑하시는 그런 분은 진실로 신의 사람입니다.

군목: 그런데 그 후에 예수를 만나 뵙지 않았습니까?

대대장: 왜 만나지 않았겠습니까? 바로 나가서 만나 뵙고 감사를 드렸지요. 그분은 저에게 '모든 로마인이 당신과 같다면…~!' 하는 속내를 드러

내셨지요. 저는 그저 죄송할 뿐, 아무 할 말이 없었습니다. 그러면서 제 아내와 애들을 축복하셨지요. 그 후 저는 할 수 있는 한, 그분의 가르침을 전해 들으려고 노력하고 있습니다.

3

군목: 이번에는 먼저 "성전 경비병들"을 만나보지요(막 11:1~18). 여러분이 예수를 처음 본 것은 언제였나요?

경비병 1: 우리는 성전 구역 입구나 마당, 그리고 성벽 위에 일정한 간격으로 있는 망대·초소에서 경비를 섭니다. 성벽 위는 마차가 다닐 만큼 길이 넓지요. 게다가 예루살렘 성전은 워낙 높다란 언덕에 있기에, 거기에서 보면 예루살렘 시내는 물론 사방이 훤히 보입니다.

나는 성벽 망대에서 경비를 섭니다. 우리 민족 최대의 명절인 유월절을 앞두고(과월절·해방절), 외국에 사는 유대인들까지 순례차 와서 사람들이 미어터질 지경이어서, 경비가 더욱 삼엄해졌지요. 예수라는 예언자는 안식일(토요일) 후 첫날(일요일), 그러니까 유월절(목요일 오후 6시경 이후. 유대력에서 하루는 오후 6시경~다음날 6시경까지) 4일 전날 오전에, 가관(可觀)이랄까 망동(妄動)이라 할 모습으로 들어왔습니다. 우리는 그것을 보고 쿡쿡 웃었지요.

군목: 웃다니요?

경비병 1: 아니, 생각해보세요. 처음에는 몰랐는데, 군중이 몰려오기에 가만 지켜보니까, 한 사내가 당나귀를 타고 들어오는 데, 군중이 무슨 왕이 행차라도 하는 듯 외치고 아우성 법석이었어요. 이윽고 "주님의 이름으로 오시는 이여, 우리 조상 다윗의 나라 임금으로 오시는 이여!" 하는 소리가

266

들리더라고요. 그래서 나는 '아 소문대로, 저 사람이 메시아라고 불리는 사람이구나!' 했지요.

그런데 다윗이라니, 턱도 없는 일이지요. 다윗은 대왕이 아닙니까? 그러면 다윗 대왕 같은 메시아라면, 그에 걸맞게 즉위식을 거행하는 왕과 같은 거대하고 화려한 행차여야 하지 않나요? 줄줄이 신하들과 내시들과 관리들과 군병들, 그리고 악대가 행렬을 이루어야 하는데, 무슨 오사리잡놈들의 행렬이라니요? 왕도 아니고 메시아도 아닌 주제가 그리스인들의 연극에 나오는 광대 노릇을 하고 들어오니, 웃기는 모습에다가 망동이 아닙니까?

군목: 민중은 예수를 다윗 같은 대왕 메시아라고 보고 환호했다는 말이지요?

경비병 1: 무지하고 어리석고 정신머리 없는 민중은 언제나 그렇답니다. 자기들이 바라는 대로 생각하니까요. 그런 일이 한두 번이 아니었지요. 그런 메시아 놀이를 하던 자는 한 놈도 예외 없이 십자가에 처형되었지요. 예로부터 '다윗의 나라' 운운하던 놈들은 죄다 그렇게 되었습니다. 한바탕 가짜 연극을 하다가 형장의 이슬이 된 것이지요. 나는 예수라는 사람도 그렇게 될 것이라고 보았어요. 그 사람, 메시아 아닙니다!

군목: 그런데 다음날 예수가 성전 마당에 들어왔을 때는 가까이에서 지켜보았겠네요?

경비병 2: 그건 성전 마당의 이방인 구역 경비병인 내가 말하지요. 알다시피 성전 마당은 성전 문에서부터 세 구역으로 나뉘어 있지요. 맨 앞쪽은 이방인 구역이고, 중간은 유대인 여성 구역, 가장 뒤쪽인 성전 앞은 유대인 남성 구역입니다. 구역 경계마다 야트막한 담과 계단이 있습니다. 남성 구역 이상은 제사장 외에는 아무도 넘어갈 수 없지요. 남성 구역 앞, 그러니까 성전 바로 앞 구역은 희생 제사를 위한 물두멍(피를 씻는 커다란 물통)과 동물을 잡아 불사르는 거대한 제단이 있고, 양쪽에는 오벨리스크가 있지요 (사각형 돌기둥, 야긴과 보아스). 우리는 세 구역 양쪽에 창과 칼을 들고 서서 포위하다시피 경비를 섭니다. 질서를 잡고, 소매치기나 도둑, 혹시 모를 폭동에 대비하기 위해서이지요.

군목: 그때 예수가 한 행동을 들려주시지요.

경비병 2: 그다음 날인 월요일 아침에 성전에 출현했는데, 그 사람은 하나님과 성전을 모독할 작심(作心)을 품고 들어왔어요. 내가 보니까, 이미 허리에 "노끈으로 만든 채찍"을 감고 있더라고요(요 2:15). 환전상들은 주로 제사를 참관하거나 소량의 헌금을 바치는 이방인 구역 들머리에 있습니다.

그런데 그 사람은 이방인 구역에 들어오자마자 광포하게 분노하며 재빠르게 움직이면서, 일렬로 자리한 환전상들의 탁자를 죄다 둘러엎고, 허리춤에서 채찍을 풀어, 그들의 면상이고 어깨고 등이고 가릴 것 없이, 모조리 두들겨 팼어요. 환전상들은 난데없이 얻어맞고 동전들이 흩어지는 바람에 정신없이 동전을 주웠지요. 그러자 그 사람은 또 그들에게 채찍을 휘둘러 내리쳤어요. 미치지 않고서야, 어떻게 성전에서 그런 짓을 합니까? 사람들이 아우성을 치며 항의했지요.

경비병 3: 나는 여인 구역 경비병입니다. 아래에서 난리가 나서 보니까 그렇더라고요. 그런데 그 사람은 곧바로 계단으로 올라와 여인 구역으로 들어오더니, 비둘기 새장을 확 열어 날려 보내고, 양과 염소 우리를 발로 차서 부수고는 내보냈어요. 그리고는 놀란 상인들이 항의할 틈도 없이 채찍으로 그들을 내리쳤지요. 그러더니 이렇게 외쳤어요. "이것들을 걷어치워라! 너희가 감히 내 아버지의 집을 장사하는 집으로 만들어 놓느냐?" 나는 그 말에 섬찟했지만, 짐짓 내색하지 않고 창을 앞으로 겨누고 다가갔지요. 그런데 그 사람이 곧 위쪽으로 올라가는 바람에 멈췄습니다.

경비병 4: 나는 남성 구역에서 경비를 섭니다. 나도 역시 아래쪽에서 소란이 일어난 것을 보고 잔뜩 긴장하며 창을 꼭 움켜쥐었지요. 그 사람은 누가 말릴 새도 없이 비둘기와 소와 양과 염소를 파는 상인들을 채찍으로 내려치며 짐승들을 풀어주고 내보냈어요. 비둘기가 날아가고 소와 양과 염소들이 날뛰는 바람에 한바탕 난리가 났지요. 상인들은 자기네 짐승을 잡고는 주먹을 흔들고 입에 거품을 물며 항의했지요.

그러나 그 사람은 아랑곳하지 않았어요. 그러고는 이런 말을 했어요. '너희 신심도 없고 양심도 없고 부끄러움조차도 모르는 것들아, 들어라!' "하나님의 성전은 만민이 기도하는 집이라 했다. 그런데 너희 눈에는 이게 기도하는 것이란 말이냐? 너희는 하나님께 기도하는 집을 도둑놈들과 강도들의 소굴로 만들어 버렸다!"

그 말에 상인들이나 남성들 모두 숨을 죽였어요. 너무나도 거룩하고 위엄 있는 모습이었기에, 아무도 대항할 의지조차 없었지요. 솔직히 말해서, 우리도 모두 그 모습에 두려움을 느꼈습니다. 내가 보기에는 마치 옛 예언자가 다시 출현한 것 같았어요. 예레미야 예언자가 성전에서 그런 설교를 했잖습니까(7장, 26장)?

경비병 5: 그건 내가 말하지요. 나는 제단 곁에서 경비를 섭니다. 그 소란에 제사장들이 놀라서 제사를 중지하고 돌아봤어요. 제사장들은 모두 격앙된 표정으로 우리에게 손짓하며 제지하라고 했어요. 나는 재빨리 계단 쪽으로 달려갔지요. 그런데 짐승들과 사람들이 뒤엉킨 통에, 그 사람을 찾을 수가 없었어요. 그 사람은 사람들 속에 섞여 밖으로 나간 것 같았어요. 그래서 어떻게도 할 수 없었습니다. 그런데 아래쪽을 바라보니까, 그 사람이 여인 구역 들머리로 가는데, 두려움에 휩싸인 사람들이 흠칫흠칫 놀라며 길을 터 주더라고요. 그래서 잡을 수 없었습니다. 그 사람이 나가자, 마당과 제사는 다시 예전처럼 되었지요.

군목: 그런데 말입니다. 어떻게 성전 마당에까지 들어와 돈을 바꾸어주고, 동물들을 팝니까? 그게 제정신이란 말인가요? 환전하거나 제물로 바칠 짐승을 사는 것은 예루살렘 환전 시장이나 동물 시장에서 해야 하는 일이 아닌가요? 그렇게도 믿음이 좋고 경건하다는 유대인들이 어떻게 성전을 그렇게 시장바닥으로 만들어 놓고도, 반성이나 성찰을 할 줄 모릅니까? 하나님이 그런 제사를 기뻐하실 것 같습니까? 그러니 성전은 기도하는 집이라고 하신 예수가 올바른 행동을 한 게 아닙니까? 그런데 내가 궁금한 것은 어떻게 상인들이 성전 마당까지 진출할 수 있었느냐 하는 것입니다. 누가 그것에 관해 이야기를 해보시지요?

경비병 1: 그야 제사장들과 바리새파 사람들과 율법 학자들과 장로들이 다 백성을 매우 사랑하는 갸륵한 마음에서 허용한 게 아니겠어요? 먼 곳이나 외국에서 어떻게 동물을 데리고 온단 말입니까? 당신이라면 그러겠어요? 그래도 시내에서 환전해온 사람들이나, 비둘기나 양이나 염소를 집에서 가지고 온 사람들도 많았어요. 모두 성전 마당에서 바꾸고 산 게 아니라고요!

군목: 왜 사실과 진실을 뭉개고 돌립니까? 당신들이라도 진실을 회복할 수 없습니까? 그런 행태가 과연 이스라엘 민족의 장래를 위해서 올바른 일이라고 보십니까? 하나님을 속이려고 해서는 안 됩니다! 속일 수도 없지

만, 하나님을 기만하는 죄는 반드시 무서운 벌을 받습니다. 그러니 진실을 말해주세요.

경비병 2: 나도 하나님을 믿는 사람이니, 솔직히 말하지요. 당신의 말이 맞습니다. 시내 환전소나 동물 시장 상인들은 정직하다고 할 수는 없어도, 그렇게 염치가 없지는 않았어요. 조금 값을 올려 받기는 했지요. 엄연히 상업이니까요. 그런데 문제는 성전 마당의 영업입니다.

경비병 3: 그것은 내가 말하지요. 이왕 말이 나왔으니, 사실과 진실을 말하지요. 성전 마당의 영업은 제사장들과 바리새파 사람들과 율법 학자들과 장로들이 허용한 겁니다. 그러니까 내 말은 시내 환전소나 동물 시장보다 성전 마당의 환전소는 우리 돈의 환율을 높이고 동물은 값이 비싸게 받았다는 것입니다. 그러니 누구나 손해를 볼 수밖에요.

경비병 4: 나도 한마디 하지요. 동물을 검사하는 제사장들은 시장에서 사서 가지고 온 동물들에게는 별 꼬투리를 잡아서 흠결을 찾아내 퇴짜를 놓았습니다. 흠 있는 것은 제사에 바칠 수 없으니까요. 그래서 백성은 울며 겨자 먹기로 어쩔 수 없이 성전 마당에서 사야만 했어요. 그것들은 이미 검사필(檢査畢) 한 것이니까요.

군목: 그래서 지도층이 부정한 웃돈을 받아 챙겨 먹으려고, 상인들에게 특권을 허용한 것이로군요. 그러면 당신들에게는 떡고물이 떨어지지 않았나요?

경비병 5: 부끄럽습니다만, 왜 없었겠습니까? 우리도 봉급 외로 두둑하게 챙겼지요.

군목: 그러니 예수가 아예 성전에 불을 질러버리지 않은 것만도 다행이라 하겠군요. 나는 당신네 유대인들이 성전을 그렇게 사용할 수 있었는지,

도무지 이해하기 어렵습니다. 8백 년 전에 아모스 예언자가 "죄와 악을 저지르고 싶거든, 성전에 가라!"고 말했는데(암 4:4~5), 조금도 변한 게 없군요. 그러고도 당신들이 하나님의 선민이란 말입니까?

나는 당신들이 직업을 버리라는 게 아닙니다. 다만 그러한 그릇된 행태에 끌려들지 말라는 것이지요. 받는 봉급으로 만족하고 사세요. 그것이 하나님이 기뻐하시는 일이니까요. 양심을 뭉개고 살면, 반드시 피눈물로 갚아야 할 날을 맞이하게 됩니다.

4

군목: 이제 예수의 체포와 압송을 담당한 성전 경비대원들을 만나보지요(막 14:43). 당신들은 성전 마당과 성벽 위 초소 경비병들과 같은 부대입니까?

경비 대장: 부대는 하나이지만 맡아 하는 일은 다릅니다. 그들은 성전 구역 안에서 경비를 서고, 우리는 성전 밖에서 경비하고 순찰하거나 도둑과 강도와 폭력행위를 하는 자들을 체포하는 일을 맡고 있지요. 그래서 우리가 훈련을 더 많이 받는 강한 부대입니다. 로마 군대보단 못하겠지만요. 우리는 "칼과 몽둥이"를 쓰는데 유능합니다.

군목: 그런데 어떻게 예수 일행이 겟세마네 동산에 있다는 것을 알았나요?

경비 대장: 우리는 유월절 같은 명절이 오면, 바짝 긴장하고 대비합니다. 독립 해방운동을 하는 "젤롯파"(Zeallots, 열혈당·열심당) 무리가 호시탐탐 군중에 섞여서, 사두개파 대제사장이나 제사장들, 의회원이나 고위 관리를 암살하기도 하니까요. 저번에 예수 대신에 풀려난 "바라바"가 젤롯파 소속

의 시카리(Sicarii)였어요. 시카리는 단검(短劍)을 말하는데, 그걸 가슴에 품고 있다가 지나가면서 요인을 푹 찔러 죽이고는 군중 속으로 사라지지요. 그자들을 잡기란 여간 어려운 게 아닙니다.

군목: 바라바는 "강도"가 아니었던가요?

경비 대장: 강도란 말이 그 뜻입니다. 돈을 뺏는 자가 아니라, 정부 요인을 살해하는 암살자입니다. 로마인들도 죽였지요. 그래서 대제사장이나 제사장들이나 로마에 타협적인 인사들은 절대로 혼자서 시내를 나다니지 않습니다. 우리가 따라다니며 경호하지요. 지금 우리 민족이 이렇게 서로 갈라져 있습니다. 누가 누굴 지도한다는 것인지, 원!

군목: 그나마 뜻이 있는 분 같습니다.

경비 대장: 처자식 먹여 살리자고 택한 직업이지만, 나에게도 하나님을 향한 신심이나 양심은 살아 있습니다. 그간 부끄러운 짓은 하지 않았습니다. 그래서 부하들에게도 해야 할 일만 하라고 하고, 월권행위는 일절 용납하지 않지요. 우리는 제사장들이 주는 웃돈도 받지 않습니다! 그것은 엄연히 불법이니까요.

경비 대원 1: 그래서 우리는 대장님을 존경합니다. 우리 중 누구도 불법에 손을 대지 않는 것을 긍지로 여깁니다.

경비 대장: 지난번에 예수의 제자라는 사람이 우리에게 와서, 자기가 랍비를 팔겠다고 했을 때, 혼을 내서 돌려보냈습니다. 그랬더니 그자가 제사장들에게로 갔더라고요. 우리는 그간 입수한 정보를 통해서 예수의 면면을 알고 있었지요. 그의 가르침과 행동은 이미 그가 갈릴리에서 활동할 때부터 다 파악하고 있었습니다. 우리 정보원들도 전국에 퍼져 있으니까요. 이스라엘은 작은 나라이기에, 시골에서 벌어진 일도 금방 예루살렘에 알려집니다.

군목: 그러면 예수를 어떻게 체포했나요?

경비 대장: "유다"라는 그 제자의 안내가 아니었더라도, 우리는 나사렛 사람 예수가 예루살렘에 와서 머무는 집과 야외 장소를 이미 다 파악하고 있었습니다. 우리는 그의 일거수일투족을 다 들여다보고 있었으니까요. 우리는 그들이 머물던 베다니 마르다네 집이나, 마지막으로 식사를 나눈 집도 알고 있고, 거기에서 무슨 이야기를 하고 무슨 일을 했는지도 알고 있습니다. 물론 예수의 얼굴도 환히 알고 있었고요. 예수가 제자들의 발을 씻겨 주며 했다는 말도 하인들의 정보로 다 알았습니다.

군목: 그렇군요.

경비 대장: 유월절이 시작되는 저녁이 오기 전에, "가야바" 대제사장과 제사장들이 나를 불러 예수를 체포하라고 명령했습니다. 나는 무엇 때문에 체포하느냐고 물었지요. 그랬더니 대제사장은 나를 노려보며, 시키는 대로 할 것이지, 무슨 잔말이 많으냐고 힐책하더군요. 그는 사실 장인인 "안나스" 전 대제사장의 사위로서, 교활하고 무능한 사람입니다. 장인 덕택에 그 자리에 오른 것이지요. 그런데 그 장인은 더욱 교활한 사람으로, 로마 총독과 아주 친한 사람입니다. 그도 로마의 힘을 얻어 그 자리를 꿰찼던 사람입니다. 그는 은퇴한 후에도 여전히 사위 뒤에서, 아니 사위 위에서 유대교를 실질적으로 조종하며 지배했어요.

나는 하는 수 없이 부하들을 데리고 갔지요. 대제사장은 빠지고, 제사장들과 바리새파 사람들과 율법 학자들과 장로들이 함께 갔지요. 우리는 곧바로 올리브 나무 동산인 "겟세마네"로 갔습니다. 그곳은 올리브 기름을 짜는 곳이기에 붙여진 이름입니다(기름 짜는 틀). 월요일 아침에 베다니 집을 떠난 예수 일행은 그 날부터 줄곧 그곳에서 밤을 보냈습니다.

경비 대원 1: 우리는 "칼과 몽둥이와 횃불"을 준비하고 길을 밝혔습니다. 그믐달 끝날이어서 어두웠으니까요. 다음날부터 사흘간은 달이 없었습니다.

군목: 경비대원 몇 명이 갔습니까?

경비 대원 2: 대장님까지 30명입니다.

군목: 그렇게 많이요?

경비 대원 2: 예수의 제자들이 11명이기에, 무슨 사태가 벌어질지 알 수 없었으니까요. 만일 그들이 칼과 창을 가지고 저항한다면, 전투가 벌어질 게 틀림없었습니다. 그러면 어두운 밤에 누가 아군인지 적군인지 어떻게 구별합니까? 대참사가 발생할 것이었지요.

군목: 그때 상황을 이야기해주시지요.

경비 대장: 우리가 다가서자 제자들이 가로막았습니다. 어떤 자는 칼을 들고 있더군요. 그래서 나는 제자들 가운데 혹시 '젤롯파'가 있는 게 아닌가 했지. 그래서 나는 그 순간, 평소 들었던 예수에 관한 정보가 잘못된 것인가 의심했습니다. 그의 가르침이나 행동 대부분은 사랑과 자비, 온유와 겸손 등이었으니까요. 나중에 안 사실이지만, 제자 중 한 사람은 젤롯파였습니다(가나안인 시몬. 가나안인-젤롯파의 별칭). 그런데 칼을 든 자는 그 사람이 아니었어요. 이름은 모르겠습니다.

경비 대원 3: 지도자들은 겁을 먹고 뒤로 물러나 있었지요. 우리가 제자들에게 예수를 체포하러 왔다고 하자, 그들은 뭣 때문에 스승님을 체포하느냐고 대꾸했지요. 그러자 대장님이 우리는 그것에 대해서는 모르고 체포하는 것뿐이니, 순순히 응해주면 좋겠다고 대답하셨어요. 그렇지 않으면 크나큰 불상사가 날 것이라고도 말씀하셨지요. 그러자 한 제자가 그럴 수는 없다고 하며 칼을 뽑아 들었어요.

경비 대원 4: 그런데 대제사장 집의 "말고"라는 하인이 어떻게 묻어서 따라왔다가, 느닷없이 주제도 모르고 버르장머리 없는 놈들이라고 하며 나서서 제지하려고 했어요. 그러자 칼을 들고 있던 그 제자가 그 하인의 귀를 단번에 잘라버렸습니다. 그는 죽는다 하며 귀를 움켜쥐고 나자빠졌지요. 칼을 뽑아 든 우리는 그들을 겨누며 빙 둘러싸기 시작했습니다. 그랬더니 몇몇 제자들이 그 틈에 꽁무니를 빼고 도망치는 것이었어요. 어떤 자는 옷까지 벗어 던지고 알몸으로 달아나더라고요(막 14:51~52). 기가 막혔지요.

경비 대장: 그때 예수가 저 뒤쪽에서 나타났습니다. 횃불에 얼굴이 보였지요. 그러자 같이 갔던 유다가 나서더니, 자기 스승의 뺨에 입을 맞추었어요. 나는 그가 미리 제사장들과 그렇게 짠 것은 알았지만, 스승을 그런 식으로 배반하는 것에 충격을 받았습니다. 나는 그가 이미 대제사장에게서 돈을 받았다는 것도 알고 있었어요. 그래서 나는 부하들에게 눈짓으로 예수를 체포하게 하여 오랏줄로 두 손을 묶게 했습니다.

그런데 예수는 자기만 잡아가라며, 제자들은 아무 죄도 없으니 보내라고 말했습니다. 나는 그 말에 모든 게 잘못된 일이라는 것을 알았습니다. 제자들을 사랑하는 마음을 보았으니까요. 만일 예수가 젤롯파 같은 사람이었다면, 이미 전투가 벌어졌을 것입니다. 아니, 겟세마네 동산에 있지도 않았을 테지요! 그러자 제자들 대부분은 어둠 속으로 도망쳤습니다. 그런데 두 제자가 뒤를 따라왔는데, 누군지는 모르겠습니다(베드로와 요한으로 봄. 요 18:15).

군목: 예수를 어디로 압송했습니까?

경비 대장: 전 대제사장 안나스의 집으로 갔습니다. 그는 자기가 누군지

를 똑똑히 확인시키며, 자신의 권세와 영광과 위엄을 보이려는 듯, 몇 가지 질문만 하더군요. 그의 질문에 예수는 자신은 회당이나 성전 광장에서 드러내놓고 말하고 아무것도 숨어서 가르친 게 없으니, 들은 사람들에게 물어보라고 당당하게 이야기하더군요. 그랬더니, 이 친구가…?

경비 대원 5: 예, 납니다. 그래서 나는 대제사장님에게 그게 무슨 말버릇이냐고 하며, 손바닥으로 예수의 머리를 쳤습니다. 그랬더니 나를 똑바로 바라보며, "내가 한 말에 잘못이 있다면, 그 증거를 대고 말 하시오. 내가 한 말이 옳다면, 어찌하여 나를 때리시오?" 하고 말하더군요(요 18:19~23). 나는 그 말에 머쓱해지고 말았지요.

경비 대원 6: 나는 우리 뒤를 따라 제사장 저택의 마당으로 들어온 제자 한 사람에게, 하녀가 "당신도 나사렛 사람의 제자지요?" 하고 세 번이나 묻자, 모두 부인하며 딱 잡아떼는 것을 보았습니다. 그때 마침 닭이 울었는데, 그 소리를 들은 그 제자는 얼굴이 핏빛으로 변하더니, 그냥 밖으로 뛰쳐나갔습니다(요 18:15~18.25~27).

경비 대장: 안나스는 혀를 차며 예수를 사위에게로 데려가라고 했습니다(요 18:24). 거기에는 이미 의회를 소집해 두고 모여 있었지요. 가야바 대제사장도 별다른 신문을 하지 못했습니다. 단지 죽은 사람을 살린 것(나사로)과 성전에서 일으킨 '난동 사건'으로 민중이 따르는 것에 두려움을 느끼고, 신성모독과 민족의 위기를 불러온 자라고 하며 사형시켜야 한다고 주장할 뿐이었습니다. 의회원들은 우왕좌왕했습니다.

그러자 가야바 대제사장은 결정적인 말을 하여 그들을 설득하는 데 성공했습니다. "이 사람을 그대로 두면 모두 그를 믿게 될 것이오. 그렇게 되면 로마 사람들이 와서 우리의 땅과 민족을 약탈할 것이오. 그러니 한 사람을 죽여서 민족 전체가 망하지 않게 하는 것이 유일한 해결책이오. 더 말할 것도 없소!"(요 11:45~53) 그래서 우리는 곧 예수를 빌라도 총독에게 데려 갔습니다.

우리에게는 사형권이 없었기에, 가야바를 비롯한 지도층은 자기들의 뜻대로 하도록 "빌라도" 총독을 압박했습니다. 그때 총독은 유월절에 혹시 일어날지도 모를 폭동을 대비하기 위해, 지중해변의 총독 관저가 있는 "가이사리아"에서 예루살렘에 와 있었지요. 밤새 몇 시간 동안, 밀고 당기는 지루한 실랑이가 이어졌지요. 빌라도는 사형에 해당할 죄가 없음을 알고, 어떻게든 석방하려고 했어요.

그러자 가야바 대제사장이 결정타를 날렸습니다. "만일 당신이 예수를 석방한다면, 황제 폐하의 충신이 아닙니다. 자기를 가리켜서 왕이라고 하는 자는 누구나 황제 폐하의 반역자입니다!"(이전 이후, 요 18:28~19:16) '그러니 정 석방하고 싶으면 어디 해보시오. 우리는 내일 당신을 황제 폐하께 고소하러 갈 것이오!'

그 말에 사색이 된 총독은 화를 내며 사람들에게 물었습니다. "보시오. 이 사람을(에체 호모·Ecce Homo)! 그러면 당신들의 왕이라는 이 사람은 어떻게 하란 말이오?" 그러자 그들은 십자가에 못 박으라고 소리쳤습니다. 총독이 당신네 유대인의 왕을 어째서 죽이라는 것이냐고 묻자, 그들은 '그 자는 우리 왕이 아니오!' "우리에게는 황제 폐하밖에는 왕이 없소!" 하고 소리쳤습니다.

그러자 총독은 하는 수 없이 예수를 로마 군대에 넘겨 주고는, 자기는 예수의 피에 아무 책임이 없다고 하며 손을 씻었지요(마 27:24). 그러자 우리 지도층과 수하들은 "그 사람의 피를 우리와 우리 자손에게 돌리시오." 하고 말했습니다(마 27:25).

　　군목: 그런 말에 어떤 느낌을 받았나요?

　　경비 대장: 섬뜩했지요. 예수가 메시아도 왕도 아니라고 해도, 내가 보기로는 분명히 예언자입니다. 그간 내가 들은 정보에 의하면, 그가 한 일은 도탄에 빠진 사람들을 위로하고, 아픈 사람들을 치유하고, 소외된 사람들을 친구로 여기고 사귀며 사람대접을 해주고, 하나님의 말씀을 전하고 가르치며 희망을 안겨준 것뿐입니다. 내가 보기로, 그는 줄곧 하나님의 나라를 말하며, 모든 이가 행복하고 평화롭게 사는 새로운 세상을 펼치려던 것 같습니다. 그러니 하나님의 예언자였지요. 그런데 우리 역사를 볼 때, 예언자를 박해하고 죽이고 멀쩡했던 적은 없었습니다. 그래서 이렇게 오래도록 남의 나라 식민지가 되어 고난을 겪는 것이지요. 그러니 예언자 예수를 죽인 죄를 어찌 감당하려고, 그런 말을 서슴없이 한 것인지, 섬뜩하지 않을 수 없었지요.

　　군목: 그렇지요. 그래서 예수는 당신들 손을 떠나 로마 군병들에게 넘겨진 것이로군요?

　　경비 대장: 그래도 우리는 줄곧 대기하다가 처형장까지 갔습니다. 대제사장이 혹시 제자들이나 군중이 쳐들어올지도 모르니, 그렇게 하라고 했지요. 내가 보기로는 모든 게 잘못된 일이었습니다. 예언자의 말은 하나님의 말씀과 같은 것이니까요.

5

　　군목: 이제 예수의 십자가 처형을 집행한 로마군 대대장을 만나보겠습니다(눅 23:44~47). 당신은 예수라는 죄수를 처형할 때, 어떤 느낌이었나요?

대대장: 재판의 모든 과정을 지켜본 나로서는 그분이 십자가에 처형당할 만한 죄가 없다는 것을 잘 알았지요. 그러나 유대교 지도층, 곧 대제사장과 제사장들과 바리새파 사람들과 장로들과 율법 학자들이 총독에게 하도 거세게 사형을 요구하며 황제에게 고소한다고 위협까지 하는 바람에, 총독은 매우 곤란한 처지에 빠졌습니다. 총독을 할 수 있는 한 놓아주려고 했지요. 왜냐면 십자가 처형은 반란자들에게만 적용되는 사형이었기 때문입니다.

그래서 총독은 반란 혐의로 잡아둔 다른 죄수를 놓아주는 타협책을 제시했습니다. 그러나 그들은 한사코 예수를 처형하라고 요구했습니다. 아시다시피 로마는 식민지 사람들에게 사형권을 부여하지 않았습니다. 그것은 사사로이 인명을 살상하는 행동을 막으려는 조치였지요. 그것은 여러 식민지에서 사사로이 저지른 사형행태를 보고 세운 법률입니다.

그런데 예수라는 랍비는 그런 혐의가 전혀 없었습니다. 굳이 폭력적인 행동이라고 볼 수 있는 것은 고작 성전에서 난동을 피웠다는 것 하나뿐이었지만, 그러나 그것은 유대교 문제였을 뿐이에요. 로마 제국은 모든 식민지의 종교는 얼마든지 관용하고 자유를 허용합니다. 그러니 그조차도 사형 죄목이 될 수 없었지요.

총독이 자꾸만 빠져나갈 길을 찾으며 회피하자, 그들은 끝내 총독에게 예수를 풀어주는 것은 시저(Caesar), 곧 "황제 폐하의 충신이 아니며, 황제 폐하에게 반역하는 자"라고 하며 총독을 협박하기에 이르렀습니다. 그 말을 들은 총독은 화들짝 놀라 안색이 창백해지며, 하는 수 없이 그들의 요구대로 했지요. 안타까운 일이었지요.

사형장으로 가는 내내 마음이 편치 않았습니다. 그런데 그분은 십자가에서 "아버지, 저 사람들을 용서하여 주십시오. 저 사람들은 자기네가 무슨 일을 하는지를 알지 못합니다."(눅 23:34), 또한 "아버지, 내 영혼을 아버지 손에 맡깁니다." 하고 말했습니다.

나는 무척이나 감동하고 놀랐지요. 세상에 자기를 죽이는 사람들을 용서하다니! 나는 그런 경우가 있었다는 말조차도 들은 바 없었는데, 그 날 거기에서 듣고 보았습니다. 그분의 말에는 하나도 서운하거나 원통하다는 마음조차 없었지요. 그저 자기를 죽음으로 내몬 사람들에 대한 무한한 자비심에 싸여 용서를 빌 뿐이었습니다.

그러나 그들이 "이 자가 남을 구원했으니, 정말 그가 하나님이 세우신 메시아라면 자기나 구원하라지." 하고 말하는 것을 보고는 소름이 돋았습니다(눅 23:35). 천하제일의 종교적이고 선민이라는 유대인들의 마음이 그렇게도 모질고 완악한 것에 놀랐지요. 종교가 사람을 원한과 적개심과 살기로 가득하도록 잘못되게 만드는 것을 보았습니다.

나는 이런 두 가지 이유로 십자가에 달리신 그분을 바라보며 생각에 잠겨 있었기에, 내 부하들이 그분을 조롱하는 것조차도 의식하지 못했습니다(눅 23:36~37). 그분이 목숨이 끊어졌을 때, 나는 나도 모르게 이렇게 말했습니다. "이 사람은 참으로 죄 없는 의로운 사람이구나!"(눅 23:47, 마가와 마태는 "참으로 이분은 하나님의 아들이셨다."〈막 15:39; 마 27:54〉. 요한에는 없음) 조금 떨어진 곳에 모여 있던 몇몇 여인들은 그분을 바라보며 처연히 눈물을 흘렸습니다(눅 23:49).

나는 여인들에게 사랑받는 사람이 나쁜 사람일 리가 없다는 것쯤은 알고 있습니다. 나도 아내가 있지만, 여인들은 누가 거짓말하고 악하고 폭력적인지, 누가 선하고 의롭고 자비로운지, 본능적으로 압니다. 여인들에게 진실한 사랑을 받는 사람은 단연 덕스러운 사람입니다.

군목: 훌륭한 말씀에 감동했습니다.

6

군목: 이번에는 "십자가 처형을 담당한 로마 군인들"을 만나보지요(막 15:15~32). 당신들은 사병(士兵)입니다. 당신들은 군인으로서 명령대로 했지만, 하지 말아야 할 일도 했습니다. 그런 점에서 당신들은 면책(免責)될 수 없습니다. 죄수를 채찍으로 때리고 조롱하고 모욕하고 희롱하는 것은 군인이 할 일이 아니질 않습니까?

군인 1: 그런 재미도 없이 어떻게 군인을 한단 말인가요? 모름지기 군인은 일반인이 할 수 없는 그 어떤 일도 해내는 사람입니다. 사형 선고받은 죄수를 조금 희롱하고 때렸다고 해서, 그게 무슨 대수란 말인가요? 십자가 처형 선고를 받은 죄수는 우리 로마 제국에 가장 흉악한 범죄자이니, 마땅히 죽기 전까지 갖은 모욕과 희롱을 가하여 혼을 빼놓아야 한다고요. 총독도 그런 일쯤은 얼마든지 허용합니다. 어느 나라에 있든지, 로마 제국의 군인은 누구나 다 그렇습니다.

군목: 꼭 그렇게 해야 합니까? 사형수에게 마지막 얼마 남지 않은 시간을 인간적으로 보낼 수 있게 배려할 수도 있지 않습니까? 사형수가 로마인이었어도 그렇게 했을까요?

군인 1: 그것은 우리 의향이 아니라, 총독의 명령이었습니다(막 15:15). 하기는 총독의 명령이 아니었다 하더라도, 그렇게 했을 겁니다. 왜냐면 어떻든 사형수는 멀쩡한 세상을 망가뜨린 악인이니까요. 그런 자에게는 마지막이고 배려고 뭐고 할 게 없습니다. 어차피 죽을 것이니, 죽도록 패서 자기가 얼마나 악한 짓을 한 것인지 알게 하고, 죽음이 얼마나 고통스러운 것인지 미리 맛보게 해야 합니다.

군목: 그러면 당신은 자신을 선한 사람이라고 생각합니까?

군인 1: 아니, 왜 내게 그런 것까지 묻는 것입니까? 나는 그저 명령받은 대로 했을 뿐입니다. 그런 것은 총독에게나 물으세요! 우리는 총독을 대리했을 뿐입니다. 아니, 우리는 황제 폐하를 대신했을 뿐이지요. 반란의 괴수는 누구나 황제 폐하와 로마의 원수입니다.

군목: 반란이 왜 일어납니까?

군인 1: 그야 자기네 나라를 위해서겠지요.

군목: 그러면 반란이 왜 악입니까? 모든 나라는 자유롭게 살 권리가 있지 않나요? 로마가 세상에서 유일한 나라란 말인가요? 세상이 로마의 밥이란 말입니까?

군인 1: 나는 그런 골치 아픈 것까지는 몰라요. 다른 사람에게나 물으세요!

군목: 당신도 저 군인처럼 했나요?

군인 2: 우리는 예수라는 유대인 랍비의 재판에 대해서는 아무것도 모릅니다. 본 일도 없으니까요. 병영에 있다가 한 죄수의 처형 명령이 내렸다고 해서 나갔을 뿐입니다. 총독이 "유대 지도층을 만족시켜 주려고, 예수라는 사형수를 채찍질한 다음에 십자가에 처형하라고 넘겨주었지요."(막 15:15). 물론 총독은 군인이 아닌 행정관이지만, 군대를 거느릴 권한도 있었기에, 그가 사령관인 셈이지요.

나도 명령받은 대로 했을 뿐입니다. 그러나 마지못해서 죄수를 희롱하고 때렸습니다. 그렇지 않으면 명령 불복종이 되어 처벌받으니까요. 가뜩이나 곧 죽을 사람인데, 그렇게 모욕하고 조롱해서 뭐 좋을 게 있나요? 나는 예수라는 사람이 누군지도 몰랐어요. 단지 반란의 괴수라고만 들었습니다.

군목: 그래서 당신은 동료들이 예수의 옷을 벗기고 자색 옷을 입히고, 가시관을 엮어서 머리에 씌우고는, "유대인의 왕 만세!" 하고 조롱 가득한 인사를 하고, 갈대로 예수의 머리를 때리고 얼굴에 침을 뱉고 무릎을 꿇고 경배하며 희롱하고는, 다시 자색 옷을 벗기고 옷을 도로 입힌 후 끌고 나갈 때도(막 15:16~20), 그저 마지못해서 했단 말인가요?

군인 2: 말했잖아요? 왜 나를 자꾸 몰아세우나요? 나 그렇게 나쁜 군인 아니에요. 그것은 내가 보기에도 지나친 처사였어요. 그러나 상관들이 앞장서서 그렇게 하는데, 내가 무슨 수로 가만있을 수 있겠습니까? 어떻든 나는 그 일을 즐거워하며 한 게 아니라고요!

군목: 나도 충분히 이해합니다. 당신을 몰아세우는 게 아닙니다. 하필 당신이 그때 그 자리에 있었다는 게 안타까울 뿐입니다. 그것은 어쩔 수 없는 일이지요. 그랬으니 그 후 당신의 마음이 좋지 않았을 것이라고 봅니다.

군인 2: 나중에 안 사실이지만, 그 사람은 십자가에서 처형될 만한 일을 한 적이 없다고 합니다. 죄다 유대 지도층들의 술수였지요. 결국에 사형권이 없는 그들은 총독의 힘을 빌려서 자기들의 목적을 이룬 것이기에, 로마가 이용당한 것이었지요. 그리고 보면 총독도 불쌍한 사람입니다.

군목: 당신은 예수가 몇 번 쓰러지자, 북아프리카 '리비아'에서 예루살렘에 순례차 왔다가 구경하던 "구레네 사람 시몬"이란 유대인 젊은이를 붙잡아다가, 대신 십자가를 짊어지고 한 군인이었다지요(막 15:21)?

군인 3: 그렇습니다. 예수라는 사람은 내가 보기에도 튼튼한 골격을 갖춘 사람인데, 이상하게도 비쩍 말라 있었지요. 내가 알기로는 갈릴리에서부터 활동하다가 온 사람이라는데, 아마 종교적인 사람이었기에 음식을 적게 먹었던 것 같고, 오랜 풍찬노숙(風餐露宿)에 시달린 것 같았습니다. 게다가 전날 체포되어 밤새도록 이리저리 조리돌림을 당하며 신문을 받고, 끝에 납과 못이 달린 채찍으로 등을 얻어맞고, 머리에 가시관이 씌워져 피를 많이 흘려 눈도 뜨지 못해서 온통 지쳐 있었습니다. 아무도 매에는 장사 없지요.

군목: 그래서 갑자기 측은한 생각이 들었나요?

군인 3: 그렇지요. 쓰러지고 또 쓰러지는데 어찌합니까? 더는 일어나질 못하는데, 채찍으로 내려친다고 일어납니까? 그래서 자꾸만 밀어내도 가까이 다가와 걷던 그 젊은이 멱살을 붙잡고, 대신 가로대 나무를 짊어지게 했지요.

군목: 가로대 나무요?

군인 3: 그것도 모르셨습니까? 십자가가 아니라, 십자가 위쪽을 가로지르는 가로대란 말이에요. 십자가는 기둥과 가로대로 구성되지요. 죄수는 가로대만 짊어지고 갑니다. 다 완성된 십자가는 지나치게 무거워서 지고 갈 수 없습니다. 그것은 죄수를 배려해서가 아니라, 사형장으로 갈 수 없기에 취한 조치입니다. 기둥은 처형장에 미리 가져다 놓습니다. 물론 구덩이도 미리 파놓지요.

군목: 그렇군요.

군인 3: 가로대는 그렇게 무겁지 않은데도, 그 죄수는 일곱 번이나 넘어졌어요. 그만큼 허약하고 지쳐 있었던 것이지요. 그런데 그 젊은이가 하도 말을 듣지 않고 물러서지 않기에, 잡아다가 대신 지게 한 것입니다.

군목: 그러니까 "강제로 가로대를 짊어지고 가게 한" 것이군요?

군인 3: 그렇습니다. 어쩔 수 없었지요. 처음에는 말을 듣지 않더군요.

그래서 채찍으로 한 대 쳐서 꿇어 앉혔지요. 자기가 받을 짓을 한 것이지요. 그는 뭐라고 알아듣지 못할 말로 항의하더니, 이내 하는 수 없이 짊어졌고, 그 죄수는 뒤를 따라 걸었습니다.

군목: 도착한 다음에는 어떻게 했나요?

군인 3: 대대장이 시키는 대로, 나를 비롯한 동료들이 했습니다. 먼저 가로대를 땅바닥에 놓고 죄수의 양팔을 벌려 손바닥에 대못을 박은 후 밧줄로 팔뚝을 묶습니다. 그것은 손이 찢겨 몸이 떨어지지 않도록 한 것이지요. 그리고는 죄수를 못 박은 가로대를 끌어다가 기둥 위쪽에다 얹혀 놓고 밧줄로 매고, 양발이 닿는 곳에는 받침대를 박아 딛게 하고, 역시 몸뚱이가 떨어지지 않도록 허리도 밧줄로 묶어 기둥에 고정한 후 일으켜, 구덩이에 빠지게 하여 세웁니다. 구덩이에는 돌과 흙을 넣어 쓰러지지 않게 합니다. 그것으로 처형은 끝입니다.

군목: 그 죄수가 십자가에서 한 말은 절망적인 절규뿐이었나요?

군인 3: 나는 무슨 소린지 알 수 없었습니다. 나중에 유대 지도층 한 사람에게 물어서 안 사실인데, "나의 하나님, 나의 하나님! 어찌하여 나를 버리셨습니까?" 하고 말했다네요(막 15:34). 나는 그게 무슨 뜻인지 모릅니다.

군목: 다른 말도 했다는데요?

군인 3: 모릅니다. 듣지 못했어요(최초의 복음서인 마가복음에는 이 말만 있음).

군목: 그 후 당신들은 어떻게 했나요?

군인 3: 여섯 시간가량 지나자(아침 9시~오후 3시, 마가 15:25.34), 그 사람이 죽은 것을 확인하기 위해 창으로 옆구리를 찔렀습니다. 아무 반응이 없는 것을 보고는 죽은 것을 확인했습니다. 그런데 조금 후, 총독에게 장례를 허락받았다는 "아리마대 요셉"이라는 사람이 문서를 내밀기에, 대대장이 시신을 내리라고 하여, 그 사람이 데려온 사람들이 처리하도록 하고 철수했습니다. 어찌 되었든지 간에, 사람을 처형하는 것은 무척 기분이 안 좋은 일입니다.

7

<u>군목</u>: 예수를 만났던 사람들은 많았습니다. 하지만 그분이 누군지를 제대로 알아보고 따르며 사랑한 사람은 몇 없었습니다. 만남이란 사건입니다. 특히 진리의 스승과 만나는 것이 그렇습니다. 그러나 아무리 위대한 사람을 만난다 하더라도, 사람이 절로 변하지는 않습니다. 그 변화는 각 사람의 몫이기 때문입니다. 설령 예수가 이웃집에 산다 하더라도, 그를 알아볼 줄 모르는 사람은 많습니다. 예수의 체포와 수난과 처형에 얽힌 수많은 사람을 볼 때, 이런 점이 유난히 두드러지게 나타납니다.

오늘날 예수를 믿는 것도 이와 다르지 않습니다. 예배당에 다닌다고 해서 누구나 예수를 믿고 따르고 사랑하는 게 아니니까요. 지금 '기독교'는 예수 당시 유대교인들과 비슷한 면모를 보입니다. 제사장인 성직자들이나, 바리새파와 장로들 신도들이나, 진정 예수의 하나님 나라를 제대로 이해하고 따르는 사람이 몇이나 될까요?

기독교 2천 년 역사가 보여준 모습은 예수의 하나님 나라와는 멀어도 지나치게 멉니다. 예수를 믿어 구원받는다고 하지만, 정녕 구원받은 사람이 몇이나 있었을까요? 예수의 가르침에 따르면, 구원이나 영생은 성령을 통한 중생과 철저한 내적 혁명을 이루고 하나님의 나라를 이 세상에 세워나가는 데서 주어지는 하나님의 은총인데 말입니다.

예수를 믿는다는 것은 예수를 만난다는 것이고, 예수를 만난다는 것은 내가 변한다는 것이고, 내가 변한다는 것은 성령과 진리를 깨달아 새로운 사람이 된다는 것입니다. 새로운 사람만이 하나님의 나라를 이 땅에 세우는 일에 참여합니다. 기독교는 이른바 기복주의 종교가 아닙니다. 미신이나 우상숭배는 더더욱 아닙니다.

'디트리히 본회퍼'는 "그리스도가 사람을 부른다는 것은 너, 나에게 와서 죽으라는 뜻이다, 그리스도를 믿는다는 것은 그리스도께 가서 죽는다는 뜻이다."라고 말합니다(나를 따르라-산상수훈 강론). 예수는 오로지 모든 인간이 한 형제자매가 되어 평등하고 평화롭게 살아가는 새 하늘과 새 땅의 세상인 하나님의 나라를 위해 살고 죽은 분이고, 지금도 살아계신 분이십니다! 사람이 '몸'(세상)에 갇힌 포로와 노예가 되면, 이미 죽어서 사는 것밖엔 아무것도 아닙니다(눅 9:60).

14

헤롯 안티파스, 그리스 사람들

<hr />

1

<u>신학자</u>: 인생은 만남입니다. 누구를 만나느냐, 어떻게 만나느냐 하는 것이 인생을 결정합니다. 신이 사람으로 세상에 출현하신다고 해도, 절로 사람을 변화시키지는 못합니다. 왜냐면 인간은 자유로운 존재이기 때문입니다. 자유는 선택하는 것입니다. 따라서 사람은 변화를 택하거나 거부할 수 있습니다. 변화는 아무도 강요할 수 없는 것으로, 자율성에 속합니다.

사람은 눈입니다. 보는 것이 그 사람입니다. 본다는 것은 생각한다는 것입니다. 보는 것과 생각하는 것은 같습니다. 그래서 보는 것과 생각하는 것

이 그 사람입니다. 사람은 자기 눈과 생각만큼입니다. 그 이상도 이하도 아닙니다. 그래서 예수께서 "눈은 몸의 등불"이라고 말씀하신 것이지요(마 6:22). 눈이 밝으면 삶이 밝고, 눈이 어두우면 삶이 어둡습니다. 밝다는 것은 깨끗하고 의롭고 공정하고 진실하고 정직하고 선한 것이고, 어둡다는 것은 더럽고 불의하고 불공정하고 거짓되고 이기적이고 악한 것입니다. 그러니 각 사람의 삶은 자신의 눈과 생각이 만들어내는 자기 작품입니다.

역사를 봅시다. 고타마 붓다를 몇 차례 죽이려 한 사람, 공자를 박대한 사람들, 소크라테스를 죽인 사람들, 예수를 죽인 사람들이 있습니다. 인류의 정신과 마음과 인격과 덕성에 있어서 최상의 경지와 차원에 이르신 분들을 만나고 들었으면서도 그러했지요. 그러니까 그들은 눈이 단단히 삔 사람들이지요.

왜 눈이 삐었을까요? 눈과 마음과 생각이 진리나 의나 진실이나 도덕에 가 닿아 있는 게 아니라, 오로지 권력과 재산과 명예 등의 기득권과 소유와 향유(享有)에 대한 몸뚱이의 욕망에 뿌리를 내렸기 때문이지, 다른 이유가 없습니다.

우리는 복음서에서 예수께서 치유를 받은 사람들에게 꼭 "네 믿음이 당신을 구원했습니다."라고 말씀하신 것을 봅니다. 대단히 심오한 말인데, 왜 그렇게 말씀하신 것일까요? 복음서에서 말하는 치유나 기적은 표징(表徵, -세메이온·semeion. sign·symbol), 곧 어떤 무엇을 가리키는 상징과 이미지입니다. 단지 비상하고 놀라운 일 그 자체가 아닙니다. 치유와 기적이 가리키는 상징은 인간의 내적 변화입니다. 곧, 인생과 세상을 바라보는 눈과 마음과 생각의 근원적인 변화이지요.

그렇기에 치유, 곧 사람의 내적 변화와 깨달음이나 새로운 삶은 그 자신이 택하는 것입니다. 거기에서 예수는 불이 불을 붙이듯이, 매개체(媒介體)이신 것이지요. 예수는 아무도 강제로 치유하지 않았습니다. 곧, 예수는 아무도 강제로 변화시키지 않았습니다. 그럴 수도 없습니다. 하나님이라도 그렇게 하시지는 못합니다. 그것은 인생의 법칙입니다.

비가 오거나 날씨가 추운 것을 생각해봅시다. 표징·상징으로 말하는 것입니다. 비가 오면 피해야 하고, 추우면 따스한 햇볕이나 방이나 난로 곁으로 가야 합니다. 동물이든 사람이든, 이것은 본능적으로 잘합니다. 비가 내리는데도 맞거나 추운데도 한 데 있다면, 어쩔 수 없는 것을 제외하곤 어리석은 것이지요.

그런데 이것을 정신적 비유와 상징으로 옮겨서 생각해보면, 대개 사람들은 그냥 비를 맞고 추위에 덜덜 떠는 쪽을 택하고 살아갑니다. 진리의 스승들은 삶을 망치는 비와 추위를 피하라고 가르칩니다. 그러나 사람들은 그런 분이 눈앞에 있고 만난다 해도, 귀를 기울여 듣지도 않고 자기 변화를 꾀할 줄도 모릅니다.

왜 그럴까요? 눈이 단단히 삐었기 때문입니다. 인생에서 참으로 소중한 가치가 무엇인지 도통 모르는 것이지요. 그런 사람들이 소중하다고 아는 것이란 권력과 재산과 명예의 기득권뿐입니다. 그래서 스스로 자기를 진리에서 차단하여, 내내 비를 맞고 추위에 덜덜 떨면서 한없이 가엾고 측은하게 살아갑니다. 성서는 그러한 삶을 "하나님(진리)을 거역하는 사람은 메마른 땅에서 산다."(시 68:6), "죄의 삯은 사망"이라고 말합니다(롬 6:23). 이미 죽음의 길에 들어서서 겨우 살아가는 것이지요(현대 실존주의 철학도 이것을 말한다).

20세기 사회심리학자 '에릭 프롬'은 두 가지 사랑을 말합니다(인간의 마음; 존재의 기술). "생명에 대한 사랑(Biophilia)과 죽음에 대한 사랑

(Necrophilia)"입니다. 여기에서 생명이란 삶을 행복하고 의미 있게 해주는 모든 선하고 덕스러운 요소로서, 이를테면 의, 정의, 사랑, 자비, 진실, 정직, 겸손, 자유, 지족(知足) 등입니다. 그렇기에 생명을 바라거든, 그것을 누리는 길을 가야 합니다. 죽음이란 삶을 못 쓰게 만드는 모든 악하고 부덕한 요소로서, 이를테면 불의, 부패, 무자비, 이기주의, 거짓, 교만, 부자유, 탐욕 등입니다. 그렇기에 죽음을 싫어한다면, 그것을 피할 길을 가야 합니다. 매우 단순한 이치입니다.

모든 인간은 행복과 생명을 바라고 불행과 죽음을 싫어합니다. 본능이고 본성이지요. 생명체들도 마찬가지이지요. 그런데 인간의 자기모순이나 부조리라 할 것은 행복과 생명을 바라면서도 실상 살아가는 태도를 보면 불행과 죽음을 몹시 갈망하는 행태를 드러낸다는 것입니다. 동서고금의 종교와 철학의 가르침은 이런 모순과 부조리의 근본을, '불신, 무지, 어리석음, 죄, 악, 이기심, 망상, 착각, 집착, 진리 혐오' 등으로 말합니다.

우리는 뱀을 만나면 곧장 피합니다. 그러나 보이지 않는 뱀은 피할 줄 모릅니다. '맹자'는 말합니다. "사람이 닭이나 개를 잃어버리면 온 마을을 이 잡듯 뒤지며 찾는데, 잃어버린 마음·본성은 찾을 줄 모른다."(맹자-고자 상) 그것은 닭과 개를 마음보다 중하게 여기기 때문이지요. "하늘의 재앙은 피할 수 있으나, 스스로 지은 재앙은 피해서 살 수 없다."(맹자-이루 상) 자연재해는 피할 수 있습니다. 그러나 자기가 지은 재앙은 피할 수 없습니다. 따라서 각 사람의 삶은 자기의 자유로운 선택의 결과입니다.

2

신학자: 우리는 복음서에서 예수를 만난 수많은 사람을 봅니다. 그러나

그분에게서 아무것도 발견하지 못한 사람들이 대부분입니다. 일생일대의 축복과 은총의 기회를 스스로 날려버린 것이지요. 이러한 인간 현실은 지금도 마찬가지입니다. 예수를 믿는다 해도 내적 혁명을 모르고 별로 달라지지 않는 사람들은 실상 죽음에 대한 사랑에 사로잡혀 있을 뿐입니다.

이와 같은 삶의 진실을 전제하고, 유대인과 그리스인과 로마인을 만나보겠습니다. 유대인은 "헤롯 안티파스", 그리스인은 "익명의 사람들", 로마인은 "총독 본디오 빌라도", 유대인은 "전 대제사장 안나스, 현 대제사장 가야바, 그의 하인과 하녀, 바라바"입니다. 정치와 종교와 직업과 혁명운동에서 활동한 사람들입니다. 시간은 흐르고 역사와 문명은 달라져도, 인간과 그 행태는 별로 변화된 게 없습니다. 그러므로 그들의 이야기는 오늘 우리의 이야기입니다.

먼저 헤롯 안티파스를 만나봅니다(기원전 21~서기 39년. 통치: 기원전 4~서기 39년. 눅 3:1; 막 6:14~29). 당신은 갈릴리 영주(領主)인데, 워낙 땅이 작아서 왕이라 하기에는 좀 그렇습니다. 젖내 풍기는 17세 소년 때 영주가 되었네요?

헤롯: 어째서 그리 지독하게 나를 깎아내리는 거요? 나는 '왕'이라고요, 왕! 왕의 아들이니 당연히 왕이지!

신학자: 왕 아녜요! 그것은 당신 생각일 뿐입니다. 당신을 '분봉왕(分封王)'이란 것은 한 지역 영주이기 때문이지요. 당신의 이복형이나(헤롯 아르켈라우스·아켈라오, 마 2:22), 이복동생(헤롯 빌립)도 영주이니까요. 로마제국은 당신을 왕으로 생각하지 않았어요.

헤롯: 허 참! 그 양반, 되게 까다롭네. 그러면 당신은 영주라 생각하고, 나는 왕이라 생각하는 것으로 합시다.

신학자: 그러면 당신의 집안 내력부터 잠깐 들려주시지요.

헤롯: 그럽시다. 우리 집안이야말로 대단히 화려하고 영광스러운 가문이오! 우리 할아버지 '헤롯 안티파테르 1세'는 위대한 장군이셨소. 로마를 위하여 혁혁한 공을 세웠으니까. 그래서 로마 황제가 그분의 아들인 우리 아버지 '헤롯 안티파테르 2세'를 유대 왕으로 임명한 것이라오(헤롯 대왕, 기원전 37~4년. 마 2장).

신학자: 사실입니다만, 자화자찬이 지나치시군요. 그런데 당신의 조상은 반은 이두매인(갈릴리 동부 산지의 이민족, 부계 혈통), 반은 유대인입니다(모계 혈통). 그래서 유대인들이 싫어했지요. 내가 자화자찬이라고 한 것은 당신의 아버지가 잔혹한 군주였으면서도, 유대인의 환심을 사기 위하여 각종 국책 사업을 벌였기 때문입니다. 예루살렘 성전도 거의 다 새로 지어 놓고 세상을 떠났지요. 당신의 아버지는 권력욕의 화신으로서, 누구든 의심하면 죽였지요. 그래서 장모도 죽이고 아내도 죽이고 아들도 둘인가 셋을 죽였습니다. 운 좋게도 배가 다른 당신들 세 형제는 살아남았지요. 그래도 영광스럽고 대단하고 화려하다고 하겠습니까?

헤롯: 왜 당신은 나쁜 점만 들추어내시오? 좋은 점도 많았잖소? 정치라는 것은 하다가 보면 실수도 하는 법이오. 한두 개 가지고 침소봉대(針小棒大)하면 안 되는 일이오. 좋은 면은 드러내고 실수는 가려주는 것이 덕스러운 게 아니오?

신학자: 말이 꽤 유창하십니다. 로마 황제가 유대 땅을 당신네 3형제에게 나누어준 것은 당신들이 아버지보다 못했기 때문입니다!

헤롯: 속이 뒤틀리지만, 그건 맞는 말이오. 우리 아버지는 위대한 분이셨으니까. 하여튼 나는 아버지가 돌아가신 후, 갈릴리를 물려받은 왕이오. 형

은 사마리아와 유대를 물려받았는데, 워낙 극성스러운 유대인 놈들이 모함하는 바람에 10년 만에 로마로부터 잘린 후 잡혀가 유배지인 '가울'에서 세상을 떠났고(Gaul·프랑스, 기원전 4~기원후 6년), 총독이 직접 다스렸소. 동생 빌립은 갈릴리 동쪽 바산 산지의 이두래를 물려받았소.

신학자: 예수는 당신 아버지가 살아 있을 때 태어나셨지요.

헤롯: 우리 아버지 말년에 태어났다고 하오(마 2장). 아버지가 돌아가기 몇 해 전인지, 돌아가신 해인지 알 수 없소. 그런데 당신네 사람들(기독교인들)은 그렇게도 신처럼 떠받드는 사람이 태어난 해가 언제인지도 모르니, 참 우스운 일도 다 있군~~!

신학자: 사람의 생몰연대가 뭐 그리 중요합니까? 중요한 것은 인간다운 삶이지요.

헤롯: 좋아요. 나를 나쁜 영주로만 보지 마시오. 나도 좋은 일 많이 했다오. 아버지의 별장이 있던 '세포리스'를 도성으로 삼아 대대적으로 건설했지. 예수의 고향인 나사렛 북서쪽이오. 그런데 유대인 독립운동 단체인 '젤롯파' 놈들이 반란을 일으키고 불을 지르는 바람에 10년 만에 그곳을 버리고, 갈릴리호수 중간 풍광 좋은 곳에 '티베리아스'를 새로 건설하고 도성을 옮겨, 태평스럽게 잘 다스리고 있소이다!

신학자: 명색이 유대 땅에 로마 황제 이름을 딴 신도시를 세웠군요? 로마 황제(티베리우스, 재위: 서기 14~37년), 아첨하기 위해서 그런 것이지요?

헤롯: 아첨이라니? 하, 이 양반 참! 그런 것을 '정치적 수완'이라고 하는 게요. 어쨌거나 로마 황제의 임명을 받았으니, 잘 보이는 게 여러모로 좋은 일 아니오? 이건 괜히 하는 소리가 아니오. 내가 정치를 잘하면 황제의 도타운 신임을 받고, 그것은 갈릴리 백성에게도 좋은 일 아니오? 내가 잘못하여

신임을 얻지 못하면, 그건 고스란히 백성에게 피해가 가는 게 아니오? 본디 정치란 게 그런 것이오. 정치를 '쬐끔'이라도 알고서나 말 하시오!

3

신학자: 그렇다고 칩시다. 그런데 당신은 어째서 예언자 요한을 죽였습니까? 그는 분명히 바른말을 했는데요!

헤롯: 아, 그자는 예언자 행세를 한 불량한 인간이고, 단단히 미친놈이오. 사사건건 내가 하는 일이 모조리 틀렸다고 책망하며 백성을 선동하니, 어떻게 가만둘 수 있겠소? 예언자라면 하나님의 말씀만 백성에게 가르칠 것이지, 어째서 정치에 간섭한단 말이오?

신학자: 예언자는 인간을 사랑하는 사람이기에, 세상 모든 것에 관여하지 않을 수 없지요. 왜냐면 예언자가 전하는 하나님의 말씀은 모든 인간의 삶에 관한 진리와 법칙이기 때문이니까요. 그런데 정치는 인간을 돌보고 보호하고 먹이는 것이지요. 그러니 정치는 예언자의 큰 관심사가 되는 겁니다. 정치가 잘못되면, 그 피해를 고스란히 백성이 받기에 비판한 것이지요. 그것을 모르십니까?

헤롯: 그래도 그렇지, 어째 남의 집 혼사까지 잘못되었다고 떠드는 것이오? 그렇게도 할 일이 없단 말이오? 왕이야 누구든 아내로 취할 수 있는 것이오! 그게 동생의 아내라도 그렇게 잘못된 것은 아니란 말이오. 나를 무척이나 좋아한다는데, 어떻게 해요?

신학자: 그래서 영주의 생일날 새 아내가 데리고 들어온 딸의 요사스럽고 선정적인 춤사위를 보고 홀딱 반해 군침을 흘리며, 바라는 것이라면 나라의 절반이라도 주겠다고 헛된 말까지 한 것입니까? 의붓딸은 딸이 아닙니까?

<u>헤롯</u>: 요한처럼 말하는군. 그런 것을 골치 아프니까 그만두고, 다른 말이나 합시다.

<u>신학자</u>: 그럽시다. 그래서 당신은 예수가 요한을 이어 예언자로 활동하니까 두려운 나머지, 그를 요시찰 인물로 보고 감시한 것이지요? 왜냐면 예수는 요한과는 달리, 갈릴리 일대 마을에서 활동하여 수많은 민중이 따랐으니까요.

<u>헤롯</u>: 감시라니요? 나는 민간인 사찰 같은 건 모르오! 그건 감시가 아니라, 국태민안(國泰民安)을 위한 정치적 배려 차원에서 한 통치술이오. 왕은 내 나라 안에서 일어나는 모든 일을 속속들이 파악하고 있어야 하오. 그렇게 하지 않고서 어떻게 백성을 다스릴 수 있소?

<u>신학자</u>: 좋습니다. 어떻든 당신은 추종하는 "당원"들을 풀어, 예수를 집중적으로 살피며 죽이려고 한 것이 아닙니까(막 3:6)? 당원이 아니라, 끄나풀들이었겠지요.

<u>헤롯</u>: 그렇다고 합시다. 다 나라를 위해서 한 것이오. 예수를 따르는 민중이 반란을 획책한다면, 왕인 내가 어떻게 해야 하오? 별수 없이 죽여야 하는 것이오. 그것은 내 왕국뿐만 아니라, 로마에 정면 도전하는 것이니까, 백성에게 좋을 게 하나도 없소. 그래서 면밀하게 살핀 것이오. 정치의 제일은 정보력이오. 나라 안 사정을 모르고 어떻게 정치를 한단 말이오? 감시하기 위해서가 아니라, 민생을 잘 돌보기 위해서 한 것이지!

<u>신학자</u>: 그런데 당신은 어째서 예수에 대한 정보를 듣고 당황하며 두려움에 떨었습니까(눅 9:7~9)?

<u>헤롯</u>: 그런 일 없었소! 다만 사람들이 예수가 내가 죽인 다시 살아난 요한이라고 말한다기에, 그런가 아닌가 확인하고 만나보려고 한 것이오! 나

도 한 번 예수를 보고 싶었소.

　신학자: 그런데 왜 예수를 죽이려고 했나요(눅 13:31)?

　헤롯: 그것은 와전(訛傳)된 것이오! 바리새인 놈들이 내가 요한을 죽였으니까 예수도 죽일 것이라고 지레짐작하고, 그에게 고해바친 것이란 말이오!

　신학자: 그러면 예수가 당신을 "여우 새끼"라고 한 게 틀린 말이란 말인가요(눅 13:32)?

　헤롯: 뭐요? 금시초문이오. 난 그런 말 들은 적 없소. 그 후 나는 예수에게 아무 관심조차 없었소. 다행스럽게도 그는 갈릴리를 떠나 사마리아와 유대로 갔으니까. 그래서 골치 아픈 문제가 절로 해결되었지. 그게 다 내 덕이란 말이오.

　신학자: 예수가 유대로 간 것은 맞는 말입니다. 그런데 당신이 그렇게나 보고 싶어 한 예수를 드디어 만난 것은 그분이 예루살렘에서 유대 지도층에게 체포되어 빌라도 총독에게 신문(訊問)을 받을 때입니다(눅 23:6~12. 이하 같음). 무엇 때문에 예루살렘에 갔습니까? 혹시 하나님께 제사를 바치러 간 것입니까, 아니면 빌라도와 친분을 쌓으려고 한 것입니까?

　헤롯: 일석이조(一石二鳥)에다 일거양득(一擧兩得)이니, 누이 좋고 매부 좋고, 라는 말도 모르시오? 제사도 바치고 친분도 맺고 그러자고 간 것이오.

　신학자: 빌라도는 갈릴리 사람인 예수를 그곳 영주인 당신이 신문하기를 바라서 당신에게 보냈다는데, 당신은 그렇기는 고사하고 기적을 일으켜 보라는 엉뚱한 말만 했습니다. 그러면 그때 예수가 무슨 기적을 연출했다면, 그를 믿고 좋아하려던 것입니까?

　헤롯: 아니, 그저 기적에 호기심을 품었을 뿐이오. 그런데 나를 물끄러미 바라보고는 아무 말도 하지 않더군. 왕 앞에서 말이야!

신학자: 그래서 기분이 나빠져서, "제사장들과 율법 학자들이 맹렬하게 예수를 고발하는 소리"를 듣고는, 데려온 호위병들과 함께 예수를 모욕하고 조롱한 것이군요?

헤롯: 아, 왕이 물었으면 예언자든 누구든, 백성은 대답할 의무가 있는 것이오. 왕인 나를 무시해도 유분수지, 어떻게 화가 치밀어오르지 않겠소? 그런데 모욕하는 데도 그저 묵묵부답 침묵할 뿐이기에, 괘씸해서 조롱하려고 "자색"의 화려한 궁정 옷을 입혀 빌라도 총독에게 보낸 것이오. 그러자 빌라도 총독은 크게 화답하여 나를 초청했다오. 나를 왕으로 대접한 것이지! 그래서 우리는 그간 서먹했던 관계를 깨끗이 청산하고 사이좋은 "친구"가 되었소. 나는 매우 든든한 후원군을 얻었소. 그게 다 탁월한 나의 정치력 덕분이오!

신학자: 그래서 이렇게 무려 43년이나 버텼습니다그려(기원전 4~서기 39년)!

헤롯: 어찌 버틴 것이라 하시오? 버틴 게 아니라, 로마 황제 폐하가 내 정치력을 인정했기 때문이오! 반란이 없는데, 갈아치울 일이 뭐가 있겠소? 한 번은 황제가 직접 나를 초청하셨기에, 나는 그간의 은혜에 보답하려고 많은 선물을 가지고 가서 알현하고 온 일도 있소. 황제는 나를 유대 "왕!"이라고 부르며 극구 칭찬하십디다!

신학자: 예수를 모욕한 후, 아주 편안한 마음으로 돌아갔겠군요?

헤롯: 그렇소. 총독이 반란 혐의자 예수에게 사형 선고를 내린 후, 서로 골치 아픈 문제를 해결한 우리는 마음 푹 놓고 술 한 잔 기울이고 돼지고기를 뜯으며 돈독한 우의(友誼)를 다졌소. 왕이 위신과 체면이 있지, 사형수 한 놈이 죽는 게 무슨 구경거리라고 지켜보겠소?

4

신학자: 헤롯 안티파스는 도토리만 한 뇌의 소유자, 완전히 눈이 삔 진
저리나는 정치가입니다. 권력 중독! 역사가 'A. J. 토인비'는 말했습니다.
"신은 자신이 파멸시키고 싶은 사람들을 먼저 권력에 취하게 만든다."(변
화와 관습) 크든 작든, 권력에 중독된 인간들은 예수를 만나고 믿는다 해
도, 아니 설령 그분이 "사람의 몸을 입고 세상에 오신 하나님"이라 해도(요
1:14), 아무 관심 없습니다. 안티파스의 모습은 2천 동안 왕들과 대통령·총
리들에게서 재연되었고, 지금도 그렇습니다. 관심이 있어도 그분의 가르침
은 외면하지요.

인류는 지금도 여전히 권력과 물질력을 통한 "로마의 평화"(Pax Ro-
mana)를 추구하고 있습니다. 그러나 그것은 진정한 평화의 길이 아니라,
서서히 자살하는 길입니다. 인류가 지구를 너무나도 망가뜨려 놓아 본격적
반격으로 재앙을 당하고 있는 것을 보면, 그저 앞날이 두려울 뿐입니다. 그
러나 분명히 길은 있습니다. "예수의 평화"(Pax Jesuana, 요 14:27), 곧 예
수의 하나님 나라를 대안(代案, alternatives)으로 삼는 것이지요.

이번에는 "그리스인들"을 만나보겠습니다. '진절머리 헤롯 안티파스'
다음에 만나니까, 미리 즐거워지네요. 이들의 이야기는 요한복음에만 있습
니다(요 12:20~26). 그런데 그들이 제자를 통해 예수께 만남을 요청했다
는 말은 있으나, 예수가 그들을 만났다는 말은 없어서, 잔뜩 변죽만 울린 모
양새가 되어 매우 아쉽습니다(여기서는 만난 것으로 가정). 그러나 그때 제
자들에게 하신 예수의 말씀은 실로 불후(不朽)의 진리요 명언(名言)입니다.

반갑습니다. 선생들을 가리켜 "명절에 예배하러 올라온 몇 그리스 사람

들"이라고 하니까, 이런저런 추론이 가능합니다. 그리스인으로서 타민족 종교에 깊은 관심이 있는 종교적인 사람이거나, 철학의 민족으로서 예수를 철인으로 보고 대화를 나누어보려고 한 것이거나, 아니면 유대교로 개종한 사람들로 볼 수 있으니까요. 어느 쪽입니까?

그리스인 1: 비밀입니다!

신학자: 비밀이요?

그리스인 1: 네. 상상하는 대로 생각하십시오. 하나로 봐도 되고, 둘로 봐도 되고, 셋 모두로 보셔도 됩니다. 우리는 '가이사리아'와 '티베리아스'에 사는 지식인과 상인인데, 유대 민족의 최대 명절인 유월절을 보고 싶었던 데다가, 마침 예수라는 현인이 우리 민족의 철인들처럼 심오한 가르침을 전한다는 말을 듣고 만나서 토론해보고 싶었지요.

신학자: 그렇군요. 선생들이 떠난 후 예수께서 제자들에게 한 말씀을 보면, 그리스 철인들의 가르침과 비슷하기도 합니다. 예로부터 그리스인들은 철학을 '지혜·진리를 사랑하는 것'이라고 했지요(사랑·philo-지혜·so-phia). 예수께서 "진리가 인간을 자유롭게 한다."라고 하신 말씀도 그렇습니다(요 8:32).

물론 예수께서도 진리가 절로 사람을 변화로 이끄는 게 아니라, 진리를 사랑하여 깨달음에 이르러야 자유로워진다는 뜻으로 말씀하신 것이지요. 그렇지 않으면, 아무리 하나님을 믿는다고 해도 "악마의 자식"으로 살아갈 수밖에 없지요(요 8장).

호메로스, 탈레스, 헤라클레이토스, 파르메니데스, 피타고라스, 엠페도클레스, 소크라테스, 플라톤, 에피쿠로스, 아리스토텔레스 등의 철인들, 피타고라스(철인과 수학자와 종교인), 오르페우스와 엘레시우스 신비주의 종파, 그리고 스토아 철학의 창시자인 제논도 예수와 비슷하게 진리를 깨닫는 것에 관해 가르쳤지요. 철학과 종교의 가르침은 인간을 자유인이 되게 하는 것이기에 그렇습니다.

자유인의 삶은 마음의 평정(ataraxia)과 행복(eudaimonia)으로 특징됩니다. 특히 에우다이모니아는 아리스토텔레스의 윤리학과 정치 철학에서, '아레테'(aretē, 덕, 우수성)와 실천적·윤리적 지혜인 '프로네시스'(phronesis)와 함께 핵심개념입니다. 행복은 인간의 최고선(summum bonum)의 상태, 곧 인간이 가장 잘 된 최적의 상태, 참으로 인간적이고 인간다운 상태에 도달한 것을 말합니다.

이렇게 볼 때, 예수의 가르침과 그리스 철인들의 가르침은 충분히 공감과 대화의 여지가 있습니다. 예수의 가르침 역시 인간의 자유와 평안과 기쁨과 행복과 평화를 말하니까요. 표현은 조금 달라도, 그것이 가리키는 내용과 본질은 같은 것이라고 보겠습니다. 핵심은 예수를 통해서든 철학을 통해서든, 인간이 마음의 평화와 행복을 누리는 삶이니까요.

<u>그리스인 2</u>: 그렇습니다. 우리가 그간 전해 들은 예수의 가르침은 전혀 모르는 말이 아니었지요. 우리는 그분의 가르침이 우리 철인들과 무척이나 비슷한 것에 놀랐습니다. 그러니 지혜·진리란 어디에서 보고 생각하고 깨달았든지, 비슷한 맛과 향기를 드러낸다는 것을 알 수 있지요. 자유인이 되는 것이야말로 인간이 지향해야 할 최고의 목표이니까요.

<u>신학자</u>: 그런데 예수와 그리스 철인들의 결정적인 차이를 무시하면 안 됩니다. 그것은 심각한 오류입니다. 그리스 철인들의 철학과 삶은 서로 분리해도 아무런 지장을 초래하지 않지요. 소크라테스나 플라톤이나 에피쿠로스나 아리스토텔레스만 봐도, 그들의 철학을 듣고 배우는 것이지, 그 철

인들의 삶을 배우는 것은 아니니까요.

그러나 예수는 강의나 대화만 한 것이 아니라, 자신이 직접 체험하고 깨닫고 말한 것을 그대로 사셨습니다. 따라서 예수께는 생각과 가르침과 존재 방식·삶이 하나입니다. 아무것도 분리되지 않습니다. 그런 점에서 그리스식으로 말해, '길 위의 철인'이라 할 수 있는 예수는 독보적이십니다. 그분처럼 말하고 사신 분은 없습니다. 그분의 심정과 행동, 가르침과 삶과 죽음은 하나입니다. 예수라는 인격에서 가르침을 분리할 순 없습니다. 그러면 둘 다 죽습니다. 예수의 존재와 가르침이 복음입니다. 그래서 우리는 예수를 인간의 길이요 진리요 생명이라고 보고 믿고 따르는 것입니다(요 14:6).

그리스인 3: 그렇군요. 심오한 설명에 감사드립니다. 우리는 그분의 가르침을 전해 들으면서, 어쩔 수 없이 우리 민족의 철인들을 생각하지 않을 수 없었지요. 민족마다 신이나 진리를 표상하는 언어와 문화는 독특하면서도 조금씩 다르니까요. 전에도 유대인 지식인들과 여러 번 토론해보았듯이, 그들이 우리 철인들의 철학을 알고자 할 때도, 자기네 유대교와 예언자들의 가르침(預言·메시지)을 통해서 이해합니다. 그렇지 않고서는 서로 아무것도 이해할 수 없지요.

5

신학자: 그러면 선생들은 예수께 어떤 것을 물었나요?

그리스인 1: 나는 예수께 신에 관해서 물었습니다.

신학자: 그럴 만합니다. 기원전 3세기 중반, 이집트 알렉산드리아에서 히브리 랍비 학자들이 왕명을 받고 '히브리 성서'(구약성서)를 그리스어로 옮긴 '70인 역'(셉투아진타·Septusginta)에서는 하나님·신(엘·El, 엘로

힘·Elohim)이라는 보통명사를 그리스어 "테오스"(Theos·신)로, 고유명사
인 "야훼·여호와"를 "퀴리오스"(Kyrios·주-主)로 번역했습니다.

유대교 정통주의 신학자들이 결코 번역할 수 없는 고유명사 신명(神名)
인 '야훼·여호와'를 그렇게 번역한 것은 엄청난 파격이었지요. 그렇게 하여
히브리 성서를 읽는 그리스인들이 이스라엘의 신을 자기들이 믿고 말하는
그리스의 신들과 비교해보며 성서를 이해할 수 있는 길을 터놓은 것이지요.

그리스인 1: 그분은 신을 "진리·참·로고스·말씀"(요 1:1~5), 우주와 만유
의 창조자이신 "영(靈)"(요 4:24), 우주적 의식(意識), 인간의 "아버지"라며,
그리스의 다신론(多神論·Polytheism)은 그릇된 것이라고 하시더군요. 왜냐
면 신은 사람들처럼 많을 수도 없고, '인격'도 아니고 이름도 없기 때문이
라는 것입니다. 그러나 신은 인간은 아니지만, 활동은 '인격적'이라고 하셨
어요. 그러면서 그리스인들은 신의 갖가지 활동 하나하나도 신으로 보았기
에, 많은 신이 있는 것으로 믿는다고 하시더군요. 대단히 조리 있게 들려 그
렇다는 생각이 들었지요.

그러면 신은 유대인의 말처럼 '한 분'이라는 말이냐고 묻자, 그분은 신
을 가리켜 여럿이니 한 분이니 하는 말은 인간들의 생각이 모자라서 그런
것뿐이고, 신은 숫자로 생각할 수 없는 우주적 영, 곧 우주를 창조하고 초
월하고 포괄하면서도(초월자·超越者, The Transcendental) 우주 안에 내
재하며 활동하는 분이라고 하시더군요(내재자·內在者, The Immanent).

비유로 말하면, 그것은 마치 한 사람이 왕도 되고 남편도 되고 아버지
도 되고 형제도 되고 오라버니도 되고 친구도 되고, 또한 이런저런 다양
한 활동도 하지만 그 모든 것이 되거나 일하는 것은 한 사람인 것과 같다
고 했습니다.

그래서 신은 숫자로 말할 수 없으나, 굳이 말하면 한 분으로 보아야 한다더군요. 왜냐면 여럿으로 알면, 처음부터 오류가 발생한다는 것이지요. 왜 그러냐니까, 신이 여럿이라면 신들도 인간들처럼 최고신과 하위 신들의 위계질서, 남성과 여성 등의 성(性), 높고 낮고, 강하고 약하고, 크고 작은 구별과 차별이 생기기 때문이라고 하셨습니다.

그것이 그리스인들의 크나큰 단점이라고 하셨지요. 그러면 그게 세상의 구조와 형식을 신들에게 덮어씌워 투영(投影)·투사(投射)해서 만들어낸 것이지, 어떻게 신의 참모습이 되겠느냐고 하셨어요. 전에는 그런 것을 생각해본 적 없는데, 듣고 보니 과연 그렇다는 생각이 들었습니다. 말씀이 대단히 논리적이고 합리적이어서 놀랐습니다.

<u>신학자</u>: 신에 대한 관념은 인간의 정신이 깨어나는 만큼, 본래의 모습에 진실하고 가까워지고 숭고해집니다. 유대인들도 처음부터 신을 한 분으로 안 것이 아니에요. 유대인들도 오랜 세월 동안 "이 세상에는 신도 많고 주도 많다."라고 분명히 인정하고(다신론, 신 10:17a), 자기들은 '다른 신들'을 섬기지 않고, 오직 이스라엘을 이집트에서 해방하여 자유를 주신 '야훼·여호와' 하나님 '한 분만' 섬긴다고 하며(단일신론·單一神論·monarchianism, 출 20:2~3), "당신들의 주(야훼·여호와) 하나님만이 참 하나님, 참 주님"이라고 선언했지요(신 10:17b). 그러니까 자기들은 다른 민족의 신들은 인정하지만, 아무것도 상관하지 않는다는 것입니다.

그러다가 다른 신들조차 일체 부정하고, 이스라엘의 하나님만이 우주와 세계의 '유일한 한 분'이시라고 깨닫고 천명했는데, 그것은 나라가 망하고 바빌로니아 포로가 되어 살아갈 때였습니다(유일신론/唯一神論·Monotheism. 사 45장, 제2 이사야). 그러니까 이스라엘 민족이 신을 한 분이라

고 확실히 깨닫고 믿게 된 것은 모세 시대(기원전 13세기 초반) 이후 약 700년이 지난 때였다는 말입니다(기원전 550년경 이후). 이것을 볼 때, 신에 대한 인간의 관념은 인간이 정신적으로 진화하고 의식이 깨어나는 것과 맞물려 있는 것입니다. 따라서 다신론은 유치한 발상입니다. 예수께서는 그것을 지적하신 것이지요.

6

그리스인 2: 나는 진리에 관해서 물었지요. 그분은 '신은 진리'라고 했습니다. 나는 깜짝 놀랐어요. 그러면 진리가 신이냐고 했더니, 그렇다고 하시더군요. 신은 영원부터 영원까지 살아 움직이시는 '로고스·말씀·진리·참'이기에, 인간이 만들어낸 이념이나 관념이 아니라는 것입니다(요 1:1~5).

그러나 그렇게만 말하면, 민중이 알아듣지 못하기 때문에 "하나님, 아버지"라고 부르는 것인데, 그것은 신은 인간의 말로 표현할 수 있는 범위를 넘어 계신 분이시기에, 사람들과 소통하기 위해서 이해할 수 있는 언어를 사용해야 하니까, 그렇게 말할 수밖에 없다고 하시더군요. 유대인이 신을 아버지로 표상하는 것은 그것이 신을 가장 가깝고 친밀하게 느낄 수 있는 심정을 담은 말이기 때문이라고 하셨습니다. 그래서 나는 그러면 신을 어머니로 표상해도 되느냐고 했지요.

신학자: 그랬더니요?

그리스인 2: 그렇게 해도 된다고 하시더군요. 그러나 자꾸만 그런 식으로 나아가면, 또 혼란이 생기니까, 남성 중심의 문화인 세상의 관습이나 형편을 고려해서 아버지로 인식하는 것이라고 하셨습니다. 세상이 어머니 문화라면, 분명 어쩔 수 없이 신을 어머니로 인식할 것이라고 하시더군요.

그러면서 인격적으로 활동하시는 신은 반드시 인격적인 모습으로 표상해야 한다고 하셨어요. 신을 어떤 관념이나 물건에 비기면 안 된다는 것이지요. 그리고는 신을 가장 가깝고 친밀한 아버지로 표상하는 것은 인간의 구원과 행복하고 평화로운 삶을 위해서라고 하셨지요. 무척이나 심오한 가르침이었습니다.

신학자: 그러면 예수는 진리를 어떻게 말씀하시던가요?

그리스인 2: 그것도 하나님을 말로 표현하는 것만큼이나 어려운 일이라고 하셨어요. 잠시 하늘을 바라보더니, 나에게 어머니를 말로 표상하면 어떤 것이 떠오르냐고 물으시더군요. 그래서 나는 어머니 하면, '사랑, 이타심, 자유와 자발성, 책임, 선, 아름다움, 진실, 겸손, 자유로움, 환한 얼굴, 친절, 기쁨, 자비, 평온, 행복, 돌봄, 희생, 따스함, 부드러움, 견고함, 인내' 등이 떠오른다고 했지요.

그러자 그분은 그런 말들을 수없이 동원해서 뭉쳐 놓는다고 하더라도, 그것이 어머니가 되는 것은 아니지만, 어머니는 그런 말들이 지닌 어떤 심정, 모습, 상태, 태도, 상황, 실체를 드러내는 사람이니까, 그것이 어머니에 대한 최선의 표상이라면서, 진리도 그런 것이라고 하셨습니다.

그리고 인간과는 아무 상관 없이, 본디 우주 이전부터 존재하는 진리는 어떤 말로 할 수 없지만, 사람이 심정을 다한 가슴으로 품어 안을 때, 달리 말해서 진리가 사람의 마음을 온전히 다스리게 될 때 체험하고 느끼고 아는 어떤 정서나 이해나 깨달음이나 의지나 확신은 그 사람을 확실히 어머니와 같은 사람으로 변화시키고 인격을 성숙하게 한다고 하셨습니다.

그리고는 또 비유를 들어 말씀하셨어요. "자, 음식을 생각해봅시다. 빵과 포도주를 예로 드는 게 좋겠군요. 빵이나 포도주를 말로 정의하자면, 골치 아프시지요? 그것을 아는 가장 좋은 방법이 무엇인가요?"

나는 먹어보면 아는 것이라고 대답했지요. 그러자 그분은 바로 그것이라고 하셨어요. 빵과 포도주를 먹고 마시면, 맛을 느끼고 기분이 좋고 배가 부르고 기운이 생기고, 마음도 절로 행복하고 포근하고 넉넉해지는 것 같이, 진리도 먹고 마시면 그런 효과를 사람에게 가져다준다는 것이지요. 곧, 진리는 그것을 먹고 마시는 사람에게 내적 변화의 힘과 빛과 생명을 가져다주는 영의 빵과 말씀의 포도주 같은 것이기에, 앞서 어머니를 표현할 때 말한 것들은 그대로 진리에도 해당한다고 하셨습니다.

그리고는 사람들은 – 이것이 곧 세상인데 – 어머니를 표현할 때 말한 것들을 좋아하면서도 싫어하고 거부하고 멀리하는 심각한 자기모순과 오류와 부조리, 곧 성서와 유대교의 언어로 말하면 죄와 반역과 일탈과 타락을 드러낸다고 하며, 진리는 부패 없는 깨끗한 것이기에, 부패한 세상에 있으면서도 세상에 속한 것이 아니라고 하시더군요(요 18:36). 그런데 나는 이 마지막 말씀을 이해하기 어려웠어요.

신학자: 그것은 '태양과 햇빛'을 생각해보면 이해할 수 있다고 봅니다. 태양이 있기에 햇빛이 있고, 만물은 그 덕택으로 살지요. 태양이 진리라면, 햇빛은 그 진리의 덕(德)이라 할 수 있지요. 그러니 태양은 햇빛으로 세상에 있으면서도 세상에 속한 것이 아니지요.

그리스인 2: 그렇군요. 이해가 되었습니다.

신학자: 비유로 설명할 수밖에 없는 진리는 쉽고도 어려운 것이라고 봅니다. 이렇게 이해해보지요. 쉽다는 말은 엄마와 같이 사는 아이와 엄마를

잃은 아이, 반대로 아이와 같이 사는 엄마나 아이를 잃은 엄마를 생각해보면 됩니다. 둘 다 천지 차이인 것 같이, 진리 안에서 살거나 진리를 외면하고 사는 삶의 차이도 그렇습니다.

어렵다는 말은 진리를 깨달아 가르치는 스승과 사람들을 생각해보면 됩니다. 진리의 스승을 가까이하는 사람은 확실히 다른 삶을 살지만, 마이동풍(馬耳東風) 격인 사람은 아무런 변화도 없습니다. 예수는 그런 어려움을 좁은 문과 좁은 길로 가는 것으로 비유하셨지요(마 7:13~14). 물론 진리가 사람을 완전히 사로잡을 때, 곧 사람이 진리를 심오하게 깨달을 때, 그것은 더는 좁은 문과 좁은 길이 아니라 대문(大門)과 대도(大道)로 보입니다.

<u>그리스인 2</u>: 아, 그렇군요. 이제 명료하게 이해되었습니다.

7

<u>신학자</u>: 선생은 자유에 관해서 물었다고 하던데요?

<u>그리스인 3</u>: 그렇습니다. 선생이 앞에서도 말씀하셨듯이(4), 나 또한 자유야말로 우리 그리스의 철인들이나 지식인과 민중이 갈망하는 인간 최고의 가치요 목표로 봅니다. 그분은 자유에는 '마음의 자유, 세상에서의 자유, 자유로운 세상', 세 가지가 있다고 하셨어요.

마음의 자유는 진리를 체험하여 깨달을 때 이루어지는 새로운 내적 혁명과 인격적 변화를 통해 누리는 평안과 행복이고, 세상에서의 자유는 그 진리 인식과 자각과 힘과 빛이 이끄는 대로 살아가면서 부패한 세상에 물들지 않는 절묘하고 깨끗한 삶이고, 자유로운 세상은 장차 이 땅에 나라와 민족, 주인과 종, 부자와 가난한 자, 남성과 여성 등, 그 어떤 차별이나 억압이나 폭력이나 전쟁도 없이, 모든 인간이 마음의 자유와 세상에서의

자유를 누리는 참된 세계로서, 이것이 '신·하나님의 나라'라고 말씀하셨습니다.

그러면서 비유를 들려주셨어요. 하늘을 나는 새와 들판에 핀 백합과 호수에 사는 물고기 이야기를 하셨는데, 새와 백합과 물고기는 내적이고 외적인 자유의 표상으로 삼을 만하다는 것입니다. 그들은 하루하루 자유롭게 날아다니고 꽃을 피우고 물속을 헤엄치지만, 근심 걱정에 시달리지도 않고, 소유하고 축적하고 자랑하지도 않고, 오로지 자기에게 주어진 삶을 가장 자연스럽고도 아름답게 실현한다는 것입니다. 그것은 신이 그들을 넉넉하게 돌보기 때문이라고 하셨습니다(마 6:25~30). 이런 이야기는 우리 그리스 철인들에게서는 들어보지 못한 독특한 말씀이었지요.

그러면서 신이 당신의 자녀인 사람을 돌보시는 것은 동물이나 식물보다 더하다고 하더군요. 왜냐면 사람은 새와 꽃과 물고기보다 더 신께 소중한 존재이기 때문이랍니다. 인간이 자신이나 타인을 바라보는 올바른 마음이나 견해나 생각이나 사상은 정확히 신이 인간을 바라보는 바로 그 마음과 눈이어야 한다고 하셨습니다(마 5:45~48).

그리고는 사람들이 이 부패하고 폭력적이고 타락한 세상을 그대로 닮아가며 아무런 문제의식도 없이 무난하게 적응하며 살아가는 이유는 아버지이신 신을 향한 신뢰가 부족한 까닭이라고 하셨습니다. 진실로 신을 굳게 신뢰하면, 인간의 필요를 충분히 다 아는 그분께서 먹이고 입히고 돌보신다는 것입니다. 그래서 인간이 신이 바라시는 의로운 뜻과 나라·세상을 마음에 품고, 일상에서 그것을 먼저 추구하는 게 자유로운 인간의 삶이라고 하셨습니다.

<u>신학자</u>: 그렇습니다. 예수의 가르침에서 독특하고, 그리스 철인들보다

더 나아간 것이 세 번째 자유인 '하나님의 나라'입니다. 그러니까 마음의 자유와 세상에서의 자유는 모든 인간이 자유로워진 하나님의 나라를 지향하는 가운데서만 진실하고 의로운 것이 됩니다. 예수는 자유를 개인의 삶에 한정하시지 않지요. 자유로운 존재가 된 개인은 끊임없이 부자유하고 폭력과 전쟁으로 가득한 세상을 인간적이고 신성한 세계로 변혁시키려고 해야 한다는 것입니다. 그렇지 않으면 무기력과 좌절에 빠져, 결국에는 세상에 갇히고 마니까요.

그리스인 3: 그렇습니다. 나는 하나님의 나라라는 그 사상에 매료되었습니다. 나는 플라톤이 말하는 이상(理想) 국가와 엘레시우스 종파의 "엘리시움"(Elysium, 이상향)이 하나님의 나라와 같은 게 아닌가 하고 물었지요. 그랬더니 놀랍게도 그분은 이것을 알고 계시더군요. 그러면서 이것은 그 의미와 이상(理想)과 상상의 폭이 좁은 것이라고 지적하시더군요.

신학자: 좁은 것이라고요?

그리스인 3: 네. 철인이 다스리는 플라톤의 이상 국가와 신비 종파의 엘리시움은 특정한 나라와 제한된 장소에서 실현될 세상의 모습이지만, 당신이 말하는 하나님의 나라는 모든 나라와 모든 장소, 곧 인간이 살아가는 모든 곳, 그러니까 온 세상에 이루어져야 할 인간답고 신성한 평화의 세계라고 하셨습니다. 그러면서 당신의 이상과 목표는 그러한 세상을 이 땅에 이룩하는 것이라고 하시더군요.

그래서 나는 특정한 장소나 나라에 그러한 이상 세계가 이루어지는 것조차도 거의 불가능해 보이는데, 어떻게 온 세상이 하나님의 나라가 될 수 있느냐고 물었지요. 그랬더니 그분은 인간에게는 불가능하게 보여도 신에게는 가능한 것이라고 하면서, 인간은 하나님의 나라라는 커다란 그림에서 오늘의 세상과 나라를 바라보며 나아가야만, 자신과 나라를 그 이상에 따라서 변화시킬 수 있다고 하셨습니다.

그리고는 하나님의 나라는 당장 실현되는 것이 아니라, 자유로워진 인간들이 그것을 꿈과 이상으로 품어 안고 나아갈 때 서서히 이루어지는 것이라면서, 당신은 언젠가는 그 나라가 이루어지리라는 희망을 품고 사신다는 것이었어요. 그 점이 그분의 위대함으로 보였습니다.

8

신학자: 당신은 행복과 사랑과 우정에 관해서 물으셨다고요?

그리스인 4: 그것은 인간이면 누구나 갈망하고 찾는 것이고, 우리 그리스 철인들의 가르침도 온통 행복과 사랑과 우정에 관한 것이라고 말할 수 있기에 물었던 것입니다. 그분은 이 셋은 신의 한 샘물에서 나오는 세 가지 다른 맛이라고 비유하시더군요. 그러니까 행복과 사랑과 우정은 사람이 누리고 드러내는 것이지만, 본래 사람의 것이 아니라 신의 것, 곧 신의 마음과 빛과 힘이라는 것입니다.

사람이 아버지이신 신에게 마음이 활짝 열렸을 때, 태양과 같은 그분의 은혜를 풍성히 받아 행복과 사랑과 우정을 누리고 드러내게 된다는 것이지요. 곧, 신을 신뢰하는 마음에 행복과 사랑과 우정의 샘물이 솟구친다는 것입니다. 퍽 단순하고도 심오한 가르침입니다.

신학자: 선생은 탐욕과 폭력과 죄와 악에 관해서 물으셨지요?

그리스인 5: 네. 이것은 앞서 말한 친구들의 질문과 그분의 하나님 나라에 관한 가르침 때문에 물은 것입니다. 왜냐면 탐욕과 폭력과 죄와 악은 신과 진리와 자유, 행복과 사랑과 우정을 파괴하는 근본이기 때문이지요. 그러니 인간들이 이것을 초극하지 않는 한, 세상을 향하신 신의 마음과 의로운 뜻과 나라는 절대로 이루어질 수 없지요.

그분은 이것은 마음의 자유로만 해결된다고 하셨습니다. 그런데 마음의 자유는 그리스 철인들의 가르침처럼 이성과 지성의 힘이 아니라 - 그것은 나중의 문제라고 하셨지요 -, 먼저 우주적 영의 빛과 힘 안에서 진리를 깨달을 때만 이루어지는 것이며, 그때 이성과 지성도 제자리를 찾는다고 하셨어요. 비유하자면 이것은 왕의 통치 같은 것으로, 왕의 명령은 신하들의 명령보다 위와 앞에 있는 것이니까, 먼저와 나중의 순서라는 것입니다.

그러면서 이성과 지성의 힘을 우주적 영의 빛과 힘 안에서 얻는 진리의 깨달음보다 앞세우는 것은 마치 말을 마차 뒤에 매고는 앞으로 나아가라는 것과 같다고 하셨습니다. 인간의 진정한 변화와 새롭고 심오한 인격은 우주적 영의 빛과 힘 안에서 진리를 깨달아 이성과 지성을 그에 따라 재조정하여 길을 펼칠 때 이루어지는 것이라고 하시더군요. 거기에서 탐욕과 폭력과 죄와 악이라는 어둠의 세계는 사라진다고 하셨어요. 왜냐면 우주적 영의 빛과 힘 안에서 진리를 깨닫는 것은 빛의 세계로 들어가는 것이기에, 자연히 어둠의 세계는 물러서고 사라지기 때문이라는 것이지요. 퍽 심오한 가르침입니다.

그리스인 6: 나는 어린이와 여성에 관해서 물었는데, 그것은 우리 철인들에게서도 들을 수 없었던 놀라운 말씀이었습니다.

신학자: 그렇지요. 그리스 철인들이 어린이와 여성에 관해서 말한 것은 거의 없었으니까요. 혹 있다 해도 대단히 남성 어른 중심적인 편견으로 가득한 것입니다. 그런 점에서 그리스 철인들은 그 시대의 제약을 넘어서진 못했습니다. 대개는 이른바 그 시대의 상류층, 곧 지도층과 지식인의 세계

관에 그친 한계를 드러냈지요. 그것은 철저히 사회 계급적 자유민들의 세계관입니다. 어린이와 여성의 자유에 관한 말은 일절 없습니다.

그렇기에 예수의 혁명성은 특히 어린이와 여성에 대한 가르침과 태도에서 확실하게 드러납니다. 그런 가르침은 이전 어느 나라, 심지어 이스라엘의 예언자들에게서도 찾아볼 수 없으니까요. 예수는 어린이와 여성을 하나님의 존엄한 존재, 곧 하나님의 아들딸로 보고 대하고 만나고 사랑하고 존중하셨습니다.

그리스인 6: 그분은 여성이 하나의 인간으로서 존중받고 사랑받을 때, 세상이 평화롭게 될 것이라고 하시더군요. 세상의 절반인 여성을 억압하고서는 그 어떤 평화도 없다는 것입니다. 그러면서 여성에 대한 남성의 생각이나 태도는 아버지가 딸을 바라볼 때의 마음이어야 한다고 하시더군요. 세상에 어떤 아버지가 딸을 사랑하지 않겠느냐고 하며, 자기 목숨보다 더 소중히 여긴다고 하셨지요. 제 딸을 사랑하는 마음으로 여성을 바라보라는 것입니다.

특히 내가 놀란 것은 그분이 어린이를 모든 인간이 돌아가야 할, 다시 말하면 모든 인간이 되찾아 회복해야 할 인간성의 표상과 아름다움의 전형이라고 말씀하신 것입니다. 물론 어린이는 소년이 되기 전의 아직 아장아장 걷는 어린이, 곧 엄마 품에 안겨 다니는 어린이를 가리킨다고 하셨어요. 그런 어린이는 아름답고 선한 인간성을 그대로 간직하고 있다는 것입니다. 왜냐면 어린이도 5살 정도 넘어서면, 그때부터는 타락한 어른들의 세계에 물들기 시작하기 때문이랍니다. 그러니까 그 나이의 어린이는 신의 마음을 잃지 않고 간직하고 있는 인간의 모습이라는 것이지요.

그리스인 1: 그래서 나는, 그러면 어떻게 인간이 우주적 영의 빛과 힘

안에서 진리에 대한 깨달음을 얻어, 자유와 행복과 사랑과 우정을 누리고 따르며, 여성을 인간으로 대우하고, 어린이의 마음을 회복할 수 있느냐고 물었습니다. 그분은 신과 진리에 대한 마음을 다한 진실한 갈망과 침묵과 기도와 명상이 일차적인 방법이고, 그 후 이기심을 떠난 진실한 이성과 지성의 성찰로 깊이 생각하고, 끊임없이 훈련해 나가야 한다고 하셨습니다.

신학자: 그렇군요. 모두 고맙습니다. 즐겁고 유익한 시간이었습니다.

그리스인 2: 예수 랍비와 대화를 나눈 것은 일생의 놀라운 경험이었습니다. 우리는 이 땅에 머무는 동안, 그분의 가르침과 삶을 더 듣고 싶습니다. 모르지요. 혹시 나중에 우리도 그분의 제자가 될지!

신학자: 이 외에도 많은 대화를 나누었으나, 여기에서 맺겠습니다. 그들과 즐거운 대화를 나눈 예수는 제자들과 둘러선 사람들에게 말했지요. 우리가 다 아는 밀알 이야기입니다(요 12:24~26). "밀알 하나가 땅에 떨어져서 죽지 않으면 한 알 그대로 있고, 죽으면 열매를 많이 맺는다."

예수께서는 그처럼 어둠의 죄에 가득 물들고 중독된 자아(自我, Ego. 욕심과 환상과 허영의 총체)의 죽음만이 인간을 새로운 존재가 되게 한다고 하셨습니다. 사람에게는 목숨이 중요하지만, 그 목숨도 바쳐야 할 이상적 가치가 없다면 허망한 것이지요. 그래서 예수는 당신을 진리의 스승으로 따르고 배우고 섬기는 길을 가르친 것이라고 봅니다.

인생이란 만남이고, 만남은 배움이고 변화와 성숙의 촉매입니다. 따라서 인생은 죽는 그 날까지 끊임없이 배우는 것입니다. 특히 진리의 스승을 만나는 것이 일생일대의 행운이고 중요한 일입니다. 여기에 인생의 빛과 힘, 의미와 보람이 있습니다. 몸뚱이에 갇힌 삶은 죄수의 삶이나 마찬가지입니다. 아무리 감방에서 평생 진수성찬을 차려준다 해도, 거기에서 살려는 사람은 없을 것입니다.

안나스와 가야바, 가야바의 하인과 하녀들,
본디오 빌라도, 바라바

1

<u>주교</u>: 나는 가톨릭 신부로서, 교구 책임자인 주교(主敎)입니다. 내가 만나볼 사람은 예수의 체포와 재판과 처형을 담당한 대제사장 두 사람(한 사람은 전임자), 그 집안의 하인과 하녀, 로마 총독 본디오 빌라도입니다(막 14:53~72; 마 26:57~75; 눅 22:47~62; 요 18~19장). 나는 될 수 있는 한, 객관적 시각에서 말하고자 합니다(시점은 예수의 죽음 이후).

먼저 대제사장을 지낸 "안나스"를 만나보지요. 당신은 은퇴했으면서도, 어째서 예수를 신문했나요? 그게 월권이라고 생각하진 않았나요? 물러났

으면 죽이 되든 밥이 되든 지켜보거나, 아니면 후임자가 자문을 바랄 때만 조언해야 하는 게 아니던가요? 정치든 종교든 교육이든, 물러났으면 가만히 남은 인생을 즐기며 살아야지, 상왕(上王) 노릇을 하려는 것은 지나친 처사가 아닐까요?

안나스: 음, 대단히 곤란한 질문이군요. 그러나 그것은 내가 월권한 것이 아니라, 사위가 부탁한 것이기에 한 것일 뿐이오. 사위는 내가 우리 유대교와 이스라엘 민족을 생각하는 마음이 무척이나 애틋하다는 것을 잘 알고 있으니까요.

주교: 그런가요? 그러나 사위인 "가야바"가 당신을 존경했든, 두려워하며 의식했든, 당신은 조언만 하고 점잖게 뒤에 있어야 하는 게 아닌가요? 내가 보기로는, 사위는 매사에 당신을 어려워하고 두려워했기에, 가장 먼저 신문할 권리를 양도한 것 같고, 당신은 그런 것을 즐거워했을 것 같은 데요?

안나스: 그것은 내가 암묵적 압력을 가해서 된 게 아니라, 사위가 누구보다도 나를 존경하고 의지하기에 자발적으로 한 일이오. 제멋대로 율법을 해석하여 혼란을 가져오고, 성전에서 난동을 부리며 하나님과 유대교를 모독하고, 민중을 선동하며 나라를 위기에 빠뜨린 자를 신문하여 정확한 사실을 알아보는 것이 어째서 월권입니까? 나는 누구보다 우리 하나님과 유대교와 성전과 민족을 사랑합니다. 조상 적부터 쭉 그래온 일이지요.

그런데 예수라는 예언자는 감히 그 모든 것을 훼파하고 붕괴시키려 했습니다. 악당이지요. 그것은 예언자가 할 일이 아녜요! 옛날 예언자들 가운데서 누가 그랬단 말입니까? 그들은 모세 종교를 시대에 맞게 하려고 했을 뿐이오! 감히 폐기하려고 한 예언자는 없었소.

주교: 그것은 맞는 말입니다. 예언자들은 과격했더라도, 어디까지나 모

세 '종교'를 올바르게 따를 것을 촉구했으니까요. 그러나 예언자들 가운데는 '성전'의 몰락과 폐기를 말한 분도 있지요(미가-3:12; 제3 이사야-66장). 당신이 예수를 신문한 것은 예수가 모세와 모세 종교보다 자기를 더 위에 놓고 말하고 가르치고 행동한다고 보았고(마 5:17~48), 게다가 이미 당신의 사위가 "예수를 죽여야만 민족이 산다."라고 결정했기 때문이 아닌가요(요 11:45~53)?

안나스: 그렇소. 그자는 우리 민족의 해충이오! 자기가 뭐라고, 우리 민족의 기둥이며 생명인 모세 율법과 종교와 성전을 비난하고 폐기하려고 합니까(막 11장; 요 4장)? 그저 갈릴리 나사렛 촌구석의 목수 출신인 주제가 랍비와 예언자 행세를 한 것에 불과합니다. 예로부터 그런 자들이 자주 나타나, 우리 민족을 곤란하게 한 일이 한두 번이 아니오!

주교: 예언자가 목수거나 농부거나 목동이거나 제사장이거나 시인이거나 학자거나, 그 전 직업이나 신분으로 판단할 문제가 아니라는 것을 모르십니까? 내가 보기에 당신의 확신은 그릇된 것입니다. 예언자를 당신 마음대로 규정하고 있으니까요. 예언자가 어디 제사장의 허락을 받고 하는 일입니까? 만일 예수가 진실로 하나님의 예언자라면, 아니 예언자보다 더 위대한 하나님의 예언자라면, 그를 반대하고 체포하고 신문하고 죽인 것이야말로 신성(하나님)을 모독하는 일이 아닌가요?

안나스: 어쨌거나 그자의 눈초리는 나를 아주 같잖게 보는지, 내 질문에 일언반구도 없습디다. 그래서 나는 "당신이 메시아라고 생각하느냐?"고 물었지요. 그랬더니 그 말에는 일절 대꾸도 없고, 자기는 한 번도 숨어서 몰래 말한 적 없고, 언제나 모든 사람이 모인 자리에서 공개적으로 말했으니, 자기에게 묻지 말고 그 사람들에게 가서 물어보라고 하더군요.

나를 노려보며 내던지는 말투가 아주 건방지고 당돌하고 뻣뻣하기 그지 없었소. 그래서 내가 화가 나서 벌떡 일어서니까, 곁에 있던 경비병 하나가 나를 대신하여, "대제사장님에게 그따위 말버릇이 뭐냐?"라고 하며, 그자의 따귀를 후려쳤지요. 그랬더니 그를 노려보며, 자기가 한 말에 잘못이 있으면 증거를 대라고 하며, 자기가 한 말이 옳다면 어째서 때리느냐고 항의를 합디다. 버릇이 없긴 했지만, 듣고 보니 옳은 말이기에, 내 위신과 명예와 체면을 생각해서 더 물어볼 것도 없어서 사위에게 보내버렸소.

2

주교: 당신은 현직 대제사장인데, 어째서 당신이 먼저 신문해야 할 일을 퇴임한 장인에게 내주었습니까? 그가 당신을 사위로 삼고는 대제사장 자리를 물려주어서 그랬나요? 만일 장인에게 아들이 있었다면, 당신은 비록 사위라 하더라도 그 자리에 오를 수 없었을 텐데요?

가야바: 뭐 그런 것까지 들추어 심사를 뒤틀리게 하시오? 그것은 순전히 우리 민족과 유대교의 어른에 대한 존경심에서 한 일입니다. 당신도 주교라니 생각해보시라고요. 중대한 문제가 생기면, 당신 권한으로 처리할 수 있어도, 존경하는 은퇴한 주교나 현직 대주교나 추기경에게 문의할 게 아니오? 당신도 그렇게 할 것이면서, 어째서 내가 한 일은 잘못이라고 하시오?

주교: 그건 맞는 말이오. 그런데 당신은 신문한 게 아니라, 이미 예수를 죽인다는 결론을 내려놓고서(요 11:45~53), 그저 증거만 찾은 게 아닙니까? 세상에, 그런 것이 무슨 재판입니까? 날조지요. 사실적 증거를 찾아 신문하고 변호사와 증인도 입회해서 절차를 따라 판결해야 하는 게 아닙니까? 이미 사형 선고를 내려놓고서 증거를 찾았으니, 얼마든지 찾거나 없으

면 조작까지 할 수 있는 것이 아닙니까?

가야바: 증거가 사실이든 조작이든, 우리에게 중요한 것은 두 가지예요. 그자의 제거와 민족의 생존! 그런데 그자는 우리 민족을 위험에 빠뜨렸어요. 따라서 당연히 제거해야 했지요. 그대로 두면, 어떤 일이 벌어졌을지는 당신도 잘 아실 거요. 분명히 그의 가르침을 따르는 자들이 민중 폭동을 일으킬 터이고(그자가 도성에 들어올 때 벌어진 일을 알지 않소?), 그리되면 로마 군대가 자동으로 예루살렘에 진입하여 큰 전쟁이 터져, 성전이 불타고 백성이 수도 없이 죽어 나갔을 것이오.

게다가 로마 군대를 어떻게 물리칩니까? 그것은 무지하고 어리석은 "젤롯파" 독립투쟁 집단이 바라는 망상이지요. 예수가 비록 독립 해방투쟁을 선동한 것은 아니더라도, 자기 의도와는 전혀 다르게 사태가 그런 민란 쪽으로 진행되고 있었으니, 어찌 가만둔단 말이오! 유대인에게 가장 중요한 것은 생존 문제란 말이오. 나는 하나님과 유대교와 민족을 구하기 위해서 그를 죽인 것이오. 왜냐면 우리 민족이 죽음의 골짜기로 떨어지는 것보다는 한 사람을 죽여서 평화롭게 되는 것이 중요하니까! 그게 합리적이지 않소?

주교: 당신은 자기 생각과 입장을 합리화하기 위해 모든 것을 짜 맞추고 있습니다. 그런데 세상과 역사가 당신이나 인간들의 생각이나 희망대로 흘러갑니까? 오히려 그 한 사람을 죽인 탓에, 언젠가는 민족 전체가 수치와 재앙을 당할 수도 있다는 것은 어째서 생각하지 못했나요? 그래서 무슨 증거를 찾았나요?

가야바: 갈릴리에서부터 숱하게 율법을 어기며 공격하고, 안식일도 제대로 지키지 않고, 성전에서 난동을 피워 모세 종교를 부정하고, 자기를 하나님의 오른편에 앉을 메시아(그리스도, 하나님의 아들)라고 한 것이 그 증

거였소(막 14:53~65; 마 26:57~66; 눅 22:66~71).

주교: '메시아, 하나님의 아들'이란 말은 당신이 한 것이고, 예수는 '인자(人子)'란 말만 하지 않았나요?

가야바: 그게 어찌 내 말이오? 그자는 '다니엘'을 인용하며(단 7:13~14), 자기를 "하늘에서 내려온 인자"라고 했소. 그게 참칭(僭稱)이 아니고 뭐요? 그게 말이 된다고 보시오? 인자는 분명히 하늘에서 구름을 타고 온다고 했소. 그런데 그자는 나사렛 출신 목수요. 그가 그런 인자, 메시아, 하나님의 아들이라면, 우리도 얼마든지 경배하고 따를 용의가 있단 말이오. 우리 민족이 해방되고 자유를 얻고 여엿하게 세상을 지배하며 살아갈 텐데, 왜 반대하겠소?

주교: 과연 그럴까요? 당신들은 오히려 예수가 진실로 인자·메시아·하나님의 아들일 것 같아서 두려워한 게 아닌가요? 왜냐면 다니엘서는 그 인자가 오면, 유대인이든 이방인이든 가리지 않고, 세상에서 하나님을 배신한 자들이나 악인들은 모조리 없애버린다고 했으니까요. 그러니 당신들은 모든 권세와 기득권은 물론, 목숨까지 잃을 것이 두려워 예수를 죽인 것이 아닙니까?

가야바: 아니, 시방 소설을 쓰시오? 그자는 엉터리 사기꾼이란 말이오. 갈릴리 나사렛 촌구석에서 온 목수가 어떻게 인자란 말이오?

주교: 어떻든 신문 과정이나 재판은 엉터리였습니다. 변호사조차도 없었잖습니까? 애들 재판 놀이도 그렇지는 않아요. 이미 사형을 선고하고는, 처형권이 없으니까 총독을 찾아가 유대인으로는 차마 할 수 없는 비겁한 말까지 하며 협박하고 압력을 가한 게 아닙니까?

가야바: 나는 우리 민족의 생존을 위해 그랬을 뿐이오! 그런 자를 살려두

어 반란이 일어나는 것을 방임하여 우리 민족 역사에 크나큰 죄를 짓고 싶지 않았단 말이오. 그게 현직 대제사장인 내가 해야 할 최선이었단 말이오.

주교: 그런가요? 그런데 말입니다, 다니엘서가 말하는 그런 메시아는 이 세상이 없어진다고 해도 오지 않습니다. 그것은 하나님의 방식이 아니기 때문이지요!

가야바: 아니, 무슨 말을 하는 거요? 그러면 성서가 하나님의 말씀이 아니란 말이오?

주교: 물론 성서는 하나님의 말씀입니다. 그러나 전부는 아닙니다! 인간들의 그릇된 생각과 희망과 욕망이 들어 있는 부분도 많으니까요. 성서를 성서라 하는 것은 전체 흐름을 보고 하는 말이지, 어구와 문장마다 다 그렇다는 게 아닙니다.

생각해보세요. 그러면 소돔과 고모라를 멸망시키려는 하나님 앞을 가로막고, 의인과 죄인을 한꺼번에 죽이는 것은 공정하지 못한 처사라고 항의한 아브라함의 말은 잘못된 것인가요? 그리고 욥기나 요나서에 나오는 말 대부분이 하나님의 뜻을 전하는 말이라고 봅니까? 아닙니다. 분명히 욥의 세 친구는 엉뚱한 말로 욥을 공격해서, 결국에는 하나님께 책망을 받고 뉘우쳤지요? 요나는 자기 뜻을 하나님의 뜻에 앞세우며 고집을 피웠지요. 그러면 죄 많은 이민족은 다 불타서 죽어 마땅하다는 요나의 태도가 하나님의 뜻입니까? 그들이 한 말이 성서에 있다고 해서, 죄다 그대로 따라야 한단 말입니까? 아닙니다!

여호수아기도 그렇습니다. 이민족의 어린애들부터 짐승까지 죄다 죽이라는 게 정녕 하나님의 명령이란 말인가요? 그래서 그 후에도 하나님을 믿지 않는 이민족은 누구든 그렇게 죽여야 한다는 것입니까? 아니에요! 그러면 인류를 구원하기 위하여 당신네 민족을 선택하신 하나님의 뜻이 무엇이란 말입니까? 이스라엘의 하나님을 믿지 않는 모든 종족은 다 죽여야 한다면, 그게 하나님입니까, 악마입니까? 그런 말들은 당신들의 편협한 민족 우월주의나 당시 긴급하고 절박한 상황의 필요에서 나온 발상을 하나님의 명령이라고 덮어씌운 것일 뿐입니다! 성서를 그런 식으로 보는 것이야말로 진정 하나님을 모독하는 처사입니다.

당신은 다니엘서 같은 책은 지독한 고난의 시대에 해방과 독립과 자유를 갈망한 민중의 희망을 피력하며, 신앙과 경건과 충성을 강조한 묵시록이란 것을 잘 아실 겁니다. 그보다 더 환상적인 묵시록들도 많지요(외경들). 그래서 그런 책에는 당신네 민족의 희망이 짙게 내포된 것입니다. 그러나 그런 방식은 전혀 하나님의 뜻이 아닙니다. 구름을 타고 오는 인자·메시아·하나님의 아들 같은 건 없습니다! 그건 환상일 뿐입니다.

그러면 당신들은 왜 바빌론 포로 시대의 고난받는 하나님의 종 이야기는 제대로 읽고 믿지 않는 것입니까(사 52:13~53장)? 똑같이 성서에 있는 이야기인데, 어째서 하나만 취하고 다른 것은 외면합니까? 만일 고난받는 하나님의 종이 인자·메시아·하나님의 아들이라면, 그를 거부하는 것은 하나님을 정면으로 거역하는 게 아닙니까?

가야바: 그것은 성서에서 일부일 뿐이오. 이사야(제1)는 메시아를 다윗 후손으로 오는 의의 왕이라고 말한다고요(사 11:1~9)! 다른 예언자들도 그랬어요. 그러면 앞에서는 이런 말을 하고 뒤에서는 저런 말을 했다면, 논리상 어떤 것을 최종적인 말로 보아야 하나요? 가장 뒤에 나온 말이지요. 왜냐면 뒤에서 한 말은 앞에서 한 말들의 수정으로 봐야 하니까요. 다니엘서는 성서에서 가장 늦게 나온 책이오(기원전 2세기 167년 이전). 따라서 나

사렛 촌구석에서 온 목수 예언자가 '구름을 타고 하늘에서 내려온 인자·메시아·하나님의 아들'일 리 없지요. 그러므로 나와 제사장들과 바리새파 사람들이 한 일은 성서에 따른 정당한 것이지요.

주교: 결국에 당신과 제사장들과 바리새파 사람들은 예수를 죽이는 데 성공했소. 그런데 그가 인자·메시아·하나님의 아들이 아니고 예언자라 해도, 예언자를 죽인 것은 하나님께 저항하고 모독한 게 아닌가요? 그것은 당신도 잘 알지 않소?

가야바: 그러나 예수는 예언자가 아니오! 그저 사회에 불만을 품고 예언자 행세를 하며 민중 반란을 선동한 자일 뿐이오. 따라서 그런 자는 민족을 위하여 제거해야만 했던 것이오. 전에도 그랬던 것처럼, 반란의 두목 한 놈을 잡아 죽이는 것이 우리 민족을 살리는 일입니다. 그게 하나님의 뜻이니까요. 생각해보시오. 하나를 죽여 전체가 사는 게 옳은가요, 하나를 살려두어 전체가 참화를 입는 게 옳은가요? 전체를 위해 그 하나를 죽여야 하지요? 우리는 하나님께 충성하기 위하여 하나님의 적, 우리 민족의 원수인 그를 죽인 것이오.

3

주교: 말이 통하지 않아 그만하겠습니다. 이제 "가야바의 하인과 하녀들"을 만나보지요.

하인: 두 분 대제사장 이야기를 듣고 나니, 마치 내가 죄수로 신문 받는 느낌입니다. 난 그런 사람 아니에요!

주교: 압니다. 다만 한 가지 사실을 듣고 싶을 뿐입니다. 예수의 제자인 "베드로"란 사람 말입니다. 당신은 그가 어떻게 안나스와 가야바 대제사장

집에 들어간 것인지(공관복음은 안나스가 나오지 않고 가야바의 집에서 일어난 일로 말함. 요한복음은 베드로의 부인〈否認〉이 안나스와 가야바의 집에서 두 번 나누어 진행된 것으로 말함), 또 그가 자기 스승을 부인할 때도 현장에서 지켜봐서 알 테니, 사실대로 듣고 싶습니다.

하인: 네, 사실대로 말씀드리지요. 나는 가야바 대제사장의 총무 집사로, 주인의 명을 받고 겟세마네 동산에서 예수를 체포할 때도 갔었지요(요한복음에만 로마 군대 병정들도 갔었다고 하지만, 신빙성이 없다. 18:3.12. 체포는 유대 지도층이 성전 경비병들을 데리고 시행한 것). 주인은 나와 성전 경비대장을 불러, 예수를 체포하면 먼저 장인 어른에게로 데리고 가라고 했습니다. 그래서 안나스 어른의 집으로 간 것입니다.

그런데 안나스 대제사장을 잘 아는 한 청년이 다른 사람을 데리고 와서, 자기들은 재판에 흥미가 많기에 예수의 신문 과정을 지켜보려고 한다는 것이었습니다. 나도 그 청년은 알고 있었지만, 그들이 예수의 제자인 줄은 몰랐어요. 겟세마네 동산에 있었는지는 모르겠어요. 어두워서 잘 보이지 않았으니까요. 그래서 그런가 보다 하고, 들어오도록 허락했지요.

주교: 그렇습니다. 그 청년 때문에, 우리가 두 대제사장 집에서 진행된 신문 과정을 알 수 있게 된 것이지요. 그런데 그 청년의 이름이 무엇인지는 지금도 알 수 없습니다.

하인: 나도 한두 번 봐서 얼굴은 알지만 이름은 몰라요. 수없이 드나드는 사람들의 이름을 일일이 알 필요도 없었으니까요. 그런데 그 청년은 안뜰에서 진행되는 신문 과정을 보기 위해 들어갔는데, 그가 데려온 사람은 쭈뼛쭈뼛하며 들어가진 않고 바깥마당에서 서성거리기만 했어요. 나는 안뜰로 들어가는 문에 서서, 아무도 들어오지 못하게 막고 서 있었지요. 그다

음의 일은 이 하녀에게 물어보세요.

주교: 당신이 그 사람을 신문한 사람이군요?

하녀 1: 신문이라고요? 호호, 재미있는 말이네요. 나는 그저 웬 낯선 남자가 마당에서 오락가락하며 걸리적거리기에 수상해서 물은 거예요(막 14:66~72). 그는 잔뜩 주눅이 들어 초조하게 서성이며 사람들을 쳐다보지도 못하고, 자꾸만 안뜰 쪽을 훔쳐보는 것이었어요. 그래서 나는 그 사람을 빤히 노려보며, "당신도 저 나사렛 사람 예수와 함께 다닌 사람이지요?" 하고 물었지요. 그러자 그 사람은 "나는 당신이 시방 무슨 말을 하는지 알지 못하겠소." 하고 대답했어요. 말투가 예루살렘 말씨가 아니라 거센 갈릴리 사투리였지요.

그래서 의심이 사실이라는 것을 확신하고는, 조금 후에 하인들에게 다시 "아무래도 이 사람은 저 나사렛 사람과 한패인 게 분명해요." 하고 말했지요. 그러자 그는 다시 부인하더군요. 날씨가 추워서 마당에 장작 불을 피워 두었는데, 그는 그 곁으로 다가와 불을 쬐었어요. 그래서 나는 또 모두 들으라고, 그에게 "말투를 들으니, 당신은 분명히 갈릴리 사람이오. 그러니 저 사람과 한패인 게 틀림없소." 하고 말했지요.

그러자 그는 펄쩍 뛰며 "그 사람을 저주하고는", 손을 들어 하늘을 가리키며 맹세까지 하면서, "나는 당신들이 말하는 저 사람을 알지 못한단 말이오!" 하고 신경질을 내며 악을 쓰더군요. 그런데 마침 수탉이 울었어요. 그는 그 소리를 듣고는 흠칫 놀라며 안색이 파랗게 질리더니, 곧장 밖으로 뛰쳐나갔어요.

하녀 2: 그 전에 한 가지가 더 있었어요(눅 22:61). 이 친구 곁에 있던 내가 문득 고개를 돌려 안뜰을 바라보니까, 그 나사렛 사람이 소란스러운 마당 쪽을 잠시 돌아보더라고요. 그러더니 두 사람의 눈이 마주쳤어요. 한순간의 일이었어요. 나는 숨을 죽이며 두 사람을 번갈아 바라보았지요. 안뜰에 있던 사람은 한없이 가여워하는 눈빛이었고, 내 앞에 있던 사람은 어둡고 비통한 눈빛이었어요. 그는 곧 고개를 돌려 떨구고 눈물을 철철 쏟더니, 밖으로 뛰쳐나갔어요. 그래서 나는 그 사람이 나사렛 사람과 한패라는 것을 직감했지요.

주교: 고맙습니다. 그런데 당신들은 예수를 보고서 어떤 느낌이 들었나요?

하인: 별 느낌 없었어요. 그저 대제사장이나 제사장들이 말한 것과 같이, 유대교와 성전을 무너뜨리고 민족을 위태롭게 한 사람으로만 보았을 뿐이에요. 그런데 이제 그렇게 따르던 민중도 죄다 없어지고, 홀로 남은 것이었지요. 곧 사형당할 것이기에 측은해 보였지요.

하녀 1: 전에도 과대망상에 민중을 선동하다가, 처참하게 십자가에 달려 죽은 두목이나 그 부하들이 많았어요. 그러니 괘씸한 사람이지요. 민란이 일어나지 않은 게 다행이었지요.

하녀 2: 그래도 난 마음이 좋지 않더군요. 한창 젊은 사람인데 사형당할 것이니, 그 어머니나 혹시 있을지 모를 누이동생들의 가슴이 얼마나 슬프고 아플지 생각하게 되더군요. 참 안 된 일이에요.

주교: 그렇군요. 당신들은 예수라는 사람을 알 기회조차 없었고, 그저 스치는 바람처럼 힐끗 보았으니, 더 무슨 일이 있었겠습니까?

하인: 그런데 이 말만은 해야겠네요. 신문을 받는 그는 무척이나 의연했다는 것입니다. 겟세마네 동산에서도 그랬어요. 성전 경비병들이 모조리 체포하려고 하자, 그 사람은 제자들 앞으로 나오더니, 이 사람들은 내버

려 두라며, 아무 두려움도 없이 자기가 예수라고 말하고는 체포되었어요.

4

주교: 로마 총독 "본디오 빌라도"를 만나보지요(막 15:1~20; 요 18:28~19: 16). 당신의 정식 명칭은 '시리아 주(州) 예하 유대 행정관'으로, 행정과 조세를 담당한 직책입니다(서기 26~36년). 지중해변의 '가이사리아' 관청에서, 혹시 모를 민란에 대비한 6천여 명의 군대도 통솔했지요. 역사를 볼 때, 당신은 운이 없게도 대단히 불행한 사람입니다. 우연히 그곳으로 발령이 나서 예수 사건을 처리하게 되었지요. 그런데 당신은 그 후 8년 더 그 자리를 지켰으니, 수완이 대단하다고 보겠네요(예수 처형은 서기 28년경으로 봄).

빌라도: 나는 로마 귀족 가문 태생의 군인으로, 이래 봬도 '티베리우스 황제 폐하'가 총애한 사람이라오(티베리우스, 재위: 서기 14~37년). 모든 게 인자하신 황제 폐하의 덕분이지요. 그렇지만 나름대로 노력도 많이 기울였소. 황궁에 워낙 질투하는 자들이 많았는데도, 무려 11년 동안이나 떡하니 자리를 지켰으니, 폐하께서 내 능력을 높이 평가해주신 것이지요!

세상에서 제일 까다롭고 불평이 많고 자주 반란을 일으키는 민족이 유대인 놈들이랍니다. 특히나 종교가 극성이지요. 게다가 유대인들은 대단히 총명합니다. 합리성이나 논리로는 아무도 당해낼 수 없어요. 단지 백성이 많지 않아 군대가 없는 게 탈이지요. 아마 예전에 인구가 2백만 명쯤 되었다면, 로마가 정복하기 어려웠을 거요(기원전 63년, 폼페이우스 장군이 정복). 그래서 그 장군도 이 골치 아픈 민족을 지배하는 데 애를 먹어, 될 수 있는 한 여러 가지로 압박하여 고국을 떠나게 하는 정책을 취했던 거에요(디아스포라). 그 후 내내 그랬소.

주교: 그런데 그때 무슨 일로 예루살렘에 가 있었습니까?

빌라도: 예방 조치 때문이오. 전에도 내가 로마 군대의 독수리상과 깃발을 예루살렘 성내에 들여오자, 결사적으로 반대하며 3천여 명이나 몰려와 밤낮으로 드러누워 굶어 죽을 작정으로 금식 항의 집회를 했던 일이 있었소. 해산하라는 말을 하도 듣지 않아 강제로 몰아내다가, 한 3백여 명쯤 죽인 일이 있었소. 그 후로는 그런 일 없었으니, 잘한 일이지요.

그때 대제사장을 비롯한 제사장들이 로마로 가서 황제 폐하께 직소(直訴)한다고 위협하는 바람에, 항구란 항구는 모조리 틀어막기도 했소. 그들이 갔다면, 나는 아마 그때 끝장났을 것이오. 유대인들은 자기들의 최대 명절이라는 유월절만 되면, 거의 50여만 명이나 몰려들었다오. 그런 난리도 없지요. 그러니 그때 무슨 일이 벌어질지 모르지요. '젤롯파' 무장 독립운동 단체가 호시탐탐 기회만 노리고 있었으니, 바짝 긴장할 수밖에요. 하여간 유대인은 여간 골치 아픈 민족이 아니에요.

주교: 그래서 대제사장과 제사장들, 바리새파 사람들과 율법 학자들과 장로들이 당신이 와 있던 유월절을 예수를 죽일 절호의 기회로 삼은 것이로군요?

빌라도: 누구라도 그랬을 것이오. '가이사리아'까지 끌고 가기는 어려우니까요. 여기 예루살렘 성전 뒤 북쪽에는 별청(別廳)인 '안토니아' 요새가 있었으니, 좋은 기회였지요.

주교: 그런데 당신은 예수를 신문하고 재판하는 과정에서 몹시 망설이며 석방하려고 했습니다. 유대인들의 요구대로 예수가 사형에 해당할 죄가 없다고 봐서 그랬나요?

빌라도: 그렇지요. 그것은 유대인들의 종교 문제였을 뿐, 그는 아무런 정

치적 혐의가 없었소. 무슨 테러분자도 아니고 민중 반란을 획책한 것도 아니었소. 내가 보니까, 그들은 이미 자기들의 재판에서 사형 선고를 내려놓았는데, 다만 처형권이 없으니까 로마의 힘을 빌려서 하려고 했던 것이오. 나는 그들의 손에 놀아날 생각도 기분도 없었소. 그 모든 게 아주 귀찮은 일이었을 뿐이오. 잘못하다간 그들의 술수에 휘말려 곤란한 지경에 처할 수 있다고 봤소. 내 아내도 나에게, 그 사람 때문에 밤새 나쁜 꿈에 시달렸다고 하며, 그를 처형하지 말라고 조언하기까지 했다오.

그런데 내가 무슨 말을 해도 유대 지도자들에게는 말이 통하질 않습디다. 그래서 여러 번 예수의 입에서 무슨 말이 나오는가 하여 이런저런 질문을 하며 유도했소. 그러나 내 질문에 아무 대답도 하지 않았소. 그러다가 자꾸 '진리'라는 말만 되풀이합디다. 그래서 내가 진리가 무엇이냐고 물으니까 또 대답하지 않더니, 자기의 나라는 이 세상에 속한 게 아니며, 자기는 진리를 증언하기 위하여 세상에 왔다는, 알 수 없는 말만 하더군요. 도통 말이 통하지 않았소. 중간에서 통역하는 사람이 올바로 옮겼는지는 모르겠소.

그래서 나는 종교 문제일 뿐이어서 죄가 없음을 확신하고, 그를 데리고 나와 풀어주려고 했소. 그런데 그들은 아우성을 치며 사형에 처하라는 것이었소. 대제사장이나 제사장들이나 바리새파나 율법 학자들뿐만 아니라, 몰려온 군중들도 사주를 받았는지 일제히 악을 쓰며 그런 소리만 내질렀소. 나는 점점 그들의 고집을 꺾는 게 어렵다는 것만 느꼈지요.

그때 내 부하가 묘안을 제안했어요. 유대인 명절에는 죄수 한 사람을 사면해주는 관례가 있으니, 그 점을 이용하여 예수를 석방해주자는 것이었지요. 내가 밖으로 나가 그 말을 전하니까, 그들은 한사코 "바라바"라는 사람을 사면하고, 예수를 죽이라는 것이었어요. 그 사람과 두 동료는 몇 달 전에 요인을 암살하고 체포되어 감방에 있었지요. 그래서 나는 "당신들은 이 사람을 유대인의 왕"이라면서, 어째서 죽이라고 하느냐고 했지요. 나는 동정심을 유발할 셈으로, 예수를 데려다가 채찍으로 치고 가시나무로 왕관을 만들어 머리에 푹 씌워 피를 흘리게 하고는, 그들 앞에 세우며, "보시오, 이 사람을!" 하고 말했지요(에체 호모·Ecce Homo). 그랬더니 관저가 무너질 지경으로 십자가에 못 박으라고 아우성을 칩디다. 나 원 참!

주교: 그러면 예수는 당신에게 어떤 말을 하던가요?

빌라도: 그는 내 입장을 충분히 이해하더군요. 내가 하는 일이 "저 위", 곧 자기가 말하는 신이 허용하신 권한이라고 하면서, 나보다는 자기를 나에게 넘겨준 저 사람들의 죄가 더 크다고 하더군요. 그래서 나는 더욱 그를 석방하려고 했습니다.

주교: 그런데 갑자기 돌변했습니다.

빌라도: 돌변이 아니고 어쩔 수 없이 한 일이에요! 그들은 나를 협박하더군요. "저자를 놓아주면, 총독은 황제 폐하의 충신이 아니오. 자기를 왕이라고 하는 자는 누구나 황제 폐하를 반역하는 자요!" 그 순간, 나는 가슴에 비수(匕首)를 맞은 기분이었소. 나는 "당신들의 왕을 말이오?" 하고 물었지요. 그랬더니 그들은 이리 말했소. "그는 우리의 왕이 아니오. 우리에게는 황제 폐하밖에는 왕이 없소이다! 그자는 십자가에 못 박아 없애버리시오!" '만일 그렇게 하지 않는다면, 우리에게도 다 계책(!)이 있소이다!' 나는 그 말을 단박에 알아차렸소. 황제에게 가서 직소(直訴)한다는 것이지요. 그래서 어쩔 수 없이 우리 군대에 넘겨주었소.

주교: 예수를 처형한 후, 기분이 어땠나요?

빌라도: 좋았을 리 없었지요.

주교: 그 때문에 기분이 나빴던 게 아니라, 그들의 위협 때문 아닙니까?

빌라도: 아무렇게나 생각하시오. 어떻든 골치 아픈 일을 넘어간 것으로 족할 뿐이오.

5

주교: 마지막으로 "바라바"를 만나보지요. 사람들은 당신을 "강도"라고 합디다. 그런가요?

바라바: 어떤 놈들이 나를 강도라 해요? 나는 민족해방 투사요! 나는 유대인인 주제에 '안토니아' 요새의 로마군 사령관에게 뇌물을 바치고 아첨하며, 하도 우리 민족을 뜯어먹어 뒤룩뒤룩 살이 찐 돼지 같은 부유한 장사꾼 한 놈을 시장에서 단도로 찔러 죽였다가 체포된 것이오. 나와 두 동료는 젤롯파에서 열성분자인 "시카리" 단원이오(Sicarii, 단도·短刀).

나는 죽어도 자랑스럽고 영광스러운 사람이오. 나는 다시 태어나도 그런 일을 할 것입니다. 민족 배신자들이 여간 많지 않아요. 그런 자들은 성전에 숨어 있어요. 누굴 말하는지 알 겁니다. 하나님과 성전을 팔아 자기들의 이익이나 탐하는 사악한 자들이지요. 로마인들보다 더 나쁜 자들이니, 죄다 없애야 합니다.

그들에게는 나라도 민족도 없어요! 입만 열면, 그저 백성이니 나라니 민족이니 사회 안정이니 민생(民生)이니 합디다만, 새빨간 거짓말일 뿐이에요. 그들이 아는 것이라고는 오로지 자기들의 신분과 직위와 기득권과 돈뿐이에요! 그리고 세습(世襲)입니다. 대대로 나라와 백성의 뼈와 살을 발라 처먹을 악당들이오. 우리 민족은 이들 때문에 될 일도 안 돼요!

주교: 그렇게 사람을 죽인다고 해서 민족해방이 됩니까?

바라바: 그럼, 안 된다고 해서 가만 지켜만 봐야 합니까? 그래도 우리 민족이 살아 있다는 것을 보여주어야 하지요. 그러면 분명한 효과도 나타납니다.

주교: 백성만 애꿎게 고초를 당할 게 아닙니까?

바라바: 그런 것이야 나도 알아요. 기껏 세금을 좀 더 짜내겠지요. 그러나 로마는 그것도 마구 할 순 없습니다. 더 큰 저항을 부를 것이니까요. 하지만 가만히 있는 것은 우리 민족이 다 죽었다는 것이기에, 그럴 수 없는 일입니다.

6

주교: 이것으로 이야기를 마칩니다. '인생은 만남'입니다. 수많은 만남 가운데서 스승과 제자의 만남만큼 중요한 것도 없습니다. 스승으로 모실만한 분을 가졌느냐 하는 것이 한 사람의 인생을 가로지릅니다. 인생의 목적을 인격의 승화(昇華)와 완성에 있다고 볼 때, 위대한 진리의 스승을 만나는 것은 하늘이 내린 기적과도 같은 복과 은총입니다.

그런데 문제는 스승도 인생을 결정짓는 요소가 아니라는 데 있습니다. 인류 역사와 현대 세계를 보십시오. 고타마 붓다와 노자와 공자, 소크라테스, 장자와 맹자, 예수 그리스도야말로 인류의 영원한 스승입니다. 하지만 그런 스승을 믿고 배우고 따른다고 해온 인류 역사와 현대 세계는 그것이 거짓과 위선이었다는 것을 그대로 증명합니다. 인류가 이런 스승들의 가르침을 따라 살아왔다면, 결단코 지금 같은 세상에 이르지는 않았을 것입니다.

따라서 중요한 것은 인류의 스승을 스승으로 알아보는 사람의 눈입니다. 곧, 마음입니다. 그런 분들과 한 오백 년 이웃하고 산다 한들, 도통 배울 마음이 없다면, 무슨 소용이 있겠습니까? 우리는 예수의 처형 사건에서 이것을 확인합니다.

　오늘 만난 사람들을 통해서 본 것과 같이, 유대 민족은 예수 당시까지 무려 7백 50년 이상이나 "메시아·그리스도" 사상을 품고 대망하며 살아왔습니다. 최초로 메시아를 넌지시 암시한 예언자는 아모스이고(암 9:11~15), 확연하게 말한 예언자는 제1 이사야인데, 그에 따르면 메시아는 평화의 왕, 공평과 정의의 왕, 진리와 지혜의 왕, 하나님의 영으로 충만한 왕입니다(사 9:2~7, 11:1~9).

　그런데 문제는 이사야가 메시아를 다윗의 후손이라고 말했다는 데 있습니다. 곧, 다윗 대왕과 같은 제왕으로 온다는 것이지요. 그런데 구약성서에서 가장 늦게 나온 종말론적 묵시록인 '다니엘서'는 한 걸음 더 나아갔습니다. 다윗의 후손도 아니고 다윗 같은 제왕도 아닌, "하늘에서 직접 구름을 타고 내려오는 인자(人子) 같은 이"라는 것입니다(단 7:13~14.27). 지극히 환상적인 표상입니다. 결국에 이런 두 가지 메시아 표상이 유대인들이 '갈릴리 나사렛 예수'를 메시아일 수 없다고 하여 거부하고 죽인 결정적인 이유입니다. 물론 유대인 전체가 아닌 종교 지도층입니다! 그들에게서는 메시아사상이나 대망하는 낌새도 찾아볼 수 없습니다. 겉으로는 민족을 걱정하는 모양새를 드러냈으나(요 11:45~53), 그저 자기네 세력을 민족과 동일시하며 이권만 추구했을 뿐입니다.

　그리고 솔직히 말해서 기독교 2천 년 역사는 도무지 예수 그리스도를 배우고 닮고 따르지 않은 역사라 하겠습니다. 이것에 대한 결정적인 증거가 바로 지난 20세기 중반까지 일어난 세계 1, 2차 대전입니다. 동양의 일본만 제외한다면, 그 전쟁들은 모두 기독교 국가들과 기독교 문화권 국가들 사이의 싸움이었습니다. 그것은 기독교를 2천 년간 해오고도 변하지 않았다는 것을 그대로 폭로합니다.

　예수 같은 분을 만나고서도 전혀 변할 줄 모르는 사람들을 볼 때, 우리는 인간성의 타락과 어둠과 강고함에 직면하여, 인간이란 어떤 존재인가를 묻습니다. 세상이 이런 지경으로 악화한 것은 구원자나 진리가 없어서가 아니라, 귀가 먹고 마음이 죽은 인간들, 특히 각 방면의 지도층 때문입니다. 그래서 인간 안에는 천사와 악마가 병존한다고 하는 말이 옳다고 보는데, 그런데 대개는 악마가 이깁니다. 이것이 인류 역사와 현대 세계의 진실이라는 생각이 들어 가슴이 아플 뿐입니다.

　예수는 하나님의 나라를 이 땅에 세우는 일에 자신을 바치신 분입니다. 오늘도 세상은 예수 당시와 비슷하게 전개되고 있습니다. 하나님의 나라를 받드는 사람은 극소수이고, 싫어하고 거부하며 반대하는 사람은 지나치게 많습니다. 게다가 이젠 기후 재앙을 피부로 느끼는 절박한 시절입니다. 그 때문에 세계 곳곳에서 식량난이 일어난다면, 분명히 전쟁이 터질 것이고, 그러면 이판사판으로 핵을 터뜨릴 수도 있습니다. 그래서 나는 인류가 이러다가 파멸할까 두려울 뿐입니다. 인류가 사는 유일한 길은 예수의 하나님 나라 이상을 깨닫고 품고 실천하는 데 있다고 봅니다. 이는 종교적 생각이 아닌, 인류 문명적 관점입니다.

16

도망친 젊은이, 구레네 시몬, 아리마대 요셉,
엠마오로 가던 제자들

1

수녀: 종교의 참된 생명은 영성(靈性, spirituality)과 종교성(religiosity)
에 있습니다. 영성과 종교성은 같은 의미로, 깨어 있는 영혼·정신·마음·의식
(意識)을 가리킵니다. 신을 향한 진실한 신앙과 경외심, 진리의 깨우침, 양심
에 대한 생생한 의식을 통하여, 어디에서 무슨 일을 하든지 지금 이 순간 깨
어 있어, 그 일을 깊이 의식하고 몰입하여 현존(現存)하는 것입니다. 곧, 마음
의 순결(純潔)·청결(淸潔)입니다.

따라서 종교의 생명력은 미사·예배나 지식에 있는 것이 아니라, 신앙인들

이 일상에서 진정 깨끗하고 인간다운 인격으로 존재하는 데 있습니다. 이것이 약하거나 상실되면, 남는 것은 형식주의나 기복주의뿐입니다. 어느 종교나 눈에 띄는 물리적 박해나 수난의 어려움은 이겨낼 수 있지만, 세속화되는 것은 극복하기 어렵습니다. 왜냐면 그것은 자기 정체성의 약화나 상실이기 때문입니다. 내가 누군지 모르고 무능력하면, 무엇인들 제대로 하겠습니까?

종교와 영성과 종교성의 핵심인 마음의 순결·청결을 언급했으니, 내가 좋아하는 '파스칼'의 말을 생각해보지요. "인간이란 어떤 괴물인가? 얼마나 신기한가? 얼마나 괴이한가? 얼마나 혼돈(混沌)이요, 얼마나 모순(矛盾)이요, 얼마나 경이(驚異)인가? 만물의 심판자이면서 지구의 어리석은 버러지, 진리의 위탁자(委託者)이면서 불확실성과 오류투성이, 우주의 영광인 동시에 쓰레기."(팡세, 434) 마음의 순결·청결을 목표로 하는 영성과 종교성을 지향하는 종교의 사명은 이러한 이중적 인간성에서, 나쁜 면을 초극하고 좋은 면을 깨닫도록 가르치고 성장시키고 성숙하게 하여 인간적이고 신성하기까지 한 인격을 길러내는 것입니다.

인류가 수도원 제도를 만든 것은 무척이나 오래된 일입니다. 종교학자들은 문서로 나타난 역사를 볼 때, 수도원을 최초로 탄생시킨 곳은 바빌로니아(이라크) 지역의 "수메르"(Sumer) 문명이라고 합니다(다른 학자들은 인도라고 말하기도 한다. 그러나 현재 인류 문명사 학자들은 큰 혼란에 빠졌다. 20세기 중반 튀르키예에서 발견된 고대 원형 신전인 "괴베클리 테페' 유적은 무려 기원전 12,000년 전 것이라고 함). 수메르나 인도나 이집트인들은 주요 12신을 비롯한 다신론 종교 체제로서, 종교적 신정정치를 실시하며 종교와 정치와 교육과 행정을 담당하는 관리들을 조직적으로 양성했는데, 그것이 수도원의 기원입니다.

그것은 대개 "지구라트" 같은 거대한 성전 안에 있었는데, 학교를 겸하기도 했지요. 그러니까 수도원은 인재 양성 학교로 출발한 것이지요. 가장 중점을 둔 것은 종교입니다. 수메르를 비롯한 고대 국가들은 고도의 천문학을 통하여 점성술을 발전시키며, 나라와 기후와 농사와 세상의 흥망성쇠를 예측했습니다. 그러다가 점점 왕권이 강화되고 나라가 발전하면서, 수도원은 종교와 학문 방면으로 국한되어, 고립된 지역에 세워지며 축소되었습니다.

구약성서를 볼 때도 수도원 제도는 매우 오래된 것으로 나타납니다. 우리는 그 효시를 여러 번에 걸친 모세의 40일 금식기도에서 찾아볼 수 있습니다. 곧, 민족을 인도할 능력과 지혜와 영성을 함양하기 위하여, 홀로 신 앞에서 기도하고 묵상하면서 지혜를 벼린 것이지요. 성전의 원시적 형태인 '회막(會幕), 성막(聖幕)'도 수도원과 비슷한 것입니다. 철저히 신 앞에서 단독자가 되는 특정한 장소였으니까요.

그리고 저 유명한 예언자 '엘리야'와 그의 제자 '엘리사'도 수도원 출신입니다(기원전 9세기 중후반). 엘리야의 여러 기행이나 기도하고 침묵하고 명상하는 모습은 전형적으로 수도사 모습입니다. 엘리사는 정식으로 수도원 학교를 세워 제자들을 양성했지요. 그것이 구약성서 최초의 정식 수도원 제도로서, 이스라엘의 참된 정신을 보존하고 가르친 곳이지요. 그러니 수도원은 종교의 영성과 종교성을 보존하고 기르고 전승하는 핵심 역할을 한 것입니다.

나는 평생을 "예수 그리스도의 신부"로 살기로 맹세하고 수도하는 수녀입니다. 기독교의 생명력을 유지해온 것도 수도원이라 하겠습니다. 기독교의 수도원 제도는 서기 3세기부터 시작되었는데, 이집트의 "안토니우스"가 시초입니다(생몰: 서기 251~356년). 그는 부유한 귀족과 상인이었는데, 복음서에서 제자들에 관한 글을 읽고는 깊은 영적 감화를 입고, 홀로 사막으로 들어가 동굴에 은둔하여 수도 생활을 시작했습니다. 그 후 그의 소문을 들은 그리스도인들이 차츰 다가와 제자들이 되었지요. 19세기 프랑스 작가 '구스타프 플로베르'의 "성 안트완의 유혹"은 그에 관한 유명한 작품입니다(앙트완은 안토니우스의 프랑스어).

여성 수도사인 수녀는 언제부터 생긴 것인지 명확하지 않으나, 대략 서기 5세기쯤 이집트에서 시작된 것으로 봅니다. 역시 프랑스 작가인 '아나톨 프랑스'의 소설 "타이스"는 알렉산드리아에서 살던 수녀와 신부 이야기입니다(1844~1924년. 1921년 노벨문학상 수상).

그리스도의 신부인 수녀는 평생 '순결, 순명, 봉사'를 수행합니다. 종신토록 수도원에서만 생활하기도 하고, 병원이나 학교나 고아보육원이나 빈민 구호소 등에서 봉사하기도 합니다. 현대에서 가장 유명한 수녀는 인도에서 활동한 '데레사 수녀'이지요. 그리고 한국 수녀들은 인권과 민주주의 운동에도 매우 적극적입니다.

2

소녀: 내가 만나볼 다섯 사람은 열두 제자에 속하지는 않지만, 모두 예수 그리스도의 제자로서 후일 숭고한 영성과 종교성을 드러낸 영혼이 맑고 깨끗한 사람들입니다. "구레네 시몬, 도망친 젊은이, 아리마대 요셉, 그리고 엠마오로 가던 제자들"입니다. 이야기 시점은 예수의 죽음 이후(시몬), 부활 이후로 잡았습니다(젊은이, 요셉, 제자 두 사람). 도망친 젊은이를 시몬 다음에 넣은 것은 예수의 부활 후에 돌아온 것으로 보기 때문입니다.

먼저 유월절 순례차, 북아프리카 리비아의 키레네(구레네)에서 예루살렘에 왔다가, 십자가를 대신 지고 갔던 유대인 "시몬"부터 만나보겠습니다(막 15:21). 선생은 어떻게 해서 그 먼 리비아에서 살게 되었나요(추정)?

시몬: 간단히 말하지요. 옷감 재료인 모직(毛織) 상인인 우리 할아버지가 조국을 떠나 이집트 알렉산드리아에서 사시다가, 그 서쪽에 있는 리비아에 큰 상점을 개설하면서 이사하여 눌러앉게 되었습니다. 리비아뿐 아니라 더 서쪽에 있는 튀니지에도 유대인들이 제법 살고 있지요. 그러나 유대인들이 제일 많은 곳은 이집트입니다.

수녀: 히브리 성서를 보면, 유대인들이 이집트로 내려간 것은 예루살렘이 바빌로니아에 망한 후입니다. 예레미야 예언자 시대이지요(렘 39~45장). 주로 군인들과 학자들과 그 가족이었던 그들은 바빌로니아가 임명한 유대인 총독을 암살하고, 예레미야까지 강제로 데려갔지요. 예레미야는 그곳에서 죽었습니다.

그런데 현대 구약성서신학자들은 그보다 더 거슬러 올라간다고도 합니다. 곧, 북이스라엘이 아시리아 제국에게 멸망하기 전(기원전 721년), 제사장들과 학자들과 군인들과 상인들이 가족을 데리고 페니키아로 내려가 배를 타고 이집트로 갔다는 것입니다. 그럴 수도 있습니다. 그런데 아시리아 제국의 포로가 되어 시리아와 메소포타미아로 붙잡혀간 북이스라엘 사람들은 그후 그들에게 동화되어 유대인 역사에서 사라졌습니다(9 지파 후손들). 후일 페르시아의 키루스 2세(고레스) 대왕이 바빌로니아의 포로였던 모든 민족을 조국으로 돌아가도록 허락했을 때(기원전 539년) 돌아온 사람들이 거의 없었으니까요. 2백 년 사이에 그렇게 동화되어버린 것입니다. 물론 '유다 왕국 후손'을 가리키는 유대인들은 북이스라엘 백성을 유대인으로 생각하지 않지요. 어떻든 나라가 망한 관계로, 다른 나라에 더부살이를 하는 "디아스포라"가 생겨(Diaspora·흩어진 유대인들) 유대인의 수난이 시작되었습니다.

시몬: 그렇습니다. 그러나 조국 땅을 떠나 산 것은 수난이지만, 그래도 우리 유대인들은 어디에 가서 살든지, 우리 민족의 종교와 학문과 전통과 문화를 저버린 적이 없습니다. 예레미야 이후로는 박해도 없었어요. 그것은 이집트인들의 관용 덕분이기도 하지만, 우리는 하나님의 돌보심이라고 생각했지요. 어느 곳에 있든지, 우리 유대인은 반드시 회당을 세우고 랍비를 모시고 예배를 드리고 성서를 배우고 문화를 준수하며 살았습니다.

그리고 우리는 대개 상업, 귀금속 거래, 은행과 금융, 회계 등을 하며 부를 축적했습니다. 이집트인들은 거의 상업이란 걸 모릅니다. 먹고도 남는 곡식만 로마 제국에 수출했지요. 이집트는 우리가 들어간 후에 발전하고 융성해서 대우를 잘해주었습니다. 물론 유대인들은 학자와 지식인과 상인이 많아서, 이집트 지도층과 상류층과 좋은 관계를 유지했고, 하나님의 말씀을 따라서 주변 사람들에게 자선도 많이 해서 존중받았습니다.

수녀: 대표적인 것이 그리스 제국 왕조인 프톨레마이오스 시대에, 유대인 학자들이 왕명을 받들어 히브리어 성서를 그리스어로 번역한 것입니다(기원전 3세기 중반, 70인 역본). 그것은 그때까지 전무후무하게 위대한 작업이었습니다.

시몬: 나보다 더 자세하게 우리 민족의 역사를 잘 아십니다.

수녀: 이제, 선생 이야기를 해보지요. 매년 유월절에 예루살렘 성전에 순례를 가셨나요?

시몬: 아닙니다. 3년에 한 번 갔지요. 배를 타고 왕래해도 오랜 시간이 걸리기에, 매년 가지는 못하지요. 다른 곳에 사는 유대인들도 대개 그렇습니다. 물론 이스라엘에서 가까운 곳에 있는 사람들은 매년 갑니다. 우리 유대

인들은 각자 사는 곳에서 유월절을 기억하며 예배를 드립니다. 그래서 우리는 어느 곳에서나 그 나라 달력과 우리 달력을 함께 쓰지요. 무척 재미있습니다. 나라마다 명절이 다르고 많으니까요.

수녀: 그런데 하필이면 그때 유대교 지도층은 한 예언자를 처형했습니다.

시몬: 나는 그분에 관해서는 아무것도 모릅니다. 다만 제사를 바치러 가던 그 날 이른 아침, 시내에 죄수 세 사람을 처형한다는 소문이 쫙 퍼졌지요. 나는 그조차도 관심 없었습니다. 하나님께 감사를 드리고 조상들을 기억하고 민족의 구원을 위해 기도하려는 좋은 마음으로 가서, 십자가에 달려 죽는 끔찍한 광경을, 뭐라고 구경합니까?

수녀: 그러면 제물은 어떻게 마련했나요?

시몬: 여관에서 여독을 푸느라고 늦게 일어나 아침을 먹고 난 후, 시장으로 가서 양을 사려고 했지요. 그런데 이상하게도 짐승 가게마다 문을 닫았고, 환전소도 문을 연 곳이 없었어요. 사람들이 하는 말을 들으니, 성전 마당에서 환전하고 짐승을 사야 한다는 것이었어요. 그렇지 않으면 제사장들이 갖은 구실을 붙여 퇴짜를 놓는다는 것이었지요. 나는 그런 법이 어디 있나 했지요. 3년 전에도 그렇게까지 하지는 않았으니까요.

하는 수 없이 성전을 향해 가는데, 사람들이 너무나도 많아 제대로 가기가 어려웠어요. 그럴 수 있지 하며 천천히 나아가는데, 가다 보니 그 때문만이 아니었어요. 저 앞을 보니까, 창과 칼을 든 로마 군인들이 사람들을 정리하며 길을 트고 있어서 막힌 것이었어요. 군인들 앞뒤로 죄수 세 사람이 두 팔 길이 정도 되는 통나무를 짊어지고 오고 있었지요. 군인들은 얼른 비켜나지 않는 사람들의 면상이나 등을 채찍으로 마구 후려갈기더군요. 나는 미리 한쪽으로 비켜서서 바라보았지요. 그런데 맨 뒤에 오는 한 죄수가 자꾸만 쓰러지는 것이었어요. 그때마다 로마 군인이 채찍으로 그의 머리와 등과 다리를 후려쳤지요.

나는 '저런 미련한 놈이 있나? 힘겨워서 쓰러지는데, 때리면 더 젊어질 수 없다는 걸 모르나?' 했지요. 그 죄수는 무척 지쳐 보였는데, 얼굴에 피가 많이 흘러 눈도 제대로 뜨지 못하더라고요. 그런데 그때 한 젊은 여인이 나오더니, 수건으로 그 죄수의 얼굴을 닦아주는 것이었어요(가톨릭 전설-베로니카). 그 죄수는 뭐라고 말했는데, 고맙다는 말이었을 거에요. 로마 군인이 소리치자, 그 여인은 천천히 일어섰는데 대단히 귀한 풍모였어요. 그러자 로마 군인은 멈칫하며 가만두었지요. 옷차림새나 얼굴을 보고는 귀족으로 생각했던 모양이지요. 그 죄수는 군인이 도와주자 일어나 통나무를 짊어지고 천천히 걸음을 떼었습니다.

아니, 눈물을 흘리시네요? 그만할까요?

수녀: 아니에요. 이야기를 듣다 보니, 가슴이 아파서 그랬어요. 죄송해요.

시몬: 이해합니다. 우리 어머니도 누가 고생한단 말만 들으셔도 울곤 하시니까요.

수녀: 직접 목격한 분의 이야기를 들으니, 그 광경이 너무나도 생생하게 느껴집니다. 고맙습니다. 그분이 바로 제가 모시는 '영원한 신랑'이십니다. 나는 그분의 신부이고요.

시몬: 그렇습니까? 그 사람은 사형당한 죄수인데요?

수녀: 당신도 곧 그렇게 될 거에요.

시몬: 그래요? 그걸 내가 어떻게 알겠습니까? 그러면 이야기를 계속하겠습니다. 그 죄수는 내가 있는 곳까지 오다가 다시 쓰러졌습니다. 그리고는 통나무가 데굴데굴 굴러, 내 발에 부딪혀 멈췄어요. 그러자 로마 군인은 다짜고짜 내 팔을 붙들고 통나무를 지라는 투로 말하는 것이었어요. 말이 통하지 않

은 나는 왜 내가 짊어지느냐는 투로, 몸짓으로 항의했지요.

수녀: 그랬더니요?

시몬: 그 군인이 채찍을 들어 나를 치려고 했지요. 그래서 나는 그의 팔을 붙잡아 막고 고개를 끄덕이고는, 죄수를 일으켜주고 통나무를 걸머졌지요. 그런데 그 죄수의 얼굴과 눈빛은 여느 사람들과는 매우 달라 보여서 흠칫 놀랐습니다.

수녀: 그래요? 어떻게 보였습니까?

시몬: 죄의 대가를 치러 마땅하다는 체념도 아니고, 억울하다는 분노도 아니고, 부끄러워하는 것도 아니었어요. 몹시 지쳤으나 무척이나 평온한 얼굴이었고, 고요한 하늘이나 바다를 담고 있는 것 같이 푸르고 맑고 깊은 눈빛이었습니다. 미소를 지으며 나를 바라보았을 때, 나는 '아, 이 사람은 십자가에 달릴 사람이 아니로구나.' 했지요. 십자가는 로마를 향한 반란자에게만 내리는 형벌이었으니까요. 그 어디에서도 그런 면모를 찾아볼 수 없었어요. 그 죄수는 비틀거리며 겨우 내 뒤를 따라왔습니다.

그러다가 나는 로마 군인에게 빨리 먼저 가자고 손짓해서, 땀을 줄줄 흘리면서 "골고다"라는 사형장까지 지고 가서 내려놓았어요. 한참 후에 죄수들이 도착했지요. 나는 저만치 물러서서 사형당하는 모습을 지켜보았어요. 그러다가 처음 보는 너무나도 끔찍한 광경이어서, 그만 발길을 돌려 성전으로 갔습니다.

수녀: 그렇군요. 고맙습니다.

___3___

수녀: 예수께서 겟세마네 동산에서 체포되실 때 "도망친 젊은이"를 만나 보겠습니다(막 14:51~52). 아무도 선생의 이름을 밝히지 않았으니, 나도 묻

지 않겠어요. 지나치면 억측(臆測)이 되니까요. 목격자의 증언에 따르면, 선생은 "맨몸에 홑이불을 두르고 따라가다가 그들이 잡으려고 하자, 홑이불을 벗어버리고 맨몸으로 달아났다."라고 합니다. 홑이불을 두르다니, 좀 이해가 가지 않는데요?

젊은이: 이불이 아니라 기다란 모포였어요. 나는 그때 지독한 감기로 몸살을 앓아 매우 추웠어요. 땀을 많이 흘려 젖은 옷을 벗어 저녁을 먹은 집 하녀에게 세탁을 부탁하고는(유럽과 중동인들이 팬티를 입은 것은 18세기였다), 다른 옷과 기다란 모포를 빌려 걸치고 따라나선 것이지요. 다른 제자들이 몸조리나 하라고 했지만, 나는 예수께서 마지막 식사자리에서 하신 당신의 죽음과 베드로의 배신에 대한 말씀이 꺼림칙하게 들려서 기어이 따라나섰습니다.

그 목격자의 증언은 맞는 말입니다. 그러나 어째서 그런 일이 일어났는지, 나도 모르겠어요. 너무나도 두려워서, 내가 생각하기도 전에 발이 먼저 달려나갔습니다. 내 마음은 그렇지 않았는데, 발이 나를 어둠 속으로 강제로 끌고 가는 것 같았어요. 나는 '어, 이게 웬일이지? 이러면 안 되는데!' 했지만, 멈출 수가 없더라고요. 공포심이 나를 먹어치워 수치감만 안겨주었어요. 그때야 나는 내가 어떤 종류의 인간인지 확연하게 알았지요. 나는 스승을 배신한 비겁한 자였습니다.

수녀: 너무 자책하지 마세요. 그래도 당신은 예수께 다시 돌아왔잖아요? 예수께서는 이미 다 이해하고 용서하셨습니다. 예수께서 십자가에서 사람들을 용서해달라고 하나님께 기도하신 것은 배신한 제자들까지 포함한 것이니까요. 과거는 이미 저편으로 사라졌습니다.

젊은이: 예수께서 십자가에 달리실 때, 혹시 눈이 마주칠까 봐, 멀리 떨

어져 사람들 뒤에 숨어서 훔쳐보듯 지켜보다가, 내가 그토록 한심한 인간이라는 것을 알아차리고는, 나에게 절망했어요. 그리고 스승에게 무어라 말할 수 없는 송구함만 느꼈어요. 로마 군인이 망치를 들고 스승의 양 손목에 대못을 박을 때 지르신 비명은 차라리 내 영혼이 속에서 절규하며 나를 고발하고 저주하는 목소리였어요. 나는 더는 견디지 못하고, 한없는 자책과 회한에 젖어, 허공을 딛는 듯 넋을 놓고 그 집으로 돌아갔습니다.

그렇게 그 이틀도 안 되는 삼 일간은 내 인생에서 가장 수치스럽고 비통하고 참혹한 기나긴 시간이었어요(금요일 오전 8시경〈대략 형장으로 간 시간〉~ 십자가에 달리 시간: 오전 9시, 죽은 시간: 오후 3시~부활한 일요일 오전 6시경까지. 막 15:21~41). 시간이 정지된 것 같았지요. 영혼과 정신과 마음이 죄다 달아나버린 공허와 비참함과 회한(悔恨)의 시간, 동굴이 무너져 빠져나올 길 없이 깊은 어둠에 갇힌 것 같은 절망과 죽음의 시간이었지요. 그래요, 그때 나라는 인간은 실상 죽은 것입니다.

수녀: 내가 그 심정을 어떻게 이해하겠습니까? 그리고 안식일 후 새벽에 예수의 무덤이 비었다는 소식을 듣고는 어떤 생각이 들었나요(요 20:1~18)?

젊은이: 스승을 자기 목숨보다 더 사랑했던 '막달라 미리암'이 뜬눈으로 이틀을 꼬박 지새우고, 더는 비통함을 견디지 못하고 홀로 무덤에 갔다가, 무덤이 비어 있는 것을 보고는, 황망함과 놀라움과 미소가 섞인 기묘한 표정으로 뛰어와 말하더군요. 우리는 모두 정신이 어떻게 된 것으로 여기고, 아무 말도 하지 않았어요. 그러자 미리암은 베드로와 요한을 붙잡고 울면서, 가서 확인해보자고 하더군요. 한참 후, 그들은 그녀를 무덤에 남겨두고는 다시 돌아왔어요. 그러면서 누군가가 스승의 시신을 옮긴 것 같다고 말했어요. 그런데 조금 후, 미리암이 다시 돌아오더니, 자기가 살아나신 예수를 만났

다는 것이에요. 우리는, 이제 미리암이 허깨비를 보는구나, 하고 아무도 움직이지 않았어요.

수녀: 그 후 어떻게 했나요?

젊은이: 각기 고향으로 돌아갔어요. 베드로 형제와 요한 형제와 나는 갈릴리 가버나움 사람이지요(요 21장). 잠도 제대로 못 자고 밥도 먹는 둥 마는 둥 넋을 놓고, 매일 호숫가에 모여 하릴없이 예루살렘 쪽이나 무심한 호수만 바라보며 시간을 보냈어요. 누구나 하늘과 땅이 꺼지도록 한숨만 쉬었지요. 지난 3년의 세월이 30년을 10번도 더 지낸 것 같았지요.

그러다가 저녁나절, 베드로가 더는 견딜 수 없었던지, 물고기나 잡으러 나가보자고 하여 배를 타고 호수로 들어갔지요. 밤새도록 그물을 이리저리 던지며 애를 썼지만, 동이 터오는 때까지 한 마리도 잡지 못했지요. 고기는 무슨 고기란 말인가요? 그냥 텅 비고 쓰라린 넋을 달래보려고 한 것이지요.

그러자 베드로가 고물에 엎어져, 제 가슴과 머리를 마구 쥐어뜯고 가슴을 치며 대성통곡을 하는 것이었어요. 그 바람에 안드레고 야고보고 요한이고 나고 할 것 없이, 모두 통곡을 했지요. 목이 쉬도록 악을 쓰고, 영혼이 다 지치고 몸의 진액이 다 빠져나갈 때까지 울었지요. 그렇게 슬픔과 허망함에 지쳐, 결국에는 다 쓰러져 잠이 들었어요.

수녀: 그 마음 충분히 이해합니다. 사랑하던 사람을 잃었을 때의 충격은 오랫동안 영혼을 앗아가니까요. 사는 게 사는 게 아니지요. 그걸 무슨 말로 표현하겠어요? 죽음과도 같은 세월이지요.

젊은이: 그런데 어떤 사람이 호숫가에서 소리를 치는 바람에 깨어났어요. 무슨 소린가 싶어 가만있자, 다시금 그물을 던져 보라고 말하는 것이었어요. 우리는 그 목소리의 주인공이 누군지도 모르고, 그냥 던졌어요. 그랬

는데 이상하게도 그물을 들어 올리기 어려울 만큼 고기가 많이 잡혔더라고요. 그때야 우리는 그 목소리를 알아차렸지요.

그러자 요한이 "선생님이시다!" 하며 큰소리를 질렀어요. 배는 우리가 잠든 사이에 호숫가 쪽으로 밀려와, 땅에서 한 100보 정도 되어 떨어져 있었지요. 틀림없이 선생님이셨어요! 베드로는 배에서 뛰어내려 헤엄쳐서 갔지요. 우리는 얼른 그물을 들어 올려 배를 저어갔고요.

<u>소녀</u>: 예수께서는 어떤 모습이셨나요?

<u>젊은이</u>: 얼굴이 무척이나 야윈 선생님은 미소도 책망도 아닌 묵묵한 표정이셨어요. 그저 놀랍고 당황한 우리는 선생님의 손을 붙잡지도 못하고 어정쩡하게 서 있었지요. 이윽고 선생님의 손에서 못 자국을 발견하고서야, 모두 울며 엉켜서 포옹했지요. 우리는 모래밭에 둘러앉아 불을 피우고는 물고기를 구웠어요. 그랬더니 선생님은 마지막 식사를 하던 그때처럼, 물고기를 들어 축사하고는 찢어서 우리에게 나누어주셨어요.

그리고는 일일이 우리 이름을 부르며 "너는 나를 사랑하느냐?"고 물으셨어요. 모두 사랑한다고 말했지요. 그러자 선생님은 '이제는 자기를 위하여 나를 사랑하지 말고, 나를 위하여 나를 사랑하라.'라고 말씀하셨어요. 우리가 눈만 멀뚱멀뚱하고 있자, "내 양 떼를 먹이라는 말이네." 하고 말씀하셨어요. 그리고는 예루살렘으로 가서 마지막 식사를 나눈 그 집으로 모이라고 하고는, 고향으로 돌아간 다른 제자들을 부르러 간다고 하며 떠나셨어요. 우리는 가만히 서서 바라만 보았습니다.

4

소녀: 이제 예수의 시신을 동굴에 안치한 "아리마대 요셉"을 만나보지요

(막 15:42~47). 선생은 부유한 사람으로 장로이며 공의회 의원이신데, 언제부터 예수를 하나님의 예언자로 보게 되셨나요?

요셉: 그분이 갈릴리에서 하나님의 나라에 관한 설교를 시작하실 때부터입니다. 나는 예언자들의 책을 매우 좋아합니다. 예언자들이 말하는 자유와 정의, 사랑과 평등으로 평화롭게 된 세상이 예수의 하나님 나라이니까요. 진실로 하나님을 정직한 마음으로 경외하는 사람이라면, 누구나 그런 세상을 기다리지요. 나도 "하나님의 나라를 기다리는 사람입니다."

예전부터 예루살렘 공의회는 전국 곳곳에 정보원을 깔아두고, 백성을 선동하는 가르침을 전하는 사람의 동태나 민란의 낌새를 낱낱이 감시하고 있었지요. 예언자 요한도 감시했지요(마 3:7). 그런데 예수에 관한 정보는 대개 3가지였어요. 첫째는 옛 예언자들의 가르침과 같은 정의와 사랑으로 하나 되는 새로운 세상인 하나님의 나라가 가까이 왔으니 회개하라는 예언이고(預言, 말씀·메시지), 둘째는 기적적인 방법으로 각종 병자를 치유하여 민중의 열렬한 환호와 추종을 얻고 있다는 것이고, 셋째는 우리 유대교의 안식일이나 정결 예법이나 장로들의 전통을 우습게 알고 성전을 부정한다는 것이었지요. 예루살렘 성전 사건은 내가 직접 본 것이고요.

나는 주로 예수의 가르침과 행동을 주시했지요. 왜냐면 예로부터 거짓 예언자는 언제나 자기모순을 드러내는 말과 행동을 했거든요. 그러니 예수에 관해 들려오는 정보를 종합해보면, 그 진위를 파악할 수 있지요. 그런데 그 어떤 메시지에서도 모순을 찾아볼 수 없었어요. 모두 하나님의 나라에 관한 가르침이었으니까요.

더욱 놀라운 것은 그분의 행동입니다. 비록 파격적인 행동으로 보이기는 했지만, 그분이 세리들이나 창녀들이나 죄인들이나 가난한 사람들과 서슴없이 어울려 식사하며 이야기를 나누고, 눈물을 닦아주고 위로와 희망을 안겨주며 함께 삶의 무거운 짐을 짊어진 모든 행동은 무슨 사회적 불만이나 복수심에 불타는 반항이나 저항, 자의적 탈선이나 파괴가 아닌, 그분 마음의 진실과 하나님의 나라 사상에서 나온 것이라는 사실입니다.

그러니까 그분의 하나님 나라는 인간이면 누구나 그의 과거나 현재 상태가 어떠하든지 간에 아무 상관 없이, 무차별적인 자비심으로 환영받고 사랑받고 대접받는 새로운 인간과 새로운 삶의 현실이라는 것이지요. 그분은 아무에게도 과거를 묻거나 따지거나 책망하시지 않았습니다. 무조건 하나님의 용서를 선포하고, 하나님의 사랑과 포용을 가르쳤습니다.

그래서 정보에 따르면, 그분을 만나 식사하고 대화를 나눈 세리들이나 죄인들이나 창녀들은 누구나 전과 같은 행태를 다 버리고 정직하게 살고 있다는 것이었지요. 한 예로, 여리고의 어떤 세관장은 예수를 만나 자발적으로 이전에 벌어들여 축적한 모든 불의한 재산을 가난한 사람들에게 다 나누어주어, 비로소 사람들에게 '인간'으로 대접받으며 행복하고 정직하게 산다고 합니다(삭개오). 그 소식은 예루살렘에까지 쫙 퍼졌지요.

내가 그런 사람들이었더라도 그랬을 거예요. 매일 밖으로 나가면, 침 뱉음과 욕설과 모욕과 따돌림을 밥처럼 먹고 옷처럼 입고, 사람이 아닌 벌레 취급을 받고 사는 사람들인데, 자기들을 진실하고 따스한 심정을 다해서 어엿한 인간으로 존중하고 대접해준 사람을 만나, 모든 인간을 조건 없이 용서하고 사랑하신다는 하나님의 말씀을 전해 듣고서도 여전히 악행을 저지른다면, 그건 그야말로 짐승만도 못한 인간이 되는 것이니까요. 그러나 그럴 인간은 없습니다! 그러니 그분의 행동이 어찌 민중을 선동하여 민란을 꾸미고 폭력으로 세상을 뒤엎으려는 것이겠어요?

그런데 안식일이나 정결 예법이나 장로들의 전통이나 성전에 대한 그분의 가르침을 옛 예언자들의 말에 비추어보며 곰곰이 생각해보니까, 그것도 하나 그른 말이 없더라고요. 그분은 모든 것에서 '근본적인 것'을 말씀하셨어요. 그러면서도 옛 예언자들을 뛰어넘은 가르침이었지요. '정결한 마음의 진실'이 빠진 안식일이나 정결 예법이나 전통의 준수나 성전 예배를, 과연 하나님이 기뻐하실까요? 아니지요!

성전에서 난동을 피웠다는 것도 그래요. 옛날 예레미야 예언자도 그랬어요(렘 7장, 26장). 성전제사는 하나님을 향한 경외와 사랑의 심정과 경건한 마음을 다해 회개하고 새롭게 살겠다는 결심의 기도와 자신의 삶을 진정한 제물과 향기로 다 바치는 것이니까요. 그렇지 않으면 가인이나 솔로몬의 제사와 다를 게 뭐 있겠어요?

그런데 시장에서 해야 할 환전과 동물 판매를 성전 마당에서 하고 있었으니, 그 까닭을 알고 있던 나와 몇 친구들이 여러 차례 그 시정을 말했으나, 실권을 쥐고 있던 사두개파 제사장들은 듣지 않았어요. 오히려 우리를 의회에서 축출하겠다고 협박하더군요. 예수도 그것을 알고, 백성에게 성전과 제사의 진실, 곧 본래 근본적인 정신과 태도를 말한 것입니다.

<u>수녀</u>: 혹시 "니고데모"와 친하십니까?

<u>요셉</u>: 마침 그 이야기를 하려던 참입니다. 그와는 형제처럼 지내는 막역한 사이입니다. 그가 어느 날 밤 홀로 예수를 찾아갔던 이야기를 들려주더이다(요 3:1~8). 요약하자면, 그것은 예수께서 예레미야 예언자의 "가슴과 마음 판에 새겨진 하나님의 율법"(렘 31:33~34), 에스겔 예언자의 "새로운 마음과 새로운 영의 율법"을 새롭게 말한 것인데(겔 36:26~28), 그분은 사람은 누구나 "성령을 통하여 다시 태어나 바람 같은 자유로운 사람이 되어, 지금

하나님의 다스림(나라) 속에 들어가야 한다."라고 하셨다더군요.

니고데모는 오래 대화를 나누며 그 말씀을 깨닫고 돌아왔다고 합니다. 그가 전해준 말을 듣고 나는 내면의 변화, 곧 각 사람 안에 이루어지는 하나님의 다스림(나라)에 관한 예수의 가르침이 정보를 통해 파악한 것보다 훨씬 더 심오한 진리라는 진실을 알았습니다. 곧, 예수는 자기로부터 비로소 성령과 진리를 통해 사람들의 근본적인 변화가 일어나고, 그런 사람들이 세상에서 모든 인간이 한 형제자매가 되어 살아가는 새로운 세계인 하나님의 나라(다스림)를 건설하게 된다고 가르치신 것이지요.

나는 그것이야말로 예언자들이 말한 것이고, 우리 유대교가 지향해야 할 목표라는 것을 알았습니다. 그러니 그 목표에서 벗어난 유대교의 모든 사소하고 잘못된 관행들은 철저히 혁파하여 본래의 방향으로 돌려놔야 하지요. 예수께서 말씀하신 하나님 나라는 유대 민족만을 위한 것이 아니니까요. 예수는 세상, 곧 유대 민족과 이방인으로 이루어진 세상 만민의 구원과 영생을 가르치셨던 것입니다. 그것을 하나님의 나라라고 하신 것이지요.

온 세상 모든 인간이 하나님 아버지 안에서 한 형제자매가 되어, 평등하고 자비롭고 평화롭게 살아가는 참되고 인간적이고 신성한 세상인 하나님의 나라가 이 땅에 이루어져야 한다고 하셨지요. 그러니 예수는 예언자들이나 유대 민족을 뛰어넘으신 거예요. 나는 그 때문에 니고데모와 함께 익명의 제자가 되었던 것입니다.

수녀: 이제 이해가 가는군요. 그래서 선생은 빌라도 총독을 찾아가 예수의 시신을 장례 지내게 해달라고 하신 것이군요?

요셉: 그렇지요. 그것은 장차 내가 죽으면 묻힐 무덤으로 새로 마련해 둔 것이었어요. 그런데 예수의 시신이 사라졌다는 소식을 듣고 달려갔는데, 정

말 없었습니다. 나는 제자들이 어디로 옮긴 줄로 알았어요. 그런데 이미 시내에 그분이 다시 살아나셨다는 소문이 퍼졌습니다. 그러나 만나지는 못했습니다. 만나게 된다면, 나도 그분의 어엿한 제자가 될 것입니다. 공의회에서 파면된다고 해도, 오히려 영광스럽게 생각하겠습니다.

수녀: 훌륭하십니다. 아무쪼록 그렇게 되기를 빕니다.

5

수녀: 마지막으로 "엠마오로 가던 제자" 두 사람을 만나보겠습니다(눅 24:13~35). 당신들은 무슨 이유로 예수를 따르게 되었나요? "글로바" 씨부터 말씀해주실까요?

글로바: 그러지요. 나와 이 친구는 "엠마오"에 살아요. 그곳은 예루살렘에서 3시간쯤 걸어 올라가야 닿는 산지입니다(약 11km). 우리 마을은 주로 포도와 무화과나무를 재배하고 산나물을 채취하여 예루살렘 시장에 내다 팝니다. 지대가 높은 곳이라서 햇빛과 바람이 좋아 과일 품질이 뛰어나 인기 있지요. 포도와 무화과는 과일뿐만 아니라, 건포도와 건무화과로도 만들어 팝니다. 우리가 직접 장사한다는 게 아니라, 가게와 거래하는 방식이지요.

수녀: 그런데 어떻게 예수를 따르게 되었나요?

2년 전 어느 봄날이었지요(추정). 이 친구와 같이 과일을 잔뜩 싣고 예루살렘 시장에 갔는데, 사람들이 온통 갈릴리 나사렛 출신의 예언자 이야기로 들떠 있더라고요. 예수라고 하는 그 예언자는 하나님의 나라가 가까이 왔다고 선포하고, 마음과 생활 태도를 뜯어고쳐 새롭게 하라는 말씀을 전하고, 숱한 기적으로 병자들을 고치고, 글자 하나도 모르는 가난한 사람들은 물론 누구나 민족 배반자라고 욕하는 못된 세리들과 죄인들, 그리고 로마 군인들이나 아랍 장사꾼들에게 몸을 팔며 율법을 어기고 하나님의 이름에 수치를 돌리는 창녀 같은 몹쓸 망나니 같은 인간들조차 어엿한 하나님의 아들과 딸로 대접하며 이야기를 들려주고 가까이하고 식사까지 나눈다고 하는 것이었어요.

누구나 흥분하여 그 이야기뿐이더라고요. 그도 그럴 것이, '요한'은 후미진 광야에서 찾아오는 사람들에게만 침례를 주며 몇 가지 말씀을 전하다가 체포되어 죽어서, 그를 진짜 하나님의 예언자로 보는 사람들은 거의 없었으니까요. 그럴 수밖에 없는 것이 옛날 그 어떤 예언자도 사람들이 살지 않는 곳에서 가르친 일은 없었거든요. 그래서 사람들이 그를 이상하다 못해 괴상한 사람이라 했지요.

그런데 그와는 전혀 다른 예언자가 나타난 것이에요. 그 갈릴리의 예언자는 또한 사마리아나 예루살렘 도성에서만 활동한 옛 예언자들과도 한참 다르게, 예루살렘에는 한 번도 오지 않고 오로지 갈릴리의 마을마다 찾아다니며 메시지를 선포하며, 누구나 형제자매와 친구처럼 여기고 밥도 먹고 술도 마시며 용기와 희망을 준다는 것이었어요. 그래서 잔뜩 호기심이 생겼지요.

수녀: 그래서 친구와 같이 바로 갈릴리로 간 것인가요?

글로바: 아닙니다. 과일을 거래하는 가게에 넘겨주고는, 사람들에게 예수에 관한 소문을 여러모로 더 물어 자세히 알고 난 후, 친구와 함께 집으로 돌아갔지요. 가는 내내 서로 이야기를 나누며, 한 번 예수를 찾아가 만나보는 게 어떠냐고 했습니다.

수녀: 그런데 어디에 계시는 줄도 모르고, 무턱대고 갈릴리로 갈 수 있나요?

글로바: 그렇지요. 집에 가서 부모님께도 말씀드려야 하니까, 여러 가지

고민되는 게 많았지요. 그러나 나나 이 친구나, 매일 만나면 온통 예수에 관한 이야기뿐이었어요. 우리는 예수가 말하는 '하나님의 나라'라는 말에 가득 매혹되었습니다. 그도 그럴 것이 우리는 누구보다도 이스라엘의 해방과 독립과 자유를 갈망하고 있었으니까요.

다른 제자: 나는 예수가 말하는 하나님의 나라가 바로 그것이라고 생각했어요. 그래서 드디어 우리 민족에게 희망의 날이 밝아오는구나 했지요. 그런데 이상한 게 하나 있었어요.

수녀: 이상한 것이요?

다른 제자: 네. 예수는 왕도 아니고 군대도 없는데, 어떻게 로마 군대를 내몰고 하나님의 나라를 이 땅에 세운다는 것인지, 이해할 수 없었으니까요.

수녀: 그렇지요.

글로바: 그래서 내가 말했지요. 그것은 예수의 전략일 것이라고 말입니다. 갈릴리에서 로마를 몰아낼 수는 없었으니까요. 그분은 반드시 예루살렘으로 올 것이고, 그때 계획을 펼쳐 우리 민족의 해방과 자유를 쟁취할 것이라고요.

수녀: 예수의 하나님 나라를 독립투쟁으로 본 것이군요?

다른 제자: 그렇지요. 그래서 이 친구의 말이 일리 있다고 보았지요. 우리 마을 사람들 가운데서 이미 '젤롯파'에 가담한 청년들이 몇 있었어요. 그들이 지금 어디에서 무엇을 하고 있는지는 몰라도, 어쩌면 예수를 찾아가 속내를 숨기고는 제자가 된 사람도 있을 거예요.

글로바: 그래서 우리는 고민 끝에 결심하고 각기 부모님께 말씀드렸습니다. 두 집 다 펄펄 뛰셨지요. 우리는 형제들이 여럿 있으니 걱정하지 마시라고 하며, 다만 예수를 찾아 만나보려고 하는 것일 뿐이라고 했어요. 그러나

가뜩이나 젤롯파에 가담한 청년들 때문에, 부모님은 믿지 않고 만나보는 것
조차 결사적으로 반대하셨지요.

6

　다른 제자: 그래서 우리는 하는 수 없이 주저앉았습니다. 그렇게 2년이
흘렀지요. 예루살렘에 갈 때마다, 이리저리 예수에 관한 소문을 자세하게 수
집했지요. 정보에 따르면, 예수는 갈릴리 여러 곳에서 활동하는데, 어차피
가버나움이 본거지이니, 그곳으로 가면 만날 수 있을 것이라는 확신이 들었
지요. 그래서 우리는 집으로 돌아가지 않고, 여리고와 티베리아스와 막달라
와 게네사렛을 거쳐서 가버나움으로 갔어요. 거기 여관에 머물며 일주일을
보냈지요.

　글로바: 그러다가 결국에 갈릴리호수 동쪽 마을들을 다니다가 돌아오신
예수를 만났습니다. 우리가 예수께 절을 하고는 찾아온 뜻을 말씀드리자, 기
꺼이 제자로 받아주시더군요. 물론 우리는 이스라엘의 독립이니 해방이니
자유니 하는 것은 말하지 않았습니다. 그저 하나님의 예언자이시기에 따르
고자 한다고만 했지요.

　다른 제자: 예수께서는 가는 곳마다 모든 가르침과 치유와 행동을 통해
서, 오로지 하나님의 나라에 대해서만 말씀하셨습니다. 특히 절묘한 비유 이
야기들이 그러했지요. 그래서 우리는 예상이 빗나간 게 아니라고 생각했어
요. 이 친구 말처럼, 그 모든 게 전략일 것이라고 보았으니까요. 누구나 자유
로운 인간이 되고, 모든 인간이 형제자매가 되어 평화로운 세상에서 살 것이
라는 말씀이 하나님의 나라가 아니라면, 도대체 무엇이겠어요?

　수녀: 예수의 모든 가르침과 행동을 오직 메시아 대망에 맞추어 보고 이

해했군요?

글로바: 그렇게 생각할 수밖에 없었지요. 말씀과 행동이 전부 자유롭고 우애로 넘치는 평화의 세계인 하나님의 나라뿐이었으니까요. 물론 하나님의 나라를 세우는 방법에 대해서는 함구하셨지요. 이를테면 왕이나 군대나 투쟁 같은 말 말입니다. 나는 그것 또한 전략이라고 보았습니다. 왜냐면 미리 전략을 노출하면 계획에 차질이 빚어질 테니까요.

수녀: 충분히 이해합니다. 선생들뿐만 아니라, 모든 제자가 그랬으니까요. 그래서 여러 번 서로, 자기들 가운데서 누가 높고 강하고 자격이 있느니 없느니 하고 다투었던 것이지요. 어느 제자는 어머니 치맛바람까지 앞세우며, 예수가 왕이 되어 새로운 나라를 세울 것으로 보고는, 장관 자리를 탐내며 로비를 시도하기도 했지요(막 10:35~45).

다른 제자: 모두 한바탕 다퉜지요. 그러다가 혼이 났지만요. 예수께서는 하나님의 나라에 대한 우리의 생각이나 야망이나 희망에 대해서는 아랑곳하지 않고, 당신이 생각하는 바를 말씀하셨어요. 하나님의 나라는 진리와 사랑과 자비, 온유와 겸손, 섬김과 봉사로 이루어지는 것이라고요. 그러나 우리 귀에는 아무것도 들리지 않았습니다.

글로바: 그런데 지금 생각해보니, 유독 한 사람만이 예수의 말을 알아들었습니다.

수녀: 그래요? 그게 누굽니까?

글로바: 막달라 미리암이지요.

수녀: 그렇습니까? 그녀가 어떻게 하나님의 나라를 알아들었다는 것인가요?

다른 제자: 그녀는 전에 몹시 앓은 후 정신까지 좀 이상해져서, 사람들

이 "일곱 마리 귀신에 들린" 미친 여자라고 했지요. 그런데 예수를 만나 치유 받고 온전해졌지요. 그리고는 바로 여자의 몸으로 예수를 따르는 제자가 된 것이랍니다.

글로바: 우리는 그것을 보고 큰 충격을 받았습니다. 왜냐면 사람들은 예수를 예언자라기보다는 "랍비"라고 불렀는데(선생님), 어느 랍비도 여자를 제자로 들인 일은 유대인이 세상에 나타난 이래 없었던 일이니까요. 제사장들이나 바리새파 랍비들은 길을 가다가도 여자를 만나면 피해 돌아가거나, 막다른 길이면 돌아서서 벽을 바라보고 섰다가 지나간 후에나 걸어갈 정도로 여자를 죄인으로 보고 혐오했을 정도인데, 무슨 여자 제자를 둔단 말입니까? 상상할 수도 없지요.

수녀: 그래서 그것을 어떻게 생각했나요?

글로바: 당연히 그것도 전략이라고 봤지요.

수녀: 그것을 예수께서 말씀하시는 하나님의 나라는 인간 구별이나 차별 없이, 모든 인간이 한 형제자매가 되어서 살아가는 우애와 평화가 넘치는 참되고 새로운 세계라는 것으로 보는 생각이 들지 않았다는 말인가요?

글로바: 전혀 아니지요. 여자가 나라에서 무슨 일을 맡아 하겠습니까마는, 누구의 아내가 되어 곁에서 훌륭하게 보조하며 활동할 수도 있겠다고 생각했을 뿐이지요.

다른 제자: 그 문제는 중요한 게 아니니까 그만두는 게 좋겠어요. 문제는 막달라 미리암의 예수 사랑입니다. 지금 생각해보니, 그녀가 옳았어요. 아마 여자 특유의 직감 때문일 겁니다.

수녀: 나는 그것을 넘어선다고 봅니다. 그녀만이 예수 생전에 예수를 제대로 이해하고 사랑한 유일한 사람이니, 그녀야말로 진정한 제자입니다. 예

수의 무덤에 간 사람도 그녀가 유일합니다(요 20:1~2). 단지 직감이나 죽은 스승에 대한 슬픔 때문만은 아닙니다.

그녀는 예수께서 세 번이나 당신의 수난과 죽음, 그리고 사흘 후 부활하신다는 말씀을 그대로 믿고, 홀로 두려움도 모르고 무덤에 간 것입니다. 나는, 그녀의 심정은 예수를 위해서라면 죽어도 좋다는 것이었다고 봅니다. 그만큼 예수를 사랑했고, 예수의 하나님 나라를 이해하고 거기에 자기 목숨을 내건 것이지요. 그러니까 예수 생전에 진정한 제자는 막달라 마리아 한 사람뿐이었습니다. 그것은 부활 후에도 그대로 이어졌고요.

<u>다른 제자</u>: 우리는 그때 그것을 몰랐습니다.

7

<u>수녀</u>: 자, 이제 다른 이야기는 그만두고, 부활하신 예수를 만난 사건을 생각해봅시다.

<u>글로바</u>: 예수의 체포와 수난과 재판과 십자가의 죽음은 우리를 절망에 빠뜨렸지요. 가룟 유다는 우리보다 더 민족해방과 자유를 바랐습니다. 유다는 여리고를 떠나 예루살렘으로 오는 도중에, 예수께 민족해방을 위해 앞장서 달라고 부탁하더군요. 그러나 예수는 거절하셨지요. 그 때문에 몹시 다퉜습니다. 예수는 당신이 세우려는 하나님의 나라는 오로지 사랑과 자비, 우애와 겸손과 섬김으로만 이루어지는 평화의 세상이라고 말씀하셨어요.

야고보와 요한의 어머니가 로비할 때도 그랬고, 마지막 식사자리에서 빵과 포도주를 나누어주고 우리들의 발을 씻어주며 하신 말씀도 그랬어요(막 14:22~25; 요 13장). 유다는 결국에 자기의 꿈이 좌절되는 사태를 보기에 이르자, 절망에 빠진 나머지 분노와 복수심에 불타서 예수를 배신하게 된 것이

지요. 그리고 그 절망이 끝내 그를 자살로 몰고 간 것입니다.

　다른 제자: 우리도 그간 따라다닌 시간과 희망이 죄다 물거품이 된 것을 보고 절망했지요. 예수께서 그렇게도 무력하게 십자가에서 처참하게 처형된 것을 도무지 이해할 길이 없었습니다. 그래서 처형 사흘 후에, "몇몇 여자들"이 무덤에서 스승의 시신이 없어졌는데(공관복음에 따름), 천사들이 나타나 예수께서 살아 계시다는 말을 했다는 소리를 하길래, 허깨비를 보고 헛소리를 한다고 생각하고는, 그동안 미친 짓을 했구나 하고, 모든 것을 포기하고 집으로 내려가려고 떠났습니다.

　글로바: 집으로 돌아가는 발걸음이 슬프고 괴롭고 허탈하기는 했어도, 우리는 그간 좋은 경험을 했다고 스스로 위안했지요. 지금 생각해보면, 우리가 예수를 진실로 사랑하지도 않고, 하나님의 나라를 이해하지도 못한 것이 한없이 부끄럽기만 합니다. 그만큼 우리는 우리가 바라마지 않는 민족해방만 생각했던 것이지요. 지금 생각해보니, 우리는 너무나도 늦게야 예수를 사랑하게 되었고, 하나님의 나라를 이해하게 된 것입니다.

　소녀: 그러나 예수를 사랑하는 것에 지나치게 늦어버린 때는 없다고 봐요. 회개하는 데서 늦은 시간이란 없습니다. 한 번의 참된 사랑은 천 번의 실수를 다 상쇄(相殺)하니까요. 물론 일찍 사랑하는 것이 좋다는 것은 말할 필요도 없지요.

　다른 제자: 그러나 걸음을 뗄 때마다 이상하게도 점점 더 지독한 허탈감과 슬픔과 고통이 밀려와 가슴을 쥐어짜는 것이었어요. 그래서 우리는 서로 쳐다보며 눈물을 훔치기도 하고, 손을 붙잡고 털썩 주저앉아 울기도 했어요. 마치 영혼과 가슴과 삶 전체가 다 날아가 버린 것 같더라고요.

　아니, 예수께서 우리 영혼과 가슴과 삶을 죄다 빼앗아가신 것 같았다고 말하는 게 옳을 겁니다. 걸음을 뗄 때마다 길바닥이 울렁울렁하며 뒤흔들리는 것 같았어요. 어지러웠지요. 여러 차례 나무 아래 앉아, 멀뚱멀뚱 하늘만 쳐다보았지요.

글로바: 모든 게 덧없는 세월이었다고 완전히 체념한 우리는 다시 일어나 어떻게 해서든 마음을 가라앉히려고, 그간 예수를 따라다니며 겪은 일과 십자가와 죽음과 부활 소문에 대하여 "서로 이야기하며" 터덜터덜 고향으로 내려갔습니다.

고갯마루에 이르러 저 멀리 고향이 보이자, 부모님이나 형제들 보기가 부끄러워졌습니다. 말도 없이 집을 떠나 소식조차 제대로 전하지 못했으니, 얼마나 기가 막힐 노릇이었겠습니까? 탕아(蕩兒)가 따로 없었지요.

8

수녀: 그런데 부활하신 예수께서 나그네처럼 당신들과 동행하셨습니다 (이하 예수는 나그네로 말함).

다른 제자: 그렇지요. 그러나 슬픔과 허망함에 지친 우리는 자신에 사로잡혀서 그 나그네의 얼굴조차도 바라보지 않고, 그저 우연히 같은 길을 가는 사람이겠거니 하고, 앞만 보고 걸어갔습니다.

수녀: 그래서 그것을 안 예수께서 선생들의 마음을 열려고, 서로 주고받는 말이 도대체 무슨 이야기냐고 물으신 것이군요.

글로바: 그렇습니다. 우리는 그저 넋을 놓고 눈에 비치는 길만 바라보고 걸을 뿐이었지요. 땅이 꺼져라, 한숨을 푹 내쉰 나는, "보아하니, 선생은 예루살렘에서 엠마오로 가시는 길 같은데, 이 며칠 동안 그곳에서 일어난 일을 혼자서만 모른단 말인가요?" 하고 퉁명스레 대꾸했지요.

다른 제자: 그랬더니 그 나그네는, '나는 금시초문인데요, 거기에서 무슨 일이 있었나요?' 하고 말하더라고요. 그래서 내가 말했지요. '그러면 다른 곳에서 오신 모양입니다. 그렇지 않고서야 모를 수가 없지요.' 그랬더니 그 말에는 아무 대꾸도 하지 않고, 또 무슨 이야기를 하는 것이냐고 재차 묻더라고요.

그래서 나는 사실을 말해주었지요. "그것은 나사렛 예수에 관한 일입니다. 우리는 그분을 하나님과 모든 백성 앞에서 행동과 말씀에 권능이 있는 예언자로 보고 따랐었지요. 그런데 우리 제사장들과 바리새파와 장로 등, 지도자들이 그분을 체포하여 로마 총독의 힘을 빌려 사형 선고를 받게 하고는 십자가에 못 박아 죽였습니다."

글로바: 기가 막힐 노릇 아닌가요? 그게 예로부터 우리 민족이 잘해온 짓입니다. 예언자마다 죽이고 박해하고 입을 봉하는 짓 말입니다. 요한도 어처구니없이 죽었잖아요? 명색이 하나님을 경외하고 충성한다는 민족, 아니 지도층이라는 놈들이 하는 일이란 게 언제나 하나님을 배신하고 반역하는 짓밖엔 없어요.

다른 제자: 우리는 그분이 이스라엘의 독립과 해방과 자유를 쟁취하여 영광스러운 구원의 날을 여실 분이라고 믿으며 큰 기대와 소망을 걸고 있었지요. 그런데 결국에 그렇게 되고 말았습니다. 이제 다 끝난 일이었지요.

글로바: 우리 제자들은 사흘째 되는 날인 오늘 이른 아침, 예수가 부활했다는 몇몇 여자들의 말을 듣고도 믿을 수가 없었어요. 그녀들은 자기들이 빈무덤과 천사들의 환상을 보았다며, 예수가 부활하셨다는 거예요. 아니, 그게 무슨 부활입니까? 부활한 예수가 없질 않습니까? 그래서 심약한 여자들이 새벽에 허깨비를 보고 미친 소리를 한다고 여겼지요. 그렇지 않습니까?

다른 제자: 그랬더니 그 나그네는 이렇게 말하더군요. "참으로 답답한 분들이군요. 아니면, 도대체 성서를 아무것도 모르는 분들이시던가요. 성서를 보세요. 예언자들은 하나님의 메시아·그리스도는 반드시 고난과 죽임을 당하고서 영광의 부활로 나타날 것이라고 하지 않았나요?" 그러면서 모세와 모든 예언자에서부터 성서 전체에서 메시아에 관하여 써 놓은 것을 일일이 들추어 설명하는 것이었어요. 그러자 우리 마음에 어렴풋이 이해의 빛이 비쳐오더군요. 그러다가 우리 마을에 가까이 이르렀는데, 그 나그네는 더 가려는 것 같았어요.

글로바: 그래서 우리는 나그네를 만류하며 말했어요. "저녁때가 되고 날이 이미 저물었으니, 우리 집에서 하룻밤 묵고 가시는 게 어떻습니까? 그 이야기를 더 듣고 싶군요." 그러자 나그네는 그렇게 해도 되느냐고 하더군요(이야기 전개상 가족을 만나는 장면은 생략). 그래서 나는 오히려 영광스러운 일이라고 했습니다.

빵과 포도주가 나오자, 그 나그네가 먼저 빵을 집더니 뜯어서, 나와 이 친구에게 나누어주었습니다. 그런데 이게 웬일입니까? 그 나그네가 바로 예수이셨습니다! 우리는 서로 쳐다보며 너무나도 놀랐지요. 그리고는 고개를 돌려 보니까, 예수는 이미 사라지고 없었어요. 그제야 정신을 차린 우리는 서로 똑같은 말을 주고받았어요. "그러고 보니, 길에서 성서를 풀이해 주실 때, 우리 마음이 뜨거워지는 것 같지 않았나?"라고 말입니다.

수녀: 그래서 어떻게 하셨나요?

다른 제자: 어떻게 하고 말고도 없었지요. 당장 일어나 다시금 예루살렘으로 달려갔지요. 늘 모이던 그 집으로 들어가니까, 제자들이 모두 모여서 자기들에게 나타나신 예수 이야기를 하고 있더라고요. 그래서 우리도 일어

난 모든 일을 그대로 말했습니다. 모두 놀라고 기뻐서 어쩔 줄을 몰랐습니다.

소녀: 그렇게 해서 결국에는 여러분도 예수를 사랑하는 사람, 곧 예수의 하나님 나라를 이 땅에 펼치는 그 거대한 운동에 합류한 사람이 되셨습니다. 그것이 예수를 메시아로 믿고 따르는 목적이니까요. 그래서 예수께서 우리에게 "너희는 세상의 소금이다. 너희는 세상의 빛이다."라고 말씀하신 것이지요(마 5:13~14).

9

소녀: 기독교의 가장 큰 문제는 예수 그리스도, 그리스도 예수를 향한 신앙을 개인적인 것이나 가족적인 것이나 종교적인 것이나 기복적인 것으로 오해하는 것입니다. 거기에서 발생하는 필연적인 사태는 예수의 상실, 곧 하나님 나라의 지평을 상실하는 것입니다.

이런 모습이 바로 고대 이스라엘 민족의 역사에서 나타난 '바알(Baal) 종교, 바일 신앙'이지요. 바알 종교란 완전히 세속화된 기복(祈福)주의와 물질주의 종교로서, 자녀와 가축의 다산(多産), 농사와 상업의 성공과 번영, 부의 소유와 축적과 세습, 권력과 명예의 획득, 영광과 영화의 향유(享有), 건강과 장수 등을 구합니다. 예수는 이것을 "솔로몬의 온갖 영화"라고 압축해서 말씀하셨지요(마 6:29). 그러니까 바알 종교는 인간의 물질적 욕망의 본능에 충실한 종교이지요. "엘리아" 예언자는 당대 북이스라엘의 바알 종교 세력과 싸운 것으로 유명합니다(왕상 18장).

고대 이스라엘이 끝내 아시리아나 바빌로니아에 멸망한 이유도 의와 정의와 사랑과 자비를 핵심으로 하는 야훼 종교를 왜곡하여(버리지는 않았지요!) 바알 종교와 혼합하여(혼합주의·syncretism) 그것이 보장한다는 이런저런 축복에 열광하여 빠져버린 데 있습니다. 예언자들의 책은 바알 종교와 투쟁한 모습을 보여줍니다(특히 호세아서와 예레미야서와 에스겔서).

오늘 이야기를 시작하기 전에 서두에서 말한 것을 다시 짚어봅시다. 종교의 참된 생명은 영성과 종교성에 있고, 그것은 깨어난·깨어 있는 의식입니다. 곧, 마음의 순결·청결과 지혜입니다. 그러면 일상에서 진실하고 인간다운 인격으로 정의와 사랑과 자비를 드러내며 존재합니다. 곧, 새로운 인간의 새로운 존재 방식입니다.

예수께서 목숨을 걸고 살아가신 하나님의 나라·다스림은 두 가지일 뿐입니다. 내면 혁명인 인간 혁명과 세계 혁명! 하나님의 나라는 모든 인간과 세상이 하나님이 바라시는 대로 된 질서를 말하니까요. 곧, 하나님의 나라는 하나님과 인간, 인간과 인간, 인간과 자연, 하나님과 자연이 하나님의 본래 창조 질서를 회복한 조화와 평화의 세계입니다.

이것이 이사야 예언자의 "사자와 어린양"(제1, 사 11:6~9)과 "새 하늘과 새 땅" 이야기입니다(제3, 사 65:17~25). 요한계시록도 같은 이야기를 하지요(22:1~4). 바울은 "영광된 자유"의 날이라고 합니다(롬 8:18~25). 그러니까 예수의 하나님 나라는 '만물의 궁극적 변화와 평화가 실현된 새 하늘과 새 땅'입니다. 인류 역사는 그 방향으로 나아간다는 것이 예수의 가르침입니다. 기독교의 복음은 이것입니다.

따라서 하나님의 나라는 기독교뿐만 아니라, 인류가 지향해야 할 이상이고 목적입니다. 250개도 넘는 나라로 쪼개진 지금의 세계, 끝없이 자본주의와 물질주의만 일방적으로 추구하는 지금의 세계와 문명, 여전히 인종과 종교와 이념과 민족과 군사적 이유로 대립하고 전쟁을 벌이는 지금의 세계, 극단의 불평등과 굶주림과 내란으로 난민 사태가 터지는 지금의 세계, 그리고 하나뿐인 지구를 다 죽여 놓고서 희희낙락하며 더 풍요한 삶만 추구하는 지금의 세계, 이것은 절대로 인간다운 세계가 아닙니다.

그런데 이제 이런 세계는 한계에 이르렀습니다. 인류와 역사에 대한 이상조차도 없이, 그저 "무엇을 먹을까, 마실까 입을까?"(마 6:25~32) 하는 것에만 눈독을 들이고 살아가도록 만들어진 나라와 세계의 물질주의적 구조와 사고체계와 존재 방식은 필연 자멸적 파멸에 이르고야 말 것입니다.

따라서 기후 위기와 재앙에 직면한 지금 '위대한 전환'을 해야만, 인류의 미래가 보장될 것입니다. 나는 이것이 예수의 하나님 나라 이상(理想)이라고 봅니다. 하나님의 나라는 종교에 국한된 문제가 아니라, 인류가 지향해야 할 참되고 인간적이고 신성한 세계의 실현에 관한 가장 올바른 문명과 문화의 대안(代案)이니까요!

나오는 말

지금까지 복음서에 나오는 「예수와 만난 사람들」 이야기를 했다. 그런데 예수 생전에 예수를 만나 기본적으로(!) 내적 변혁을 일으킨 사람은 극소수 뿐이다. 예수 같은 분을 만나고서도, 아니 3년 동안이나 따라다니며 예수의 언행과 삶을 듣고 보고서도, 사람이 바뀌지 않는다는 것이 우리를 당혹스럽게 한다. 그런데 바로 그것이 인간이란 종(種)의 사실이고 불행이고 비참함이다. 그런 모습은 지금도 마찬가지이다.

예수의 말씀 하나는 지금도 기독교인들을 충격에 빠뜨린다. "죽은 자들은 죽은 자들이 장사를 치르게 하고, 너는 가서 하나님의 나라를 전파하라."(눅 9:60) 앞의 '죽은 자들'은 글자 그대로 세상을 떠난 사람이고, 뒤의 '죽은 자들'은 엄연히 살아 있는 신앙인인 유대인들을 가리킨다. 이 말은 니고데모 이야기에 연결해서 생각해보아야 올바른 해석이 가능하다(요 3:1~8). 성령을 통하여·안에서 진리를 깨달아 중생하지 못한 사람은 살아 있으나 실상은 죽은 사람이고, 중생한 사람만이 살아 있는 사람이라는 것이다. 중생하지 못한 사람은 하나님의 다스림(나라) 바깥에서 살아가기 때문이다.

그래서 관건은 사람이 지금 하나님의 나라 안에 있느냐, 밖에 있느냐 하는 것이다. 사람이 지금 하나님의 다스림(나라)에 들어가 있다는 것은 지금 마음에서 하나님의 다스림을 온전히 받으며 사는 것을 말한다. 곧, 하나님이 내 안에서 당신의 삶을 사시게 해드리는 것이다. 그런 사람이 살아 있는 사람이다. 그러나 하나님의 다스림 안에 들어가는 것은 성직이나 성전에 다니는 것과 같은 일이 아니다.

하나님의 다스림(나라)이 내 안에 이루어지는 것, 곧 내가 하나님의 다스림 안으로 들어가는 것, 이것이 인간 혁명이다. 자기 안에 하나님의 다스림을 받지 않는 것이 하나도 없을 만큼, 철저히 성령과 진리로 변화된 인간, 그가 진정한 그리스도인이고 제자이다. 그전에는 아직 그리스도인도 제자도 아니다. 그저 예수의 이름을 부르는 바알 종교의 신도일 뿐이다(마 7:15~23).

기독교와 기독교인들은 언제나 "세상"(요 15:18), "이 세상"(요 18:36; 요일 2:17), "이 시대·세상의 풍조"(롬 12:2), "이 세상의 신"(고후 4:4), "세상이나 세상에 있는 것"(요일 2:15), 곧 '성공, 재산, 권력, 풍요, 안락, 영광, 명예·명성'을 목적으로 추구하는 "바알"(Baal) 종교의 유혹과 위협에 직면해 있다(마 6:24~32).

교회는 하나님의 나라, 곧 사람 안에 이루어지는 하나님의 다스림과 세상에 이루어지는 하나님의 다스림을 자기 목표와 이상으로 삼아 나아갈 때만 바알 종교의 유혹을 극복한다. 그래서 그리스도인의 삶은 "하나님이 주시는 갑옷"(엡 6:11)을 입고, '이 세상'과 싸우는 영적이고 도덕적이고 실제적이고 비폭력적인 의로운 사랑의 전쟁이다.

예수를 믿는 사람은 많다. 하지만 내적 혁명을 일으킨 사람은 적다. 살아계신 그리스도 예수는 오늘도 당신을 따라서 하나님의 나라를 이 땅에 실현하려는 거룩한 의지와 이상을 품고 살아가는 "사람을 낚는 어부"를 찾으신다. 이것이 21세기의 기독교가 가야 할 길이다.